普 通 高 等 职 业 教 育 规 划 教 材
21世纪卓越汽车应用型人才培养专用教材

汽车材料与金属加工

组　编　华汽教育
主　编　白树全　高美兰
副主编　王　红
主　审　张　涛

同济大学 出版社
TONGJI UNIVERSITY PRESS

内 容 提 要

本书共分13章，全面系统地介绍了汽车制造材料、汽车运行材料、金属加工基础等知识。主要内容包括金属材料的性能、金属的晶体结构与结晶、钢铁材料及其在汽车上的应用、有色金属及其在汽车上的应用、非金属材料及其在汽车上的应用，汽车燃料、汽车润滑材料、汽车工作液、汽车轮胎、铸造、锻压、焊接、金属切削加工等。

本书可供高职高专院校、成人高校、汽车培训学校的汽车类专业选用，也可供有关技术人员、汽车维修技师和汽车维修工参考使用。

图书在版编目(CIP)数据

汽车材料与金属加工/白树全，高美兰主编. —上海：同济大学出版社，2011.8(2016.12重印)

普通高等职业教育规划教材　21世纪卓越汽车应用型人才培养专用教材

ISBN 978-7-5608-4616-3

Ⅰ. ①汽… Ⅱ. ①白…②高… Ⅲ. ①汽车—工程材料—高等职业教育②汽车—金属加工—高等职业教育—教材 Ⅳ. ①U465

中国版本图书馆CIP数据核字(2011)第138309号

普 通 高 等 职 业 教 育 规 划 教 材
21世纪卓越汽车应用型人才培养专用教材

汽车材料与金属加工

组编 华汽教育 **主编** 白树全 高美兰 **副主编** 王 红 **主审** 张 涛

责任编辑 陈佳蔚 **责任校对** 徐春莲 **封面设计** 庞 波 **项目执行** 陈佳蔚 周群飞

出版发行 同济大学出版社(www.tongjipress.com.cn 地址：上海市四平路1239号 邮编 200092 电话 021-65985622)

经 销 全国各地新华书店

印 刷 常熟市大宏印刷有限公司

开 本 889 mm×1 194 mm 1/16

印 张 15.75

印 数 15801-17300

字 数 504 000

版 次 2011年8月第1版 2016年12月第10次印刷

书 号 ISBN 978-7-5608-4616-3

定 价 34.00元

普通高等职业教育规划教材
21世纪卓越汽车应用型人才培养专用教材

编审委员会

序

汽车产业是我国最重要的支柱产业之一，对国民经济的发展起着重要的作用。经过几代人的共同努力，20 世纪 90 年代初，我国的汽车产业进入了前所未有的全面快速发展阶段。2009 年，国内汽车产业实现了历史性跨越，以年产、销量均超 1 000 余万辆而居全球之首。

我们国家虽已成为汽车大国，但还远不是汽车强国。我们还没有大型国际化汽车公司，没有世界知名的自主汽车品牌，没有完全掌握汽车工业的核心技术，对国外汽车市场的开拓尚处于起步阶段。显然，要成为汽车强国，任重而道远。

汽车产业具有人才密集、资金密集、技术密集、装备集约化和生产规模化的特点。在这些产业要素中，专业人才具有极为重要的地位。无论是在汽车的研发、制造等汽车产业链的前端，还是在汽车的销售、应用、维修乃至报废处理等汽车产业链的后端，都需要大批具备基本理论知识、掌握现代汽车核心技术、具有熟练操作技能的工程技术人员和技术工人。

就汽车后市场而言，随着我国汽车产业的加速发展、汽车技术的不断进步、汽车社会保有量的持续增加，从事汽车技术服务与营销、汽车检测与维修的从业人员已日益增多，对高质量、高技能人才的需求仍将不断扩大，各类训练有素的高技能人才的短缺是不争的事实，这已引起全国上下的广泛关注。

开展多层次、多种形式的职业教育，加强从业人员的职前和职后培训，是解决汽车专业人才紧缺的有效途径。为此，许多高等职业院校增设了汽车专业，与汽车技术普及和提高相关的各类培训机构和技能鉴定机构亦大量涌现，职业教育呈现出良好的发展势头。然而，由于传统教学体制和教学理念的局限性，高等职业院校的专业建设水准与汽车产业发展的实际需要还有很大差距；各类培训机构也同样面临提高培训质量的问题。诚如教育部“教高[2006]16 号文件《关于全面提高高等职业教育教学质量的若干意见》”中所指出的，“随着我国走新型工业化道路、建设社会主义新农村和创新型国家对高技能人才要求的不断提高，高等职业教育既面临着极好的发展机遇，也面临着严峻的挑战”。显然，提高教育质量和技能培训质量是当前高等职业教育面临的最大挑战。

教材建设是高等职业院校专业建设的基石，是人才培养计划得以成功的必要条件，是提高高等职业教育质量的重要保障。为认真贯彻党的十七大会议精神和《国务院关于大力推进职业教育改革与发展的决定》，根据教育部大力推动技能型紧缺人才培养培训工程的指导思想，同济大学出版社联合上海中锐教育集团旗下的华汽教育、无锡南洋职业技术学院以及与中锐教育集团合作开办汽车相关专业的全国 15 所高等职业院校，在总结近几年教学经验的基础上，组织编撰了“普通高等职业教育规划教材·21 世纪卓越汽车应用型人才培养专用教材”丛书。

为了做好教材的组编工作，编撰人员深入探讨了国内高等职业院校的特点和教学规律，对德国、美国、日本等 7 个发达国家的汽车职业教育进行了多次考察，同时结合中锐教育集团为汽车生产厂商开发企业内部培训课程的经验，力求在“因材施教、学以致用”上有所突破；力求在“淡化学科分类、突出综合应用”上有所突破;力求在高等职业院校教材的内容、体例、风格上有所突破。

本丛书是为培养高素质、高技能紧缺人才而编写的,为此组建了以高等院校、高等职业技术学院、汽车工程学术组织、汽车技术研究机构、汽车生产企业、汽车经销服务企业、汽车维修行业协会、汽车流通行业协会以及汽车职业技能培训机构等各方人士相结合的教材编审委员会,以保证教材质量,促进我国高等职业教育事业的发展,造福于莘莘学子。

真诚地希望本丛书的出版能对我国的职业教育和技能培训有所裨益,热切期待广大读者提出宝贵意见和建议,使教材更臻完善。

李理光

2010年7月

前　言

21世纪,新材料产业被列为国家新兴战略性产业之一,低碳经济促进汽车新材料产业的发展。随着现代汽车技术的不断发展,汽车新结构、新材料、新能源、新标准不断推陈出新。为了适应汽车行业发展的需要,满足高等职业技术院校培养汽车专业高等技术应用型人才的需要,依据高职高专教育的定位理念和教育部有关汽车紧缺人才培养基地及汽车示范性专业建设的要求,把一些相关的专业基础课整合为一门课程,保持了内容的连贯性和一致性。本书将“工程材料”、“汽车运行材料”和“金属工艺学”三部分内容进行整合,全面系统地介绍了汽车制造材料、汽车运行材料、金属加工基础知识等内容。力求做到知识点合理,理论适中,通俗易懂,体现以能力为本的职业技术教育特点。内容以“必需、够用”为原则,强调以实用为目的,注重与汽车行业紧密联系,使教材和汽车技术发展实现紧密结合。

本书由包头职业技术学院白树全、高美兰主编并负责统稿。其中第1,2,4～6,10～13章由高美兰编写;第3章由白树全编写;第7～9章由淮南联合大学王红编写。全书由烟台南山学院张涛主审。

在编写过程中,参阅了有关文献资料,借此向所参阅文献资料的作者表示最衷心的感谢!

由于编者水平有限,缺点和错误在所难免,恳请专家、读者批评指正。

编　者

2011年2月

目　录

1 金属材料的性能

学习目标

知识目标

(1) 了解金属材料的性能；

(2) 掌握金属材料力学性能指标概念和意义；

(3) 理解各种力学性能指标的测试原理。

能力目标

(1) 学会力学性能指标的测试方法和应用。

金属材料的性能直接关系到汽车的制造装配、运行维护、使用寿命和加工成本，是合理选用汽车零部件材料的重要依据。金属材料的性能包括使用性能和工艺性能。使用性能是指金属材料为保证机械零件或工具正常工作应具备的性能，即在正常使用条件下所表现出来的性能，包括力学性能、物理性能和化学性能。使用性能决定了材料的使用范围、安全可靠性和使用寿命。工艺性能是指金属材料在各种加工过程中所表现出来的性能，包括铸造性能、锻压性能、焊接性能、热处理性能和切削加工性能等。

金属的力学性能是指金属在外力作用下表现出来的性能。金属在加工和使用过程中都会受到外力的作用，这种外力通常称为载荷。载荷按照性质不同，一般可分为静载荷和动载荷(冲击载荷和交变载荷统称为动载荷)。静载荷指载荷的大小和方向不随时间发生变化或变化极缓慢的载荷。例如：汽车在静止状态下，车身自重引起的对车架和轮胎的压力属于静载荷。冲击载荷是指以较高的速度作用于零部件上的载荷。例如：当汽车在不平的道路上行驶时，车身对车架和轮胎的冲击即为冲击载荷；交变载荷指大小与方向随时间发生周期性变化的载荷。运转中的发动机曲轴、齿轮等零部件所承受的载荷均为交变载荷。根据加载形式的不同，载荷也可分为拉伸载荷、压缩载荷、弯曲载荷、剪切载荷和扭转载荷等，如图 1-1 所示。

金属材料在载荷作用下，形状和尺寸的变化称为变形。变形一般分为弹性变形和塑性变形。弹性变形是指构件受到载荷作用时产生变形，载荷卸除后恢复原状的变形。而塑性变形则是指构件在载荷作用下产生变形，且当载荷卸除后不能回复原状的变形，也称之为永久变形。

金属材料的力学性能是设计和制造汽车零件的重要依据，也是控制汽车零件质量的重要参数。金属材料的选择离不开对金属力学性能的分析。例如，汽车轮胎紧固螺栓材料及规格的选择，就必须能够保证螺栓在使用过程中不会由于承受不住剪切而扭断，从而保证驾乘人员的安全，如图 1-2 所示。

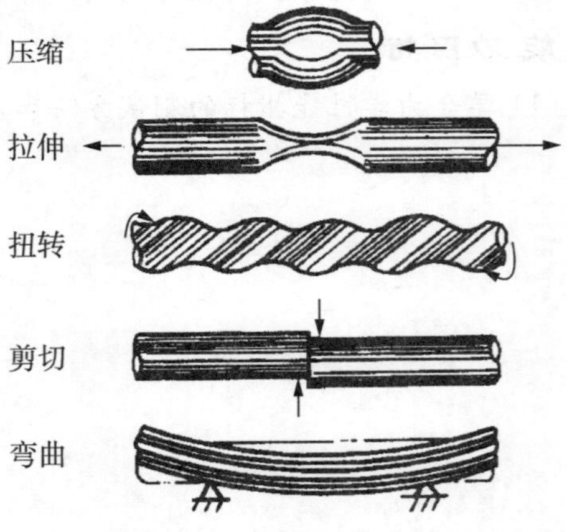

图 1-1　载荷的作用形式

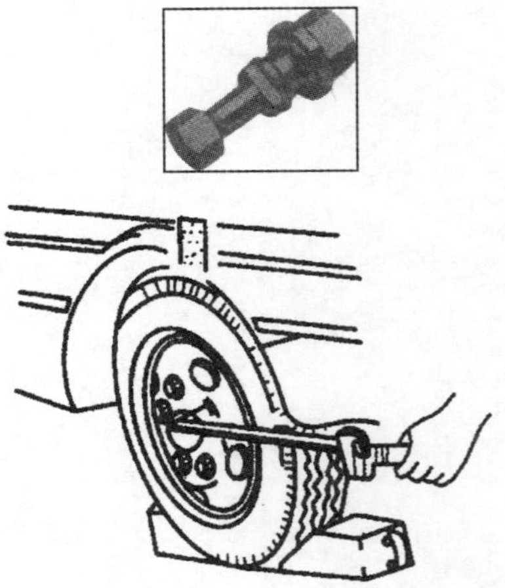
图 1-2　汽车轮胎坚固螺栓

金属材料的力学性能主要包括静态力学性能(强度、塑性、硬度)和动态力学性能(韧性、疲劳强度)。

1.1　静态力学性能

1.1.1　强度与塑性

强度是指金属材料在静载荷作用下，抵抗塑性变形和断裂的能力。塑性是指金属材料在静载荷作用下产生塑性变形而不发生断裂的能力。强度和塑性指标都可以通过拉伸试验测定。

1. 拉伸试验

拉伸试验是指在静拉伸力作用下，对试样进行轴向拉伸，直到拉断。根据拉伸试验绘制出的拉伸曲线，即可计算出强度和塑性的性能指标。

拉伸试验前，根据《金属材料室温拉伸试验方法》(GB/T228—2002)将被测金属制成一定形状和尺寸的标准拉伸试样，常用的圆形拉伸试样如图 1－3 所示。将拉伸试样装夹在拉伸试验机(图 1－4)的两个夹头上，沿轴向缓慢加载进行拉伸，试样逐渐伸长、变细，直到最后拉断。在拉伸试验过程中，拉伸试验机上的自动记录装置可绘出能反映静拉伸载荷 F 与试样轴向伸长量 ΔL 对应关系的拉伸曲线，即 F-ΔL 曲线。低碳钢的 F-ΔL 曲线如图 1－5 所示。

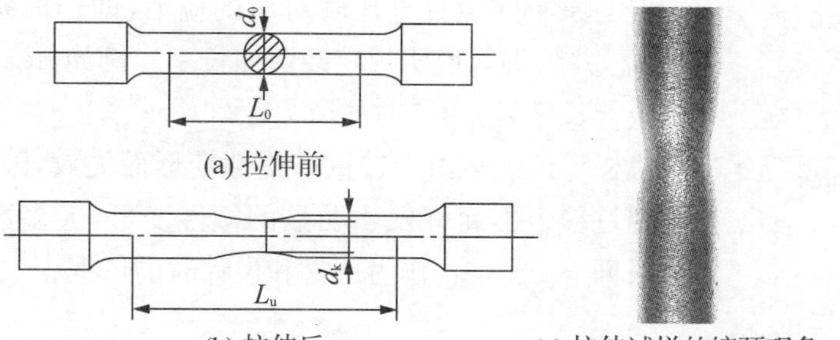

(a) 拉伸前

(b) 拉伸后

(c) 拉伸试样的缩颈现象

图 1－3 标准拉伸试样

图 1－4 拉伸试验机

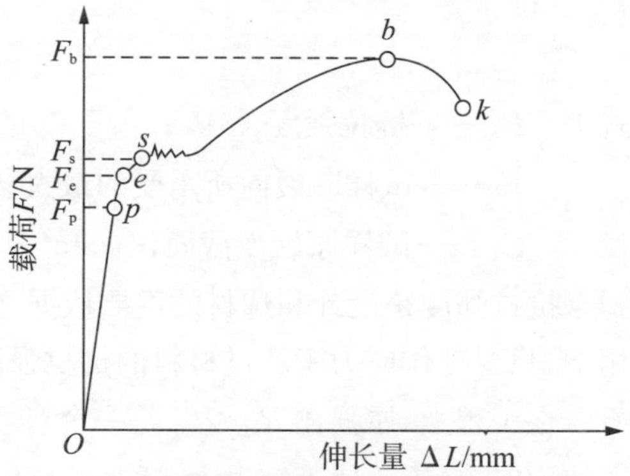

图 1－5 低碳钢的 F-ΔL 曲线

由图 1－5 可以看出，拉伸过程中试样表现出以下几个变形阶段：

(1) 弹性变形阶段(Op，pe 段)：当载荷不超过 F_p 时，拉伸曲线 Op 为直线段，试样的变形量与外加载荷成正比。如卸除载荷，试样立即恢复原状。在 pe 段，试样仍处于弹性变形阶段，但载荷与变形量不再成正比。

(2) 屈服阶段(es 段)：当载荷增加到 F_s 时，拉伸曲线出现平台或锯齿线，表明在载荷不增加或略有减小的情况下，试样却继续伸长，这种现象称为屈服，s 点称为屈服点。

(3) 强化阶段(sb 段)：屈服阶段之后，继续增加载荷，试样继续伸长。随着试样塑性变形的增大，材料的变形抗力也逐渐增加，这种现象称为形变强化(或称为加工硬化)。

(4) 缩颈阶段(bk 段)：当载荷增加到最大值 F_b 后，试样的直径发生局部收缩，称为“缩颈”。此时变形所需载荷也逐渐降低，伸长部位主要集中于缩颈部位，如图 1－3(b)，(c)所示。当载荷达到 F_k 时，试样被拉断。

应该指出，做拉伸试验时，低碳钢等材料在断裂前有明显的塑性变形，这种断裂称为塑性断裂。塑性断裂的断口呈“杯锥”状，这种材料称为塑性材料。对于铸铁等脆性材料不仅没有屈服现象，而且也不产生缩颈，脆性材料的断口是平整的。

2. 强度指标

通过拉伸试验测得的强度指标有屈服强度和抗拉强度。

1) 屈服强度

金属材料开始产生屈服现象时的最低应力称为屈服强度，用符号 R_{eL} 表示。

$$R_{eL} = \frac{F_s}{S_0}$$

式中 R_{eL}——屈服强度,MPa;

F_s——试样发生屈服时的最小载荷,N;

S_0——试样原始横截面积,mm^2。

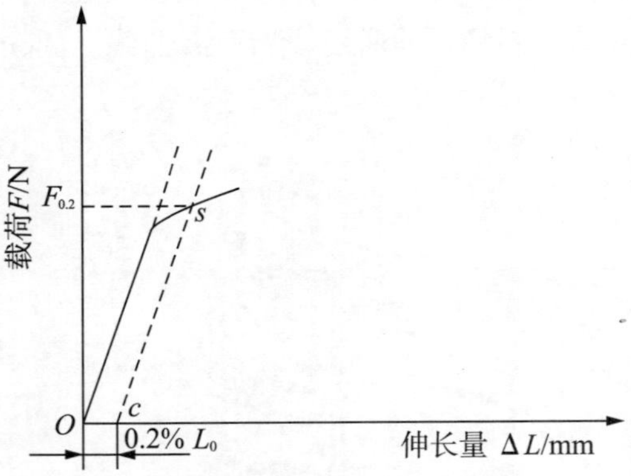

图 1-6 铸铁的 F-ΔL 曲线

除退火和热轧的低碳钢和中碳钢等材料在拉伸过程中有屈服现象以外,汽车上使用的某些金属材料如高碳钢、铸铁等,在拉伸过程中没有明显的屈服现象,如图 1-6 所示。因此,根据《金属材料室温拉伸试验方法》(GB/T228—2002)规定,当试样卸除载荷后,其标距部分的残余伸长达到规定的原始标距百分比时对应的应力,即作为条件屈服强度 R_r,并附脚标说明规定残余伸长率。例如,$R_{r0.2}$表示规定残余伸长率为0.2%时的应力。

机械零件经常由于过量的塑性变形而失效,因此,零件在使用过程中不允许发生明显的塑性变形,大多数机械零件常根据 R_{eL}或 $R_{r0.2}$作为选材和设计时的依据。

2) 抗拉强度

金属材料在断裂前所能承受的最大应力称为抗拉强度,用符号 R_m 表示。

$$R_m = \frac{F_b}{S_0}$$

式中 R_m——抗拉强度,MPa;

F_b——试样断裂前所承受的最大载荷,N;

S_0——试样原始横截面积,mm^2。

抗拉强度是设计和选材的主要依据之一,是工程技术上的主要强度指标。一般情况下,在静载荷作用下,只要工作应力不超过材料的抗拉强度,零件就不会发生断裂。

在工程上,屈强比 R_{eL}/R_m 是一个有意义的指标。其比值越大,越能发挥材料的性能潜力。但是为了使用安全,该比值不宜过大,适当的比值一般在 0.65~0.75。另外,比强度 R_m/ρ 也常被提及,它表征了材料强度与密度之间的关系。在考虑汽车轻量化的问题时,常常用到这个指标。

3. 塑性指标

金属的塑性指标主要由断后伸长率和断面收缩率表示。

1) 断后伸长率

试样拉断后,标距长度的伸长量与原始标距的百分比称为断后伸长率,用符号 A 表示。

$$A = \frac{L_u - L_0}{L_0} \times 100\%$$

式中 L_u——试样拉断后标距的长度,mm;

L_0——试样的原始标距,mm。

2) 断面收缩率

试样拉断后横截面积的缩减量与原始横截面积之比称为断面收缩率,用符号 Z 表示。

$$Z=\frac{S_0-S_u}{S_0}\times 100\%$$

式中 S_u——试样拉断处的最小横截面积，mm^2；

S_0——试样的原始横截面积，mm^2。

同一材料的试样长短不同，测得的断后伸长率略有不同，用短试样（$L_0=5d_0$）测得的断后伸长率 A 略大于用长试样测得的断后伸长率 $A_{11.3}$。而断面收缩率与试样的尺寸因素无关。

金属材料的 A，Z 值越大，说明材料的塑性越好。塑性好的金属材料易于通过压力加工制成形状复杂的零件。如汽车车身覆盖件、油箱等大多是采用具有良好塑性的冷轧钢板冲压而成。而且用塑性好的金属材料制成的零件，偶尔发生过载时，由于塑性变形能避免发生突然断裂造成的事故。因此，用于汽车制造的材料大多要求有一定的塑性。

4.《金属材料室温拉伸试验方法》(GB/T228—2002)与《金属拉伸试验方法》(GB/T228—1987)对比

目前金属材料室温拉伸试验方法采用 GB/T228—2002 新标准，本书即采用此标准。但一些书籍或资料的金属材料力学性能数据是按 GB/T228—1987 旧标准测定和标注的，为方便读者学习和阅读，将金属材料强度与塑性的新、旧标准名称和符号对照列于表 1-1。

表 1-1　　金属材料强度与塑性的新、旧标准名词和符号对照

GB/T228—2002 新标准		GB/T228—1987 旧标准	
名　称	符　号	名　称	符　号
屈服强度	R_e	屈服点	σ_s
上屈服强度	R_{eH}	上屈服点	σ_{sU}
下屈服强度	R_{eL}	下屈服点	σ_{sL}
规定残余伸长强度	R_r，如 $R_{r0.2}$	规定残余伸长应力	σ_r，如 $\sigma_{r0.2}$
抗拉强度	R_m	抗拉强度	σ_b
断后伸长率	A 和 $A_{11.3}$	断后伸长率	δ_5 和 δ_{10}
断面收缩率	Z	断面收缩率	ψ

注：在新标准 GB/T228—2002 中，没有对屈服强度规定符号，本书采用 R_e 作为屈服强度符号。

1.1.2　硬度

硬度是指金属材料抵抗局部变形或者抵抗其他物质刻划或压入其表面的能力，是重要的力学性能指标之一。通常材料的硬度越高，耐磨性越好，因此，常将硬度值作为衡量材料耐磨性的重要指标。在汽车维修行业中所用的模具、量具、刀具等都要求有足够高的硬度，否则就无法正常工作。

由于测定硬度的试验设备比较简单，操作方便，且属于非破坏性试验，因此，在实际生产中对一般机械零件，大多通过测试硬度来检测力学性能。零件图中对金属材料力学性能的要求往往只标注硬度值。

测定硬度的方法很多，主要有压入法、划痕法、回跳法。生产中常用的是压入法，即在一定外加载荷作用下，将比工件更硬的压头缓慢压入被测工件表面，使金属局部产生塑性变形，从而形成压痕，然后根据压痕面积大小或压痕深度来确定硬度值。

根据压头和外加载荷的不同，常用的硬度指标有布氏硬度、洛氏硬度和维氏硬度。

1. 布氏硬度

布氏硬度是在布氏硬度计（图 1-7）上测得的，用符号 HB 表示，其试验原理如图 1-8 所示。使用

直径为 D 的淬火钢球或硬质合金球作为压头①，以规定的试验载荷 F 压入被测金属表面，保持规定时间后卸除载荷，此时在被测金属表面上会留下直径为 d 的球形压痕。计算压痕单位面积上所受的平均压力（即所加载荷与压痕面积的比值），即为该金属的布氏硬度值。

$$HB=\frac{F}{S}=0.102\times\frac{2F}{\pi D(D-\sqrt{D^2-d^2})}$$

从上式可以看出，当载荷 F 和压头直径 D 一定时，布氏硬度值仅与压痕直径 d 的大小有关。d 越小，说明压痕面积越小，布氏硬度值越大，也就是硬度值越高。在实际应用中，布氏硬度值不用计算，只需使用读数显微镜测出压痕平均直径 d 的大小，在压痕直径与布氏硬度对照表中，即可查出相应的布氏硬度值。布氏硬度值一般不标注单位。

图 1－7　布氏硬度计

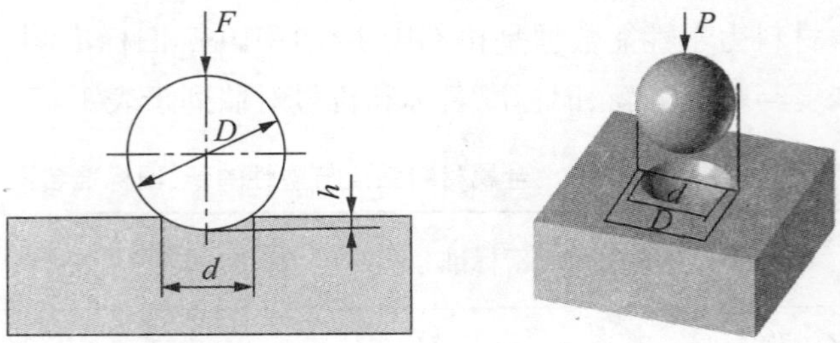

图 1－8　布氏硬度试验原理示意图

通常硬度值小于 450 HBS 的材料，宜用淬火钢球作压头；硬度值大于 450 HBW 的材料，宜用硬质合金球作压头。标注时，习惯上把硬度值写在符号 HBS 或 HBW 之前，后面按以下顺序注明试验条件：球体直径、测试时所加载荷（常用千克力 kgf 单位）、载荷保持的时间（保持 10～15 s 时不标注）。例如，某种材料的布氏硬度是 180 HBS 10/1 000/30，表示用直径 10 mm 的淬火钢球，在 1 000 kgf(9 807 N)的载荷作用下，保持 30 s 时测得的硬度值为 180 N/mm^2(MPa)。布氏硬度是 530 HBW5/750，表示用直径 5 mm 的硬质合金球，在 750 kgf(7 355 N)的载荷作用下，保持 10～15 s 时测得的硬度值为 530 N/mm^2(MPa)。

布氏硬度试验应根据被测金属材料的种类和试样厚度，选用不同大小的球体直径 D，施加载荷 F 和保持时间，按表 1－2 所列的布氏硬度试验规范正确选择。按 GB/T231.1—2002 规定，球体直径有 10 mm，5 mm，2.5 mm 和 1 mm 四种，试验载荷（单位为 kgf）与球体直径平方的比值（F/D^2）有 30，15，10，5，2.5 和 1 共六种。

表 1－2　　布氏硬度试验规范

材　料	硬度规范	球体直径 D/mm	F/D^2	保持时间/s
钢、铸铁	＜140	10、5、2.5	10	10～15
	≥140	10、5、2.5	30	10
非铁金属	335～130	10、5、2.5	10	30
	≥130	10、5、2.5	30	30
	＜35	10、5、2.5	2.5	60

① 新的国家标准规定，全部采用硬质合成金球为压头，用 HBW 表示。

布氏硬度试验的优点是：数据准确、稳定、重复性强；缺点是压痕较大，易损伤零件表面，不能测量太薄、太硬的材料。布氏硬度试验常用来测量退火钢、正火钢、调质钢、铸铁及有色金属的硬度。

2. 洛氏硬度

洛氏硬度是在洛氏硬度计(图 1－9)上测得的，用符号 HR 表示。其试验原理如图 1－10 所示。

图 1－9　洛氏硬度计

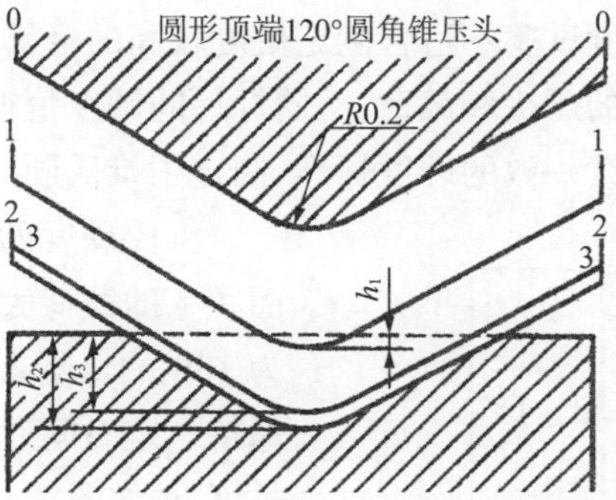

图 1－10　洛氏硬度试验原理示意图

用顶角为 120°的金刚石圆锥体或直径为 1.588 mm 的淬火钢球作为压头，先施加初始载荷 F_0(目的是消除因为零件表面不光滑等因素造成的误差)，压入金属表面的深度为 h_1(图中 1—1)，然后施加主载荷 F_1，在总载荷 $F(F=F_0+F_1)$的作用下，压入金属表面的深度为 h_2(压头到 2—2)，待表头指针稳定后，卸除主载荷，由于金属弹性变形的恢复而使压头回升至 h_3(压头到 3—3)，压头实际压入金属的深度为 $h=h_3-h_1$，并以压痕深度 h 值的大小衡量被测金属的硬度。显然，h 值越大，被测金属硬度越低；反之则越高。为了适应人们习惯上数值越大，硬度越高的概念，规定用常数 K 减去 $h/0.002$(表示每 0.002 mm 的压痕深度为一个硬度单位)作为硬度值，即

$$\mathrm{HR}=K-\frac{h}{0.002}$$

式中　K——常数，当用金刚石压头时 K 为 100，用淬火钢球压头时 K 为 130；

　　h——卸除主载荷后测得的压痕深度。

实际应用时，可以直接从洛氏硬度计刻度盘上读出洛氏硬度值。

为了能够用一台硬度计测量从软到硬不同金属材料的硬度，洛氏硬度采用了不同的压头和载荷组成不同的硬度标尺，并用字母在 HR 后面加以注明。常用的洛氏硬度标尺有 HRA，HRB，HRC 三种，其中 HRC 应用最为广泛。

洛氏硬度标注时，将所测定的洛氏硬度值写在相应标尺的硬度符号之前，例如，75 HRA，90 HRB，60 HRC 等。常用洛氏硬度试验规范及应用举例如表 1－3 所示。

表 1－3　常用洛氏硬度试验规范及应用举例

硬度符号	压头类型	初载荷/kgf(N)	主载荷/kgf(N)	测量范围	应用举例
HRA	金刚石圆锥体	10(98.1)	50(490.30)	20～88	硬质合金、表面淬火层、渗碳层等
HRB	淬火钢球	10(98.1)	90(882.6)	20～100	有色金属、退火、正火钢件等
HRC	金刚石圆锥体	10(98.1)	140(1373)	20～70	淬火钢、调质钢件

洛氏硬度试验操作简便，可以直接从刻度盘上读出硬度值。其压痕较小，基本不损坏零件表面，可直接测量成品和较薄零件的硬度。但由于压痕较小，试验数据不太稳定，所以，需要在不同部位测其三点取其算术平均值。

洛氏硬度试验主要适用于测定铜、铝等有色金属及其合金，硬质合金，表面淬火、渗碳件以及退火、正火和淬火钢件的硬度。

3. 维氏硬度

由于布氏硬度试验不适合测定硬度较高的金属，而洛氏硬度试验虽可用来测定各种金属的硬度，但由于采用了不同的压头和载荷，不同标尺间硬度值彼此没有联系，因此不能直接换算。为了使硬度不同的金属有一个连续一致的硬度标准，制定了维氏硬度试验法。

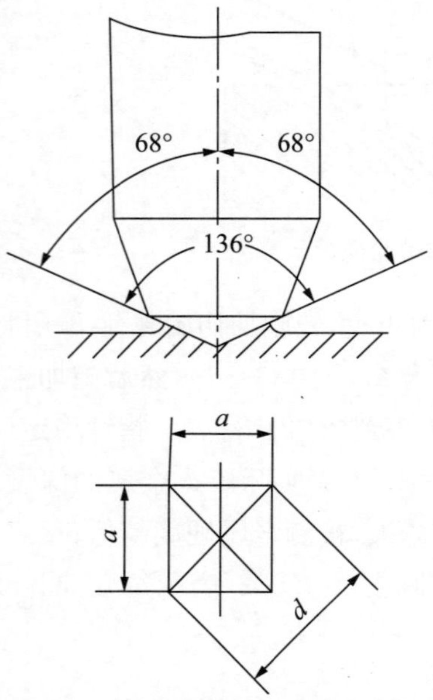

图 1－11　维氏硬度试验原理示意图

维氏硬度的试验原理和布氏硬度基本相似，也是根据压痕单位面积上的载荷大小来计算硬度值。区别在于其压头采用相对面夹角为 136°的金刚石正四棱锥，在规定载荷 F 作用下压入被测金属表面，保持一定时间后卸除载荷，然后再测量压痕投影的两对角线的平均长度 d，如图 1－11 所示。维氏硬度用符号 HV 表示，计算公式为

$$HV = 0.189 \times \frac{F}{d^2}$$

式中　F——作用在压头上的载荷，N；

d——压痕两条对角线长度的算术平均值，mm。

试验时，用测微计测出压痕两条对角线的长度，算出其平均值后，经查表就可得出维氏硬度值。

维氏硬度标注方法与布氏硬度相同，硬度数值写在符号前面，试验条件写在后面。对于钢及铸铁，试验载荷保持时间为 10～15 s 时，可以不标出。例如：640HV30/20，表示用 30 kgf(294.2N)试验载荷，保持 20 s 测定的维氏硬度值为 640。

维氏硬度试验时所加的载荷小(常用的试验载荷有 5 kgf，10 kgf，20 kgf，30 kgf，50 kgf，100 kgf)，压入深度较浅，可测量较薄的材料，也可测量表面淬硬层及化学热处理的表面层硬度(如渗碳层、渗氮层)。由于维氏硬度值具有连续性，故可测定很软到很硬的各种金属材料的硬度且准确性高。维氏硬度试验的缺点是操作过程及压痕测量较费时间，生产效率不如洛氏硬度试验高，故不适合成批生产中的常规检验。

1.2　动态力学性能

前面讨论的都是在静载荷作用下测得的力学性能指标。实际上，汽车上大多数零件承受的不是静载荷，而是动载荷(冲击载荷和交变载荷)。汽车起步、加速、紧急制动、驻车时，变速器中的齿轮、传动轴，后桥中的半轴、差速器齿轮等零件受到的载荷，即属于冲击载荷。而曲轴、连杆、轴承、弹簧等汽车零件，在工作过程中往往受到大小或方向随时间呈周期性变化的交变载荷。在动载荷作用下测得的力学性能指标主要有冲击韧性和疲劳强度。

1.2.1　冲击韧性

冲击载荷引起的应力比静载荷大，因此具有更大的破坏性。对于承受冲击载荷作用的材料，不仅

要求具有高的强度和一定的塑性，还必须具备足够的冲击韧性。金属材料抵抗冲击载荷作用而不被破坏的能力称为冲击韧性。目前，工程技术上常用一次摆锤冲击试验来测定金属承受冲击载荷的能力，如图 1－12 所示。

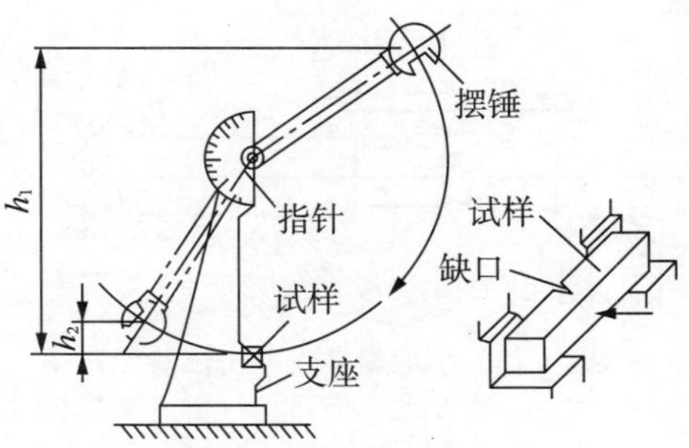

图 1－12 摆锤式冲击试验示意图

1. 摆锤式一次冲击试验

首先，将被测金属根据《金属材料室温拉伸试验方法》(GB/T228—2002)制成带有 U 形或 V 形缺口(试样上开缺口是为了将试样从缺口处击断，脆性材料不开缺口)的标准试样，如图 1－13 所示。然后，将试样放在冲击试验机的支座上，使缺口背向摆捶。将具有一定质量的摆捶升起到一定高度 h_1，使之自由落下将试样击断。在惯性的作用下，击断试样后的摆捶会继续升至一定高度 h_2。根据能量守恒原理，击断试样所消耗的功 $A_K = mg(h_1 - h_2)$，A_K 又称为冲击吸收功，其值可以从试验机的刻度盘上直接读出。A_K 与试样缺口处横截面积 S 的比值，称为该材料的冲击韧性，用符号 a_k 表示，单位为 J/cm²，即

$$a_k = \frac{A_K}{S}$$

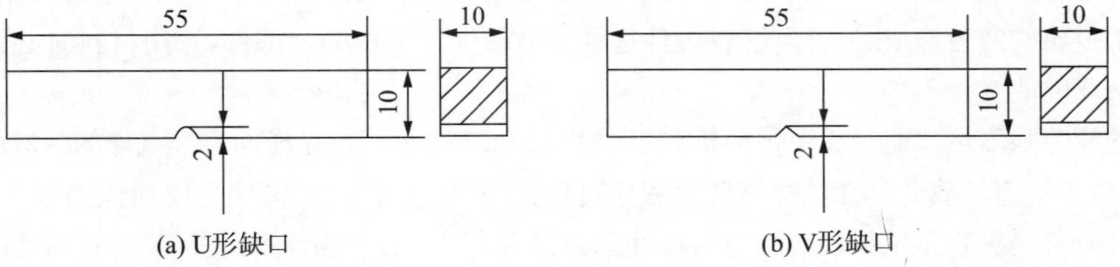

图 1－13 冲击试样

冲击韧性值越大，表明材料的韧性越好，受到冲击时不易断裂。冲击韧性值的大小受很多因素影响，不仅与试样形状、表面粗糙度、内部组织有关，还与试验时的环境温度有关。

有些金属材料在室温时并不显示脆性，而在较低温度下则可能发生脆断。温度对冲击吸收功的影响如图 1－14 所示。由图可见，冲击吸收功的值随着试验温度的下降而减小。材料在低于某温度时，A_K 值急剧下降，使试样的断口由韧性断口过渡为脆性断口。因此，这个温度范围称为韧脆转变温度范围。金属的韧脆转变温度越低，说明金属的低温抗冲击性能越好。韧脆转变温度是衡量金属冷脆倾向的指标。例如，非合金钢的韧脆转变温度约为－20℃，因此在较寒冷(低于－20℃)地区使用的非合金钢构件，如车辆、桥梁、运输管道等在冬天容易发生脆断现象。因而在选择金属材料时，应考虑其工作条件的最低温度必须高于它的韧脆转变温度。

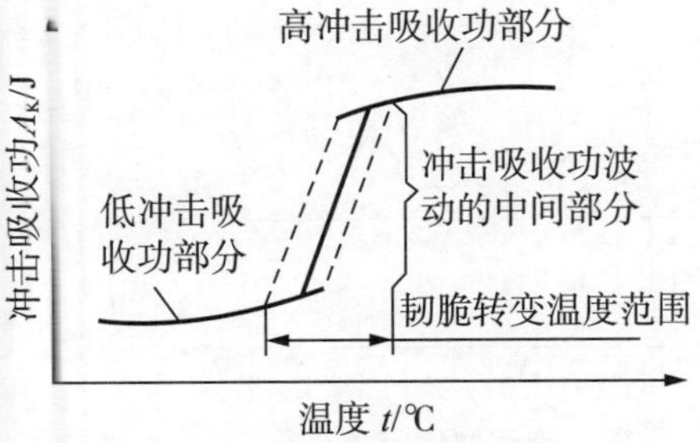

图 1－14 韧脆转变温度示意图

2. 小能量多次冲击试验

在实际工作中，金属经过一次冲击就断裂的情况极少，许多零件在工作时都经受着小能量的多次冲击。在多次冲击下导致金属产生裂纹、裂纹扩张和瞬时断裂，其破坏是每次冲击损伤积累发展的结果。因此需要采用小能量多次冲击作为衡量这些零件承受冲击抗力的指标。

小能量多次冲击试验如图 1－15 所示。试验时试样受到试验机锤头的能量多次冲击。测定被测试

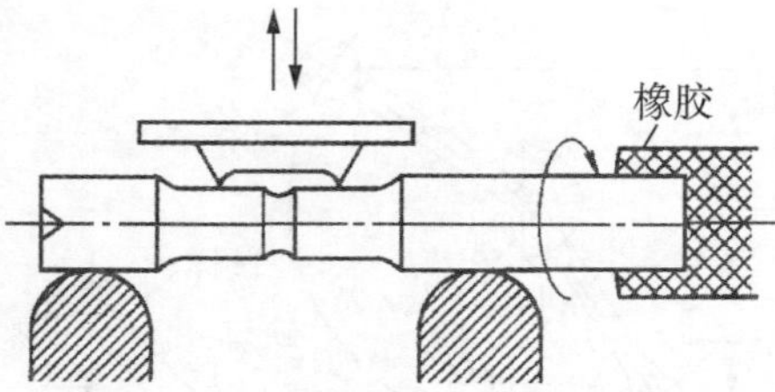

图 1-15　小能量多次冲击试验示意图

样在一定冲击能量下，最后产生断裂的冲击次数，即为金属材料的多次冲击抗力。

金属的韧性通常用冲击韧性和断裂韧性来衡量。韧性越低，表明金属发生脆性断裂的倾向越大。当冲击能量低，冲击次数较多时，材料多次冲击抗力取决于材料的强度；当冲击能量较高、冲击次数较少时，材料的冲击抗力主要取决于塑性和韧性。

汽车发动机中的活塞、活塞销、曲轴、连杆等零件在工作中就受到冲击载荷的作用，所以应采用韧性好的材料制造。

1.2.2　疲劳强度

许多机械零件，如发动机曲轴、齿轮、弹簧及滚动轴承等，在工作中受到大小和方向都随时间作周期性变化的载荷作用，即使应力远远低于材料的屈服强度，但经过一定循环次数后，也可能发生突然断裂，这种现象称为疲劳断裂。疲劳断裂与在静载荷作用下的断裂不同，不管是脆性材料还是塑性材料，疲劳断裂都是突然发生的，事先均无明显的塑性变形，所以，疲劳断裂具有很大的危险性。例如：汽车的板弹簧或前轴发生疲劳而突然断裂，就会造成车毁人亡的重大交通事故。据统计，损坏的机械零件中有 80% 以上是由于金属的疲劳造成的。因此，在设计这种受力条件下工作的零部件，选用材料时必须考虑材料抵抗疲劳破坏的能力。

材料的疲劳强度可以通过疲劳试验机测定，如图 1-16 所示。将光滑的标准试样的一端固定并使试样旋转，在另一端施加载荷。在试样旋转过程中，试样工作部分的应力将承受周期性的变化，从拉应力到压应力，循环往复，直至试样断裂。疲劳曲线示意图如图 1-17 所示，曲线表明，材料承受的交变应力越大，其断裂前能承受的循环次数越少；反之，则循环次数越大。当材料承受的交变应力低于某一值时，经过无数次循环，试样都不会产生疲劳断裂。工程上规定，材料经过无限次交变载荷作用而不发生断裂的最大应力，称为疲劳强度，用符号 σ_{-1} 表示，单位为 MPa。

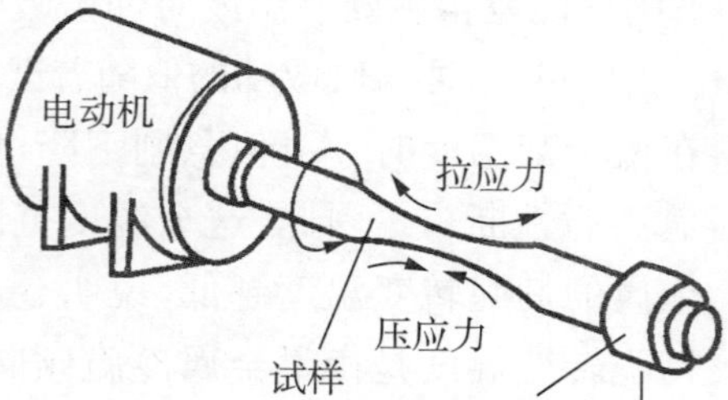

图 1-16　疲劳试验示意图

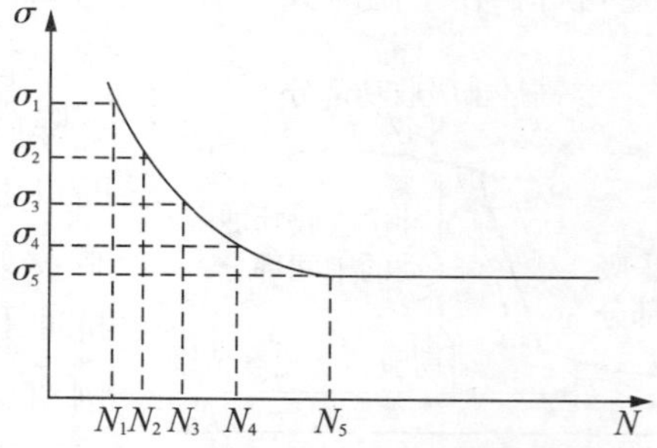

图 1-17　疲劳曲线示意图

实际上，金属材料不可能做无限次交变载荷试验。工程上规定，对于黑色金属经受 10^7 次、有色金属经受 10^8 次交变载荷作用而不产生断裂的最大应力，即为该材料的疲劳强度。

影响金属疲劳强度的因素很多，如零件外形、表面质量、受力状态与周围介质等。因此，在进行设计时尽量避免尖角、缺口和截面突变等容易引起应力集中的结构，降低零件的表面粗糙度或者采用表面淬火、喷丸等处理方法，均可有效地提高零件的疲劳强度。在汽车的维修、保养过程中，应及时排除隐患，以保证车辆的安全运行。

1.3 工艺性能

汽车上大多数零件是采用金属材料制造的,金属材料的工艺性能是指金属材料在加工过程中所表现出来的性能。工艺性能对于保证汽车产品质量、降低成本、提高生产效率起着十分重要的作用,是汽车的设计、制造、修理及选择汽车零件材料必须认真考虑的因素。按照工艺方法,金属材料的工艺性能主要包括铸造性能、锻压性能、焊接性能、热处理性能和切削加工性能等。

1.3.1 铸造性能

金属材料铸造成形获得优质铸件的能力称为铸造性能。金属材料可以通过铸造制成各种零件,如汽车上的曲轴、凸轮轴、气缸体、气缸套、转向器壳体等都是铸造而成的。

铸造性能主要包括流动性、收缩性、偏析性及吸气性等。流动性是指熔融金属的流动能力。流动性好的金属容易充满铸型,获得外形完整、尺寸精确、轮廓清晰的铸件。收缩性是指铸件在凝固和冷却过程中,其体积和尺寸减小的现象。铸件收缩不仅影响尺寸,还会使铸件产生缩孔、缩松、内应力、变形和开裂等缺陷,故铸造用金属材料的收缩率越小越好。偏析性是指金属凝固后,铸锭或铸件化学成分和组织的不均匀现象。偏析会使铸件各部分的力学性能有很大的差异,降低铸件质量。

设计铸件时,必须考虑材料的铸造性能。铸造性能好,则可以铸造出结构复杂、形状精确、强度较高的铸件,并且可以简化工艺过程,提高产品合格率。在常用的金属材料中,铸造铝合金、灰铸铁和青铜等具有良好的铸造性能。

1.3.2 锻压性能

锻压是指对金属坯料施加外力,使其产生塑性变形,改变其形状、尺寸,改善性能,使金属材料在冷热状态下压力加工成形的工艺。按重量百分比计算,汽车上约70%的零件是由锻压加工方法制造的,如汽车的车体外板就是冷轧钢板经过压力加工成形的。

金属的锻压性能是指金属材料对采用压力加工方法成形的适应能力,是衡量材料通过塑性加工获得优质零件难易程度的工艺性能。金属的锻压性能越好,表明该金属越适合于塑性加工方法成形;锻压性能越差,说明该金属越不宜选用塑性加工方法成形。

锻压性能的优劣常用金属的塑性和变形抗力来综合衡量。塑性越高,变形抗力越小,则该金属的锻压性能越好;反之则差。不同成分的金属,其锻压性能不同。例如,低碳钢具有良好的锻压性能,铸铁的锻压性能则很差,根本不能采用锻压工艺加工,而铜合金和铝合金在室温状态下就有良好的锻压性能。

1.3.3 焊接性能

金属材料对焊接加工的适应性称为焊接性,也就是在一定的焊接工艺条件下,获得优质焊接接头的难易程度。焊接性能好的金属,可用一般的焊接方法和焊接工艺进行焊接,焊缝中不易产生气孔、夹杂或裂纹等缺陷,其强度与母材相近,并且焊接接头具有良好的力学性能。焊接性能差的金属材料要采用特殊的焊接方法和焊接工艺才能进行焊接。不同成分的金属,其焊接性能不同。

1.3.4 热处理性能

金属材料适应各种热处理工艺的性能,称为热处理性能。热处理工艺性包括淬透性、淬硬性、淬火变形开裂倾向、表面氧化脱碳倾向、过热和过烧的敏感倾向及回火脆性倾向等。各种金属材料由于化学成分及内部组织结构的不同，其热处理性能也不同，在热处理过程中出现的淬透性、变形开裂倾向等也不同。因此，应根据不同的材料、不同的工件形状，选择不同的热处理工艺，来满足其性能要求。

1.3.5 切削加工性能

切削加工性能是指金属材料接受切削加工的难易程度。金属材料的切削加工性主要与材料本身的化学成分、组织状态、硬度、韧性及导热性有关。一般金属材料具有适当的硬度(170～230 HBS)和足够的脆性时，对刀具磨损小，切削量大，切屑易于折断脱落，加工表面粗糙度和精度也高。而工件硬度过高，刀具易磨损，切削加工困难；硬度过低，容易粘刀，且不易断屑，加工后表面粗糙。所以，硬度过高或过低、韧性过大的材料，其切削加工性能较差。

本章小结

- 金属的力学性能
  - 静载荷
    - 强度判据（设计选材依据）
      - 屈服强度—塑性材料产生明显永久变形的抗力
      - 抗拉强度—断裂前最大的拉应力
    - 塑性判据
      - 断后伸长率 $A>5\%$
      - 断面伸缩率 $Z>10\%$
      - 可满足一般零件：设计选材参考；安全可靠保证
    - 硬度判据
      - 布氏硬度：<450 HBS；450～650 HBW——测定麻烦，结果精确——用来测半成品
      - 洛氏硬度：20～70 HRC；20～100 HRB；20～88 HRA——测定简单，不伤工件——用来测成品或薄件
      - 维氏硬度——[5～1 000 HV]——测定麻烦，结果精确——用来测薄件
  - 动载荷
    - 韧性判据——冲击吸收功——$A_{KV}(A_{KU})$是受冲击零件的选材、检验依据
    - 疲劳判据——疲劳强度——是循环交变载荷零件选材、检验依据

复习思考题

1. 名词解释

(1) 金属的力学性能　(2) 强度　(3) 塑性　(4) 硬度
(5) 冲击韧性　(6) 疲劳强度　(7) 铸造性能　(8) 锻压性能
(9) 焊接性能　(10) 热处理性能　(11) 切削加工性能

2. 填空题

(1) 载荷按照性质不同一般可分为________和________。
(2) 金属材料在载荷作用下，形状和尺寸的变化称为变形。变形一般分为________变形和________

变形。

(3) 金属材料的力学性能主要包括________、________、________、________、________等。

(4) 拉伸低碳钢时，试样的变形可分为________、________、________和________四个阶段。

(5) 通过拉伸试验测得的强度指标主要有________强度和________强度，分别用符号________和________表示。

(6) 金属材料的塑性也可通过拉伸试验测定，主要的指标有________和________，分别用符号________和________表示。

(7) 洛氏硬度采用了不同的压头和载荷组成不同的硬度标尺，常用的洛氏硬度标尺有________、________和________三种，其中________应用最为广泛。

(8) 530 HBW5/750，表示用直径________的硬质合金球，在________ kgf(________ N)的载荷作用下，保持________ s时测得的硬度值为________。

(9) 工程技术上常用________来测定金属承受冲击载荷的能力。

(10) 材料经过无限次________载荷作用而不发生断裂的最大应力，称为疲劳强度，用符号________表示。

3. 选择题

(1) 拉伸试验时，试样在断裂前所能承受的最大应力称为材料的(　　)。

A. 屈服强度　　B. 抗拉强度　　C. 弹性极限

(2) 测定淬火钢件的硬度，一般常选用(　　)来测试。

A. 布氏硬度计　　B. 洛氏硬度计　　C. 维氏硬度计

(3) 金属材料的(　　)越好，则其压力加工性能越好。

A. 强度　　B. 塑性　　C. 硬度

(4) 运转中的发动机曲轴、齿轮等零部件所承受的载荷均为(　　)。

A. 静载荷　　B. 冲击载荷　　C. 交变载荷

4. 简答题

(1) 什么是强度、塑性？衡量它们的指标各有哪些？分别用什么符号表示？

(2) 什么是硬度？常用的硬度测定方法有哪几种？布氏硬度、洛氏硬度各适用于哪些材料的硬度？

(3) 下列零件用什么硬度测试方法测定其硬度：(1) 钳工用锉刀、手锯、手锤；(2) 供应态碳钢型材。

(4) 什么是冲击韧性？可以用什么符号表示？

(5) 什么叫金属的疲劳？疲劳强度用什么符号表示？

(6) 什么是金属的工艺性能？工艺性能包括哪些内容？

(7) 有一标准低碳钢拉伸试样，直径为 10 mm，标距长度为 100 mm，在载荷为 21 000 N 时屈服，拉断试样前的最大载荷为 30 000 N，拉断后的标距长度为 133 mm，断裂处最小直径为 6 mm，试计算其屈服强度、抗拉强度、断后伸长率和断面收缩率。

(8) 为什么疲劳断裂对机械零件危害较大？如何提高和改善机械零件的疲劳强度？

2 金属的晶体结构与结晶

学习目标

知识目标

(1) 了解金属的晶体结构基础知识、相和组织的基本概念;
(2) 掌握纯金属和合金的结晶过程、影响晶粒大小的因素;
(3) 理解金属的同素异构转变。

能力目标

(1) 学会细化金属材料晶粒的方法和应用。

金属材料的性能与金属的化学成分和组织结构有着密切的联系，了解金属材料的内部组织结构与结晶过程，认识影响金属材料结构及性能的各种因素，对于合理选用材料，充分发挥材料的潜力是十分必要的。

2.1 纯金属与合金的晶体结构

2.1.1 纯金属的晶体结构

自然界的固态物质，根据原子内部的排列特征可分为晶体和非晶体两大类。晶体的原子是按一定几何形状有规律排列的，如金刚石、石墨及一切固态的金属和合金。而非晶体的原子是无规则地堆积在一起的，如玻璃、石蜡、松香等。晶体具有固定的熔点和各向异性的特征，而非晶体没有固定的熔点，且各向同性。

1. 晶格与晶胞

为了描述晶体中原子在空间的排列规律，可以把原子看成是刚性小球，则晶体就是由许多刚性小球按一定规律排列而成的物质，如图 2－1(a)所示。再将原子视为一个点，并用假想的线条将各点连接起来，从而形成一个空间格架。这种用来描述原子在晶体中排列形式的空间格架称为晶格，如图 2－1(b)所示。

晶格中能代表原子排列规律的最基本几何单元称为晶胞。晶胞的大小用各棱边长度 a，b，c 和棱边夹角 α，β，γ 表示。a，b，c 称为晶格常数，单位是纳米（1 nm＝10^{-9} m）。当棱边 $a=b=c$，棱边夹角 $\alpha=\beta=\gamma=90°$时，这种晶胞称为简单立方晶胞，如图 2－1(c)所示。

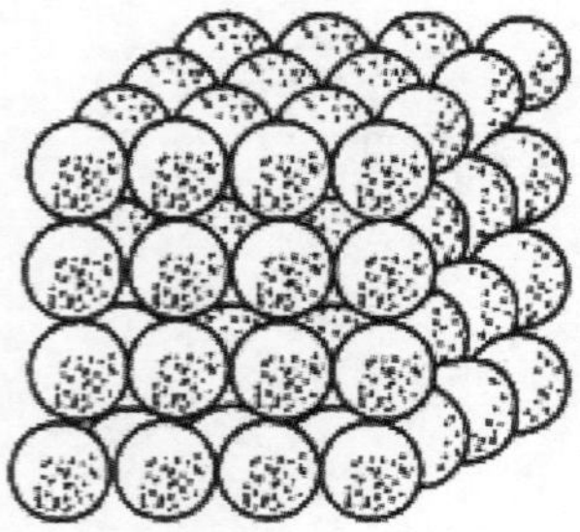
(a) 晶体中原子排列

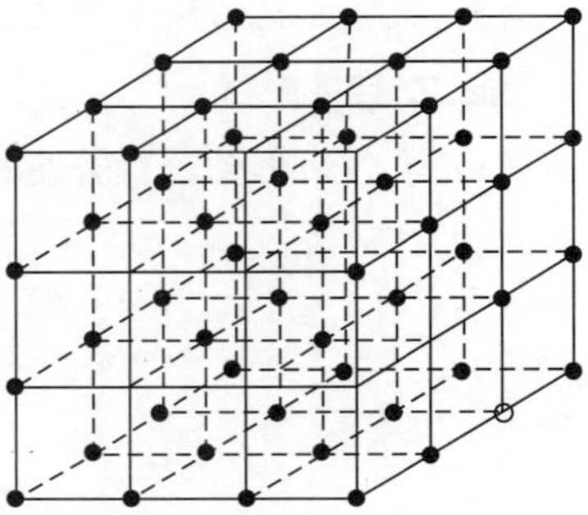
(b) 晶格

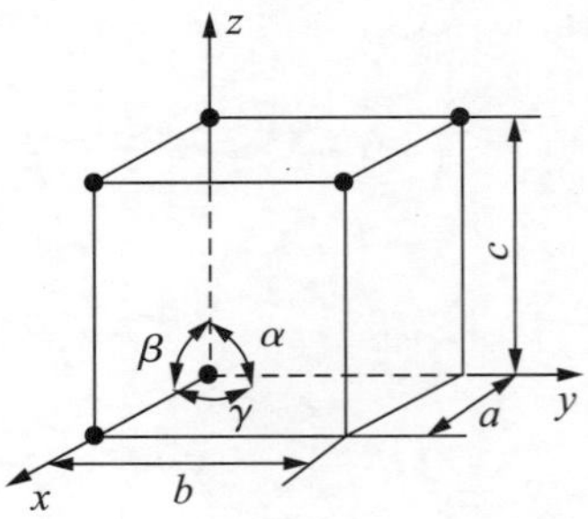

(c) 晶胞

图 2－1　晶格与晶胞

2. 常见的金属晶格类型

金属的晶格类型很多，但最常见的有体心立方晶格、面心立方晶格和密排六方晶格三种类型。

1) 体心立方晶格

体心立方晶格的晶胞是一个立方体，在立方体的中心和八个顶角上各有一个原子，如图 2－2 所示。晶胞顶角上的原子为相邻的八个晶胞所共有，因此每个晶胞中的原子数为(1/8)×8＋1＝2 个。具有体心立方晶格的金属有 α－Fe，Cr，Mo，W，V，Nb 等约 30 种。

2) 面心立方晶格

面心立方晶格的晶胞也是一个立方体，在立方体的六个面的中心和八个顶角上各有一个原子，如图 2－3 所示。晶胞顶角上的原子为相邻的八个晶胞所共有，而每个面中心的原子为两个晶胞所共有，因此每个晶胞中的原子数为(1/8)×8＋(1/2)×6＝4 个。具有面心立方晶格的金属有 γ-Fe，Al，Cu，Ni，Au，Ag，Pb 等约 20 种。

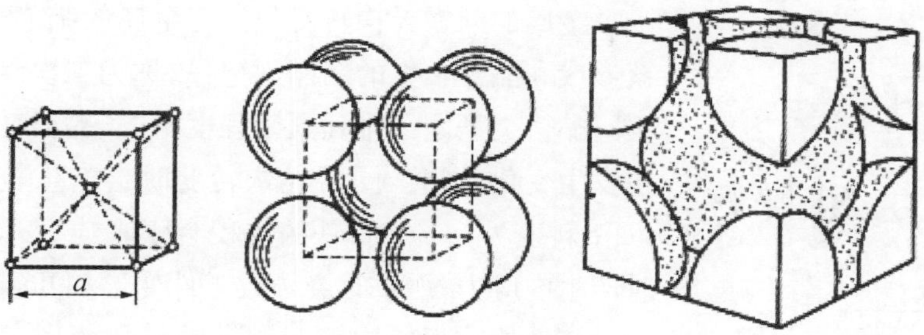

图 2-2　体心立方晶格

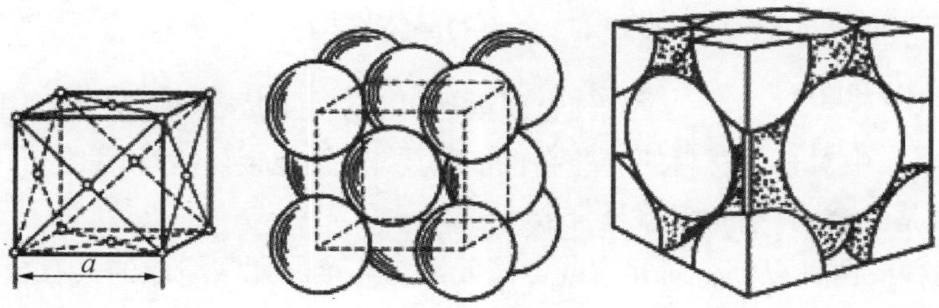

图 2-3　面心立方晶格

3）密排六方晶格

密排六方晶格的晶胞是一个六方柱体，在六方柱体的十二个顶角和上下底面中心各有一个原子，在晶胞的中间还有三个原子，如图 2-4 所示。晶胞顶角上的原子为相邻的六个晶胞所共有，上下底面中心的原子为两个晶胞所共有，因此每个密排六方晶胞中的原子数为(1/6)×12+(1/2)×2+3=6 个。具有面心立方晶格的金属有 α-Ti，Mg，Be，Cd，Zn 等。

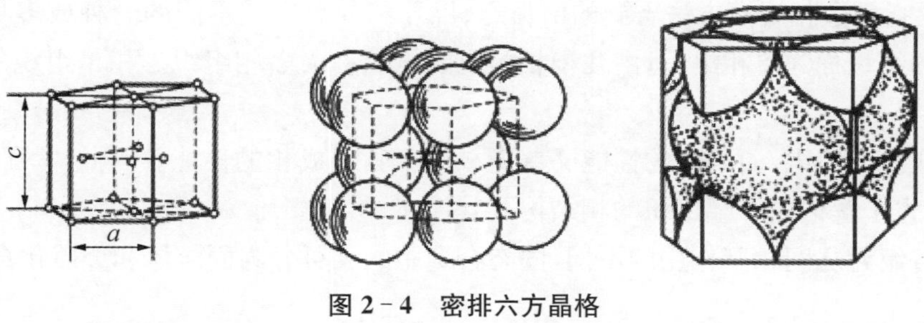

图 2-4　密排六方晶格

晶格类型不同，原子在晶格中排列的紧密程度也不相同，通常用致密度(晶胞中原子所占体积与晶胞体积的比值)来比较。在常见晶格类型中，体心立方晶格的致密度为 68%，而面心立方晶格和密排六方晶格的致密度均为 74%。同一种金属在晶格类型发生变化时，其体积和性能也将发生相应的变化。

3. 金属的同素异构转变

有些金属在固态下，其晶体结构会随着温度的变化而发生改变。这种金属在固态下随温度的改变，由一种晶格转变为另一种晶格的现象，称为同素异构转变。由同素异构转变所得到的不同晶格的晶体，称为同素异构体。一般常温下的同素异构体用 α 表示，较高温度下的同素异构体依次用 β,γ,δ 等表示。

纯铁的冷却曲线如图 2-5 所示，液态纯铁冷却到 1 538℃时，结晶成具有体心立方晶格的 δ-Fe，在 1 394℃ 和 912℃ 发生同素异构转变，分别转变成具有面心立方晶格的 γ-Fe 和具有体心立方晶格的 α-Fe。这些转变可表示为

$$\mathrm{L} \xleftrightarrow{1\,538℃} \delta\text{-Fe} \xleftrightarrow{1\,394℃} \gamma\text{-Fe} \xleftrightarrow{912℃} \alpha\text{-Fe}$$

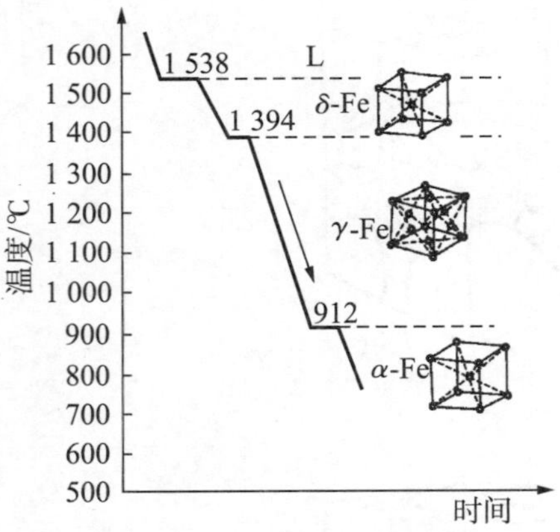

图 2-5　纯铁的冷却曲线

金属的同素异构转变与液态金属的结晶过程相似，也遵循晶核形成和晶核长大的结晶规律，故称为二次结晶或重结晶。由于不同晶格类型原子排列紧密程度不同，晶格变化将导致金属的体积发生变化，因此，同素异构转变时会产生较大的内应力。例如 γ-Fe 转变为 α-Fe 时，铁的体积会膨胀约 1%，它可以引起钢淬火时产生内应力，严重时会导致工件变形和开裂。

纯铁的同素异构转变是钢铁材料能通过热处理方法改变其内部组织结构，从而改变其性能的依据。

2.1.2　合金的晶体结构

纯金属虽然具有良好的导电性、导热性，但由于纯金属强度、硬度较低，无法满足生产中对金属材料的一些高性能的要求，且纯金属冶炼困难，价格较高，所以实际生产中大量使用的很少是纯金属，绝大多数是合金。

(1) 合金。由两种或两种以上金属元素或金属元素与非金属元素组成的具有金属特性的物质，称为合金。例如，工业上广泛应用的碳钢和铸铁就是铁和碳组成的合金。

(2) 组元。组成合金的最基本的、独立的物质称为组元。组元一般是组成合金的元素，也可以是稳定的化合物。根据组元的多少，合金可分为二元合金、三元合金和多元合金。例如，黄铜是由铜和锌组成的二元合金。

(3) 相。合金中化学成分、晶体结构和物理性能相同的均匀组成部分称为相。液态物质称为液相，固态物质称为固相。合金在固态下，由一个固相组成时称为单相合金，由两个以上固相组成时称为多相合金。

(4) 组织。泛指用金相观察方法看到的由形态、尺寸和分布方式不同的一种或多种相构成的总体，只有一种相构成的组织称为单相组织；由几种相构成的组织称为多相组织。相是组织的基本单元，组织是相的综合体。

合金的性能取决于组织，而组织的性能又首先取决于其组成相的性能。因此，为了了解合金的组织与性能，有必要首先了解构成合金组织的相结构及其性能。

根据合金中各组元之间相互作用的不同，固态合金中的相可分为固溶体和金属化合物两类。

1. 固溶体

将糖溶于水中，可以得到糖在水中的"液溶体"，其中水是溶剂，糖是溶质。如果糖水结成冰，便得到糖在固态水中的"固溶体"。合金也有类似的现象，合金在固态下一种组元的晶格内溶解了另一组元的原子而形成的均匀相，称为固溶体。各组元中，与固溶体晶格类型相同的组元称为溶剂，其他组元称为溶质。按溶质原子在溶剂中所占位置的不同，固溶体分为以下两类。

1) 置换固溶体

溶质原子占据溶剂晶格部分结点而形成的固溶体，称为置换固溶体，如图 2-6(a)所示。按照溶质原子在溶剂中的溶解度不同，置换固溶体又可分为有限固溶体和无限固溶体。形成无限固溶体的条件是溶质与溶剂原子的半径接近，且具有相同的晶格类型。如铜镍合金可以形成无限固溶体，而铜锌只能形成有限固溶体。

2) 间隙固溶体

溶质原子分布在溶剂晶格间隙而形成的固溶体，称为间隙

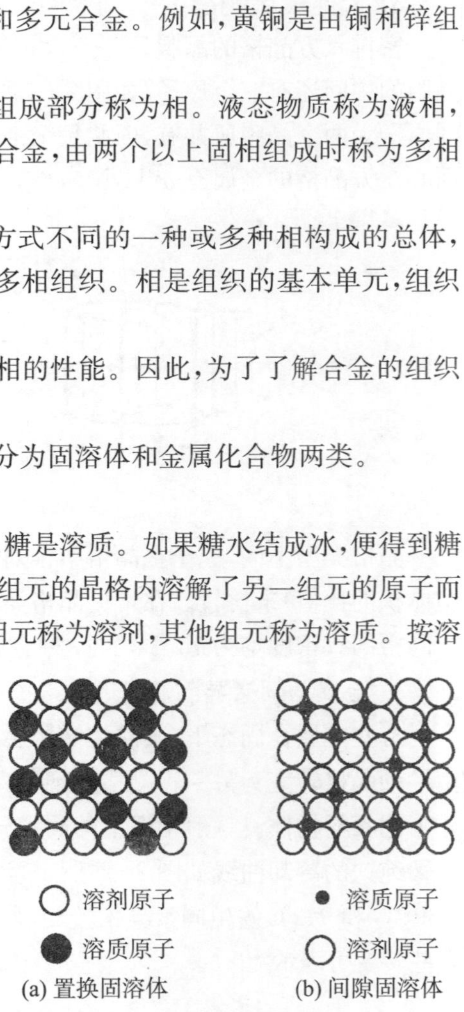

图 2-6　固溶体的分类

固溶体，如图 2-6(b)所示。由于溶剂晶格的间隙有限，所以只有原子半径较小的溶质(碳、氮、硼等非金属元素)才能溶入原子半径较大的溶剂晶格的间隙。间隙固溶体能溶解的溶质的数量是有限的。

无论是置换固溶体还是间隙固溶体，都因溶质原子的溶入而使溶剂晶格发生歪扭，从而使合金对塑性变形的抗力增加。这种通过溶入溶质原子形成固溶体，使金属材料强度、硬度增加的现象，称为固溶强化。固溶强化是提高金属材料力学性能的重要途径之一。

实践证明，适当控制固溶体中的溶质含量，可以在显著提高金属材料强度、硬度的同时，仍能保持良好的塑性和韧性。

2. 金属化合物

金属化合物是指合金组元间相互作用而形成的具有金属特性的一种新相，可以用分子式(如 Fe_3C，CuZn)表示。其晶格类型不同于任一组元，性能也与组元不同，一般熔点高，硬而脆。

由于金属化合物硬而脆，所以单相金属化合物的合金很少使用。当金属化合物呈细小的颗粒弥散分布在固溶体基体上时，能显著提高合金的强度、硬度和耐磨性，这种现象称为弥散强化。金属化合物通常是碳钢、合金钢、硬质合金和有色金属的重要组成相及强化相。

固溶体、金属化合物均是组成合金的基本相。由两相或两相以上组成的多相组织，称为机械混合物。在机械混合物中各组成相仍保持它原有的晶格类型和性能，而机械混合物的性能介于各组成相性能之间，并与各组成相的性能以及相的数量、形状、大小和分布状况等密切相关。

2.1.3 金属实际的晶体结构

以上所讨论的金属晶体结构是把晶体内部原子排列的位向看成是完全一致时理想的单晶体结构。实际上金属材料不都是这样的理想结构，而是一个多晶体结构，并存在有很多缺陷。

1. 多晶体结构

工业上使用的金属材料除专门制作外，即使体积很小，其内部仍包含许多不同晶格位向及形状的小晶体，每个小晶体的内部晶格位向基本一致，如图 2-7 所示。每个小晶体的外形多为不规则的颗粒状，通常把它们称为晶粒。晶粒与晶粒之间的界面称为晶界。

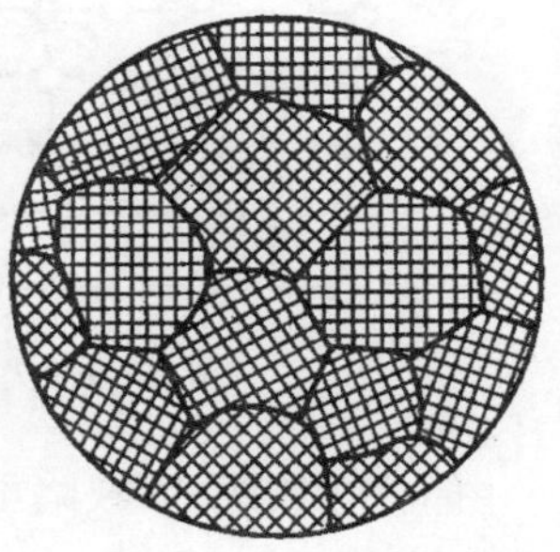
图 2-7　多晶体结构示意图

在钢铁材料中，晶粒的尺寸一般在 $10^{-3} \sim 10^{-1}$ mm，故必须在显微镜下才能观察到。通常把在显微镜下所观察到的金属晶粒的大小、形态和分布称为“显微组织”。有色金属的晶粒一般都比钢铁材料的晶粒大些，有时甚至不用显微镜就能直接观察到，如镀锌钢板表面的锌晶粒，其尺寸通常达到几毫米至十几毫米。

2. 晶体缺陷

金属实际的晶体结构不仅是多晶体结构，而且其内部还存在着各种晶体缺陷。金属实际晶体结构中，局部原子排列的不规则性，统称晶体缺陷。这些缺陷对金属的性能会产生很大影响。根据缺陷的几何形态特征，晶体缺陷分为点缺陷、线缺陷和面缺陷。

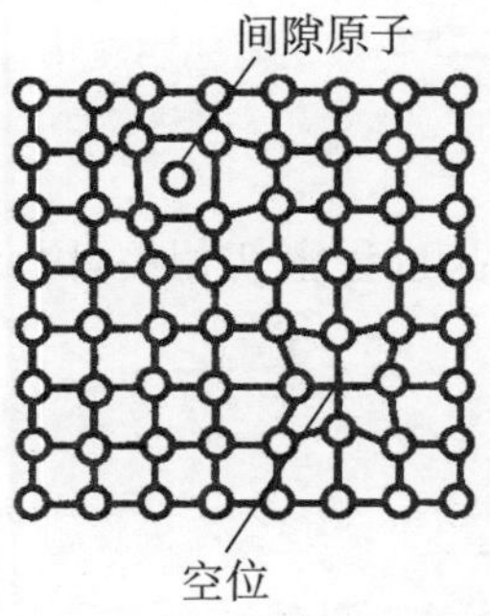

图 2-8　空位和间隙原子示意图

1) 点缺陷

点缺陷是指晶体中呈点状的缺陷。最常见的点缺陷是空位和间隙原子，如图 2-8 所示。当晶格中的某些原子由于某种原因(热振动的偶然偏差)脱离其晶格结点，其结点未被其他原子所占有，这种空着的位置就称为“空位”；同时又有个别原子出现在晶格间隙处，这种不占有正常晶格位置的原子称为“间隙原子”。

在空位和间隙原子附近，由于原子间作用力的平衡被破坏，使其周围的其他原子发生靠拢或撑开的现象称为晶格畸变。晶格畸变将使晶体性能发生改变，如强度、硬度和电阻的增加等。

2）线缺陷

线缺陷是指晶体中呈线状分布的缺陷。常见的线缺陷是各种类型的位错。位错实际上就是在晶体中有一列或若干列原子发生了某种有规律错排的现象。其中比较简单的一种位错形式是刃型位错，如图 2-9 所示。刃型位错是在规则排列的晶体中间多出了一层多余的原子面，这个多余的原子面像刀刃一样切入晶体，使晶体中上下两部分的原子产生了错排现象，因而称为“刃型位错”。在刃型位错线附近，由于原子错排而产生了晶格畸变，从而影响金属的性能。

3）面缺陷

面缺陷是指晶体中呈面状分布的缺陷。常见的面缺陷是晶界和亚晶界。晶界是两相邻晶粒间相互接触的边界。由于各晶粒的位向不同，相邻晶粒间存在 30°～40°的位向差，故晶界是不同位向晶粒之间原子无规则排列的过渡层，如图 2-10(a)所示。晶界处原子的不规则排列，使晶格处于畸变状态，当金属进行塑性变形时晶界起到一定的阻碍作用，表现出强度、硬度升高的现象。晶界越多，晶粒越细，常温下金属的强度、硬度和塑性越高。

在实际金属的每个晶粒内部，其晶格位向并不像理想晶体那样完全一致，而是存在许多尺寸很小，位向也相差很小的小晶块，这些小晶块称为“亚晶粒”，两个相邻亚晶粒的界面称为“亚晶界”，如图 2-10(b)所示。亚晶界实际上是由一系列刃型位错组成的小角度晶界，其原子排列不规则，因此也会产生晶格畸变。

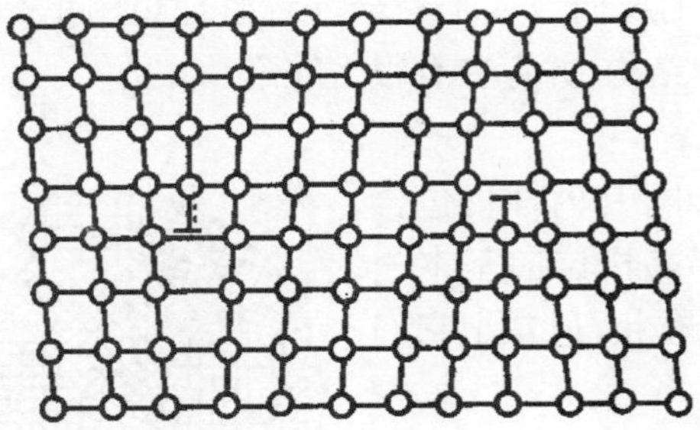

图 2-9　刃型位错示意图

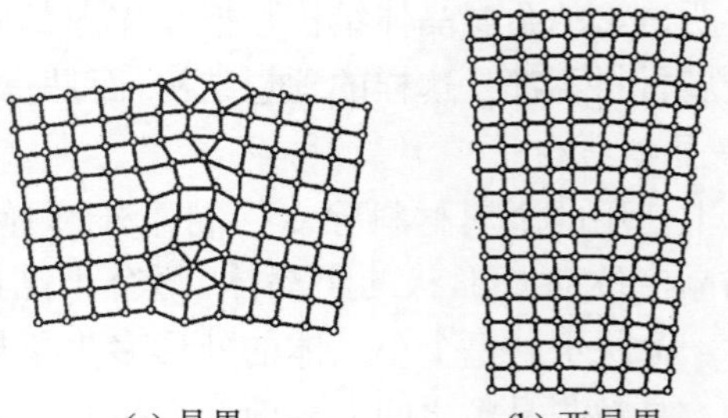

(a) 晶界　(b) 亚晶界

图 2-10　晶界与亚晶界示意图

由上述点、线、面缺陷可知，各种晶体缺陷处晶格均处于畸变状态，引起晶格内部产生内应力，导致材料塑性变形抗力增大，从而使金属材料在常温下的强度、硬度提高。例如，生产中常用的压力加工工艺，就是通过金属材料的塑性变形使晶体产生缺陷，达到强化金属的目的。用产生塑性变形使金属得到强化的方法称为形变强化。

2.2　纯金属与合金的结晶

金属由液体状态转变为晶体状态的过程称为结晶。金属的组织结构与结晶过程密切相关，因此，研究纯金属与合金的结晶规律，有利于探索和改善金属材料的性能。

2.2.1　纯金属的结晶

1. 纯金属的冷却曲线

纯金属的结晶过程可以用冷却曲线来描述。冷却曲线是通过热分析法测定的，即首先将纯金属加热到熔化状态，然后将其以极其缓慢的速度冷却，在冷却过程中，每隔一定时间测定一次温度，直到冷却至室温。然后将测量数据标注在温度-时间坐标上，便可得到纯金属的冷却曲线，如图 2-11(a)所示。

由冷却曲线可见，液态金属随着时间的延长，温度不断下降。当温度降低到 a 点时，液态金属开始结晶。由于金属结晶时释放出结晶潜热，补偿了冷却时散失在空气中的热量，因而在结晶过程中液态金属的温度并不随着时间的延长而下降，直至 b 点结晶终止时才继续下降，在冷却曲线上表现为一水平线段，它所对应的温度就是纯金属的理论结晶温度 T_0。但在实际生产中，金属的冷却不可能极其缓慢，致使实际结晶温度 T_1 低于理论结晶温度 T_0，实际结晶温度低于理论结晶温度的现象称为过冷现象。理论结晶温度与实际结晶温度之差(T_0-T_1)称为过冷度，用 ΔT 表示，如图 2-11(b)所示。

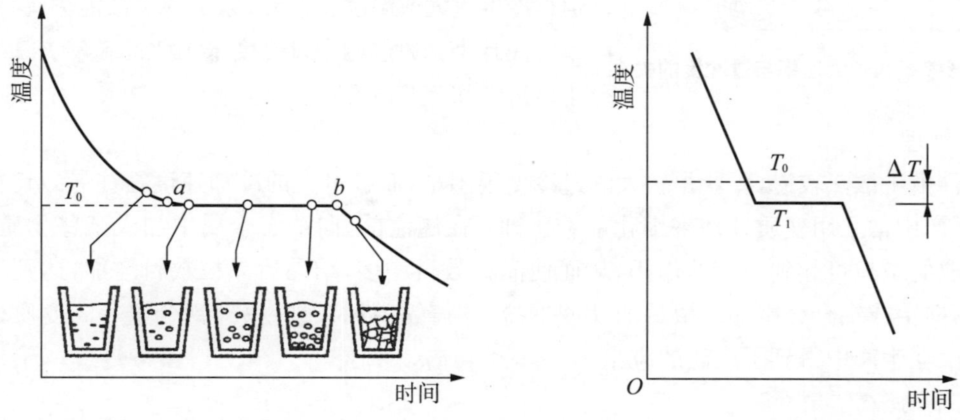

(a) 纯金属冷却曲线　　(b) 过冷度 ΔT

图 2-11　纯金属的冷却曲线与过冷度

过冷度不是一个恒定值，它与液态金属的冷却速度有关。冷却速度越大，金属的实际结晶温度越低，过冷度越大。过冷是结晶的必要条件。

2. 纯金属的结晶过程

纯金属的结晶过程是在冷却曲线上的水平线段内发生的，是晶核的不断形成和长大的过程。

当液态金属冷却时，随着温度的下降，原子的运动能力减弱，其活动范围变小。当温度降到 T_1 时，某些局部原子，将按照金属固有的晶格，有规则地排列成小晶体，这些小晶体称为晶核。晶核的形成过程称形核。晶核形成以后，会吸附周围液体中的原子而长大。与此同时，又有一批新的晶核形成并长大。如此继续，直到全部液态金属转变成固态为止，结晶过程结束。最后形成由许多外形不规则、位向不同的小晶体组成的多晶体，如图 2-12 所示。

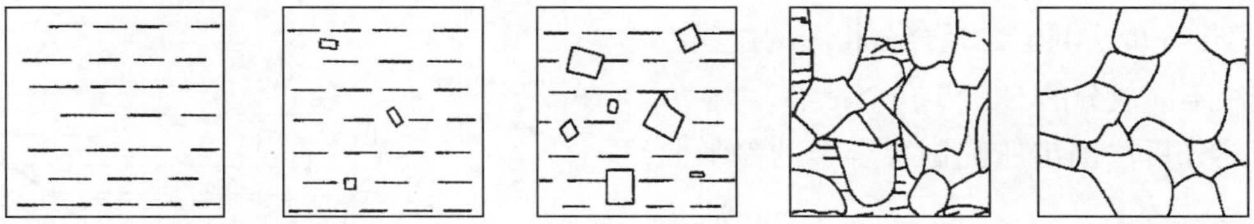

(a) 溶液　(b) 形核　(c) 形核与晶核长大　(d) 晶核长大　(e) 结晶结束

图 2-12　纯金属结晶过程示意图

3. 金属晶粒大小与控制

晶粒的大小是影响金属材料性能的重要因素之一。一般来说，晶粒越细，金属材料的强度、硬度越高，塑性、韧性越好，这种现象称为细晶强化。因为随着晶粒的细化，晶界越多、越曲折，晶粒与晶粒之间咬合的机会就越多，越不利于裂纹的发展和传播。因此，生产中大多希望通过使金属材料的晶粒细化来

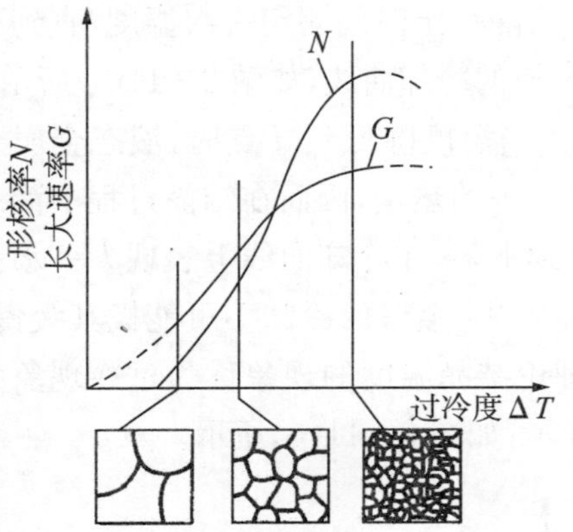

图 2-13　形核率和长大速率与过冷度的关系

提高金属的力学性能。

凡是能促进形核，抑制长大的因素，都能使结晶后的晶粒数目增多，晶粒细化。生产中细化晶粒的途径有以下几种：

1）增大过冷度

形核率 N 和长大速率 G 都随过冷度的增大而增大，但在很大范围内形核率比晶核长大速率增长得更快，如图 2-13 所示。所以过冷度越大，单位体积内晶粒数目越多，晶粒越细化。但过冷度过大或温度过低时，原子的扩散能力降低，形核的速率反而减小。通过增大过冷度来细化晶粒的方法只适用于中小型铸件和薄壁铸件。

2）变质处理

大型铸件由于散热较慢，要获得较大的过冷度很困难，而且过大的冷却速度往往导致铸件开裂而报废。因此，生产中常采用变质处理来细化晶粒。即：在浇注前，向液态金属中加入某些物质(称为变质剂)，由它形成的微粒可起到晶核的作用，从而使晶核数目增多，结晶后晶粒数目增加，达到细化晶粒的目的。例如，向铝或铝合金中加入微量的钛或钠盐；向铸铁中加入硅铁、硅钙合金等。变质处理操作容易，效果更好，在生产中得到了广泛的应用。

3）附加振动

在金属液结晶过程中，采用机械振动、超声波振动或电磁振动等方法，不仅可以使已经生长的小晶体破碎，而且破碎的小晶体可以起到晶核的作用，增加了形核率，从而使晶粒细化。

2.2.2　合金的结晶

合金的结晶与纯金属一样，也遵循形核和长大规律，但由于合金成分中包含两个或两个以上的组元，所以合金的结晶过程比纯金属复杂得多，要借助于合金相图才能表示清楚。

合金相图是表示在十分缓慢的加热或冷却条件(平衡条件)下，合金的状态与温度和成分之间关系的图形，也称为状态图或平衡图。在生产实践中，相图可作为正确制定铸造、锻压、焊接及热处理工艺的重要依据。

1. 二元合金相图的建立

合金的结晶过程不仅与温度有关，还与成分有关，因此，二元合金相图需用温度和成分两个坐标表示，通常纵坐标表示温度，横坐标表示合金的成分。相图是用试验方法测得的，下面以 Cu-Ni 二元合金为例，说明用热分析法测定二元合金相图的过程。

(1) 配制不同成分的 Cu-Ni 合金；

(2) 用热分析法测出所配制各合金的冷却曲线，如图 2-14(a)所示；

(3) 找出各冷却曲线中的相变点(开始结晶温度和结晶终了温度)；

(4) 将各合金的相变点分别标注在温度-成分坐标图中相应成分的位置上；

(5) 连接各相同意义的相变点，即得到如图 2-14(b)所示的 Cu-Ni 二元合金相图。

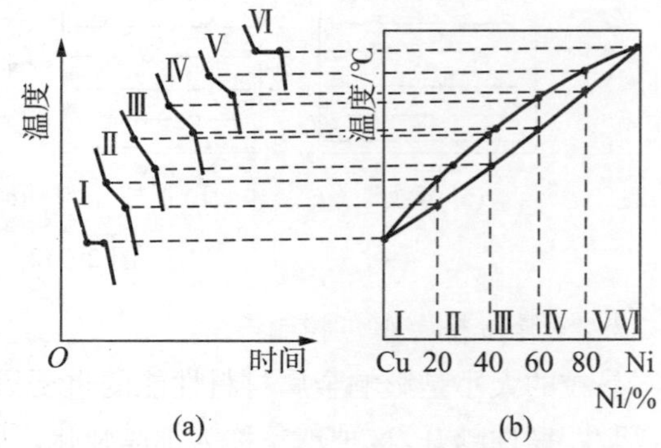

图 2-14　Cu-Ni 合金相图的建立

Cu-Ni 合金相图是最简单的二元合金相图，任何复杂相图都是由若干简单的基本相图组成的，下面介绍两种二元相图的最基本类型，即匀晶相图和共晶相图。

2. 匀晶相图

合金的两组元在液态和固态下均可以任意比例互相溶解的合金相图称为匀晶相图。Cu-Ni，Fe-Cr等合金都具有这类相图。

1）相图分析

图 2－15(a)为 Cu-Ni 二元合金相图，图中 A 点是纯铜的熔点(1 083℃)，B 点是纯镍的熔点(1 452℃)。上面一条为液相线，代表各种成分的 Cu-Ni 合金在冷却过程中开始结晶(或加热过程中熔化终了)的温度；下面一条为固相线，代表各种成分的 Cu-Ni 合金在冷却过程中结晶终了(或加热过程中开始熔化)的温度。液相线以上的区域为液相区，用 L 表示；固相线以下的区域是固相区，用 α 表示；液相线与固相线之间是液、固两相共存区，用 $L+\alpha$ 表示。

2）合金的平衡结晶过程

现以图 2－15(a)中合金Ⅰ为例，分析 Cu-Ni 合金的平衡结晶过程。当液态合金缓慢冷却到 t_1 温度时，开始从液相中结晶出 α 固溶体，随着温度的下降，α 相的量不断增加，剩余液相量不断减少。当合金冷却到 t_4 温度时，结晶结束，得到与原合金成分相同的 α 固溶体。温度继续下降，合金组织不再变化。合金Ⅰ结晶时的冷却曲线及组织转变如图 2－15(b)所示。

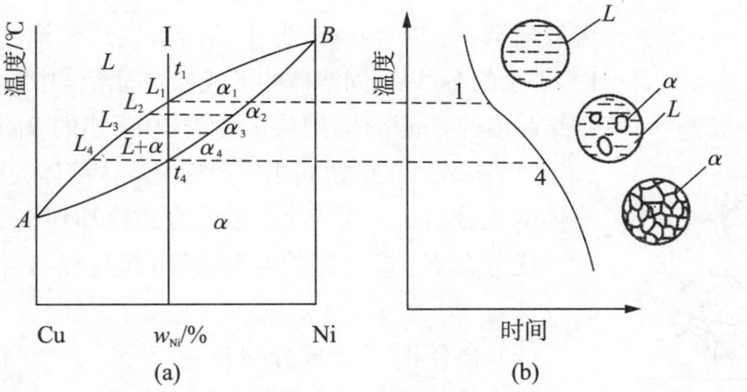

图 2－15 Cu-Ni 二元合金相图

在结晶过程中，不仅液相和固相的量不断变化，而且液相和固相的成分通过原子的扩散也在不断变化。液相成分沿着液相线由 L_1 变化至 L_4，固相成分沿固相线由 α_1 变化至 α_4。由此可见，液、固相线不仅是相区分界线，也是结晶时两相成分变化线。

3. 共晶相图

合金的两组元在液态能完全互溶，在固态下相互有限溶解或不溶，并发生共晶转变的相图称为共晶相图。如 Pb-Sn，Pb-Sb，Al-Si 等都属于这类相图。下面以图 2－16 所示 Pb-Sn 合金相图为例进行分析。

1）相图分析

图中 A 点是纯铅的熔点(327.5℃)，B 点是纯锡的熔点(232℃)，C 点是共晶点(183℃，$w_{Sn}=61.9\%$)，E 点(183℃，$w_{Sn}=19.2\%$)和 F 点(183℃，$w_{Sn}=97.5\%$)分别是锡在铅中和铅在锡中的最大溶解度。ACB 是液相

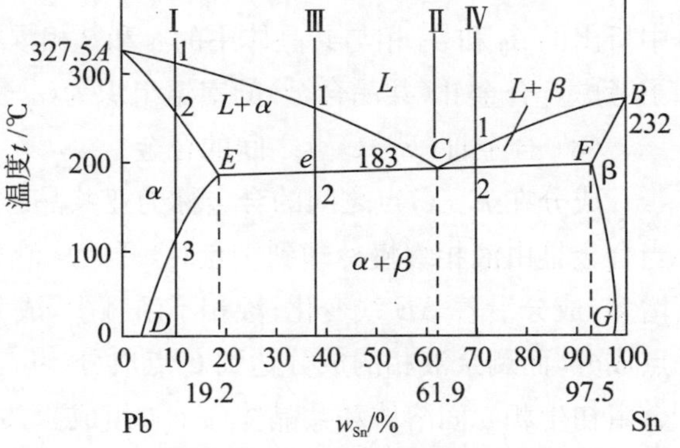

图 2－16 Pb-Sn 合金相图

线，$AECFB$ 是固相线，ED 和 FG 分别表示锡在铅中和铅在锡中的溶解度曲线，也称固溶线，可以看出，随温度降低，固溶体的溶解度下降。相图中有三个单相区，即液相区 L，α 相区和 β 相区；三个两相区 $L+\alpha$，$L+\beta$ 和 $\alpha+\beta$。

凡成分位于 EF 之间的合金，当温度降至 ECF 线时，其剩余液相的成分均会变为 C 点成分的液相 L_C，此时液相将同时结晶出 E 点成分的 α 固溶体和成分为 F 点的 β 固溶体，其反应式为

$$L_C \xrightarrow{183℃} (\alpha_E+\beta_F)$$

这种在一定温度下，由一定成分的液相同时结晶出两种成分不同固相的转变，称为"共晶转变"。共晶转变是在恒温下进行的，发生共晶转变的温度称为共晶温度；发生共晶转变的成分是一定的，该成分（C 点成分）称为共晶成分；C 点称为共晶点；由共晶转变得到的两相混合物称为共晶体，ECF 称为共晶转变线。

2）典型 Pb-Sn 合金的平衡结晶过程

(1) 合金Ⅰ（E—D 之间的合金）

合金Ⅰ的冷却曲线及组织转变如图 2－17 所示。当合金Ⅰ由液相缓慢冷却到 1 点时，从液相开始结晶出 Sn 溶于 Pb 的 α 固溶体。随着温度的降低，α 固溶体不断增多，液相不断减少，液相的成分沿着 AC 线变化，而 α 固溶体的成分沿着 AE 线变化。当冷却至 2 点时，液相合金全部结晶为 α 固溶体，这一结晶过程与匀晶相图合金相同。温度在 2～3 点之间时，α 固溶体不发生变化。当温度降至 3 点时，Sn 在 Pb 中的溶解度达到饱和，温度下降到 3 点以下时，多余的 Sn 以 β 固溶体的形式从 α 固溶体中析出。为了区别于从液相中结晶出的 β 固溶体，把从 α 固溶体中析出的 β 固溶体称为二次 β（或次生 β 相），用 $\beta_{Ⅱ}$ 表示。在 $\beta_{Ⅱ}$ 析出的过程中，α 固溶体的成分沿 ED 线变化，$\beta_{Ⅱ}$ 固溶体的成分沿 FG 线变化。故合金Ⅰ冷却到室温时的组织为 $\alpha+\beta_{Ⅱ}$。

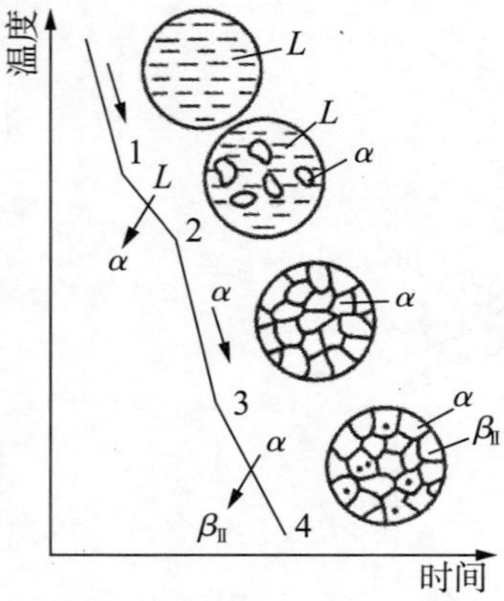

图 2－17　合金Ⅰ的冷却曲线及组织转变示意图

成分在 F—G 之间的合金，其冷却过程与合金Ⅰ相似，室温组织为 $\alpha_{Ⅱ}+\beta$。

(2) 合金Ⅱ（C 点成分的合金）

合金Ⅱ的冷却曲线及结晶过程如图 2－18 所示。C 点成分的合金称为共晶合金，该合金缓慢冷却到 C 点时，将发生共晶转变，即由 C 点成分的液相在共晶温度（183℃）同时结晶出 E 点成分的 α_E 固溶体和 F 点成分的 β_F 固溶体组成的两相组织（$\alpha_E+\beta_F$）。

在 C 点温度以下，液相消失，共晶转变结束。随温度继续下降，固溶体的溶解度随温度的降低而减少，所以共晶组织中的 α 和 β 固溶体的成分分别沿着 ED 和 FG 线变化，析出 $\beta_{Ⅱ}$ 和 $\alpha_{Ⅱ}$ 相。由于从共晶体中析出的 $\beta_{Ⅱ}$ 和 $\alpha_{Ⅱ}$ 相与共晶体中的 α 和 β 相混在一起，难以辨别出来，且 $\beta_{Ⅱ}$ 和 $\alpha_{Ⅱ}$ 数量较少，所以一般不予考虑。合金Ⅱ（共晶合金）的室温组织为（$\alpha+\beta$）。图 2－19 为共晶合金的显微组织。

(3) 合金Ⅲ（E—C 点之间的合金）

成分在 E—C 点之间的合金称为亚共晶合金。亚共晶合金的冷却曲线和结晶过程如图 2－20 所示。当合金Ⅲ由液相缓慢冷却到 1 点时，开始从液相结晶出 α 固溶体。随着温度的降低，α 固溶体的量不断增多，成分沿着 AE 线变化；液相不断减少，成分沿着 AC 线变化。当冷却至 2 点时，α 固溶体的成分为 E 点成分，而剩余液相的成分达到 C 点成分（共晶成分），剩余液相将发生共晶转变，转变为共晶体，此时合金由初生相 α 固溶体和共晶体（$\alpha+\beta$）组成。共晶转变结束后，随着温度的下降，由于固溶体的溶解度降低，从初生的 α 固溶体和共晶体中的 α 固溶体中不断析出 $\beta_{Ⅱ}$，从共晶体中的 β 固溶体中不断析出 $\alpha_{Ⅱ}$，直

至室温为止。在显微镜下除了在初生 α 固溶体中可以观察到 $\beta_{\text{Ⅱ}}$ 外，共晶体中析出的二次相很难辨认，所以亚共晶合金Ⅲ的室温组织为 $\alpha+\beta_{\text{Ⅱ}}+(\alpha+\beta)$。亚共晶合金的显微组织如图 2－21 所示。

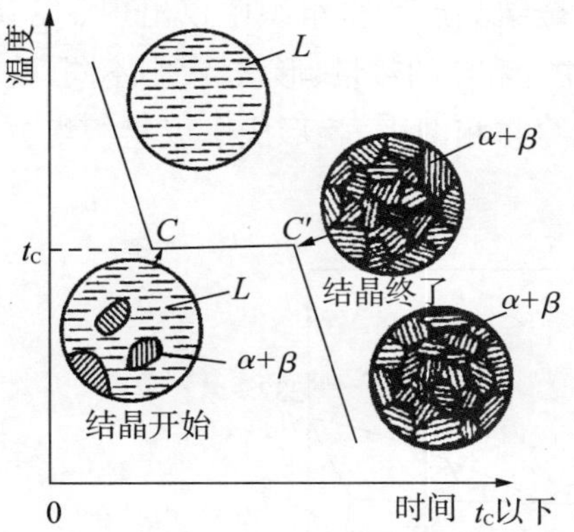

图 2－18　合金Ⅱ的冷却曲线及结晶过程示意图

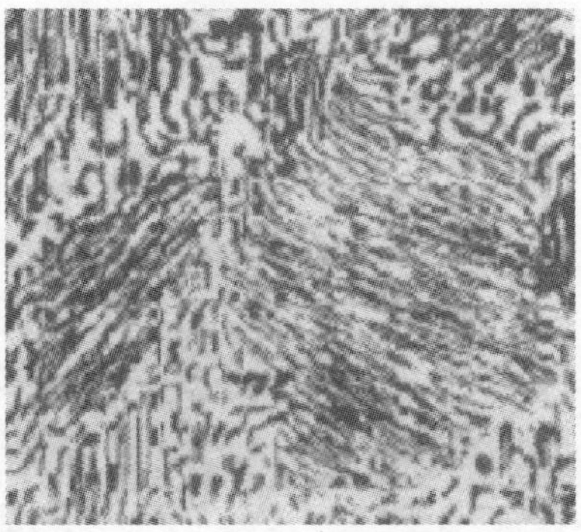

图 2－19　共晶合金的显微组织

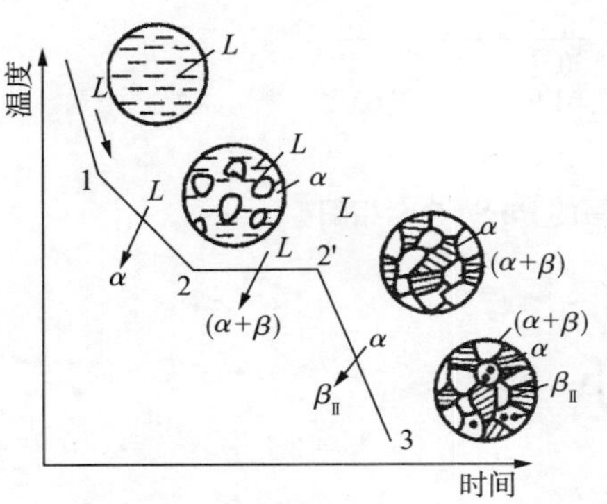

图 2－20　亚共晶合金的冷却曲线和结晶过程

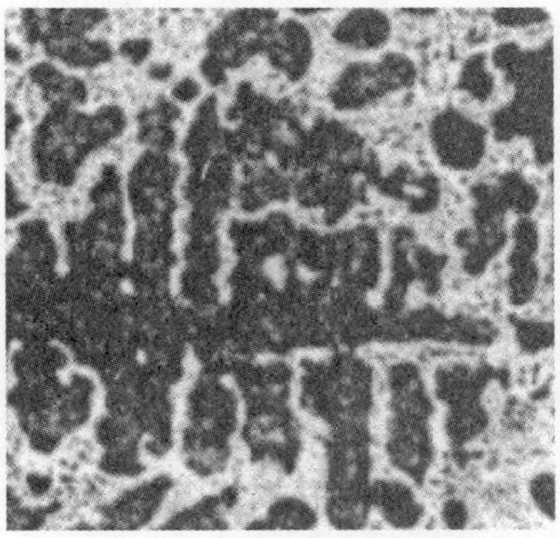

图 2－21　亚共晶合金的显微组织

成分在 E—C 点之间的所有亚共晶合金，其冷却过程都与合金Ⅲ相似，室温组织都是由 $\alpha+\beta_{\text{Ⅱ}}+(\alpha+\beta)$ 组成，所不同的是成分越接近 C 点，组织中初生相 α 量越少，而共晶体 $(\alpha+\beta)$ 越多。

(4) 合金Ⅳ(C—F 点之间的合金)

成分在 C—F 点之间的合金称为过共晶合金，其冷却曲线和结晶过程如图 2－22 所示。过共晶合金的结晶过程与亚共晶合金相似，不同的是初生相为 β 固溶体，次生相为 $\alpha_{\text{Ⅱ}}$，所以其室温组织为 $\alpha_{\text{Ⅱ}}+\beta+(\alpha+\beta)$。过共晶合金的显微组织如图 2－23 所示。

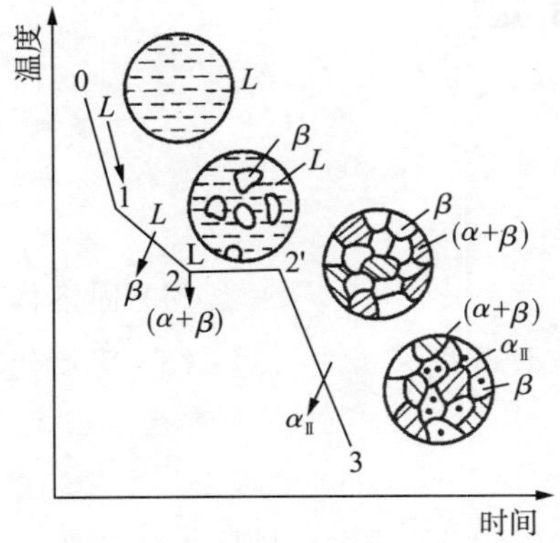

图 2－22　过共晶合金的冷却曲线和结晶过程

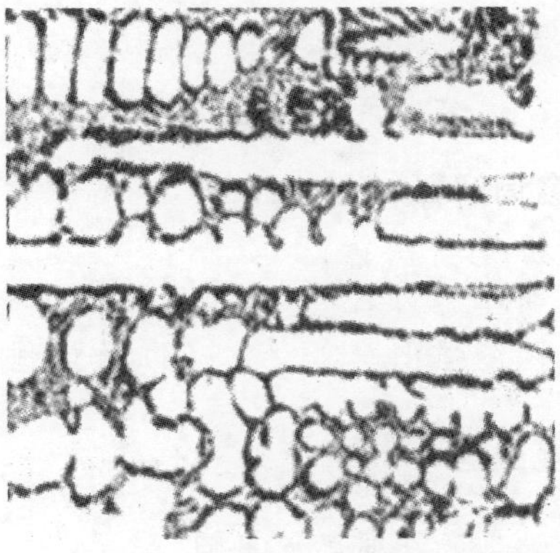

图 2－23　过共晶合金的显微组织

成分在 C—F 点之间的所有过共晶合金，其冷却过程都与合金Ⅳ相似，室温组织都是由 $\alpha_{Ⅱ}+\beta+(\alpha+\beta)$ 组成，所不同的是成分越接近 C 点，组织中初生相 β 量越少，而共晶体 $(\alpha+\beta)$ 越多。

根据上述几种典型合金的结晶过程可见，Pb-Sn 合金结晶后所得组织中仅出现 α、β 两相，图 2-16 就是以相组分填写的 Pb-Sn 合金相图。由于不同合金中 α 和 β 的数量、形状、大小不同，就出现了初生相 α、β，次生相 $\alpha_{Ⅱ}$、$\beta_{Ⅱ}$ 及共晶体 $(\alpha+\beta)$，将这些组织分别填写在相图中，就形成了以组织组分填写的 Pb-Sn 二元合金相图，如图 2-24 所示。

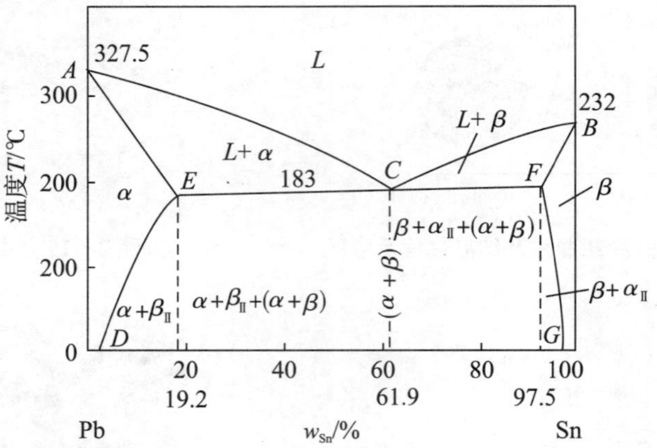

图 2-24　以组织组分填写的 Pb-Sn 合金相图

本章小结

(1) 材料的性能取决于材料的化学成分及其内部的组织结构。

(2) 理解晶格、晶胞、常见晶格类型、金属的实际晶体结构、金属的同素异构转变。

(3) 晶体缺陷是金属强度的影响因素，工程上实际应用的金属，其强化方法就是靠增加晶体缺陷实现的。

(4) 金属结晶的必要条件是过冷，金属的结晶过程是由形核和核长大两个基本过程组成。通过控制形核率、长大速度和过冷度可以调整金属晶粒大小。

(5) 固溶强化和细晶强化是强化金属材料的重要措施之一。

复习思考题

1. 名词解释

(1) 晶体　　(2) 相　　(3) 组织　　(4) 固溶体

(5) 固溶强化　　(6) 弥散强化　　(7) 过冷度　　(8) 变质处理

2. 填空题

(1) 常见的金属晶格类型有________晶格、________晶格和________晶格三种类型。

(2) 根据缺陷的几何形态特征，实际金属的晶体缺陷分为________、________和________。

(3) 过冷度不是一个恒定值,它与液态金属的冷却速度有关。冷却速度越大,金属的实际结晶温度越________,过冷度越________。

(4) 金属结晶过程是一个________和________的过程。

(5) 金属的晶粒越细小,其强度、硬度________,塑性、韧性________,这种现象称为细晶强化。

(6) 按溶质原子在溶剂中所占位置的不同,固溶体分为________和________两类。

3. 选择题

(1) 位错是一种(　　)。

A. 点缺陷　　B. 线缺陷　　C. 面缺陷

(2) 在 20℃时,纯铁的晶体结构类型为(　　)。

A. 体心立方晶格　　B. 面心立方晶格　　C. 密排六方晶格

(3) 固溶体的晶体结构与(　　)相同。

A. 溶剂　　B. 溶质　　C. 溶剂和溶质都不

(4) 金属化合物的性能特点是(　　)。

A. 熔点高,硬度低　　B. 熔点高,硬而脆　　C. 熔点低,硬度高

4. 判断题

(1) 纯铁在 950℃时为体心立方晶格的 α-Fe。(　　)

(2) 实际金属的晶体结构不仅是一个多晶体,而且还存在有很多缺陷。(　　)

(3) 固溶体的晶格类型与溶剂相同。(　　)

(4) 置换固溶体只能为有限固溶体,而间隙固溶体可以是无限固溶体。(　　)

(5) 组织和相是两个不同的概念,它们之间没有任何联系。(　　)

5. 简答题

(1) 常见的金属晶格类型有哪几种?试画出它们的晶胞示意图。

(2) 实际金属晶体中存在哪几种晶体缺陷?这些缺陷对金属的性能有什么影响?

(3) 什么是过冷度?影响过冷度的因素是什么?

(4) 金属结晶过程是由哪两个基本过程组成?

普 通 高 等 职 业 教 育 规 划 教 材
21世纪卓越汽车应用型人才培养专用教材

3 钢铁材料及其在汽车上的应用

学习目标

知识目标

(1) 了解铁碳合金相图含义和应用；
(2) 掌握铁碳合金的成分、组织和性能之间的关系；
(3) 了解常用钢铁热处理方法和选用；
(4) 掌握常用碳钢、合金钢、铸铁的分类、性能、牌号及应用。

能力目标

(1) 学会分析汽车常用钢铁材料的性能要求和失效形式；
(2) 学会常用钢铁热处理方法的选用；
(3) 学会汽车上使用的钢铁材料的识别；
(4) 学会汽车常用零部件选用钢铁材料的方法和应用。

由于钢铁材料具有良好的使用性能和工艺性能，并且加工方便，因此是汽车制造工业中应用最广泛的材料。尽管近年来为节省能源，实现汽车轻量化，不少钢铁材料制造的零件被有色金属和其他材料所替代，但钢铁材料仍是汽车用材的主体，其使用量超过汽车用材总量的60%。

3.1　铁碳合金相图

钢铁材料的基本组元是铁和碳两种元素，故称为铁碳合金。不同成分的铁碳合金，在不同的温度下具有不同的组织，因而表现出不同的性能。铁碳合金相图是研究平衡条件下，铁碳合金的成分、温度和组织之间关系的图形，是制定钢铁材料各种热加工工艺的重要依据。

3.1.1　铁碳合金的基本相及组织

在铁碳合金中，铁与碳两组元在液态下可以无限互溶，在固态下碳可以溶解在铁的晶格中形成固溶体，也可与铁发生化学反应形成金属化合物。铁碳合金的基本相有铁素体、奥氏体和渗碳体，另外还有由两种基本相组成的多相组织珠光体和莱氏体。

1. 铁素体

铁素体是碳溶于α-Fe中所形成的间隙固溶体，用符号F表示。由于体心立方晶格的间隙较小，所以碳在α-Fe中的溶解度很小，在727℃时α-Fe中最大溶碳量仅为0.021 8%。随着温度的降低，α-Fe中溶碳量减少，在600℃时约为0.005 7%，室温仅为0.000 8%。由于铁素体的溶碳量极少，因此铁素体在室温的性能与纯铁相似，即具有良好的塑性、韧性，而强度、硬度较低。

铁素体在显微镜下呈明亮的多边形晶粒组织，如图3-1所示。铁素体在770℃以下具有磁性。

2. 奥氏体

奥氏体是碳溶于γ-Fe中所形成的间隙固溶体，用符号A表示。由于面心立方晶格的间隙较大，所以碳在γ-Fe中的溶解度也较大，在1 148℃时溶碳量最大，达到2.11%。随着温度的降低，溶碳量逐渐减少，在727℃时溶碳量为0.77%。奥氏体的强度、硬度不高，但塑性、韧性较好，因此生产中，常将钢加热到奥氏体状态进行压力加工。

奥氏体是一个高温相，存在于727℃以上。奥氏体的显微组织也呈明亮的多边形，但晶界较平直，并且晶粒内常出现孪晶(图中晶粒内的平行线)，如图3-2所示。奥氏体无磁性。

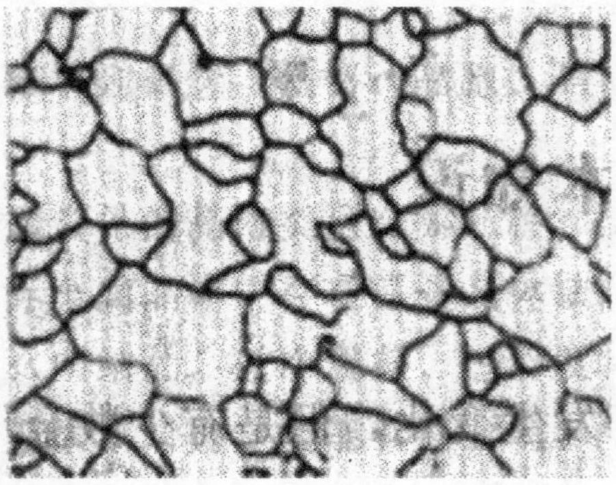

图3-1　铁素体的显微组织

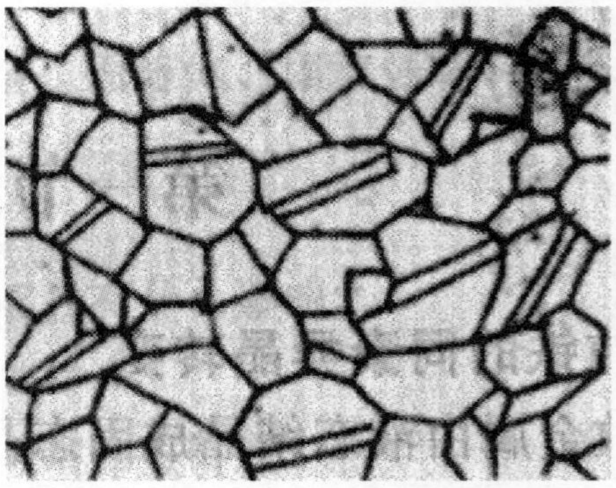

图3-2　奥氏体的显微组织

3. 渗碳体

铁和碳所形成的金属化合物称为渗碳体，用化学式Fe_3C表示。渗碳体具有复杂的斜方晶格，如图

3-3所示。其含碳量为6.69%，具有很高的硬度(相当于800 HBW)，塑性和韧性几乎为零，脆性很大。在铁碳合金中，渗碳体常以片状、粒状或网状等形式与固溶体相共存，它是钢中的主要强化相，其数量、大小、分布和形态对钢的性能有很大影响。

渗碳体在230℃以下具有弱磁性，230℃以上失去磁性。

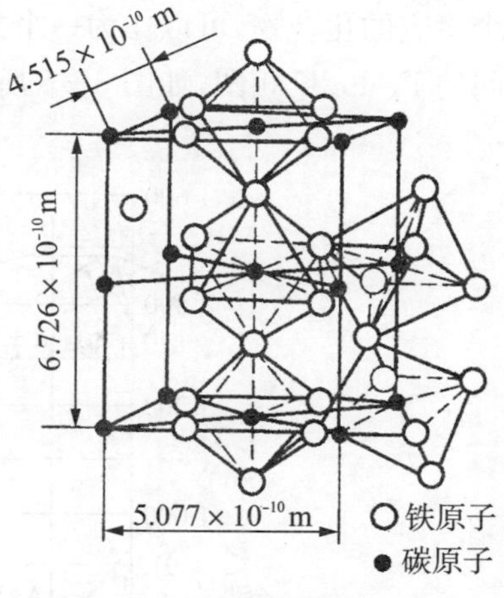

图 3-3　渗碳体的晶体结构

4. 珠光体

珠光体是由铁素体和渗碳体相间排列而成的层片状的机械混合物，用P表示，如图3-4所示。珠光体的碳量为0.77%，其力学性能介于铁素体和渗碳体之间，强度较高，硬度适中，有一定的塑性。

5. 莱氏体

莱氏体是奥氏体和渗碳体的机械混合物，用 L_d 表示。莱氏体的含碳量为4.3%，存在于727℃以上。在727℃以下，莱氏体则是由珠光体和渗碳体组成的机械混合物，称为低温莱氏体或变态莱氏体，用 L'_d 表示。低温莱氏体的显微组织可以看成是在渗碳体的基体上分布着颗粒状的珠光体，如图3-5所示。莱氏体硬度很高，塑性很差。

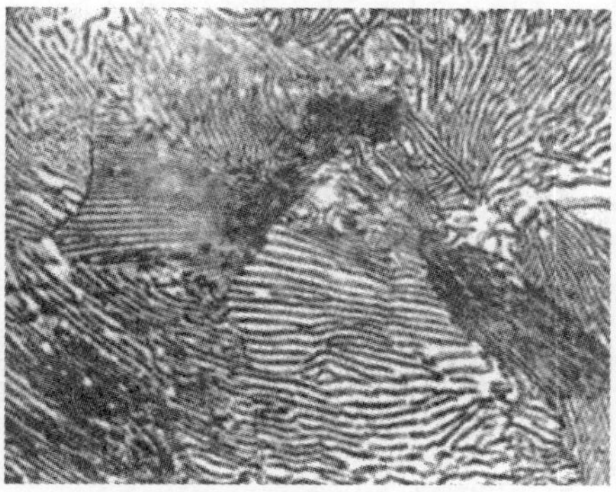
图 3-4　珠光体的显微组织

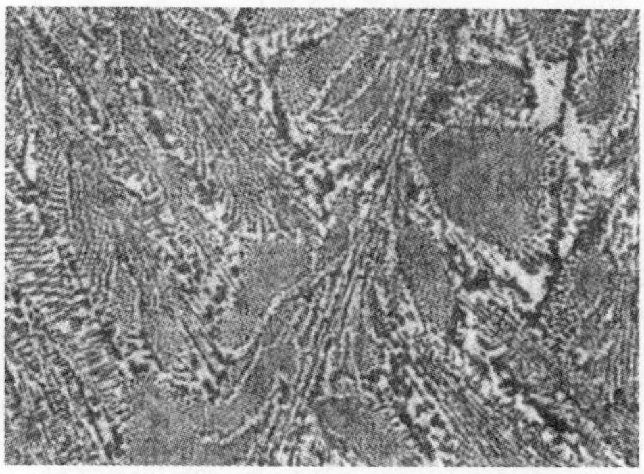
图 3-5　低温莱氏体的显微组织

铁碳合金的基本相及组织的力学性能见表3-1。

表 3-1　铁碳合金的基本相及组织的力学性能

名　称	符号	R_m/MPa	HBW	A/%	A_K/J
铁素体	F	230	80	50	160
奥氏体	A	400	220	50	—
渗碳体	Fe_3C	30	800	≈0	≈0
珠光体	P	750	180	20～25	24～32
莱氏体	L'_d	—	700	—	—

3.1.2　铁碳合金相图

由于碳的质量分数 w_C>6.69%的铁碳合金脆性很大，加工困难，没有实用价值，而且 Fe_3C 又是一个稳定的化合物，可以作为一个独立的组元，因此铁碳合金相图实际上是碳的质量分数在 0～6.69%之间的 Fe-Fe_3C 相图，如图 3－6 所示。

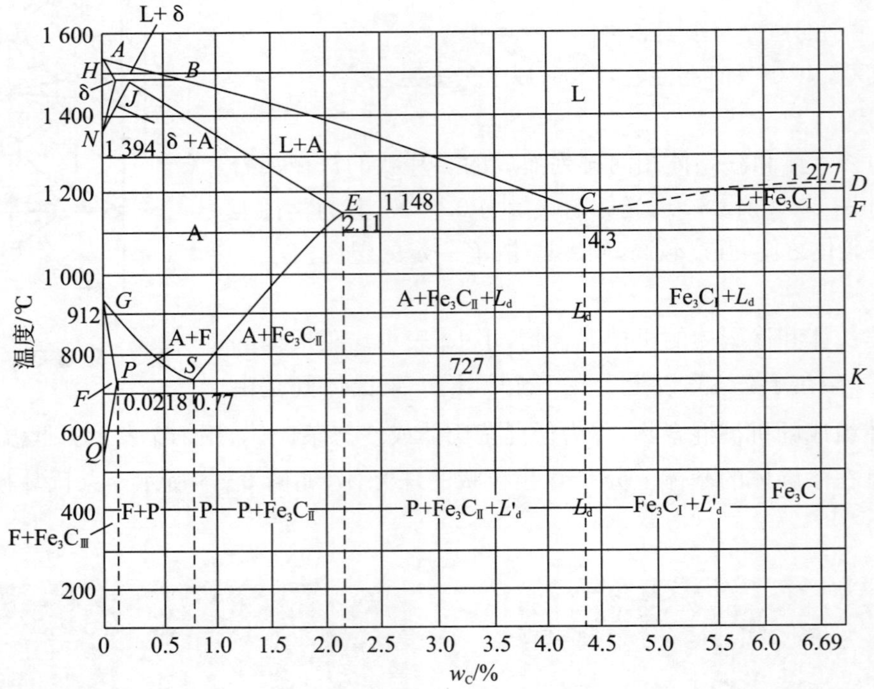

图 3－6　Fe-Fe₃C 相图

1. 铁碳合金相图分析

为便于研究，在分析铁碳合金相图时，将图 3－6 中左上角（包晶转变）部分予以简化，简化后的 Fe-Fe_3C 相图如图 3－7 所示。

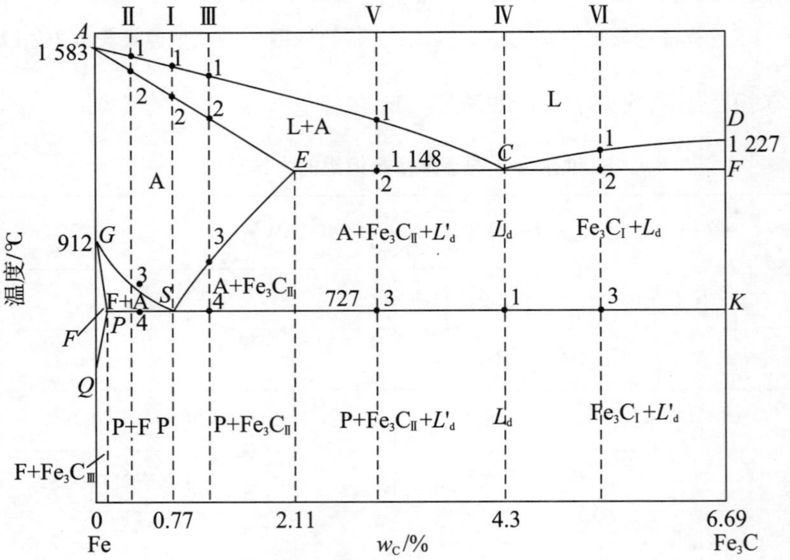

图 3－7　简化后的 Fe-Fe₃C 相图

1) Fe-Fe_3C 相图中的特性点

Fe-Fe_3C 相图中各主要特性点的温度、成分和含义如表 3－2 所示。

表 3-2　Fe-Fe_3C 相图中各主要特性点

特性点	温度/℃	w_C/%	含　义
A	1 538	0	纯铁的熔点
C	1 148	4.3	共晶点
D	1 227	6.69	渗碳体的熔点
E	1 148	2.11	碳在奥氏体(γ-Fe)中的最大溶解度，也是钢与铸铁的成分分界点
F	1 148	6.69	共晶渗碳体的成分
G	912	0	纯铁的同素异构转变点
K	727	6.69	共析渗碳体的成分
P	727	0.021 8	碳在铁素体(α-Fe)中的最大溶解度
S	727	0.77	共析点
Q	600	0.005 7	600℃时碳在α-Fe 中的溶解度

2) Fe-Fe_3C 相图中的特性线

(1) ACD 线为液相线，任何成分的铁碳合金在此线以上均为液相，用符号 L 表示。液态铁碳合金缓慢冷至 AC 线，开始结晶出奥氏体，缓冷至 CD 线结晶出渗碳体。从液态中析出的渗碳体称为一次渗碳体，表示为 $Fe_3C_Ⅰ$。

(2) $AECF$ 线为固相线，液态合金冷却至此线全部结晶为固相。

(3) ECF 线为共晶线，凡是 $w_C>2.11\%$ 的铁碳合金，缓冷至此线(1 148℃)时，均发生共晶转变，从具有共晶成分的液相中，同时结晶出奥氏体和渗碳体的机械混合物，即莱氏体。

(4) PSK 线为共析线，又称 A_1 线。凡是 $w_C>0.021\,8\%$ 的铁碳合金，缓冷至此线(727℃)时，均发生共析转变，从具有共析成分的奥氏体中，同时析出铁素体和渗碳体的机械混合物，即珠光体。

(5) ES 线为碳在 γ-Fe 中的溶解度曲线，又称 A_{cm} 线。当奥氏体由高温缓冷至 ES 线时，碳在奥氏体中的溶解度达到饱和，随着温度的下降，溶解度减小，多余的碳将以渗碳体的形式从奥氏体中析出。从奥氏体中析出的渗碳体称为二次渗碳体，表示为 $Fe_3C_Ⅱ$。

(6) PQ 线为碳在 α-Fe 中的溶解度曲线。在 727℃时碳在 α-Fe 中的溶解度最大，为 0.021 8%。随着温度的降低，溶解度减小，多余的碳将以渗碳体的形式从铁素体中析出。从铁素体中析出的渗碳体称为三次渗碳体，表示为 $Fe_3C_Ⅲ$。

(7) GS 线又称 A_3 线，是冷却时奥氏体向铁素体转变的开始线；GP 线为冷却时奥氏体向铁素体转变的终了线。

3) 铁碳合金的分类

铁碳合金根据其在 Fe-Fe_3C 相图中的位置可分为以下几种。

(1) 工业纯铁为 $w_C\leqslant 0.021\,8\%$ 的铁碳合金。

(2) 钢为 $0.021\,8\%<w_C\leqslant 2.11\%$ 的铁碳合金。根据其室温组织不同又可分为以下三种。

① 亚共析钢为 $0.021\,8\%<w_C<0.77\%$；

② 共析钢为 $w_C=0.77\%$；

③ 过共析钢为 $0.77\%<w_C\leqslant 2.11\%$。

(3) 白口铸铁为 $2.11\%<w_C\leqslant 6.69\%$ 的铁碳合金称为白口铸铁。根据其室温组织不同又可分为以下三种。

① 亚共晶白口铸铁为 $2.11\%<w_C<4.3\%$；

② 共晶白口铸铁为 $w_C=4.3\%$；

③ 过共晶白口铸铁为 $4.3\%<w_C\leqslant 6.69\%$。

2. 典型铁碳合金的平衡结晶过程及室温组织

1) 共析钢

图 3－7 中合金Ⅰ为共析钢。当液态合金缓慢冷却到与液相线 AC 相交的 1 点时，开始从液相中结晶出奥氏体。随着温度的下降，奥氏体量逐渐增多，其成分沿 AE 线变化，而剩余液相逐渐减少，成分沿 AC 线变化。冷却至 2 点时，液相全部结晶为与原合金成分相同的奥氏体。在 2—S 点温度范围内为单一的奥氏体。待冷却至 S 点时，奥氏体将发生共析转变，同时析出 P 点成分的铁素体和 K 点成分的渗碳体，转变成铁素体和渗碳体层片相间的机械混合物，即珠光体。在 S 点以下继续冷却时，铁素体成分沿 PQ 线变化，将析出三次渗碳体，三次渗碳体与共析渗碳体混在一起，不易分辨，且数量极少，可忽略不计。因此共析钢在室温的组织是珠光体，如图 3－4 所示。

共析钢在冷却过程中的组织转变情况如图 3－8 所示。

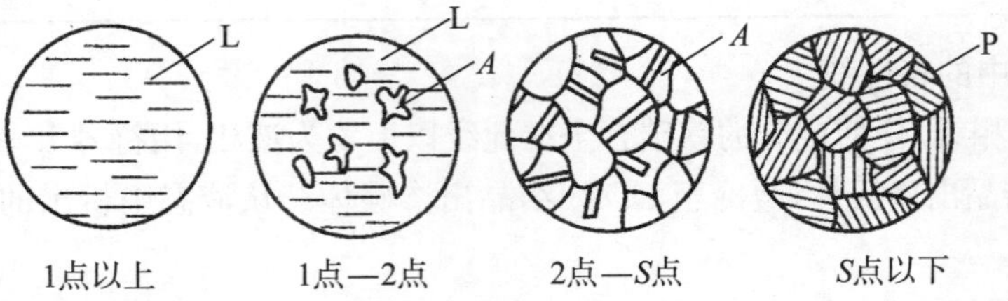

图 3－8　共析钢在冷却过程中的组织转变示意图

2) 亚共析钢

图 3－7 中合金Ⅱ为亚共析钢。亚共析钢在 3 点以上温度冷却过程与共析钢在 S 点以上相似。当缓慢冷却到与 GS 线相交的 3 点时，开始从奥氏体中析出铁素体，随着温度的降低，铁素体量逐渐增多，其成分沿 GP 线变化，而奥氏体量逐渐减少，成分沿 GS 线向共析成分接近。当冷却到与 PSK 线相交的 4 点时，剩余奥氏体达到共析成分，将在共析温度下发生共析转变而形成珠光体。温度继续下降，从铁素体中析出极少量三次渗碳体可忽略不计。因此亚共析钢在室温的组织是铁素体＋珠光体。亚共析钢在冷却过程中的组织转变情况如图 3－9 所示。

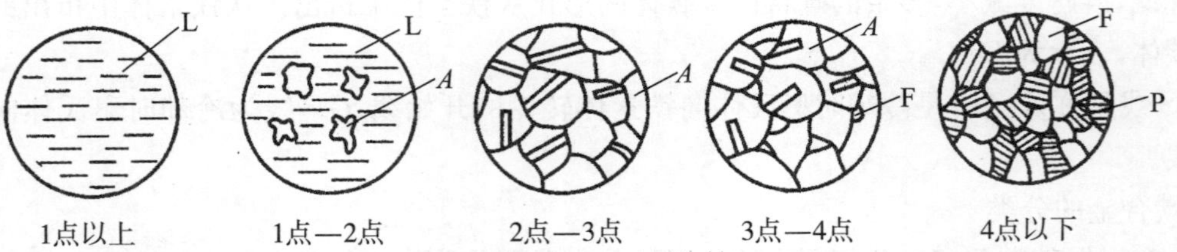

图 3－9　亚共析钢在冷却过程中的组织转变示意图

所有亚共析钢的室温组织都是铁素体＋珠光体，但随着碳的质量分数的增加，组织中珠光体的量增多，铁素体的量减少。图 3－10 是不同成分亚共析钢的室温显微组织，图中白色部分为铁素体，黑色部分为珠光体。

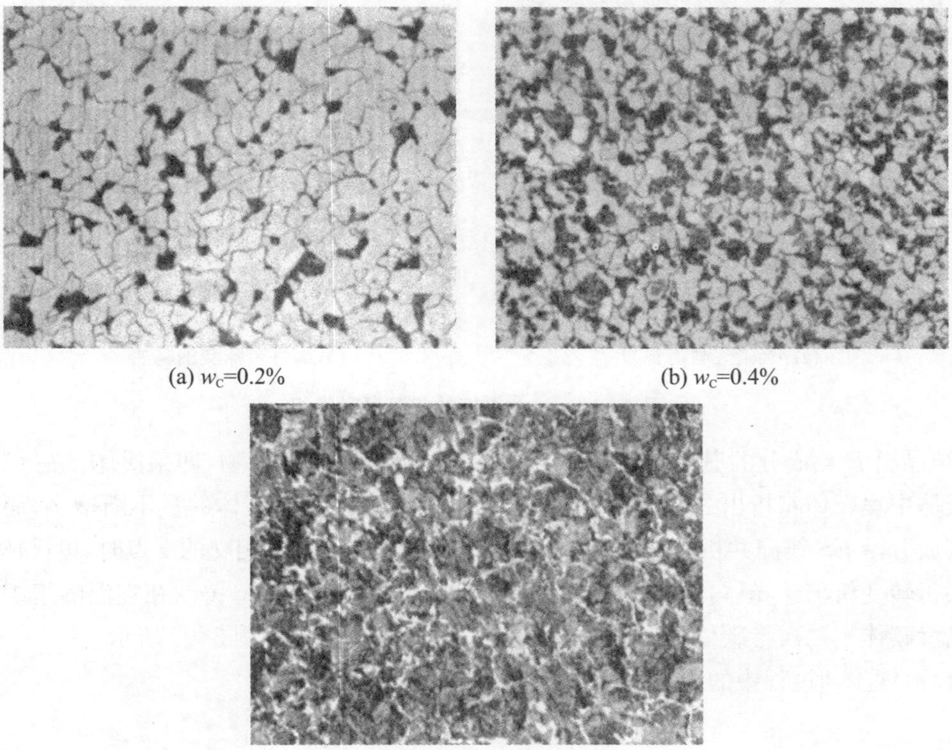

(a) w_C=0.2%　　(b) w_C=0.4%

(c) w_C=0.6%

图 3-10　不同成分亚共析钢的室温显微组织

3）过共析钢

图 3-7 中合金Ⅲ为过共析钢。过共析钢在 3 点以上温度冷却过程与共析钢在 S 点以上相似。当缓慢冷却到与 ES 线相交的 3 点时，奥氏体中的溶碳量达到饱和，随着温度的降低，多余的碳以二次渗碳体的形式析出，并以网状形式沿奥氏体晶界分布。随着温度的降低，二次渗碳体量逐渐增多，而奥氏体量逐渐减少，奥氏体成分沿 ES 线向共析成分接近。当冷却到与 PSK 线相交的 4 点时，剩余奥氏体达到共析成分，将在共析温度下发生共析转变而形成珠光体。温度继续下降，组织不再变化。因此过共析钢在室温的组织是珠光体＋网状二次渗碳体。过共析钢在冷却过程中的组织转变情况如图 3-11 所示。

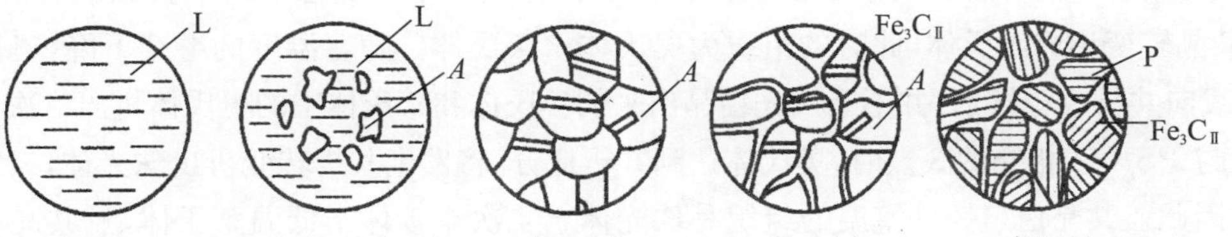

图 3-11　过共析钢在冷却过程中的组织转变示意图

所有过共析钢的室温组织都是珠光体＋网状二次渗碳体，但随着碳的质量分数的增加，组织中二次渗碳体的量逐渐增多，珠光体的量逐渐减少，当 $w_C=2.11\%$时，二次渗碳体的量达到最大，其值为 22.6%。过共析钢的室温显微组织如图 3-12 所示，图 3-12(a)中呈片状黑白相间的部分为珠光体，白色网状为二次渗碳体。

4）共晶白口铸铁

图 3-7 中合金Ⅳ为共晶白口铸铁。当共晶白口铸铁缓慢冷却到 C 点时将发生共晶转变，即从液态

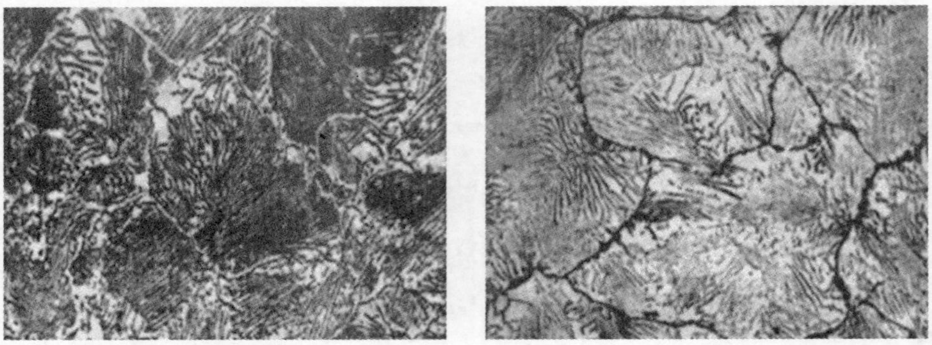

(a) 4%硝酸酒精腐蚀　　(b) 碱性苦味酸钠腐蚀

图 3-12　过共析钢的室温显微组织

合金中同时结晶出 E 点成分的奥氏体和 F 点成分的渗碳体的机械混合物，即莱氏体。在 C 点以下继续冷却时，莱氏体中奥氏体将析出二次渗碳体，随着温度的下降，二次渗碳体的量不断增多，而奥氏体的量不断减少，其成分沿 ES 线向共析成分接近。当温度下降至与 PSK 线相交的 1 点时，奥氏体达到共析成分，将发生共析转变析出珠光体，二次渗碳体保留到室温。因此共晶白口铸铁在室温的组织是珠光体和渗碳体(共晶渗碳体＋二次渗碳体)组成的两相组织，即低温莱氏体，如图 3-5 所示。

共晶白口铸铁冷却过程中的组织转变情况如图 3-13 所示。

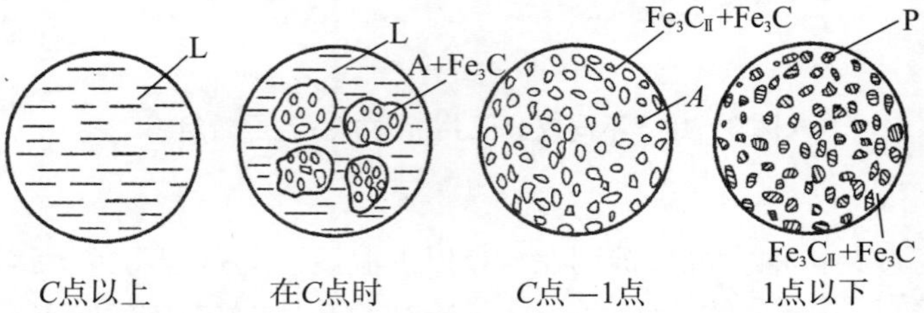

图 3-13　共晶白口铸铁冷却过程中的组织转变示意图

5）亚共晶白口铸铁

图 3-7 中合金Ⅴ为亚共晶白口铸铁。当亚共晶白口铸铁缓慢冷却到与 AC 线相交的 1 点时，开始从液相中结晶出奥氏体。随着温度的下降，奥氏体量逐渐增多，其成分沿 AE 线变化，而剩余液相量逐渐减少，其成分沿 AC 线向共晶成分接近。当冷却到与共晶线 ECF 相交的 2 点时，剩余液相达到共晶成分，将发生共晶转变形成莱氏体，此时的组织为奥氏体＋莱氏体。随着温度的继续下降，奥氏体的成分将沿着 ES 线向共析成分接近，并不断从先结晶出来的奥氏体和莱氏体中的奥氏体析出二次渗碳体。当温度下降至与 PSK 线相交的 3 点时，奥氏体达到共析成分，将发生共析转变析出珠光体，二次渗碳体保留到室温。因此亚共晶白口铸铁室温的组织是珠光体＋二次渗碳体＋低温莱氏体，亚共晶白口铸铁冷却过程中的组织转变情况如图 3-14 所示。显微组织如图 3-15 所示，图中黑色块状或树枝状为珠光体，珠光体周围白色网状为二次渗碳体，黑白相间的基体为低温莱氏体。

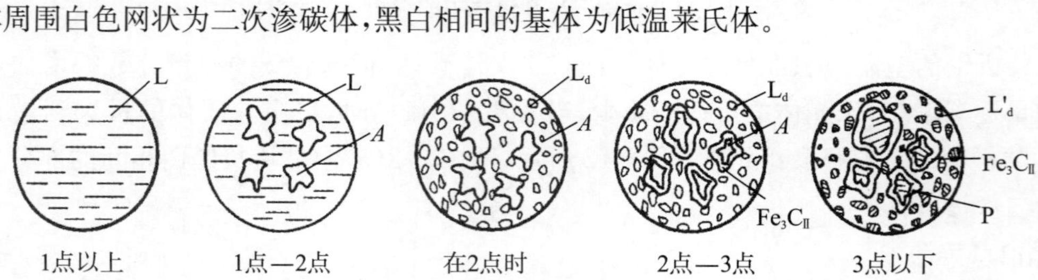

图 3-14　亚共晶白口铸铁冷却过程中的组织转变示意图

所有亚共晶白口铸铁的室温组织都是珠光体+二次渗碳体+低温莱氏体，但随着碳的质量分数的增加，低温莱氏体的量增多，珠光体量减少。

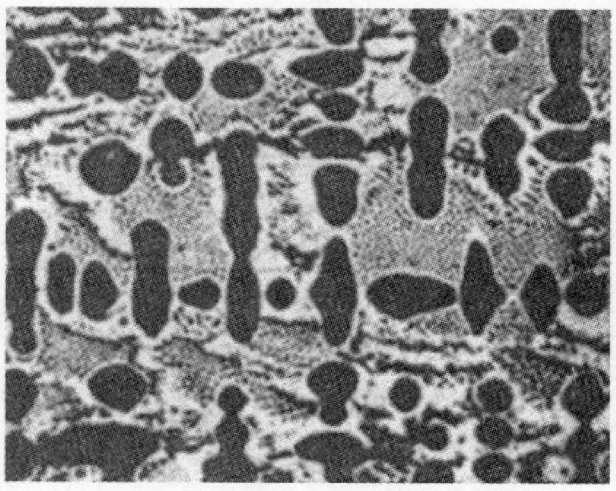

图 3-15 亚共晶白口铸铁的室温显微组织

6）过共晶白口铸铁

图 3-7 中合金Ⅵ为过共晶白口铸铁。当过共晶白口铸铁缓慢冷却到与 *CD* 线相交的 1 点时，开始从液相中结晶出一次渗碳体。随着温度的下降，一次渗碳体量逐渐增多，剩余液相量逐渐减少，其成分沿 *CD* 线向共晶成分接近。当冷却到与共晶线 *ECF* 相交的 2 点时，剩余液相达到共晶成分，将发生共晶转变形成莱氏体，此时的组织由莱氏体和一次渗碳体组成。随着温度的继续下降，合金的组织变化与共晶、亚共晶白口铸铁基本相同，即冷却至 3 点莱氏体转变成低温莱氏体，继续冷却合金组织不再变化。过共晶白口铸铁室温组织是低温莱氏体+一次渗碳体，过共晶白口铸铁冷却过程中的组织转变情况如图 3-16 所示。过共晶白口铸铁的显微组织如图 3-17 所示，图中白色条状为一次渗碳体，基体为低温莱氏体。

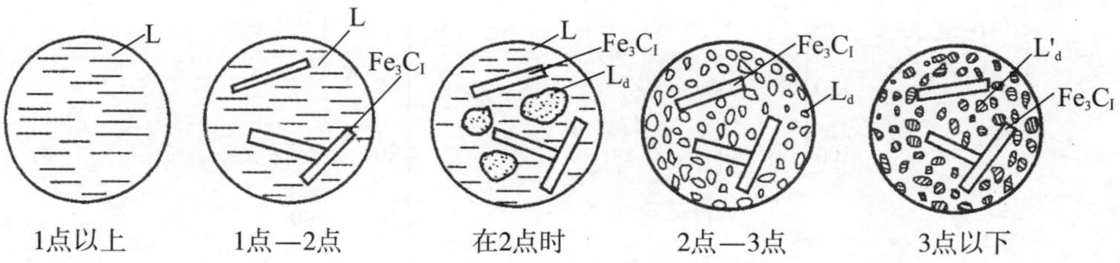

图 3-16 过共晶白口铸铁冷却过程中的组织转变示意图

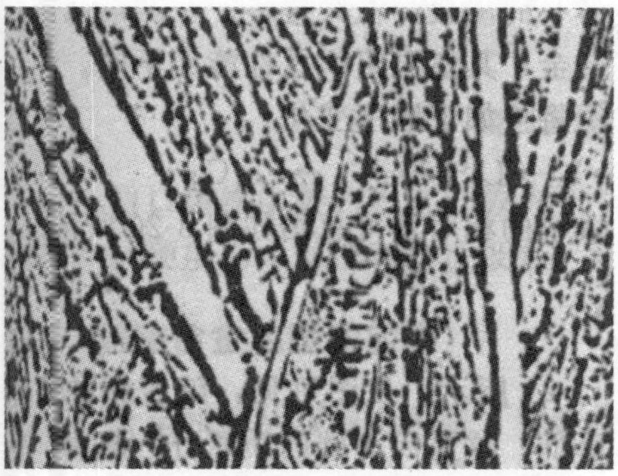

图 3-17 过共晶白口铸铁的室温显微组织

所有过共晶白口铸铁的室温组织都是低温莱氏体+一次渗碳体，但随着碳的质量分数的增加，一次渗碳体的量增多，低温莱氏体量减少。

3. 铁碳合金的成分、组织、性能间的关系

1）铁碳合金的成分与组织间的关系

由上述分析可知，随着碳的质量分数的提高，铁碳合金室温下的平衡组织依次为：

$F+Fe_3C_{III} \rightarrow F+P \rightarrow P \rightarrow P+Fe_3C_{II} \rightarrow P+Fe_3C_{II}+L'_d \rightarrow L'_d \rightarrow L'_d+Fe_3C_I$。任何成分的铁碳合金在室温均是由铁素体和渗碳体两相组成的，并且随着碳的质量分数的增加，铁素体的相对量在减少，而渗碳体的相对量在增加。铁碳合金的成分与组织组成物和相组成物相对量的关系归纳于图 3-18 中。

2）铁碳合金的成分与性能间的关系

在铁碳合金中，渗碳体是一种强化相，所以渗碳体数量越多，分布越均匀，则铁碳合金的强度、硬度越高，塑性、韧性越低；但当渗碳体分布在晶界或作为基体存在时，则铁碳合金的塑性和韧性将大大下降，且强度也随之降低。铁碳合金中碳的质量分数对钢力学性能的影响如图 3-19 所示。从图中可以看出，当 $w_C<0.9\%$时，随着碳的质量分数的增加，钢的强度和硬度直线上升，而塑性和韧性却不断降低；而当 $w_C>0.9\%$时，由于二次渗碳体不断在晶界析出并形成完整的网状，不仅使钢的塑性、韧性进一步下降，而且强度也开始明显下降。因此，在机械制造中，为了保证钢既具有足够高的强度，同时又具有一定的塑性和韧性，钢中碳的质量分数一般都不超过 1.4%。

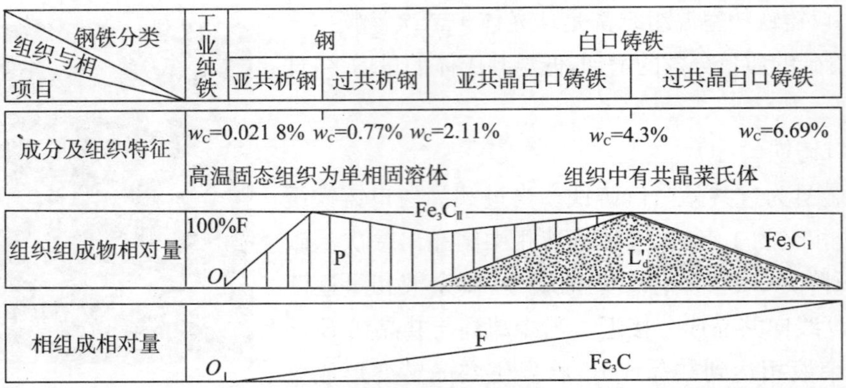

图 3-18 铁碳合金的成分与组织组成物和相组成物相对量的关系

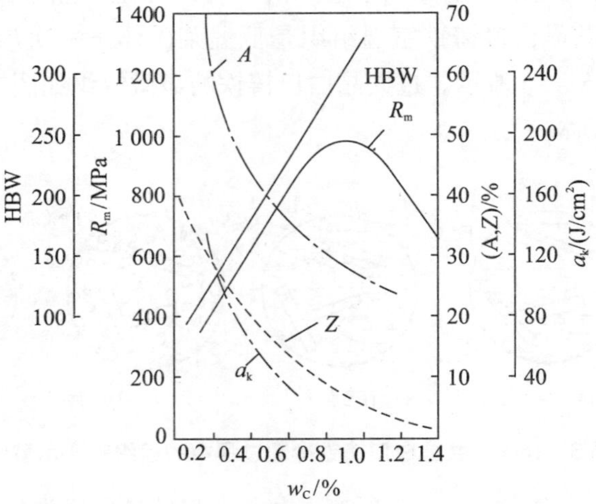

图 3-19 铁碳合金中碳的质量分数对钢力学性能的影响

对于 $w_C>2.11\%$的白口铸铁，由于组织中含有大量的硬而脆的渗碳体，难以切削加工，因此在机械制造中很少直接应用。

3.1.3 铁碳相图的应用

$Fe\text{-}Fe_3C$ 相图表明了钢铁材料的成分、组织与性能的变化规律，为生产中的选材及制定加工工艺提供了重要依据。

1. 在选材方面的应用

由 $Fe\text{-}Fe_3C$ 相图可知，不同成分的铁碳合金，其室温组织不同，导致其力学性能也不同。因此，可根据零件的不同性能要求来合理地选择材料。例如，要求塑性、韧性好的金属构件（汽车上的油底壳、气缸盖罩），应选碳的质量分数较低的钢；要求强度、硬度、塑性和韧性都较高的机械零件（汽车曲轴），则应选用碳的质量分数为 0.25%～0.60%的中碳钢；对于汽车上承受交变载荷的弹簧，要求具有较高的弹性和韧性，则需选用碳的质量分数为 0.60%～0.85%的中高碳钢；对于要求有高硬度、高耐磨性的切削刀具和测量工具，则应选用碳的质量分数为 0.7%～1.3%的高碳钢。

2. 在制定热加工工艺方面的应用

1) 在铸造方面

铸造生产中，可以根据 $Fe\text{-}Fe_3C$ 相图确定钢铁材料的浇注温度，一般为液相线以上 50℃～100℃。由相图可知，共晶成分的合金结晶温度最低，结晶区间最小，流动性好，体积收缩小，易获得组织致密的铸件,所以通常选择共晶成分的合金作为铸造合金。

2) 在锻压方面

相图可以作为确定钢的锻造温度范围的依据。通常把钢加热到单相奥氏体区,钢的塑性好,变形抗力小,易于成型。一般始锻温度控制在固相线以下 100℃～200℃,而终锻温度控制在 GS 线以上,过共析钢应在稍高于 PSK 线以上。

3) 在焊接方面

在焊接工艺上,焊缝及周围热影响区受到不同程度的加热和冷却,组织和性能会发生变化,相图可作为研究变化规律的理论依据。铁碳合金的焊接性与碳的质量分数有关,随着碳的质量分数的增加,钢的脆性增加,塑性下降,导致钢的冷裂倾向增加,焊接性变差。碳的质量分数越高,焊接性越差,故焊接用钢主要是低碳钢或低碳合金钢。

4) 在热处理方面

在热处理工艺中,相图是制定各种热处理工艺加热温度的重要依据。例如,钢的退火、正火、淬火加热温度都是依据铁碳相图来确定的。

3.2 钢的热处理

钢的热处理是通过加热、保温和冷却等工序改变钢的内部组织结构,从而获得预期性能的工艺。其目的是改善和提高材料的性能,充分发挥材料的性能潜力,延长其使用寿命。因此,热处理在机械制造业有着重要的地位和作用,在汽车、拖拉机制造中,80%的零件都要进行热处理,而刀具、量具、模具和滚动轴承等,100%都需要进行热处理。

根据加热和冷却方式的不同,热处理一般分为普通热处理和表面热处理。普通热处理又称整体热处理,主要包括退火、正火、淬火和回火;表面热处理包括表面淬火和化学热处理。尽管热处理的种类很多,但都是由加热、保温和冷却三个阶段组成,因此要掌握各种热处理方法对钢的组织和性能的影响,就必须研究钢在加热、保温和冷却过程中的组织转变规律。最基本的热处理工艺曲线如图 3-20 所示。

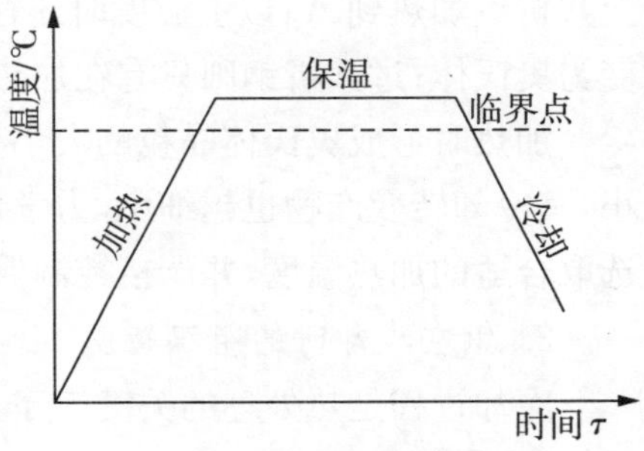

图 3-20 热处理工艺曲线

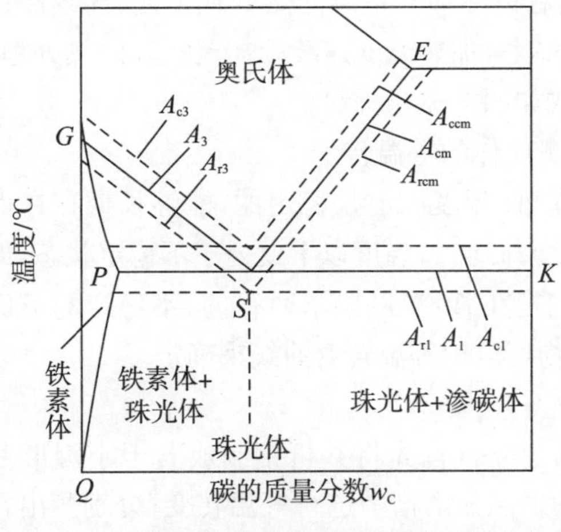

图 3-21 钢在加热或冷却时各临界点的实际位置

3.2.1 钢在加热和冷却时的组织转变

热处理工艺中加热和冷却的目的都是使钢的组织发生转变。在铁碳相图中,A_1,A_3,A_{cm}线都是平衡状态的相变温度(又称临界点),而在实际生产中加热和冷却过程不可能非常缓慢,因此往往造成相变点的实际位置比平衡状态时有所偏离。即加热时实际转变温度略高于平衡相变点,而冷却时却略低于平衡相变点。为了使两者有所区别,通常将加热时的实际相变点用 A_{c1},A_{c3},A_{ccm}表示;冷却时的实际相变点用 A_{r1},A_{r3},A_{rcm}表示,如图 3-21 所示。

1. 钢在加热时的组织转变

钢进行热处理时首先要加热，其目的是获得均匀而细小的奥氏体组织。通常将这种加热转变称为钢的奥氏体化。加热时奥氏体化的程度及晶粒大小，对其冷却转变过程及最终的组织和性能都有极大的影响。因此了解奥氏体的形成规律，是掌握热处理工艺的基础。

以共析钢为例，其室温平衡组织为珠光体，当把共析钢加热到 A_{c1} 点以上温度时，就要发生珠光体向奥氏体转变。这一转变是由成分相差悬殊、晶格类型截然不同的两相 $F+Fe_3C$ 混合物转变成另一种晶格类型的单相奥氏体(A)的过程。因此在此过程中必然进行晶格的改组和铁碳原子的扩散，并遵循形核和长大的基本规律。该过程可归纳为奥氏体晶核的形成、奥氏体晶核的长大、残余渗碳体的溶解和奥氏体成分均匀化四个阶段，如图 3－22 所示。

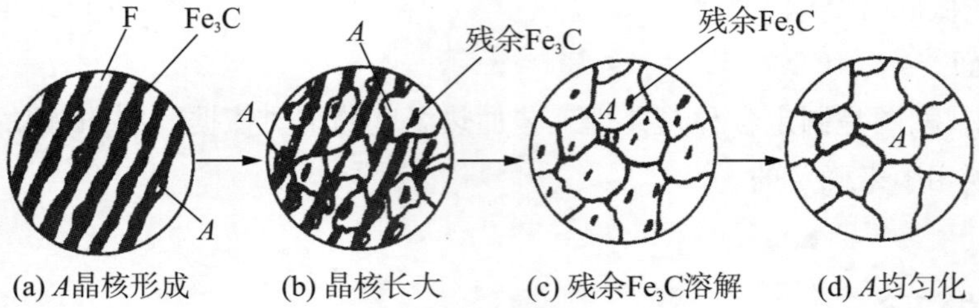

图 3－22　共析钢奥氏体形成过程

由以上分析可知，热处理的保温阶段不仅是为了让工件热透，同时也是为了获得均匀的奥氏体组织，以便冷却后获得良好的组织和性能。

亚共析钢和过共析钢的奥氏体形成过程与共析钢基本相同，但其完全奥氏体化的过程有所不同。亚共析钢加热到 A_{c1} 以上温度时还存在有铁素体，这部分铁素体只有继续加热到 A_{c3} 以上时才能完全转变为奥氏体；过共析钢则只有在加热温度高于 A_{ccm} 时，才能获得单一的奥氏体组织。

加热时形成奥氏体晶粒的大小直接影响到冷却转变产物的晶粒大小和力学性能。奥氏体晶粒越细小，其冷却转变产物也越细小，力学性能越高。因此在加热时，为了获得均匀而细小的奥氏体晶粒，必须选取合适的加热温度，并严格控制保温时间。

2. 钢在冷却时的组织转变

冷却过程是热处理的关键工序，其冷却方式不同，冷却后的组织和性能也不同。热处理生产中有等温冷却和连续冷却两种方式。等温冷却是将奥氏体化后的钢迅速冷至 A_{r1} 以下某一温度并保温，使其在该温度下发生组织转变，然后再冷却到室温的热处理工艺；连续冷却是指将奥氏体化的钢自加热温度连续冷却至室温的热处理工艺。两种冷却方式如图 3－23 所示。

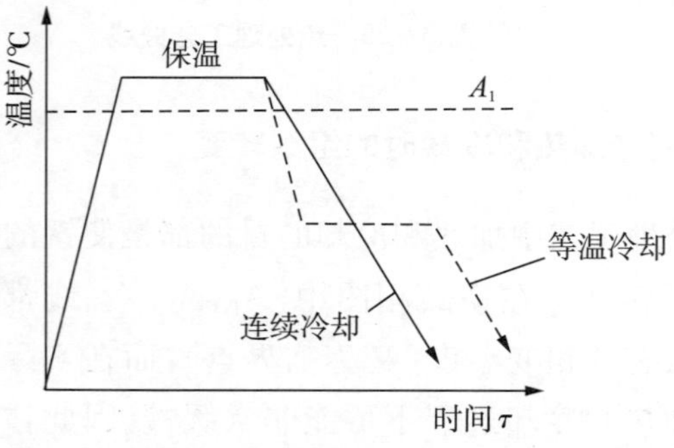

图 3－23　两种冷却方式示意图

1) 过冷奥氏体的等温转变

奥氏体在 A_1 温度以上是稳定的，能够长期存在而不发生转变，一旦冷却到 A_{r1} 温度以下就处于不稳定状态，即将发生转变。我们把在 A_{r1} 温度以下暂存的、不稳定的奥氏体称为过冷奥氏体。过冷奥氏体在不同温度下的等温转变产物可以用等温转变曲线来确定。

(1) 过冷奥氏体等温转变曲线的建立

现以共析钢为例来说明过冷奥氏体等温转变曲线的建立。首先将共析钢制成若干小圆形薄片试样，加热至奥氏体化后，分别迅速放入 A_{r1} 以下不同温度的恒温盐浴槽中进行等温转变；分别测出在各温度下过冷奥氏体转变开始时间、终了时间以及转变产物量；将其画在温度-时间坐标图上，并把各转变开始点和终了点分别用光滑曲线连接起来，便得到共析钢过冷奥氏体等温转变曲线，如图 3-24(a)所示。由于曲线与字母“C”相似，故又称为 C 曲线。

图 3-24(b)中左边曲线为过冷奥氏体等温转变开始线，右边曲线为过冷奥氏体等温转变终了线。A_1 线以上是稳定的奥氏体区。A_1 线以下、转变开始线左边的区域为过冷奥氏体区；转变终了线以右的区域是转变产物区；两线之间是过冷奥氏体和转变产物共存区。由纵坐标到转变开始线之间的水平距离表示过冷奥氏体等温转变前所经历的时间，称为孕育期。孕育期越长，表示过冷奥氏体越稳定。对于共析钢，过冷奥氏体在 550℃附近等温时，孕育期最短，即过冷奥氏体最不稳定，转变速度最快，这里被形象地称为 C 曲线的“鼻尖”。C 曲线的下部有两条水平线，上边一条是马氏体转变开始线，用 M_s 表示；下边一条是马氏体转变终了线，用 M_f 表示。

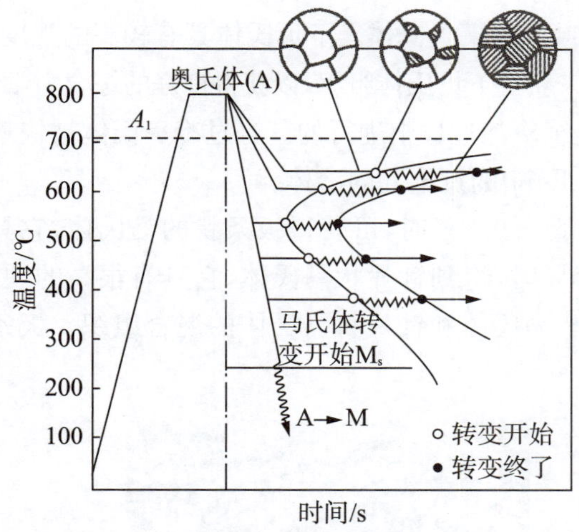

(a) 共析钢等温转变曲线的建立

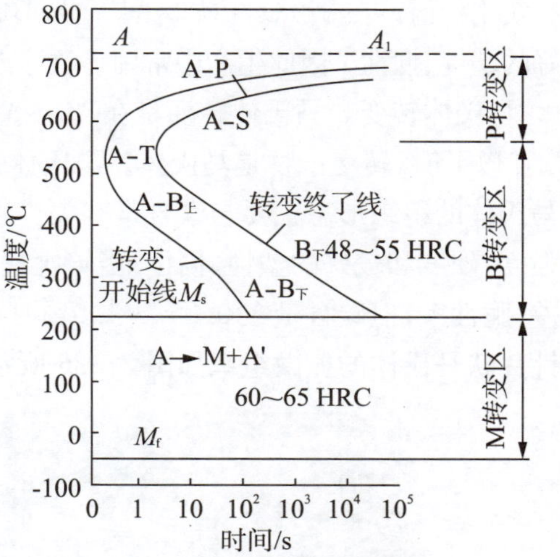

(b) 共析钢等温转变曲线

图 3-24 共析钢过冷奥氏体等温转变曲线

(2) 过冷奥氏体等温转变产物的组织形态及性能

① 珠光体转变。共析钢在 A_{r1}～550℃区间进行等温时，过冷奥氏体的转变产物为珠光体型组织，它是由铁素体与渗碳体组成的层片相间的机械混合物。等温温度越低，铁素体和渗碳体的片层间距越小。根据片层的厚薄不同，珠光体型组织又可细分为三种，如表 3-3 所示。

表 3-3 珠光体型组织的形态和性能

等温温度	组织名称	符号	片层间距	硬度(HRC)
A_{r1}～650℃	珠光体	P	>0.4 μm	10～20
650℃～600℃	索氏体	S	0.2～0.4 μm	20～30
600℃～550℃	托氏体	T	<0.2 μm	30～40

实际上这三种组织都是珠光体，其差别只是珠光体的片层间距大小不同，等温温度越低，片层间距越小。片层间距越小，强度、硬度越高，塑性、韧性越好。

② 贝氏体转变。共析钢在 550℃～M_s 区间进行等温时，过冷奥氏体的转变产物为贝氏体。贝氏体是含过饱和碳的铁素体和碳化物组成的机械混合物，用符号“B”表示。根据形成温度和组织形态，可将贝氏体分别为上贝氏体和下贝氏体，如图 3-25 所示。

共析钢在 550℃～350℃区间等温，将形成黑色羽毛状的上贝氏体。上贝氏体强度很低，脆性很大，基

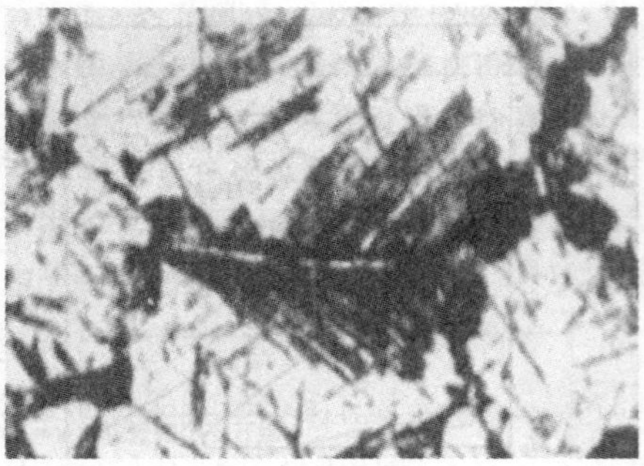

(a) 上贝氏体显微组织（600×）

(b) 下贝氏体显微组织（600×）

图 3-25　贝氏体的显微组织

本没有实用价值。在 350℃～M_s 区间等温，形成黑色竹叶状的下贝氏体。下贝氏体具有较高的强度、硬度和良好的塑性、韧性。因此生产中常用等温淬火的方法来获得下贝氏体组织，以获得良好的综合力学性能。

③ 马氏体转变。马氏体转变是在 M_s～M_f 之间连续冷却过程中进行的。当过冷奥氏体被快速冷却到 M_s 点以下时，转变产物是马氏体。马氏体是碳在 α-Fe 中的过饱和固溶体。

马氏体的组织形态主要与碳含量有关。当碳含量低于 0.2%时，可获得板条状的马氏体，它具有较高的强度、硬度和较好的塑性、韧性；当碳含量大于 1.0%时，得到针片状马氏体，它具有很高的硬度，但塑性差，脆性大；但碳含量在 0.2%～1.0%时，得到板条马氏体和针片状马氏体的混合组织。板条马氏体和针片状马氏体的显微组织如图 3-26 所示。

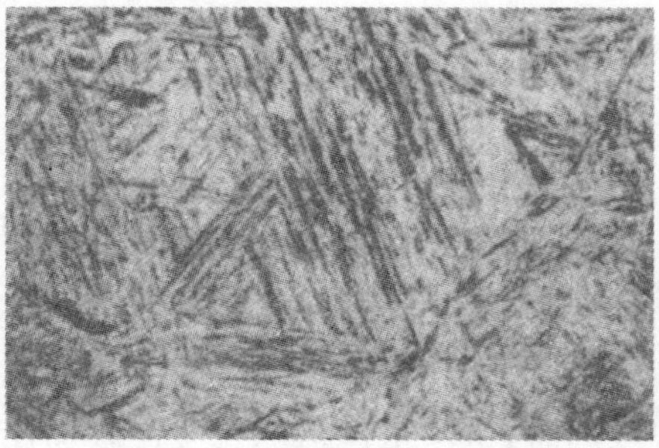

(a) 板条马氏体的显微组织

(b) 片状马氏体的显微组织

图 3-26　板条马氏体和针片状马氏体的显微组织

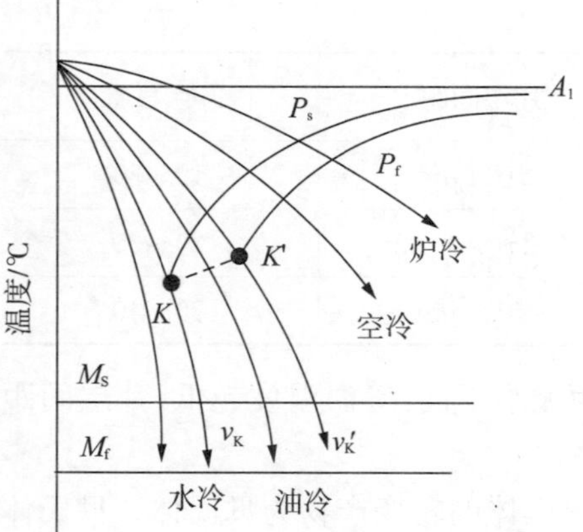

图 3-27　共析钢的连续冷却转变曲线

2）过冷奥氏体的连续冷却转变

在实际生产中，过冷奥氏体大多是在连续冷却中转变的，因此研究过冷奥氏体连续冷却时的组织转变规律有着重要的意义。

共析钢的连续冷却转变曲线如图 3-27 所示。由图可见，连续冷却转变曲线只有 C 曲线的上半部分，因此连续冷却时只发生珠光体和马氏体转变，而不会发生贝氏体转变。图中 P_s 线为过冷奥氏体向珠光体转变的开始线；P_f 线为过冷奥氏体向珠光体转变的终了线；KK'线为过冷奥氏体向珠光体转变的终止线，它表示冷却曲线与 KK'线相交时，过冷奥氏体即停止向珠光体转变，剩余部分一直冷却到 M_s 线以下发生马氏体转变。v_K 是过冷奥氏体在连续冷却过程中不发生分解，全部转变为马氏体的最小冷却速度，也称为马氏体临界冷却速度；v_K' 是获得全部珠光体型组织的最大冷却速度。

3.2.2 钢的普通热处理

1. 钢的退火和正火

在机械制造过程中，退火和正火经常作为预先热处理，安排在铸造、锻造和焊接之后或粗加工之前，用以消除前一工序所造成的某些组织缺陷及内应力，为随后的切削加工及热处理做好组织准备，正火也可用于性能要求不高的机械零件的最终热处理。

1）钢的退火

退火是将钢加热到适当温度，保温一定时间，然后缓慢冷却（一般是随炉冷却，也可埋砂冷却或灰冷）的热处理工艺。根据钢的成分和退火目的不同，退火常分为完全退火、等温退火、球化退火、扩散退火和去应力退火等。各类退火的工艺特点及适用范围如表 3－4 所示。

表 3－4　各类退火的工艺特点及适用范围

退火的分类	加热温度	冷却方式	目的	适用范围
完全退火	A_{c3}＋30℃～50℃	随炉冷却到 600℃以下，出炉空冷	消除残余应力，改善组织，细化晶粒，降低钢的硬度，为切削加工和最终热处理做准备	亚共析钢的铸、锻、焊接件的预先热处理
等温退火	A_{c3}（A_{c1}）＋30℃～50℃	快速冷却到 A_{r1} 以下某一温度，等温一定时间，出炉空冷	与完全退火相同。但等温退火可缩短生产周期，提高生产效率	合金钢工件
球化退火	A_{c1}＋30℃～50℃	经充分保温后，随炉冷却到 600℃出炉空冷	使珠光体中的片状渗碳体和网状二次渗碳体球化，变成在铁素体基体上弥散分布着粒状渗碳体的组织，即球状珠光体。降低硬度，改善切削加工性，为后续热处理做组织准备	具有共析或过共析成分的碳钢或合金钢
扩散退火	固相线以下 100℃～200℃	长时间保温后，随炉冷却	消除铸件中的偏析，使钢的化学成分和组织均匀化	质量要求高的合金钢铸锭或铸件
去应力退火	A_{c1} 以下某一温度（一般为 500℃～650℃）	随炉冷却到 200℃～300℃出炉空冷	消除铸件、锻件、焊接件、冷冲压件以及机加工工件的残余应力，稳定工件尺寸，减少变形	所有钢件

2）钢的正火

正火是将钢加热到 A_{c3}（或 A_{ccm}）以上 30℃～50℃，保温一定时间，然后出炉在空气中冷却的热处理工艺。

正火和退火的主要区别是正火的冷却速度稍快，得到的组织较细小，强度和硬度有所提高，操作简便，产生周期短，成本较低。正火主要应用于以下几个方面：

（1）改善低碳钢和低碳合金钢的切削加工性。由于正火后的组织为细珠光体，其硬度有所提高，从而改善了切削加工中的“粘刀”现象，降低工件的表面粗糙度。

（2）消除网状渗碳体。对于过共析钢可消除网状二次渗碳体，为球化退火做组织准备。

（3）作为中碳钢零件的预先热处理。通过正火可以消除钢中粗大的晶粒，消除内应力，为最终热处理做组织准备。

（4）作为普通结构件的最终热处理。对于某些大型或结构复杂的普通零件，当淬火有可能产生裂纹时，往往用正火代替淬火、回火作为这类零件的最终热处理。

退火和正火加热温度范围及热处理工艺曲线如图 3－28 所示。

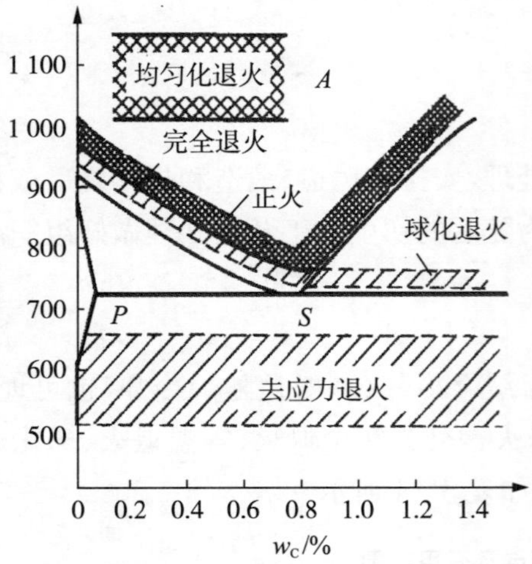

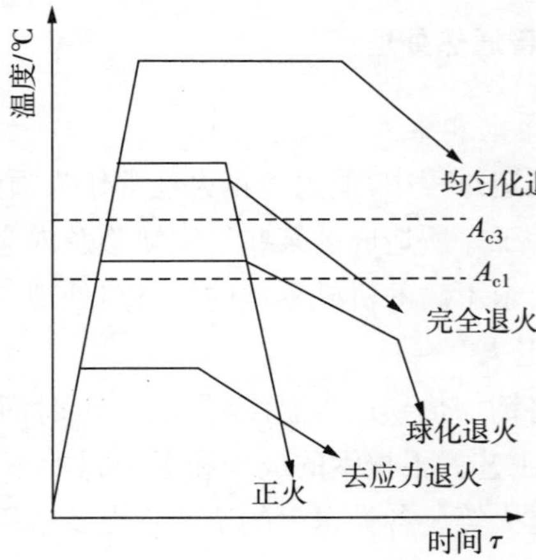

图 3-28　退火和正火加热温度范围及热处理工艺曲线

2. 钢的淬火

淬火是将钢加热到 A_{c3}（或 A_{c1}）以上 30℃～50℃，保温一定时间，然后以大于马氏体临界冷却速度快速冷却，以获得马氏体或下贝氏体组织的热处理工艺。其目的是提高钢的硬度和耐磨性，淬火是强化钢材最重要的工艺方法。淬火必须与适当的回火工艺相配合，才能使钢具有不同的力学性能，以满足各类零件或工模具的使用要求。

1）淬火加热温度的确定

淬火加热温度应以获得均匀而细小的奥氏体晶粒为原则。钢的成分不同，其淬火加热温度也不同。碳钢的淬火加热温度范围如图 3-29 所示。一般亚共析钢的淬火加热温度为 A_{c3}＋30℃～50℃；共析钢及过共析钢为 A_{c1}＋30℃～50℃。对于合金钢，由于合金元素对奥氏体化有延缓作用，加热温度应比碳钢高，尤其是高合金钢淬火加热温度远高于 A_{c1}，同样能获得均匀而细小的奥氏体晶粒，这与合金元素在钢中的作用有关。

淬火保温时间是根据工件的有效厚度及成分来确定的，生产中常用经验公式来进行估算。

2）淬火冷却介质

为了保证淬火后获得马氏体组织，淬火冷却速度必须大于马氏体临界冷却速度，但过快的冷却速度必然产生较大的淬火内应力，导致工件产生变形或裂纹，所以，淬火时在获得马氏体组织的前提下，尽量选用较缓和的冷却介质。理想的冷却介质应保证：在 C 曲线鼻尖附近快冷，以避免过冷奥氏体发生转变；在 C 曲线鼻尖以上或以下温度缓冷，以降低工件的热应力和组织应力，理想的淬火冷却速度如图 3-30 所示。但到目前为止，还没有找到完全理想的淬火冷却介质。

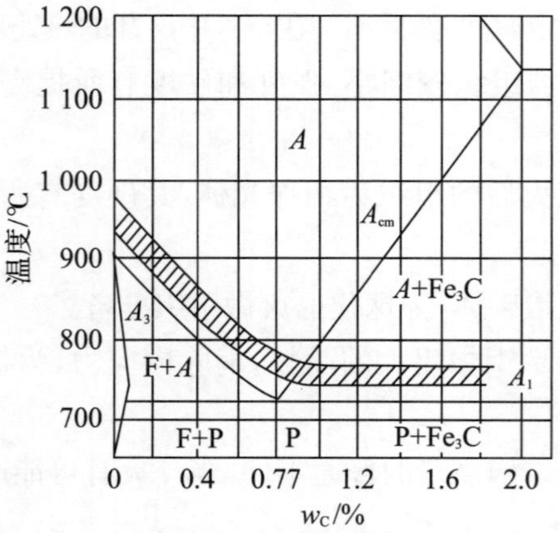

图 3-29　碳钢的淬火加热温度范围

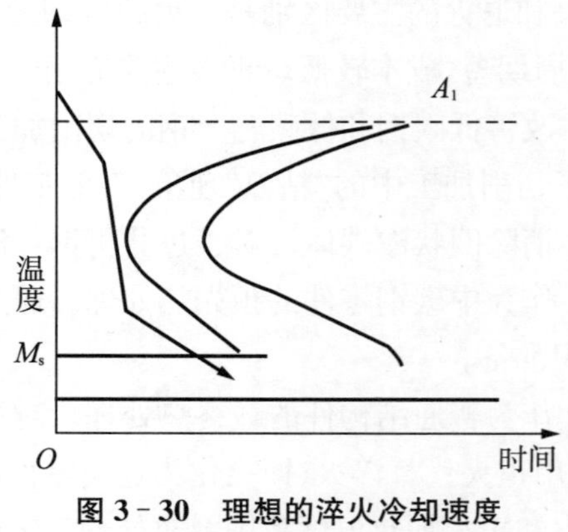

图 3-30　理想的淬火冷却速度

生产中常用的淬火冷却介质有水、油、盐或碱的水溶液。

(1) 水及水溶液。水在 650℃～500℃范围内需要快冷时，冷却速度相对较小；而在 300℃～200℃范围为需要慢冷时，冷却速度又相对较大，容易引起工件的变形和开裂。为了提高水在 650℃～500℃范围内的冷却能力，常在水中加入 5%～10%的盐或碱，制成盐或碱的水溶液。盐水、碱水常用于形状简单、截面尺寸较大的碳钢工件的淬火。

(2) 油。常用的淬火油有机械油、变压器油、柴油、植物油等。其优点是在 200℃～300℃范围冷却较缓慢，有利于减小工件的变形；缺点是在 650℃～550℃范围冷却也较慢，不利于淬硬，所以油一般用于合金钢和尺寸较小的碳钢工件的淬火。

为了减小零件淬火时的变形，盐浴或碱浴也可作为淬火介质，用于形状复杂、尺寸较小、变形要求严格工件的分级淬火和等温淬火。

3) 常用的淬火方法

常用的淬火方法有单介质淬火、双介质淬火、分级淬火和等温淬火等，如图 3-31 所示。

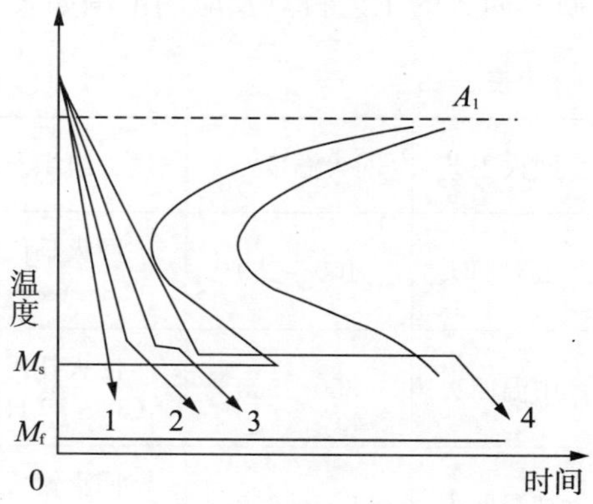

图 3-31 常用的淬火方法

(1) 单介质淬火

将钢加热到淬火温度，保温一定时间，放入一种淬火介质中一直冷却到室温的淬火方法，如图 3-31 中曲线 1 所示。例如碳钢在水中、合金钢在油中淬火。此方法操作简便，容易实现机械化和自动化，但水冷易变形，油冷不易淬硬。适用于形状简单的碳钢和合金钢工件。

(2) 双介质淬火

将钢加热到淬火温度，保温一定时间，先浸入冷却能力强的淬火介质中，待零件冷却到稍高于 M_s 温度时，再立即转入冷却能力弱的介质中冷却到室温的淬火方法，如图 3-31 中曲线 2 所示。例如碳钢的水-油淬火、合金钢的油-空气淬火等。此方法能有效地防止淬火变形和裂纹，但要求操作工人有较高的技术水平。适用于形状复杂的高碳钢和尺寸较大的合金钢工件。

(3) 分级淬火

将钢加热到淬火温度后，先浸入温度稍高于 M_s 点的盐浴或碱浴槽中，短时保温，待工件整体达到介质温度后取出空冷，以获得马氏体组织的淬火方法，如图 3-31 中曲线 3 所示。分级淬火比双介质淬火容易控制，能有效减小工件的变形和开裂。适用于形状复杂、尺寸较小的工件。

(4) 等温淬火

将钢加热到淬火温度后，快冷到下贝氏体转变温度区间等温，使奥氏体转变为下贝氏体组织的淬火方法，称为等温淬火，如图 3-31 中曲线 4 所示。等温淬火时内应力及变形很小，而且能获得较高的综合力学性能，但生产周期长，效率低，主要用于形状复杂、尺寸要求精确、强韧性要求高的小型工件。

4) 钢的淬透性

钢淬火的目的是获得马氏体组织，但并非任何钢种、任何成分的钢在淬火时都能在整个截面上得到马氏体，这是由于淬火冷却时表面与芯部冷却速度有差异所致。显然只有冷却速度大于临界冷却速度的部分才有可能获得马氏体。钢的淬透性是指钢在淬火时获得淬硬层深度的能力，其大小通常用规定条件下淬硬层的深度来表示。淬硬层越深，其淬透性越好。凡是能增加过冷奥氏体稳定性，即使 C 曲线右移，减小钢的临界冷却速度的因素，都能提高钢的淬透性。反之，则降低淬透性。所以，钢的化学成分和奥氏体化条件是影响其淬透性的基本因素。

淬透性与淬硬性是两个完全不同的概念。淬硬性是指钢在淬火后所能达到的最高硬度的能力。淬硬性主要取决于马氏体的含碳量，而合金元素对淬硬性没有显著影响，但对淬透性却有很大影响，因此，淬透性好的钢，其淬硬性不一定高。

3. 钢的回火

回火是将淬火后的钢重新加热到 A_1 以下某一温度，保温一定时间后冷却到室温的热处理工艺。

淬火后的工件不宜直接使用，必须及时进行回火。回火决定了钢的组织和性能，是重要的热处理工序，其目的是减少或消除淬火应力，防止工件变形开裂，稳定工件尺寸及获得必需的力学性能。

1）回火的种类和应用

生产中根据回火温度不同分为低温回火、中温回火和高温回火三类，淬火后进行高温回火，称为调质。回火的工艺特点及应用范围如表 3－5 所示。

表 3－5　回火的工艺特点及应用

回火工艺	回火温度/℃	回火组织及硬度	特　点	用　途
低温回火	100～250	回火马氏体（58～64 HRC）	保持了淬火马氏体的高硬度和高耐磨性，内应力和脆性有所降低	主要用于工具、滚动轴承及表面处理件
中温回火	350～500	回火托氏体（38～50 HRC）	具有较高的弹性和一定的韧性	主要用于各种弹性零件，如弹簧和热作模具
高温回火	500～650	回火索氏体（25～35 HRC）	具有较好的综合力学性能，即强度、硬度、塑性、韧性都比较好	广泛用于汽车、拖拉机轴类零件、齿轮和高强度螺栓、连杆等

2）回火脆性

淬火钢回火时，随着温度的升高，通常强度、硬度降低，而塑性、韧性提高。但在某些温度范围内钢的韧性有下降的现象，这种现象称为回火脆性。按回火脆性的温度范围，可分为低温回火脆性和高温回火脆性。

（1）低温回火脆性

淬火钢在 250℃～350℃回火时出现的回火脆性，称为低温回火脆性或第一类回火脆性。几乎所有的钢都存在这类脆性，这类回火脆性是不可逆的，因此，一般应避免在此温度范围内回火。

（2）高温回火脆性

一些合金钢，尤其是含 Cr，Mn，Ni 等合金元素的钢，淬火后在 450℃～650℃回火时也会产生回火脆性，称为高温回火脆性或第二类回火脆性。这类回火脆性是可逆的，生产中可采用快速冷却或在钢中加入 W，Mo 等合金元素来有效抑制这类回火脆性。

3.2.3　钢的表面热处理

生产中很多机械零件要求其表面具有较高的强度、硬度和耐磨性，而心部则要求具有足够的塑性和韧性，这种情况可以通过表面热处理，仅使工件表面强化，来满足以上性能要求。表面热处理是指为改变工件表面的组织和性能，仅对工件表层进行的热处理工艺，包括表面淬火和化学热处理。

1. 钢的表面淬火

表面淬火是指在不改变钢的化学成分及心部组织的情况下，利用快速加热，将表层加热到奥氏体化温度后进行淬火，使表层获得硬而耐磨的马氏体组织，而心部组织仍然不变的热处理工艺。目前生产中广泛应用的是感应加热表面淬火和火焰加热表面淬火。

1）感应加热表面淬火

（1）感应加热表面淬火的原理

如图3－32所示，将工件放入铜管制成的感应器（线圈）中，并通入一定频率的交流电，在感应器周围将产生一个频率相同的交变磁场，于是在工件表面就会产生频率相同方向相反的感应电流，这个电流在工件内形成回路称为涡流。涡流在工件内分布是不均匀的，表层电流密度大，心部电流密度小，这种现象称为“集肤效应”。由于钢本身具有电阻，因而集中于工件表层的涡流将产生电阻热使工件表层迅速加热到淬火温度，然后立即喷水快速冷却，工件表层即被淬硬，从而达到表面淬火的目的。

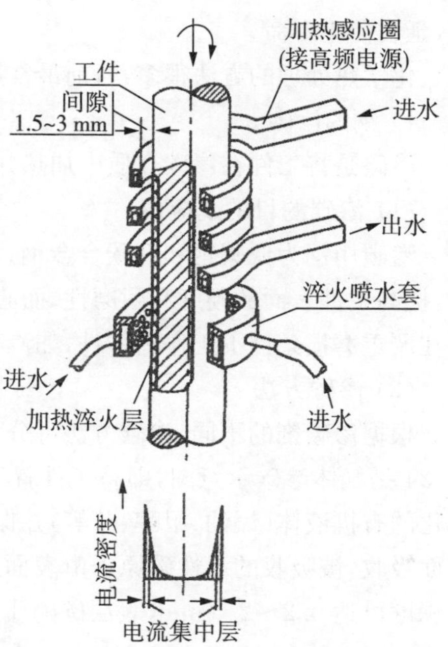

图3－32　感应加热表面淬火的原理

感应加热表面淬火后，要进行180℃～200℃的低温回火，以降低淬火应力，保持高硬度高耐磨性。

（2）感应加热淬火的种类及应用范围

根据所用电流频率的不同，可分为高频感应加热、中频感应加热和工频感应加热三种，如表3－6所示。

表3－6　感应加热淬火的种类及应用范围

感应加热的种类	常用频率	淬硬深度/mm	应用范围
高频感应加热	200～300 kHz	0.5～2	淬硬层要求较薄的中小模数齿轮和中小尺寸的轴类零件
中频感应加热	2.5～8 kHz	2～10	大、中模数齿轮和较大直径的轴类零件
工频感应加热	50 Hz	10～20	大直径零件如轧辊、火车车轮等

（3）感应加热表面淬火的特点

与普通淬火相比，感应加热淬火具有加热速度快、加热温度高、淬火质量好、生产效率高等特点，但感应加热设备较贵，维修调整较困难，形状复杂的零件不易制作感应器，不适于单件生产。

感应淬火最适宜的钢种是中碳钢和中碳合金钢，也可用于高碳工具钢、低合金工具钢及铸铁等。一般表面淬火前应对工件进行正火或调质，以保证心部有良好的力学性能。

2）火焰加热表面淬火

火焰加热表面淬火是利用氧-乙炔或煤气-氧的混合气体燃烧的火焰，将工件表层快速加热到淬火温度，然后立即喷水快速冷却的热处理工艺，如图3－33所示。火焰加热表面淬火的淬硬层深度一般为2～8 mm。

火焰加热表面淬火具有操作简便、设备简单、成本低等优点，但加热温度不够均匀，淬火质量较难控制。适用于单件、小批生产以及大型零件的表面淬火。

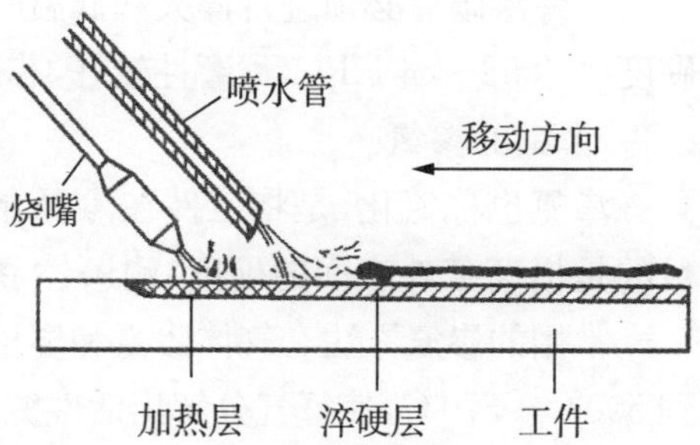

图3－33　火焰加热表面淬火示意图

2. 钢的化学热处理

化学热处理是将工件置于一定温度的活性介质中，使一种或几种元素渗入工件的表层，以改变其化学成分、组织和性能的热处理工艺。与表面淬火相比，化学热处理不仅改变表层的组织，而且还改变其化学成分，获得一般表面淬火达不到的特殊性能（如耐热性、耐蚀性、减摩性等），从而提高钢的使用性能,延长使用寿命。

化学热处理的方法很多,目前最常用的方法有渗碳、渗氮和碳氮共渗等。

1) 钢的渗碳

渗碳是将工件在渗碳介质中加热并保温,使碳原子渗入工件表层的化学热处理工艺。

(1) 渗碳的目的及应用

渗碳用钢为低碳钢和低碳合金钢。渗碳的目的是提高工件表层碳的质量分数,经淬火和低温回火后,提高工件表面的硬度和耐磨性,而心部仍然保持良好的塑性和韧性。渗碳一般用于在较大冲击载荷和在严重磨损条件下工作的零件,如汽车变速齿轮、活塞销、摩擦片、套筒等。

(2) 渗碳方法

根据渗碳剂的不同,渗碳方法可分为固体渗碳、液体渗碳和气体渗碳三种。常用的是气体渗碳。图 3-34 是气体渗碳示意图,即将工件置于密封的井式气体渗碳炉中,加热到 930℃左右,滴入容易分解和气化的有机液体(煤油、甲醇、苯等)并保温一定时间,使渗碳介质在高温下分解出活性碳原子,并被工件表面吸收,被吸收的活性碳原子由表面逐渐向工件内部扩散,形成具有一定深度的渗碳层。渗碳后,渗层深度可达 0.2～2.5 mm,表层碳的质量分数以 0.85%～1.05%为最佳。

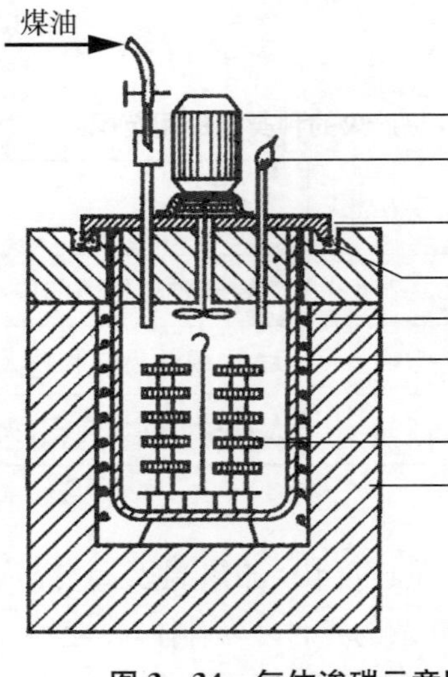

图 3-34 气体渗碳示意图

(3) 渗碳件的热处理及性能

工件渗碳后必须进行淬火和低温回火才能达到预期的性能。经渗碳、淬火、低温回火处理后,工件表面硬度可达 58～64 HRC,耐磨性较好,芯部硬度可达 30～45 HRC,具有较高的强度、韧性和一定的塑性。

2) 钢的渗氮

渗氮也称氮化,是将工件在渗氮介质中加热并保温,使氮原子渗入工件表层的化学热处理工艺。其目的是提高工件表面的硬度、耐磨性、疲劳强度和耐腐蚀性。

常用的渗氮方法有气体渗氮和离子渗氮两种。气体渗氮是将工件置于通入氨气的井式渗氮炉中,加热到 500℃～570℃,使氨气分解出活性氮原子,活性氮原子被工件表面吸收,并向内部逐渐扩散形成具有一定深度的渗氮层。渗氮层深度一般为 0.1～0.4 mm,其渗氮时间为 40～70 h,故气体渗氮生产周期很长。

与渗碳相比,气体渗氮工件表面硬度更高,可达到 1 000～1 200 HV(相当于 69～72 HRC);渗氮温度较低,且渗氮后不需要进行其他热处理即可达到较高的硬度,因此渗氮件变形较小;渗氮层的耐磨性、耐腐蚀性、热硬性及疲劳强度均高于渗碳层。但渗氮层薄而脆,渗氮周期较长,生产效率低,因此渗氮主要应用于耐磨、耐高温、耐腐蚀的精密零件,如精密齿轮、精密机床主轴、汽轮机阀门及阀杆、发动机气缸和排气阀等。

3）钢的碳氮共渗

碳氮共渗是在一定温度下，同时将碳、氮原子渗入工件表层的化学热处理工艺。以中温气体碳氮共渗和低温气体碳氮共渗应用较为广泛。

中温气体碳氮共渗实质上是以渗碳为主的共渗工艺。零件经共渗后须进行淬火及低温回火。中温气体碳氮共渗主要用于低碳及中碳结构钢零件，如汽车和机床上的各种齿轮、蜗轮、蜗杆和轴类零件等。

低温气体碳氮共渗实质上是以渗氮为主的共渗工艺。与一般渗氮相比渗层脆性较小，故又称软氮化。这种工艺生产周期短，成本低，零件变形小，不受钢材限制，常用于汽车、机床上的小型轴类、齿轮以及模具、量具和刃具等。

3.3 碳素钢

碳素钢简称碳钢，通常指碳的质量分数小于 2.11％的铁碳合金。因其具有较好的力学性能和工艺性能，而且冶炼方便、价格低廉，因此是制造各种机器、工程结构、量具和刃具等最主要的材料，在汽车零件制造中也得到广泛的应用。常见碳素钢制造的汽车零件如图 3－35 所示。

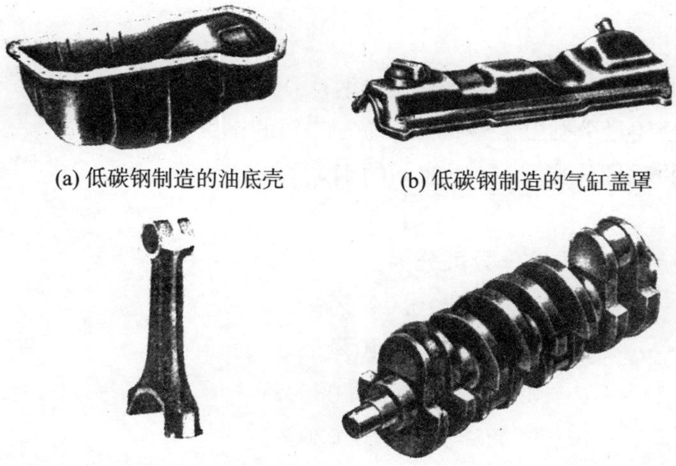

(a) 低碳钢制造的油底壳　(b) 低碳钢制造的气缸盖罩

(c) 中碳钢制造的连杆　(d) 中碳钢制造的曲轴

图 3－35　常见碳素钢制造的汽车零件

3.3.1　常存杂质对钢性能的影响

实际生产中使用的碳钢，不单纯是铁碳合金，还包含有锰、硅、硫、磷等常规杂质元素，它们对钢的性能有一定影响。

1．锰

锰是炼钢时用锰铁脱氧而残留在钢中的。锰大部分溶于铁素体，形成置换固溶体，因此具有固溶强化的作用；锰还能和钢中的硫形成高熔点（1 620℃）的 MnS，从而减轻硫的有害作用；同时，锰还能增加珠光体的相对质量分数，并使珠光体细化，从而提高钢的强度。因此，锰是钢中的有益元素。碳钢中，锰的质量分数一般在 0.25％～0.80％。当钢中锰的质量分数较小时，对钢的性能影响不明显。

2．硅

硅是炼钢时用硅铁脱氧而残留在钢中的，其脱氧能力比锰强。硅能溶于铁素体，也具有固溶强化的作用，但同时降低钢的韧性和塑性。碳钢中，硅的质量分数一般在 0.17％～0.37％。当钢中硅的质量分数数较小时，对钢的性能影响不明显。硅也是钢中的有益元素。

3. 硫

硫是炼钢时由矿石和燃料带入钢中的，难以除尽。硫在钢中常以 FeS 的形式存在，而 FeS 和硫能形成熔点较低（985℃）的共晶体分布在晶界上，当钢加热到 1 000℃～1 200℃进行热加工时，共晶体将熔化，而使钢材变得极脆，这种现象称为热脆。

硫对钢的焊接性能有不良影响，会导致焊缝的热裂现象；对于铸钢件，硫的质量分数高时，也会出现热裂现象。因此，硫是钢中的有害元素，必须严格控制钢中硫的质量分数，一般小于 0.05%。

4. 磷

磷也是炼钢时由矿石带入钢中的。极少量的磷就能显著降低钢的塑性与韧性，在低温时更为严重，这种在低温时使钢严重变脆的现象，称为冷脆。因此，磷也是钢中的有害元素，钢中磷的质量分数一般小于 0.045%。

在某些情况下，硫、磷对钢也有有利的一面。如易切钢就是含硫、磷较高的钢。由于硫、磷含量较高，钢的塑性、韧性差，切削加工时切屑易碎断，不易磨损刀具，因此，适宜高速切削。再如，在炮弹钢中加入较多的磷，可使炮弹爆炸时碎片增多，提高杀伤力。

3.3.2 碳钢的分类

1. 按碳的质量分数分类

(1) 低碳钢——碳的质量分数 $w_C \leqslant 0.25\%$ 的钢；

(2) 中碳钢——碳的质量分数 $0.25\% < w_C \leqslant 0.60\%$ 的钢；

(3) 高碳钢——碳的质量分数 $w_C > 0.60\%$ 的钢。

2. 按钢的质量分类

根据钢中有害元素硫、磷的质量分数可分为：

(1) 普通碳素钢——$w_s < 0.055\%$，$w_p < 0.045\%$；

(2) 优质碳素钢——$w_s < 0.040\%$，$w_p < 0.040\%$；

(3) 高级优质碳素钢——$w_s < 0.030\%$，$w_p < 0.035\%$；

(4) 特级优质碳素钢——$w_s < 0.025\%$，$w_p < 0.030\%$。

3. 按钢的用途分类

(1) 碳素结构钢——用于制造汽车零件和工程构件，多为低碳钢和中碳钢；

(2) 碳素工具钢——用于制造刀具、量具和模具，多为高碳钢。

此外，按炼钢的脱氧程度分类，可分为镇静钢（脱氧程度完全）、沸腾钢（脱氧程度不完全）和半镇静钢（脱氧程度不十分完全）等。

3.3.3 碳钢的牌号、性能和用途

1. 普通碳素结构钢

我国碳素结构钢标准（GB/T700—2006）规定，普通碳素结构钢的牌号由钢材屈服强度“屈”字汉语拼音首位字母“Q”、屈服强度值、质量等级符号、脱氧方法符号四部分按顺序组成。其中质量等级符号 A，B，C，D 表示钢材的不同质量等级，A 级钢硫、磷质量分数最高，D 级钢硫、磷质量分数最低，即 A，B，C，D 表示钢材质量依次提高。脱氧方法符号 F，b，Z，TZ 表示钢材的不同脱氧方法，F 表示沸腾钢，b 表示半镇静钢，Z 表示镇静钢，TZ 表示特殊镇静钢。例如，Q235－A·F 表示屈服强度为 235 MPa 的 A 级沸腾钢。常用普通碳素结构钢牌号、化学成分及力学性能如表 3－7 所示。

表 3-7　普通碳素结构钢的化学成分及力学性能(摘自 GB/T700—2006)

牌号	等级	化学成分(%)不大于					力学性能											
							屈服强度 R_{eL}/MPa						抗拉强度 R_m/MPa	伸长率 A/%				
							钢材厚度(直径)/mm							钢材厚度(直径)/mm				
		C	Mn	Si	S	P	≤16	>16~40	>40~60	>60~100	>100~150	>150		≤40	>40~60	>60~100	>100~150	>150
Q195	—	0.12	0.50	0.30	0.050	0.045	195	185	—	—	—	—	315~430	33	—	—	—	—
Q215	A	0.15	1.20	0.30	0.050	0.045	215	205	195	185	175	165	335~450	31	30	29	27	26
	B				0.045													
Q235	A	0.22	1.40	0.30	0.050	0.045	235	225	215	205	195	185	370~500	26	25	24	22	21
	B	0.20			0.045													
	C	0.18			0.040	0.040												
	D	0.17			0.035	0.035												
Q275	A	0.24	1.50	0.35	0.050	0.045	275	265	255	245	225	215	410~540	22	21	20	18	17
	B	0.21			0.045	0.045												
		0.22																
	C	0.20			0.040	0.040												
	D				0.035	0.035												

由于普通碳素结构钢碳的质量分数较低,而硫、磷等有害元素含量较多,故强度不够高。但这类钢塑性、韧性好,焊接性能优良,冶炼方便,价格便宜,使用时一般不进行热处理。普通碳素结构钢一般作为工程用钢,广泛应用于建筑、桥梁、船舶、车辆等工程,也可用于制造不重要的机器零件。如汽车传动轴间支架,发动机前后支架,后视镜支架,三、四、五挡同步器锥盘,差速器螺栓锁片,车轮轮辐,驻车制动操纵杆棘爪和齿板等要求不高的汽车零件,都是由普通碳素结构钢制造的。常用普通碳素结构钢在汽车上的应用如表 3-8 所示。

表 3-8　常用普通碳素结构钢在汽车上的应用

牌　号	应用举例
Q235-A	传动轴中间轴承支架、发动机支架、后视镜支架、油底壳甲醛板、车轮轮辐等
Q235-A·F	机油滤清器法兰、发动机连接板、前钢板弹簧夹箍、后视镜支架等
Q235-B	同步器锥盘、差速器螺栓锁片、驻车制动操纵杆棘爪和齿板等
Q235-B·F	消声器后支架、放水龙头手柄夹持架、百叶窗叶片等

2. 优质碳素结构钢

优质碳素结构钢是应用极为广泛的机械制造用钢。与普通碳素结构钢相比,其硫、磷等有害元素含量较少,因而强度较高,塑性和韧性较好,经过热处理后还可以进一步调整和改善其力学性能,因此,常用于制造较重要的机械零件。

优质碳素结构钢的牌号用两位数字表示,数字表示钢中平均碳的质量分数的万分之几。如牌号 45 表示其平均碳的质量分数为万分之 45,即 0.45%。对于较高含锰量(w_{Mn}=0.70%~1.00%)的优质碳素结构钢，则在对应牌号后加“Mn”表示，如 45Mn，65Mn 等。若为沸腾钢，则在对应牌号后加“F”表示，如 08F，10F 等。常用优质碳素结构钢牌号、化学成分及力学性能如表 3－9 所示。

表 3－9　　常用优质碳素结构钢牌号、化学成分及力学性能

牌号	化学成分/%					力学性能						
	C	Si	Mn	S	P	R_{eL} /MPa	R_m /MPa	A /%	Z /%	A_K /J	钢材交货状态硬度 HBS≤	
						≥					热轧钢	退火钢
08F	0.05～0.11	≤0.03	0.25～0.50	≤0.040	≤0.040	175	295	35	60	—	131	—
10F	0.07～0.14	≤0.07	0.25～0.50	≤0.040	≤0.040	185	315	33	55	—	137	—
10	0.07～0.14	0.17～0.37	0.35～0.65	≤0.035	≤0.040	205	335	31	55	—	137	—
15	0.12～0.19	0.17～0.37	0.35～0.65	≤0.040	≤0.040	225	375	27	55	—	143	—
20	0.17～0.24	0.17～0.37	0.35～0.65	≤0.040	≤0.040	245	410	25	55	—	156	—
25	0.22～0.30	0.17～0.37	0.50～0.80	≤0.040	≤0.040	275	450	23	50	71	170	—
30	0.27～0.35	0.17～0.37	0.50～0.80	≤0.040	≤0.040	295	490	21	50	63	179	—
35	0.32～0.40	0.17～0.37	0.50～0.80	≤0.040	≤0.040	315	530	20	45	55	189	—
40	0.37～0.45	0.17～0.37	0.50～0.80	≤0.040	≤0.040	335	570	19	45	47	217	187
45	0.42～0.50	0.17～0.37	0.50～0.80	≤0.040	≤0.040	355	600	16	40	39	241	197
50	0.47～0.55	0.17～0.37	0.50～0.80	≤0.040	≤0.040	375	630	14	40	31	241	207
55	0.52～0.60	0.17～0.37	0.50～0.80	≤0.040	≤0.040	380	645	13	35	—	255	217
60	0.57～0.65	0.17～0.37	0.50～0.80	≤0.040	≤0.040	400	675	12	35	—	255	229
65	0.62～0.70	0.17～0.37	0.50～0.80	≤0.040	≤0.040	410	695	10	30	—	255	229
70	0.67～0.75	0.17～0.37	0.50～0.80	≤0.040	≤0.040	420	715	9	30	—	269	229
75	0.72～0.80	0.17～0.37	0.50～0.80	≤0.040	≤0.040	880	1 080	7	30	—	285	241
80	0.77～0.85	0.17～0.37	0.50～0.80	≤0.040	≤0.040	930	1 080	6	30	—	285	241
85	0.82～0.90	0.17～0.37	0.50～0.80	≤0.040	≤0.040	980	1 130	6	30	—	302	255
15Mn	0.12～0.19	0.17～0.37	0.70～1.00	≤0.040	≤0.040	245	410	26	55	—	163	—
20Mn	0.17～0.24	0.17～0.37	0.70～1.00	≤0.040	≤0.040	275	450	24	50	—	197	—
25Mn	0.22～0.30	0.17～0.37	0.70～1.00	≤0.040	≤0.040	295	490	22	50	71	207	—
30Mn	0.27～0.35	0.17～0.37	0.70～1.00	≤0.040	≤0.040	315	540	20	45	63	217	187
35Mn	0.32～0.40	0.17～0.37	0.70～1.00	≤0.040	≤0.040	335	560	19	45	55	229	197
40Mn	0.37～0.45	0.17～0.37	0.70～1.00	≤0.040	≤0.040	355	590	17	45	47	229	207
45Mn	0.42～0.50	0.17～0.37	0.70～1.00	≤0.040	≤0.040	375	620	15	40	39	241	217
50Mn	0.47～0.55	0.17～0.37	0.70～1.00	≤0.040	≤0.040	390	645	13	40	31	255	217
60Mn	0.57～0.65	0.17～0.37	0.70～1.00	≤0.040	≤0.040	410	695	11	35	—	269	229
65Mn	0.62～0.70	0.17～0.37	0.70～1.00	≤0.040	≤0.040	430	735	9	30	—	285	229
70Mn	0.67～0.75	0.17～0.37	0.70～1.00	≤0.040	≤0.040	450	785	8	30	—	285	229

由表 3-9 可知，优质碳素结构钢中的低碳钢，强度、硬度不高，但是塑性、韧性以及焊接性能良好，常用于制作各种冲压件、焊接件和强度要求不高的零件，如发动机油底壳、油箱、车身外壳、离合器盖、变速叉、轮胎螺栓和螺母等；中碳钢具有较高的强度和硬度，切削加工性能良好，经过热处理后具有良好的综合力学性能，常用于制作受力较大的汽车零件，如曲轴齿轮、飞轮齿轮、万向节叉、离合器从动盘、连杆等；高碳钢具有高的强度、硬度和良好的弹性，常用于制作各种弹性件和耐磨件，如气门弹簧、离合器压盘弹簧、活塞销卡簧、空气压缩机阀片、弹簧垫圈等。

常用优质碳素结构钢在汽车上的应用如表 3-10 所示。

表 3-10　　常用优质碳素结构钢在汽车上的应用

牌　号	种　类	主 要 性 能	应 用 举 例
08F,10F,15F	低碳沸腾钢	强度、硬度很低，焊接性能良好	驾驶室外壳、油底壳、油箱、离合器盖等冲压件
10,15,20,25	低碳钢	强度、硬度低，塑性、韧性和焊接性能良好	轮胎螺栓、螺母、发动机气门调整螺钉、离合器调整螺栓、曲轴箱调整螺栓、离合器分离杠杆、风扇叶片、驻车制动杆等
30,35,40,45,50,55	中碳钢	综合力学性能良好	曲轴正时齿轮、半轴螺栓锥形套、机油泵齿轮、连杆螺母、气缸盖定位销、气门推杆、同步器锁销、变速杆、凸轮轴、曲轴、离合器踏板轴及分离叉、离合器从动盘等
60,65,70	高碳钢	经热处理后有较高的强度、硬度和弹性	气门弹簧、转向纵拉杆弹簧、离合器压盘弹簧、活塞销卡簧、拖曳钩弹簧等

3. 碳素工具钢

碳素工具钢的牌号是用“碳”字汉语拼音首位字母“T”加上数字表示。数字表示钢中平均碳的质量分数的千分之几。如牌号 T8，T12 分别表示其平均碳的质量分数为 0.8%和 1.2%。若是高级优质碳素工具钢，则在数字后面加符号“A”，如 T10A。

由于碳素工具钢的热硬性（即在高温时仍保持切削所需硬度的能力）较差，热处理变形较大，因此，仅适用于制造不太精密的模具、木工工具和金属切削的低速手用刀具，如锉刀、锯条、手用丝锥等。常用碳素工具钢牌号、化学成分及用途如表 3-11 所示。

表 3-11　　常用碳素工具钢牌号、化学成分及用途

牌　号	化学成分/%			硬　度		用 途 举 例
	C	Si	Mn	供应状态 HB(≤)	淬火后 HRC(≥)	
T7 T7A	0.65～0.74	≤0.35	≤0.40	187	62	承受冲击，韧性较好、硬度适当的工具，如扁铲、手钳、大锤、螺钉旋具、木工工具等
T8 T8A	0.75～0.84			187	62	承受冲击，要求较高硬度的工具，如冲头、压缩空气工具、木工工具等
T9 T9A	0.85～0.94			192	62	韧性中等，硬度要求较高的工具，如冲头、木工工具、凿岩工具等
T10 T10A	0.95～1.04			197	62	不受剧烈冲击，要求高硬度、高耐磨性的工具，如车刀、刨刀、丝锥、钻头、手锯条等
T12 T12A	1.15～1.24			207	62	不受冲击，要求高硬度、高耐磨性的工具，如锉刀、刮刀、精车刀、螺钉旋具、量具等
T13 T13A	1.25～1.35			217	62	同上。要求更耐磨的工具，如刮刀、剃刀等

4. 铸钢

铸钢是冶炼后直接铸造成形的钢种。在实际生产中，一些形状复杂、在工艺上又很难用锻压方法成形，而且要求有较高的强度和塑性，并承受冲击载荷的大型零件，通常采用铸钢制造，例如汽车的变速箱壳，机车车辆的车钩和联轴器等。铸钢的铸造性能比铸铁差，但力学性能比铸铁好。随着铸造技术的进步，铸钢件在组织、性能、精度和表面粗糙度等方面都已接近锻钢件，可以不经切削加工或只需少量切削加工后使用，能大量节约钢材，降低成本，因此得到了更加广泛的应用。

铸钢的牌号有两种表示方法：用力学性能表示时，用“铸”和“钢”两字汉语拼音首位字母“ZG”后加两组数字表示，第一组数字表示屈服强度的最低值，第二组数字表示抗拉强度的最低值。例如ZG200－400，表示 $R_{eL}\geqslant 200$ MPa，$R_m\geqslant 400$ MPa 的铸钢。用化学成分表示时，在“ZG”后面的一组数字表示铸钢平均碳的质量分数的万分之几，其后面排列的是各主要合金元素符号及其质量分数。如ZG37SiMn2MoV 钢，表示其碳的平均质量分数为 0.37%，锰的质量分数为 2%，硅、钼、钒的质量分数均小于 1.5%。

铸钢主要有碳素铸钢和低合金铸钢两大类。碳素铸钢按用途分为一般工程用碳素铸钢和焊接结构用碳素铸钢，如表 3－12 所示。低合金铸钢是在碳素铸钢基础上，提高锰、硅的含量，以发挥其合金化的作用，另外还添加铬、钼等合金元素。常用牌号有 ZG40Cr，ZG40Mn 和 ZG35CrMo 等。低合金铸钢的综合力学性能明显优于碳素铸钢，大多数用于承受较重载荷、冲击和摩擦的机械零件，如各种高强度齿轮、高速列车车钩等。为充分发挥低合金铸钢的性能，通常对其进行退火、正火、调质和表面强化热处理。

表 3－12　碳素铸钢的牌号、力学性能与用途

种类	牌号	对应旧牌号	力学性能(≥)					应用举例
			R_{eL} /MPa	R_m /MPa	A /%	Z /%	A_K /J	
一般工程用碳素铸钢	ZG200－400	ZG15	200	400	25	40	30	良好的塑性、韧性和焊接性能，用于受力不大，要求高韧性的零件
	ZG230－450	ZG25	230	450	22	32	25	一定的强度、较好的韧性和焊接性能，用于受力不大，要求高韧性的零件
	ZG270－500	ZG35	270	500	18	25	22	较高的强韧性，用于受力较大且有一定韧性要求的零件，如连杆、曲轴
	ZG310－570	ZG45	310	570	15	21	15	较高的强度和较低的韧性，用于载荷较高的零件，如大齿轮、制动轮
	ZG340－640	ZG55	340	640	10	18	10	高的强度、硬度和耐磨性，用于齿轮、棘轮、联轴器叉头等
焊接结构用碳素铸钢	ZG200－400H	ZG15	200	400	25	40	30	由于碳的质量分数偏下限，故焊接性能优良，其用途基本与 ZG200－400，ZG230－450，ZG270－500 相同
	ZG230－450H	ZG20	230	450	22	35	25	
	ZG275－485H	ZG25	275	485	20	35	22	

常用铸造碳钢在汽车上的应用如表 3－13 所示。

表 3－13　　常用铸造碳钢在汽车上的应用

牌　号	应　用　举　例
ZG270－500	机油管法兰、化油器活接头、车门限制器限制块等
ZG310－570	进排气岐管压板、风扇过渡法兰、前减震器下支架、变速叉、起动爪等
ZG340－640	齿轮、棘轮等

3.4　合金钢

汽车上一些受力复杂的重要零件，如变速器齿轮、半轴、活塞销、气门等，如果采用碳素钢制造，并不能满足其性能要求。因此，在汽车制造中还广泛应用了合金钢。所谓合金钢，是指在碳素钢的基础上，为了改善钢的某些性能，在冶炼时有目的地加入一些合金元素炼成的钢。常用的合金元素有：硅(Si)、锰(Mn)、铬(Cr)、镍(Ni)、钨(W)、钼(Mo)、钒(V)、硼(B)、铝(Al)、钛(Ti)和稀土元素(RE)等。

合金钢和碳素钢相比有许多优点：在相同的淬火条件下，能获得更深的淬硬层；具有良好的综合力学性能；具有良好的耐磨性、耐腐蚀性和耐高温性等特殊性能。但合金钢冶炼成本高，价格昂贵，焊接和热处理工艺性也较为复杂。虽然如此，为保证使用的可靠性，汽车上的重要零件大多采用合金钢制造。常见的用合金钢制造的汽车零件如图 3－36 所示。

(a) 变速器齿轮　(b) 减速器齿轮　(c) 活塞销

(d) 十字轴　(e) 半轴

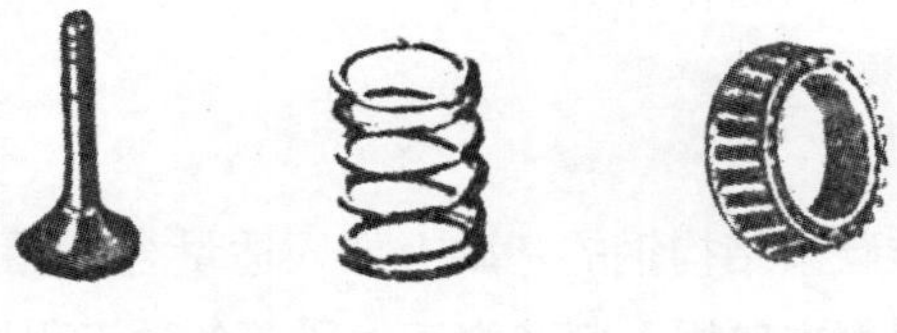

(f) 气门　(g) 气门弹簧　(h) 圆锥滚子轴承

图 3－36　常见的合金钢制造的汽车零件

3.4.1 合金钢的分类及牌号

1. 合金钢的分类

1) 按合金钢的用途分类

(1) 合金结构钢——用来制造各种重要机械零件和工程结构。

(2) 合金工具钢——用来制造各种重要的加工工具，如刃具、量具和模具等。

(3) 特殊性能钢——用来制造具有特殊性能要求的结构件和机械零件。

2) 按合金元素的含量分类

(1) 低合金钢——合金元素总含量小于 5%。

(2) 中合金钢——合金元素总含量为 5%～10%。

(3) 高合金钢——合金元素总含量大于 10%。

此外，还可以按合金元素的种类分类，有锰钢、铬钢、硅锰钢等。

2. 合金钢的牌号

根据国家标准的规定，合金钢的牌号采用“数字＋合金元素符号＋数字”的方法表示。

1) 合金结构钢

合金结构钢牌号的前两位数字表示钢中碳的平均质量分数，以万分数计。合金元素符号后面的数字表示该元素的平均质量分数，若合金元素的质量分数小于 1.5%，一般不标出。例如：60Si2Mn 表示碳的平均质量分数为 0.60%，硅的平均质量分数为 2%，锰的平均质量分数小于 1.5%的合金结构钢。

2) 合金工具钢

合金工具钢牌号的前一位数字表示钢中碳的平均质量分数，以千分数计。若碳的平均质量分数超过 1%时，一般不标出。合金元素质量分数的表示方法同合金结构钢。例如：9SiCr 表示碳的平均质量分数为 0.9%，硅和铬的平均质量分数均小于 1.5%的合金工具钢。Cr12MoV 表示碳的平均质量分数大于 1%，铬的平均质量分数为 12%，钼和钒的平均质量分数均小于 1.5%的合金工具钢。

高速钢的碳的质量分数的表示方法有所不同，虽然其碳的质量分数小于 1%，但也不标出。例如：W18Cr4V。

3) 滚动轴承钢

滚动轴承钢牌号的表示方法和合金工具钢基本相同，要注意的是铬元素后面的数字是表示含铬量的千分之几，并在牌号前冠上字母“G”。例如：GCr15SiMn 表示铬的平均质量分数为 1.5%，硅和锰的平均质量分数均小于 1.5%的滚动轴承钢。

4) 特殊性能钢

特殊性能钢牌号的表示方法与合金工具钢基本相同，只是当碳的平均质量分数小于 0.1%时，用“0”表示，碳的平均质量分数小于 0.03%时，用“00”表示。例如：0Cr13 表示碳的平均质量分数小于 0.1%，铬的平均质量分数为 13%的特殊性能钢；00Cr30Mo2 表示碳的平均质量分数小于 0.03%，铬的平均质量分数为 30%，钼的平均质量分数为 2%的特殊性能钢。

3.4.2 合金结构钢

合金结构钢是在优质或高级优质碳素结构钢的基础上加入适量合金元素的钢。按其用途可分为工程用钢和机械制造用钢两大类。工程用钢主要用于制造汽车大梁等各种工程构件，工程用钢的合金元素含量较少，所以又称为低合金结构钢，常用的有低合金高强度结构钢。机械制造用钢主要用于制造各种机械零件，按其用途和热处理特点不同，又分为合金渗碳钢、合金调质钢、合金弹簧钢和滚动轴承钢等。

1. 低合金高强度结构钢

低合金高强度结构钢碳的质量分数在 0.12%～0.25%，合金元素的含量一般小于 3%，其成分特点为低碳、低合金元素含量，所加入的合金元素主要有锰、钒、钛等。由于合金元素的存在，低合金高强度结构钢比相同含碳量的碳素钢的强度高 30%～50%，并且具有良好的塑性、韧性、耐腐蚀性和焊接性，还具有比碳素结构钢更低的韧脆转变温度(一般为−30℃左右)，这对北方高寒地区使用的构件及运输工具，具有十分重要的意义。

低合金高强度结构钢一般是经热轧，在空气中冷却后而成，加工成构件后不需要热处理就可以直接使用。用低合金高强度结构钢替代碳素钢可以提高构件强度，减轻构件重量，延长使用寿命。低合金高强度结构钢广泛用于制造桥梁、船舶、车辆和高压容器等。

低合金高强度结构钢的牌号表示方法与碳素结构钢相同，常用低合金高强度结构钢的牌号、力学性能及用途如表 3-14 所示，常用低合金高强度结构钢在汽车上的应用如表 3-15 所示。

表 3-14　常用低合金高强度结构钢的牌号、力学性能及用途

牌号	质量等级	力学性能				相当于旧牌号	用途举例
		R_{eL}/MPa	R_m/MPa	A/%	A_K/J(℃)		
Q295	A B	295	390～570	23 23	— 34(20)	09MnV 09MnVNb 09Mn2 12Mn	车辆冲压件，建筑金属构件，输油管，储油罐，低压锅炉汽包，低、中压容器，有低温要求的金属构件
Q345	A B C D E	345	470～630	21 21 22 22 22	— 34(20) 34(0) 34(−20) 27(−40)	12MnV 14MnNb 16Mn 18Nb 16MnRE	各种大型船舶，铁路车辆，桥梁，管道，锅炉、压力容器，石油储罐，起重及矿山机械，建筑结构
Q390	A B C D E	390	490～650	19 19 20 20 20	— 34(20) 34(0) 34(−20) 27(−40)	15MnV 15MnTi 16MnNb	中、高压汽包，中、高压石油化工设备，大型船舶、桥梁，车辆及其他承受较高载荷的大型焊接结构
Q420	A B C D E	420	520～680	18 18 19 19 19	— 34(20) 34(0) 34(−20) 27(−40)	15MnVN 14MnVTiRE	中、高压锅炉及压力容器，大型船舶，车辆，电站设备
Q460	C D E	460	550～720	17 17 17	34(0) 34(−20) 27(−40)	14MnMoV 18MnMoNb	中温高压容器(<120℃)，锅炉，化工、石油高压厚壁容器(<100℃)，鸟巢

注：表中各牌号试样尺寸为厚度(直径)小于 16 mm。

表 3－15　　常用低合金高强度结构钢在汽车上的应用

牌　号	应　用　举　例
Q295A	水箱固定架底板、风扇叶片、车架横梁等
Q345B	车架纵梁、车架横梁、油箱托架、车架角撑、蓄电池固定厚板等
Q390B	车架前横梁、车架中横梁、前保险杠、车架角撑等

2. 合金渗碳钢

合金渗碳钢是用于制造渗碳零件的钢。这类钢碳的质量分数在 0.10%～0.25%。通过渗碳处理使表面达到高碳(w_C=0.85%～1.05%)，而心部仍是较低的含碳量，使这类钢经热处理后可以达到“表硬心韧”的性能，即能保证钢的表面具有高的强度和硬度，而心部具有足够的塑性和韧性。钢中常加入铬、镍、锰、硼等合金元素以提高钢的强度和淬透性，加入钒、钛等元素用以细化晶粒，提高渗碳层的耐磨性。

汽车上有许多零件是在高速、重载荷、强烈冲击和剧烈摩擦的状态下工作的，如变速齿轮、万向节十字轴、活塞销和气门挺杆等。它们的表面要求具有高硬度、高耐磨性，而心部则要求具有高的强度和韧性，因而这些零件大多采用合金渗碳钢制造。

合金渗碳钢种类很多，在汽车上用量也很大，以 15Cr，20Cr，18CrMnTi，20CrMnTi 及 20MnTiB 使用得最为广泛。近几年，含硼的渗碳钢(20Mn2B、20MnVB)在汽车中也被广泛采用，并用来代替 20CrMnTi 以节约贵重合金元素铬。常用合金渗碳钢的牌号、力学性能及用途如表 3－16 所示，常用合金渗碳钢在汽车上的应用如表 3－17 所示。

表 3－16　　常用合金渗碳钢的牌号、力学性能及用途

<table>
<tr><th rowspan="2">牌　号</th><th colspan="4">热处理工艺</th><th colspan="5">力学性能(≥)</th><th rowspan="2">用　途　举　例</th></tr>
<tr><th>渗碳/℃</th><th>第一次淬火温度/℃</th><th>第二次淬火温度/℃</th><th>回火温度/℃</th><th>R_{eL}/MPa</th><th>R_m/MPa</th><th>A/%</th><th>Z/%</th><th>A_K/J</th></tr>
<tr><td>20Mn2</td><td rowspan="9">900～950</td><td>850 水、油</td><td>—</td><td rowspan="9">200 水、空气</td><td>590</td><td>785</td><td>10</td><td>40</td><td>47</td><td>代替 20Cr 等</td></tr>
<tr><td>15Cr</td><td>880 水、油</td><td>780 水～820 油</td><td>490</td><td>735</td><td>11</td><td>45</td><td>55</td><td>船舶主机螺钉、活塞销、凸轮、机车小零件及心部韧性高的渗碳零件</td></tr>
<tr><td>20Cr</td><td>880 水、油</td><td>780 水～820 油</td><td>540</td><td>835</td><td>10</td><td>40</td><td>47</td><td>机床齿轮、齿轮轴、蜗杆、活塞销及气门顶杆等</td></tr>
<tr><td>20MnV</td><td>880 水、油</td><td>—</td><td>590</td><td>735</td><td>10</td><td>40</td><td>55</td><td>代替 20Cr 等</td></tr>
<tr><td>20CrMnTi</td><td>880 油</td><td>870 油</td><td>853</td><td>1 080</td><td>10</td><td>45</td><td>55</td><td>汽车、拖拉机的齿轮，凸轮，是 Cr－Ni 钢代用品</td></tr>
<tr><td>20Mn2B</td><td>880 油</td><td>—</td><td>885</td><td>1 080</td><td>10</td><td>50</td><td>55</td><td>代替 20Cr、20CrMnTi 等</td></tr>
<tr><td>12CrNi3</td><td>860 油</td><td>780 油</td><td>685</td><td>930</td><td>11</td><td>50</td><td>71</td><td>大齿轮、轴</td></tr>
<tr><td>20CrMnMo</td><td>850 油</td><td>—</td><td>885</td><td>1 175</td><td>10</td><td>45</td><td>55</td><td>代替含镍较高的渗碳钢作大型拖拉机齿轮、活塞销等大截面渗碳件</td></tr>
<tr><td>20MnVB</td><td>860 油</td><td>—</td><td>885</td><td>1 080</td><td>10</td><td>45</td><td>55</td><td>代替 20CrMnTi、20CrNi 等</td></tr>
</table>

（续表）

牌　号	热处理工艺				力学性能(≥)					用　途　举　例
	渗碳/℃	第一次淬火温度/℃	第二次淬火温度/℃	回火温度/℃	R_{eL}/MPa	R_m/MPa	A/%	Z/%	A_K/J	
12Cr2Ni4		860 油	780 油		835	1 080	10	50	71	大齿轮、轴
20Cr2Ni4		880 油	780 油		1 080	1 175	10	45	63	大型渗碳齿轮、轴及飞机发动机齿轮
18Cr2Ni4wA		950 空气	850 空气		835	1 175	10	45	78	坦克齿轮、高速柴油机、飞机发动机曲轴、齿轮

注：表中各牌号力学性能试验用试样尺寸为厚度(直径)15 mm。

表 3－17　　常用合金渗碳钢在汽车上的应用

牌　号	应　用　举　例
15Cr	活塞销、气门挺杆及调整螺栓、气门弹簧座等
20CrMnTi	变速齿轮、齿套、半轴齿轮、万向节和差速器十字轴等
15MnVB	变速轴、变速齿轮、齿套、钢板弹簧中心螺栓等
20MnVB	减速器齿轮、万向节十字轴、差速器十字轴、传动轴十字轴等

3. 合金调质钢

在汽车结构中某些重要零件，如发动机的连杆、汽车底盘的万向节、半轴等，它们都在多种载荷下工作，承受载荷情况较为复杂，因此，既要求零件具有良好的综合力学性能(良好的强韧性配合)，又要求有较高的韧性。这类零件通常由合金调质钢制造。

合金调质钢碳的质量分数一般在 0.25%～0.50%，属于中碳钢。钢中常加入铬、锰、镍、硼等合金元素以增加钢的淬透性，提高钢的强度，其中镍还可以提高钢的韧性。加入钨、钼、钒、钛等合金元素可细化晶粒，提高钢的回火稳定性。

40Cr 钢是最常用的合金调质钢，其强度比 40 钢提高 20%，并具有良好的塑性。常用于制造转向节、气缸盖螺栓等。为节约铬元素，也可用 40MnB 或 40MnVB 代替。合金调质钢的热处理是调质(淬火＋高温回火)，如果要求零件表面有较高的硬度和耐磨性，可以在调质后再进行表面热处理。

常用合金调质钢的牌号、力学性能及用途如表 3－18 所示，常用合金调质钢在汽车上的应用如表 3－19 所示。

表 3－18　　常用合金调质钢的牌号、力学性能及用途

牌　号	热处理工艺				力学性能(≥)					用　途　举　例
	淬火		回火		R_{eL}/MPa	R_m/MPa	A/%	Z/%	A_K/J	
	温度/℃	介质	温度/℃	介质						
40Mn	840	水	600	水、油	335	590	15	45	47	轴、曲轴、连杆、螺栓、螺母、万向接头轴
40Cr	850	油	520	水、油	785	980	9	45	47	汽车后半轴、机床齿轮、花键轴、顶尖套、曲轴、连杆、转向节臂

（续表）

牌　号	热处理工艺				力学性能(≥)					用 途 举 例
	淬火		回火		R_{eL} /MPa	R_m /MPa	A /%	Z /%	A_K /J	
	温度/℃	介质	温度/℃	介质						
45Mn2	840	油	550	水、油	735	885	10	45	47	轴、蜗杆、连杆等
40MnB	850	油	500	水、油	785	980	10	45	47	汽车转向轴、半轴、蜗杆
40MnVB	850	油	520	水、油	785	980	10	45	47	半轴、转向节臂、转向节主销
35SiMn	900	水	570	水、油	735	885	15	45	47	除要求低温(−20℃)韧性很高的情况外，可全面代替 40Cr 作调质件
40CrNi	820	油	520	水、油	785	980	10	45	55	重型机械齿轮、轴、燃汽轮机叶片、转子和轴
40CrMn	840	油	550	水、油	835	980	9	45	47	在高速、高载荷下工作的轴、齿轮、离合器
35CrMo	850	油	550	水、油	835	980	12	45	63	主轴、大电机轴、曲轴、锤杆
30CrMnSi	880	油	520	水、油	885	1 080	10	45	39	高压鼓风机叶片、联轴器、砂轮轴、齿轮、螺栓、螺母、轴套
38CrMoAlA	940	水、油	640	水、油	835	980	14	50	71	氮化件如镗杆、蜗杆、高压阀门、精密齿轮、精密丝杠等
37CrNi3	820	油	500	水、油	980	1 130	10	50	47	活塞销、凸轮轴、齿轮、重要螺栓、拉杆
25Cr2Ni4WA	850	油	550	水	930	1 080	11	45	71	截面 200 mm 以下要求淬透的大截面重要零件
40CrNiMoA	850	油	600	水、油	835	980	12	55	78	重型机械中高载荷的轴类，如汽轮机轴、锻压机的偏心轴、压力机曲轴、航空发动机轴
40CrMnMo	850	油	600	水、油	785	980	10	45	63	8 t 卡车的后桥半轴、齿轮轴、偏心轴、齿轮、连杆等

表 3-19　　常用合金调质钢在汽车上的应用

牌　号	应 用 举 例
40Cr	发动机支架固定螺栓、差速器壳螺栓、气缸盖螺栓、减震器销、水泵轴、连杆盖、曲轴、连杆等
40MnB	半轴、水泵轴、变速器轴、转向节、转向臂、传动轴花键、万向节叉、气缸盖螺栓、连杆螺栓等
45Mn2	进气门、半轴套管、钢板弹簧 U 型螺栓等
50Mn2	离合器从动盘、减震盘等

4. 合金弹簧钢

合金弹簧钢是用于制造弹簧和弹性元件的专用钢。弹簧是汽车、机械和仪表中的重要零件，它是利用弹性变形时所储存的能量，缓和机械设备的震动和冲击作用。例如，汽车、拖拉机和机车上的板弹簧，除承受静载荷外，还要承受因地面不平所引起的冲击载荷和振动。此外，弹簧还可储存能量使其他机件完成预先规定的动作，如气阀弹簧等。

合金弹簧钢碳的质量分数比调质钢高，一般为 0.46%～0.70%。钢中常加入锰、硅、铬等合金元素用以提高钢的强度和弹性极限，有重要用途的弹簧钢还加入少量的钼、钨、钒等合金元素，以提高韧性和回火稳定性。

弹簧是汽车的重要构件，具有能量储存、自动控制、缓冲平衡、固定复位、安全减震等作用。通常一辆汽车上装有 50～60 种、100 多件弹簧，用于悬架、发动机、离合器、制动器等重要部位。

常用合金弹簧钢的牌号、力学性能及用途如表 3－20 所示，常用合金弹簧钢在汽车上的应用如表 3－21 所示。

表 3－20　常用合金弹簧钢的牌号、力学性能及用途

牌　号	热处理工艺		力学性能(≥)				用　途　举　例
	淬火温度/℃	回火温度/℃	R_{eL}/MPa	R_m/MPa	A/%	Z/%	
65Mn	830，油	540	430	750	8	30	气阀弹簧、离合器弹簧、摇臂轴定位弹簧
55Si2Mn	870，油	480	1 200	1 300	6	30	汽车、拖拉机、机车上的减震板簧和螺旋弹簧
60Si2Mn	870，油	480	1 200	1 300	5	25	汽车、拖拉机、机车上的减震板簧和螺旋弹簧
55SiMnVB	860，油	460	1 226	1 373	5	30	代替 60Si2Mn 钢制作汽车板簧和其他中等截面的板簧和螺旋弹簧
50CrVA	850，油	500	1 150	1 300	10	40	用作高载荷重要弹簧及工作温度＜300℃的阀门弹簧、活塞弹簧、安全阀弹簧等

表 3－21　常用合金弹簧钢在汽车上的应用

牌　号	应　用　举　例
65Mn	气门弹簧、制动室复位弹簧、摇臂轴定位弹簧、离合器压紧弹簧
55Si2Mn	钢板弹簧
60Si2Mn	钢板弹簧、牵引钩弹簧
55SiMnVB	钢板弹簧

5. 滚动轴承钢

滚动轴承钢用来制造各种滚动轴承元件，如轴承内、外套圈和滚动体(滚珠、滚柱、滚针)，属于专用结构钢。滚动轴承工作时承受很大的局部交变载荷，滚动体与套圈间接触应力较大，易使轴承工作表面产生接触疲劳破坏和磨损。因此，要求轴承钢具有高的硬度、耐磨性、弹性极限和接触疲劳强度，足够的韧性和耐蚀性。

滚动轴承钢碳的质量分数较高，一般为 0.95%～1.15%，以保证钢有高的硬度和耐磨性。钢中常加入 0.45%～1.65%的铬，用以提高钢的淬透性和耐磨性，对于大型轴承用钢还加入硅、锰等合金元素，使钢具有足够的韧性和疲劳强度。滚动轴承钢对硫、磷含量要求严格(w_s＜0.025%，w_p＜0.030%)，因此它是一种高级优质钢，但其牌号后面没有符号“A”。

滚动轴承钢除用于轴承外，还用于制造其他耐磨零件，如汽车的油泵柱塞、喷油嘴、针阀等，也可制造形状复杂的工具、冲压模具和精密量具。常用滚动轴承钢的牌号、热处理及用途如表 3－22 所示。

表 3-22 常用滚动轴承钢的牌号、热处理及用途

牌号	热处理			用途举例
	淬火温度/℃	回火温度/℃	回火后硬度/HRC	
GCr9	810～830	150～170	62～66	直径<20 mm的滚珠、滚柱及滚针
GCr15	825～845	150～170	62～66	中、小型轴承
GCr15SiMn	820～840	150～170	≥62	大型轴承或特大轴承的滚动体和内外套
GSiMnV	780～810	150～170	≥62	可代替GCr15钢
GSiMnVRE	780～810	150～170	≥62	可代替GCr15及GCr15SiMn钢
GSiMnMoV	770～810	165～175	≥62	可代替GCr15SiMn钢

6. 超高强度钢

超高强度钢是指屈服强度大于1 400 MPa，抗拉强度大于1 500 MPa，兼有适当韧性的合金钢。它是在合金调质钢的基础上加入多种合金元素而形成和发展起来的。我国常用的超高强度钢有30CrMnTiNi2A，4Cr5MoVSi等。主要用作航空、航天工业的结构材料，如飞机主梁、起落架、发动机结构零件等。

3.4.3 合金工具钢

碳素工具钢经热处理后能达到很高的硬度和耐磨性。但因其淬透性低，淬火变形倾向大，热硬性差，因此，仅适用于制造尺寸较小、形状简单、精度低的模具、量具和低速手用刀具。合金工具钢是在碳素工具钢的基础上加入适量合金元素制成的。由于合金元素的加入，提高了钢的强度、淬透性和热硬性，减小了变形开裂倾向。因此，尺寸较大、形状复杂、精度要求高的模具、量具以及切削速度较高的刀具，都采用合金工具钢来制造。合金工具钢按其用途不同，可分为合金刃具钢、合金模具钢和合金量具钢。

1. 合金刃具钢

合金刃具钢主要用于制造各种切削工具，如车刀、铣刀等。刀具在切削过程中承受着高温、高压和强烈的摩擦，因此，要求刃具钢必须具有高的硬度、耐磨性、热硬性以及足够的强度和韧性。

合金刃具钢分为低合金刃具钢和高速钢两种。

1）低合金刃具钢

低合金刃具钢碳的质量分数为0.80%～1.50%，合金元素质量分数为3%～5%。钢中常加入铬、锰、硅、钨、钒等合金元素，以提高钢的淬透性、回火稳定性和耐磨性。但由于钢中合金元素加入量较少，这类钢的工作温度一般不超过300℃。主要用于制造切削速度较低，尺寸较大或形状复杂的切削刀具。

常用的低合金刃具钢有9SiCr、CrWMn和9Mn2V等。其中9SiCr钢有较高的硬度和耐磨性，常用于制造丝锥、板牙、铰刀等。CrWMn钢的硬度高于9SiCr钢，可达到64～66 HRC，且热处理变形小，所以，常用于制造较精密的刀具，如长丝锥、长铰刀等。

低合金刃具钢的热处理为球化退火，淬火后低温回火。

2）高速钢

高速钢是一种高碳、高合金元素含量的刃具钢。它以高速切削而得名。这类钢热处理后具有高的热硬性，在其切削温度高达600℃时，仍能保持高硬度(60 HRC以上)和高耐磨性。高速钢还具有很高的淬透性，在空气中冷却也能淬硬，并且刃口锋利，故又称为“锋钢”。主要用于制造重要的形状复杂的

高速切削刀具。

高速钢碳的质量分数为0.70%～1.65%，较高的含碳量主要是保证其具有高硬度和高耐磨性。钢中常加入钨、钼、铬、钒等合金元素，其总量超过10%，从而大大提高了钢的淬透性和回火稳定性，使高速钢在高速、高温下进行切削时仍有很高的热硬性和耐磨性。

常用的高速钢有W18Cr4V，W6Mo5Cr4V2等。其中W18Cr4V钢是发展最早、应用最广泛的高速工具钢，其热硬性高，过热和脱碳倾向小，但韧性较差。主要用于制造中速切削刀具或结构复杂低速切削的刀具，如拉刀、齿轮刀具等。W6Mo5Cr4V2钢可作为W18Cr4V钢的代用品，与W18Cr4V钢相比，其热硬性稍差，但韧性和耐磨性较高，主要用于制造耐磨性和韧性配合较好的刀具，尤其适宜制作麻花钻头等薄刃刀具。

高速钢的热处理为高温(1 270℃～1 280℃)淬火后，再进行三次高温(560℃)回火。

2. 合金模具钢

合金模具钢按使用条件不同，分为冷作模具钢、热作模具钢和塑料模具钢。

1) 冷作模具钢

冷作模具钢用于制造在冷态下变形或分离的模具，如冷冲模、冷镦模、冷挤压模等。冷作模具工作时承受很大的压力、弯曲力、冲击载荷和摩擦，因此要求模具工作部分有高的硬度(50～60 HRC)、耐磨性、强度和韧性。

冷作模具钢碳的质量分数为1.0%～2.0%，较高的含碳量是为了保证其具有高硬度和高耐磨性。钢中常加入铬、钨、钼、钒等合金元素，以提高钢的耐磨性、淬透性和回火稳定性。

目前广泛应用的是Cr12型钢，如Cr12，Cr12MoV，Cr12Mo1V1等。Cr12型钢具有很高的硬度(约1 820 HV)和耐磨性、较高的强度和韧性、热处理变形小等特点。主要用于制作大截面、形状复杂、变形要求严格的冷作模具。截面较大、形状较复杂、淬透性要求较高的冷作模具可以选用低合金工具钢9SiCr，9Mn2V或GCr15钢制造。

2) 热作模具钢

热作模具钢是用来制造使加热的金属或液体金属成型的模具，如热锻模、热挤压模、压铸模等。热作模具工作时承受到强烈摩擦、较高温度和大的冲击载荷以及强烈的冷热循环，导致模具易出现崩裂、磨损、塌陷、龟裂等失效现象。因此，要求热作模具钢在高温下应具有高的热硬性、耐磨性、高的抗氧化能力、高的热强性和足够的韧性。此外，对尺寸较大的热作模具，还要求有高的淬透性，以保证模具整体性能均匀，且热处理变形要小。

热作模具钢碳的质量分数为0.3%～0.6%，以保证有良好的强度、硬度和韧性配合。加入镍、铬、钼、锰、硅等合金元素，可提高其强度、韧性、淬透性、抗热疲劳性及回火稳定性。

5CrMnMo和5CrNiMo是最常用的热作模具钢，它们有较高的强度、耐磨性和韧性，优良的淬透性和良好的抗热疲劳性能。主要用于制作大中型热锻模。根据我国资源情况，应尽可能采用5CrMnMo钢。对于在静压下使金属变形的热挤压模、压铸模，常选用高温性能较好的3Cr2W8V钢或4Cr5W2VSi钢制作。

3) 塑料模具钢

塑料模具包括塑料模和胶木模等。它们都是用来在不超过200℃的低温加热状态下，将细粉或颗粒状塑料压制成形。塑料模具在工作时，持续受热、受压，并受到一定程度的摩擦和有害气体的腐蚀，因此，塑料模具钢要求在200℃时具有足够的强度和韧性，并具有较高的耐磨性和耐腐蚀性。

目前常用的塑料模具钢主要为3Cr2Mo，用于中型塑料模具。其w_C=0.3%可保证热处理后获得良好的强韧性配合及较高的硬度和耐磨性，加入铬、钼等合金元素，可提高淬透性，减小变形。

3. 合金量具钢

合金量具钢用来制作各种测量工具，如卡尺、千分尺、块规、塞尺等。量具工作时主要受摩擦、磨损，承受外力很小，因此，要求量具用钢要有高的硬度（62～65 HRC）、高的耐磨性和良好的尺寸稳定性。

量具用钢碳的质量分数较高，一般为 0.9%～1.5%，以保证其具有高的硬度和耐磨性。加入铬、钨、锰等合金元素，可提高淬透性，减小变形。

最常用的量具钢为碳素工具钢和低合金刃具钢。碳素工具钢 T10A，T12A 常用于尺寸小、形状简单、精度要求不高的量具，如样板、塞尺等。低合金刃具钢 9SiCr，CrWMn 和 9Mn2V 等因含有少量合金元素，热处理变形小，适合制作形状复杂、精度要求高的量具。

3.4.4 特殊性能钢

1. 不锈钢

不锈钢是指在腐蚀介质中具有高抗腐蚀能力的钢。按其合金元素的不同，常用的有铬不锈钢和铬镍不锈钢。

1）铬不锈钢

铬不锈钢的合金元素以铬为主，其含量一般大于 13%，大量铬使钢表面形成一层致密的氧化膜，将钢与外部介质隔离，避免金属继续被腐蚀。铬不锈钢碳的质量分数一般为 0.1%～0.4%，以保证钢有一定的强度、硬度和耐磨性，但碳的质量分数过高，会降低钢的耐腐蚀性。

铬不锈钢一般是在弱腐蚀条件下工作的，其主要牌号有 1Cr13，2Cr13 和 3Cr13，4Cr13 等。随着碳的质量分数的增加，钢的强度、硬度提高，而耐腐蚀性相应减弱。1Cr13，2Cr13 钢碳的质量分数较低，具有良好的耐腐蚀性和塑性、韧性，适用于制造承受冲击载荷的耐腐蚀零件，如汽轮机叶片、水压机阀等。3Cr13，4Cr13 钢碳的质量分数较高，淬火后能获得较高的强度、硬度，常用于制造轴承、弹簧、医疗器械等耐磨零件。

2）铬镍不锈钢

铬镍不锈钢碳的质量分数较低，钢中的合金元素以铬和镍为主，其铬含量为 18%左右，镍含量为 8%～11%。铬镍不锈钢由于存在大量的铬、镍元素，不仅使钢表面形成氧化膜，提高钢的耐腐蚀性，而且使钢热处理后能获得单一组织，防止电化学腐蚀的产生，并具有良好的塑性、焊接性和低温韧性。铬镍不锈钢的主要牌号有 1Cr18Ni9，1Cr18Ni9Ti，2Cr18Ni9 等，主要用于制造在各种强腐蚀介质中工作的零件，如吸收塔、管道、化工容器等。此外，由于铬镍不锈钢是单一组织，没有磁性，还可以用作仪器、仪表中的防磁零件。

不锈钢在汽车上可用于制作空气压缩机阀片、化油器针阀、外装饰件等。

2. 耐热钢

耐热钢是指在高温下不易发生氧化并具有较高强度的钢。包括抗氧化钢和热强钢两类。

1）抗氧化钢

抗氧化钢是指在高温下有良好的抗氧化能力，并具有一定强度的钢。主要用于在高温下工作，而强度要求不高的零件。这类钢常加入足够的铬、硅、铝等合金元素，使钢在高温下与氧接触时表面形成致密的高熔点氧化膜，严密地覆盖在钢的表面，以隔绝高温氧化性气体对钢的继续腐蚀。

常用的抗氧化钢有 3Cr18Mn12Si2N，3Cr11Ni25Si2，2Cr20Mn9Ni2Si2N，1Cr13SiAl 等，其最高工作温度可达 1 000℃，用于制造各种加热炉内结构件。如加热炉底板、马弗罐、加热炉传送带料盘等。

2）热强钢

热强钢是指在高温下有良好的抗氧化能力，并具有较高强度的钢。这类钢常加入铬、镍、钨、钼、硅等合金元素，以提高钢的高温强度和高温抗氧化能力。

常用的热强钢有 15CrMo，4Cr9Si2，4Cr10Si2Mo 钢等。15CrMo 钢是典型的锅炉用钢，适于制造

500℃以下长期工作的零件。4Cr9Si2,4Cr10Si2Mo 钢常用于制造汽车发动机排气阀。

汽车上用耐热钢制造的零件有发动机的进排气门、涡流室镶块、涡轮增压器转子、排气净化装置等。国产汽车的气门用钢主要有 4Cr10Si2Mo,45Cr9Si3,8Cr20Si2Ni 等。

3. 耐磨钢

耐磨钢是指在强烈的冲击和巨大的压力下,才能产生硬化的钢。其碳的质量分数为 1.0%～1.3%,锰的质量分数为 11%～14%,因锰的质量分数高,故又称高锰耐磨钢。

耐磨钢经热处理后塑性和韧性好,硬度并不高。当它受到强烈的冲击和挤压时,表面因塑性变形而迅速产生硬化,硬度大大提高,从而具有高的耐磨性。当表面磨损后,新露出的表面又因受到冲击和挤压而提高耐磨性。耐磨钢不宜切削加工,但有良好的铸造性能,所以一般都采用铸造成型。

常用耐磨钢的牌号为 ZGMn13,广泛应用于制造在强烈冲击和严重磨损条件下工作的零件,如拖拉机履带、挖掘机铲齿、铁路道岔等。

3.5 铸铁

铸铁是含碳量大于 2.11%(一般为 2.5%～4.0%)的铁碳合金。它是以铁、碳、硅为主要组成元素,并比碳钢含有较多的锰、硫、磷等杂质的多元合金。

铸铁在汽车制造业应用很广,据统计,汽车的铸铁用量占整车金属重量的 50%以上。汽车发动机的气缸体、气缸盖、活塞环,以及变速箱的外壳、后桥壳等零件大部分由铸铁制造。铸铁之所以能得到广泛应用,是因为其生产工艺简单、成本低,同时具有良好的铸造性能、切削加工性能、耐磨性和减震性。特别是由于采用了球化和变质处理,使铸铁的力学性能有了很大提高,很多原来用碳素钢、合金钢制造的零件,目前已被铸铁所代替,从而使铸铁的应用更为广泛。常见铸铁制造的汽车零件如图 3-37 所示。

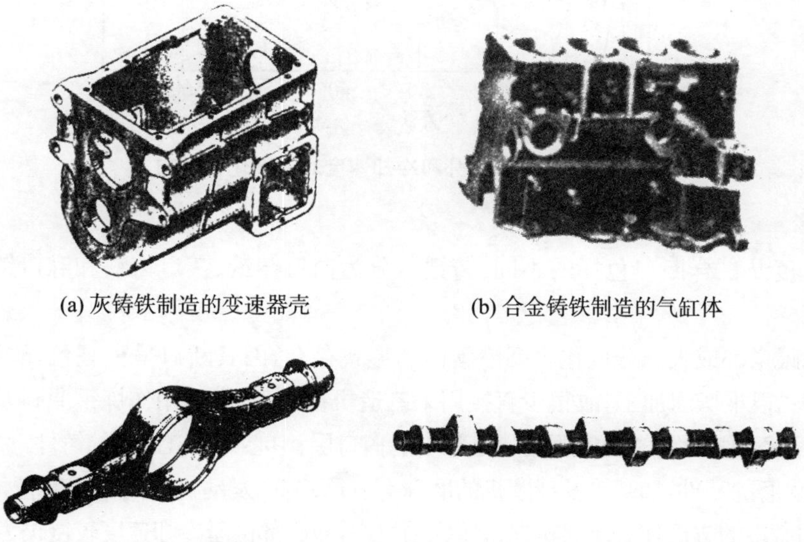

(a) 灰铸铁制造的变速器壳　　(b) 合金铸铁制造的气缸体

(c) 球墨铸铁制造的驱动桥壳　　(d) 合金铸铁制造的凸轮轴

图 3-37　常见铸铁制造的汽车零件

3.5.1　铸铁的石墨化

铸铁中石墨的形成过程称为石墨化。铸铁中的碳以两种形式存在,即化合态的渗碳体(Fe_3C)和游离态的石墨(G)。碳以哪种形式存在,取决于铸铁的化学成分和冷却速度。

1. 影响石墨化的因素

1) 化学成分

铸铁中影响石墨化的元素主要是碳、硅、锰、硫、磷。其中,碳和硅是强烈促进石墨化的元素,铸铁中碳和硅的质量分数越高,石墨化程度就越充分。锰是阻碍石墨化的元素,但锰能和硫化合形成硫化锰,减弱了硫对石墨化的不利影响。从某种意义上说,锰是间接促进石墨化的元素。所以,铸铁中允许有适量的锰。硫是强烈阻碍石墨化的元素,硫还会降低铁水的流动性,引起铸铁产生热裂,所以,铸铁中硫含量越低越好。磷也是促进石墨化的元素,但作用不强烈,且磷的存在对铸铁的性能有不利影响,应严格控制磷含量。

2) 冷却速度

铸铁在结晶过程中,冷却速度对石墨化影响很大。冷却速度越慢,越有利于石墨化。影响冷却速度的因素主要有造型材料的性能、浇注温度的高低、铸件壁厚的大小等。

由于石墨化程度的不同,铸铁的组织常见有以下几种:

石墨化非常充分时,铸铁的最终组织为铁素体基体上分布着石墨(F+G);石墨化比较充分时,铸铁的最终组织为珠光体基体上分布着石墨或铁素体与珠光体基体上分布着石墨(P+G或F+P+G);石墨化不太充分时,铸铁的最终组织为莱氏体与珠光体基体上分布着石墨;当石墨化未进行时,铸铁的最终组织为莱氏体、珠光体和渗碳体。图3-38为化学成分(碳、硅含量)和冷却速度(壁厚)对石墨化的影响。可见,铸件壁越薄,碳、硅含量越低,越易形成白口组织(即碳以化合态的渗碳体的形式存在)。

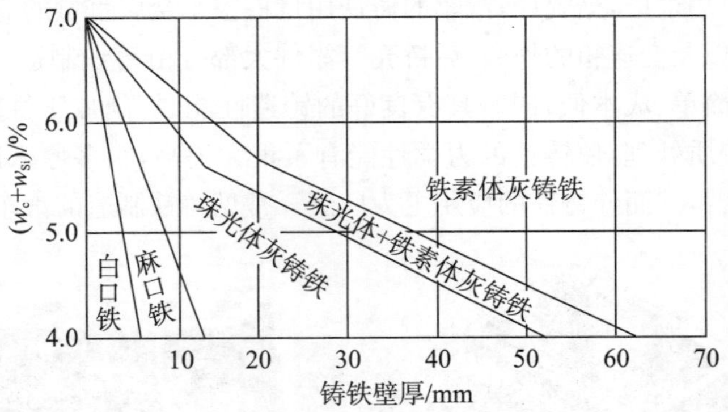

图3-38 化学成分和冷却速度对石墨化的影响

2. 铸铁的分类

根据石墨化程度及试样断口色泽的不同,铸铁可分为白口铸铁、灰口铸铁和麻口铸铁。

1) 白口铸铁

白口铸铁中的碳全部或大部分以化合态渗碳体的形式存在,因其断口呈白亮色,故称白口铸铁。白口铸铁硬度高,脆性大,很难切削加工,故很少直接用来制造机械零件,主要用作炼钢原料及可锻铸铁的毛坯。有时也利用它硬而耐磨的特性铸造出表面有一定深度的白口层,中心为灰口铸铁的铸件,称为冷硬铸铁件。冷硬铸铁应用于一些耐磨的零件,如犁铧及球磨机的磨球等。EQ1092发动机中的气门挺杆,为了得到表层的高硬度和耐磨性,常用激冷的方法使表层获得白口铸铁的组织,而心部由于冷却速度较慢仍为灰口铸铁组织。

2) 灰口铸铁

灰口铸铁中碳主要以石墨的形式存在,因其断口呈暗灰色而得名。灰口铸铁由于有一定的力学性能和良好的切削加工性能,因此,是工业生产中应用最广泛的一种铸铁。

根据石墨形态不同,灰口铸铁又分为灰铸铁、球墨铸铁、可锻铸铁和蠕墨铸铁,石墨形状分别为片状、球状、团絮状及蠕虫状,如图3-39所示。

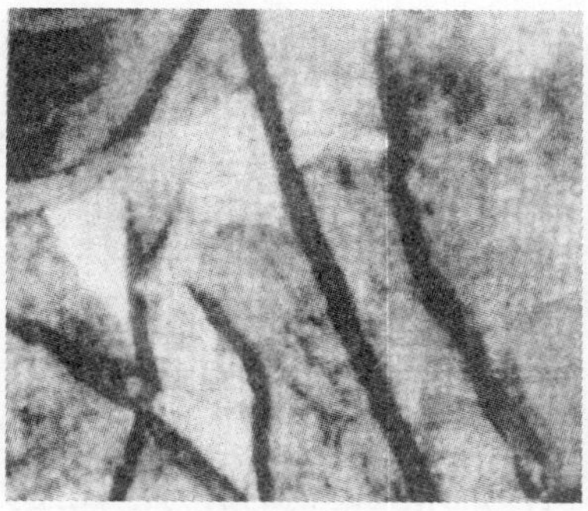

(a) 灰铸铁（片状石墨）

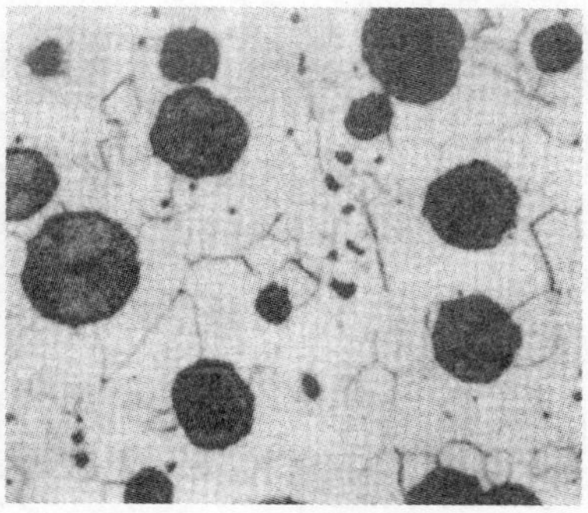

(b) 球墨铸铁（球状石墨）

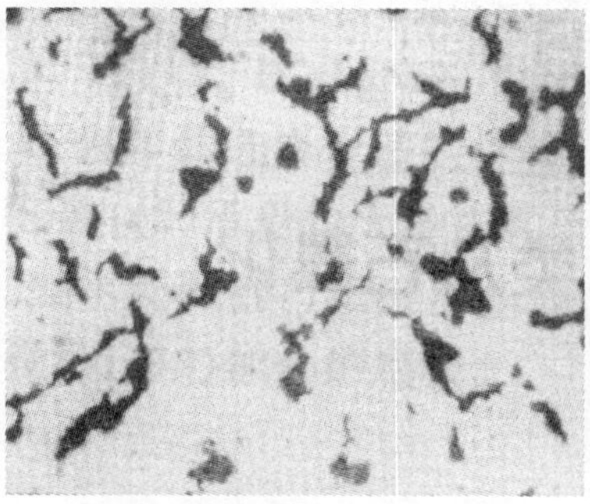

(c) 蠕墨铸铁（蠕虫状石墨）

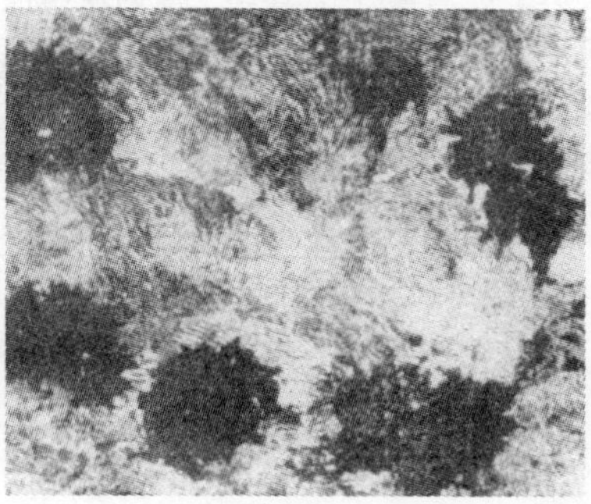

(d) 可锻铸铁（团絮状石墨）

图 3－39　灰口铸铁中石墨的形状

3）麻口铸铁

碳一部分以石墨的形式存在，另一部分以渗碳体的形式存在，断口呈灰白相间的麻点。这类铸铁脆性大，硬度高，难以加工，工业上很少应用。

此外，为了进一步提高铸铁的性能或得到某种特殊性能，向铸铁中加入一种或多种合金元素（Cr、Cu、W、Al、B 等），而得到合金铸铁（特殊性能铸铁），如耐磨铸铁、耐热铸铁、耐蚀铸铁等。

3.5.2　灰铸铁

1. 灰铸铁的组织和性能

灰铸铁的组织是由碳钢的基体加片状石墨组成。按基体组织不同，灰铸铁分为铁素体灰铸铁、铁素体-珠光体灰铸铁和珠光体灰铸铁三类。

灰铸铁的性能取决于基体的组织和石墨的形态。由于石墨的强度极低，因此可以把铸铁看成是布满裂纹和孔洞的钢。石墨的存在不仅破坏了金属基体的连续性，而且减少了金属基体承受载荷的有效截面，使实际应力大大增加；另一方面在石墨尖角处易造成应力集中使尖角处的应力远大于平均应力。所以，灰铸铁的抗拉强度、塑性和韧性远低于钢。石墨片的数量越多、尺寸越大、分布越不均匀，对力学性能的影响就越大。但石墨的存在对灰铸铁的抗压强度影响不大，因为抗压强度主要取决于灰铸铁的基体组织，灰铸铁的抗压强度与钢相近。因此，灰铸铁“抗压不抗拉”。

片状石墨虽然降低了灰铸铁的抗拉强度、塑性和韧性，但它却使灰铸铁具有一系列优良性能，如良好的铸造性能，优良的切削加工性能，良好的耐磨性、减震性和低的缺口敏感性。

三种不同基体的灰铸铁中，铁素体灰铸铁的强度、硬度和耐磨性最低，但塑性较好；珠光体灰铸铁的强度、硬度、耐磨性较高，但塑性较差；铁素体-珠光体灰铸铁的性能介于以上两者之间。

2. 灰铸铁的变质处理（孕育处理）

灰铸铁组织中因有片状石墨的存在，因而它的力学性能较低。为了改善灰铸铁的组织，提高其力学性能，可对灰铸铁进行变质处理。

灰铸铁的变质处理就是在浇注前向铁水中加入少量变质剂（硅铁或硅钙合金），改变铁水的结晶条件，以获得细小的珠光体基体和细小均匀分布的片状石墨组织。经变质处理后的灰铸铁称为变质铸铁或孕育铸铁。灰铸铁经变质处理后强度有较大的提高，塑性和韧性也得到改善，常用于要求力学性能较高、截面尺寸较大的铸件。

3. 灰铸铁的牌号及用途

灰铸铁的牌号由“HT＋数字”表示，其中“HT”代表“灰铁”二字，后面的数字表示其最小抗拉强度值。如 HT250 表示最小抗拉强度为 250 MPa 的灰铸铁。常用灰铸铁的牌号与用途如表 3－23 所示。

表 3－23　常用灰铸铁的牌号与用途

牌　号	铸铁类别	铸件壁厚/mm	铸件最小抗拉强度/MPa	适用范围及用途举例
HT100	铁素体灰铸铁	2.5～10	130	适用于载荷小，对摩擦磨损无特殊要求的零件，如盖、外罩、油盘、手轮、支架、底板、重锤等
		10～20	100	
		20～30	90	
		30～50	80	
HT150	铁素体-珠光体灰铸铁	2.5～10	175	适用于承受中等应力的零件，如普通机床上的支柱、底座、齿轮箱、刀架、床身、轴承座、工作台、皮带轮等
		10～20	145	
		20～30	130	
		30～50	120	
HT200	珠光体灰铸铁	2.5～10	220	适用于承受大载荷的重要零件，如汽车、拖拉机的气缸体、气缸盖、制动轮等
		10～20	195	
		20～30	170	
		30～50	160	
HT250		4.0～10	270	适用于承受大应力、重要的零件，如联轴器盘、油缸、阀体、泵体、泵壳、化工容器及活塞等
		10～20	240	
		20～30	220	
		30～50	200	
HT300	孕育铸铁	10～20	290	适用于承受高载荷、高气密性和要求耐磨的重要零件，如剪床、压力机等重型机床的床身、机座、机架以及受力较大的齿轮、凸轮、衬套、大型发动机的气缸体、气缸套、气缸盖、油缸、泵体、阀体等
		20～30	250	
		30～50	230	
HT350		10～20	340	
		20～30	290	
		30～50	260	

由于灰铸铁具有以上一系列性能特点，而且生产成本比钢低得多，因此被广泛地用来制作各种受力不大或以承受压应力为主和要求减震性好的机床床身与机架、结构复杂的壳体与箱体、承受摩擦的缸体与导轨等。灰铸铁是汽车制造工业中应用最多的一种铸铁。在汽车上多用于不镶缸套的整体缸体、缸盖等零件的制造，还可用以制造飞轮、飞轮壳、变速箱壳及盖、离合器壳及压板、进排气支管、制动鼓以及液压制动总泵和分泵的缸体。灰铸铁在汽车上的应用如表 3-24 所示。

表 3-24　　灰铸铁在汽车上的应用

牌　号	应用举例
HT150	进排气岐管、变速器壳体、水泵叶轮
HT200	凸轮轴正时齿轮、飞轮壳、气缸体、气缸盖、气门导管、制动蹄等
HT250	气缸体、飞轮、曲轴带轮等

4. 灰铸铁的热处理

灰铸铁的热处理只能改变基体的组织，而不能改变石墨的形状、大小、数量和分布情况。所以，灰铸铁的热处理一般只用于消除铸件内应力和白口组织，稳定尺寸、提高工件表面硬度和耐磨性。

1）去应力退火

在热处理炉中，将铸件加热到 500℃～600℃，保温一段时间后随炉缓冷至 150℃～200℃以下出炉空冷，用以消除铸件在凝固过程中因冷却不均匀而产生的铸造应力，防止铸件在加工和使用过程中产生变形和裂纹。有时把铸件在露天场地放置数月甚至一年以上，使铸造应力得到松弛，这种方法称为自然时效。大型灰铸铁件常常用此法来消除铸造应力。

2）消除铸件白口的高温退火

铸件在冷却过程中由于表层及薄壁处冷却速度较快，出现白口组织，使铸件硬度和脆性增加，造成切削加工困难并影响正常使用。消除白口的高温退火工艺是：在热处理炉中，将铸件加热到 800℃～950℃，保温 1～3 h，然后随炉冷却到 400℃～500℃出炉后空冷，使 Fe_3C 分解为铁素体和石墨。

3）表面淬火

对于用灰铸铁制造的机床导轨表面和内燃机气缸套内壁等摩擦工作表面，需要有较高的硬度和耐磨性。可以采用表面淬火的方法来提高表面硬度，延长使用寿命。常用的方法有火焰加热表面淬火，高(中)频感应加热表面淬火和接触电阻加热表面淬火。

3.5.3　可锻铸铁

可锻铸铁俗称玛铁或玛钢，它是由白口铸铁经长时间的高温石墨化退火而获得的具有团絮状石墨组织的铸铁。因其塑性优于灰铸铁而得名，实际上可锻铸铁并不能进行锻造加工。

1. 可锻铸铁的组织及性能

可锻铸铁的组织一般为铁素体基体加团絮状石墨或珠光体基体加团絮状石墨。铁素体基体的可锻铸铁因其断口呈黑色，故称黑心可锻铸铁。

可锻铸铁因基体组织不同，其性能也不相同。黑心可锻铸铁具有较高的塑性和韧性，而珠光体可锻铸铁则具有较高的强度、硬度和耐磨性，但塑性和韧性低于黑心可锻铸铁。

由于可锻铸铁中的石墨呈团絮状，因此，极大程度地减轻了对金属基体的割裂作用和应力集中现象，所以其强度比灰铸铁高很多，塑性和韧性也有较大的提高。

2. 可锻铸铁的牌号及用途

可锻铸铁的牌号是由“KTH”或“KTZ”和两组数字组成。其中“KT”是可锻铸铁的代号，“H”表示黑心可锻铸铁，“Z”表示珠光体可锻铸铁；代号后面的两组数字分别表示最低抗拉强度值（MPa）和最低断后伸长率的百分数。例如，牌号 KTH300－06 表示最低抗拉强度为 300 MPa，最低断后伸长率为 6%的黑心可锻铸铁。

由于可锻铸铁既有较好的铸造性能，又有较高的强度和一定的塑性和韧性，因此主要用于制造形状复杂、强度和韧性要求较高的薄壁零件，如汽车的后桥壳、差速器壳、轮毂、制动踏板，供排水系统和煤气管道的管件接头和阀门壳体等。因为当铸件壁较厚、尺寸较大时，其心部的冷却速度不够快，铁水浇注时难以获得整个截面的白口组织，所以仅适用于薄壁和小型零件。

虽然可锻铸铁的力学性能比灰铸铁好，但它所用的原料是白口铸铁，成本较高，而且仅适用于薄壁和小型零件，所以，随着球墨铸铁的发展，原来使用可锻铸铁制造的零件逐渐被球墨铸铁替代。

常用可锻铸铁的牌号、力学性能及用途举例如表 3－25 所示，可锻铸铁在汽车上的应用如表 3－26 所示。

表 3－25　　常用可锻铸铁的牌号、力学性能及用途举例

<table>
<tr><th rowspan="2">种　类</th><th rowspan="2">牌　号</th><th colspan="3">力学性能(≥)</th><th rowspan="2">适用范围及用途举例</th></tr>
<tr><th>R_m/MPa</th><th>A/%</th><th>硬度/HBS</th></tr>
<tr><td rowspan="4">黑心可锻铸铁</td><td>KTH300－06</td><td>300</td><td>6</td><td rowspan="4">≤150</td><td>适用于在冲击载荷和静载荷作用下，要求气密性好的零件，如管道配件、中低压阀门等</td></tr>
<tr><td>KTH330－08</td><td>330</td><td>8</td><td>适用承受中等冲击载荷和静载荷的零件，如机床扳手、车轮壳、钢丝绳轧头等</td></tr>
<tr><td>KTH350－10</td><td>350</td><td>10</td><td rowspan="2">适用于在较高的冲击、振动及扭转负荷下工作的零件，如汽车的后桥壳、差速器壳、前后轮毂、转向节壳、管道接头等</td></tr>
<tr><td>KTH370－12</td><td>370</td><td>12</td></tr>
<tr><td rowspan="4">珠光体可锻铸铁</td><td>KTZ450－06</td><td>450</td><td>6</td><td>150～250</td><td rowspan="4">适用于承受较高载荷、耐磨损，并要求有一定韧性的重要零件，如曲轴、凸轮轴、连杆、车轮、摇臂、活塞环、万向节叉、棘轮、扳手等</td></tr>
<tr><td>KTZ550－04</td><td>550</td><td>4</td><td>180～230</td></tr>
<tr><td>KTZ650－02</td><td>650</td><td>2</td><td>210～260</td></tr>
<tr><td>KTZ700－02</td><td>700</td><td>2</td><td>240～290</td></tr>
</table>

表 3－26　　可锻铸铁在汽车上的应用

牌　号	应　用　举　例
KTH350－10	后桥壳、差速器壳、减速器壳、轮毂、钢板弹簧吊架、制动蹄片等
KTZ450－06	曲轴、凸轮轴、连杆、车轮活塞环、发动机摇臂等

3.5.4　球墨铸铁

球墨铸铁是在灰铸铁的铁水中加入球化剂（稀土镁合金）和孕育剂（硅铁），进行球化-孕育处理后得到的具有球状石墨的铸铁。

1. 球墨铸铁的组织及性能

球墨铸铁的组织可看成是碳钢的基体加球状石墨。按基体组织不同，常用的球墨铸铁有铁素体球墨铸铁、铁素体-珠光体球墨铸铁、珠光体球墨铸铁、马氏体球墨铸铁和贝氏体球墨铸铁等。

由于球墨铸铁中石墨呈球状，对基体的割裂作用和引起应力集中现象减至最小，因此基体的强度利用率高。在所有铸铁中，球墨铸铁的力学性能最高，与相应组织的铸钢相似；冲击疲劳抗力高于中碳钢；屈强比是钢的二倍。但球墨铸铁的塑性和韧性均低于铸钢。

球墨铸铁的力学性能与基体组织和石墨的状态有关。石墨球越细小、越圆整、分布越均匀，则球墨铸铁的强度、塑性、韧性越好。铁素体基体具有较高的塑性和韧性；珠光体基体强度、硬度和耐磨性较高；马氏体基体硬度最高，但韧性最低；贝氏体基体具有良好的综合力学性能。

球墨铸铁具有近似于灰铸铁的某些优良的铸造性能、减摩性、切削加工性等。但球墨铸铁也有一些缺点，如化学成分要求严格，白口倾向大，凝固时收缩率大等，因而对熔炼、铸造工艺要求高，生产成本高。

由于球状石墨对基体割裂作用不大，因此球墨铸铁可通过热处理进行强化。常用的热处理方法有退火、正火、调质、等温淬火等，也可以进行表面淬火、渗氮等。其工艺过程可参考有关热处理资料。

2. 球墨铸铁的牌号及用途

球墨铸铁的牌号由“QT”和两组数字组成。其中“QT”是球墨铸铁的代号，代号后面的两组数字分别表示最低抗拉强度值(MPa)和最低断后伸长率的百分数。例如，牌号 QT600－3 表示最低抗拉强度为 600 MPa，最低断后伸长率为 3%的球墨铸铁。常用球墨铸铁的牌号、力学性能及用途如表 3－27 所示。

曲轴是球墨铸铁在汽车上应用最成功的典型零件。东风 5 t 载货汽车的 6100 汽油机采用球墨铸铁曲轴已有 20 多年。此外，汽车上的驱动桥壳体、发动机齿轮等重要零件也常采用球墨铸铁制造。汽车工业是球墨铸铁的主要用户，在发达的工业化国家中，球墨铸铁件产量中约有 20%～40%用于汽车。球墨铸铁在汽车上的应用如表 3－28 所示。

表 3－27　常用球墨铸铁的牌号、力学性能及用途

牌　号	基体组织类型	力学性能(≥)				适用范围及用途举例
		R_m/MPa	$R_{r0.2}$/MPa	A/%	硬度/HBS	
QT400－18	铁素体	400	250	18	130～180	承受冲击、振动的零件，如汽车、拖拉机的轮毂、驱动桥壳、差速器壳、拔叉，农机具零件，中低压阀门，上、下水及输气管道电机机壳，齿轮箱、飞轮壳等
QT400－15	铁素体	400	250	15	130～180	
QT450－10	铁素体	450	310	10	160～210	
QT500－7	铁素体＋珠光体	500	320	7	170～230	机器座架、传动轴、飞轮、电动机架、内燃机的机油泵齿轮、铁路机车车辆轴瓦等
QT600－3	铁素体＋珠光体	600	370	3	190～270	载荷大、受力复杂的零件，如汽车、拖拉机的曲轴、连杆、凸轮轴、气缸套，部分磨床、铣床、车床的主轴，机床蜗杆、蜗轮，轧钢机轧辊、大齿轮，小型水轮机主轴，气缸体，桥式起重机大小滚轮等
QT700－2	珠光体	700	420	2	225～305	
QT800－2	珠光体或回火组织	800	480	2	245～335	
QT900－2	贝氏体或回火马氏体	900	600	2	280～360	高强度齿轮，如汽车后桥螺旋锥齿轮，大型减速器齿轮，内燃机曲轴、凸轮轴等

表 3-28　球墨铸铁在汽车上的应用

牌　号	应　用　举　例
QT450-10	轮毂、转向器壳、制动蹄、牵引钩前支承座、辅助钢板弹簧支架等
QT600-03	曲轴、发动机摇臂、牵引钩支承座、钢板弹簧侧垫板及滑块等

3.5.5　蠕墨铸铁

蠕墨铸铁是近几年来发展起来一种新型铸铁。它是在灰铸铁的铁水中加入适量的蠕化剂和孕育剂，经蠕化-孕育处理后获得的具有蠕虫状石墨的铸铁。目前常用的蠕化剂有稀土镁钛合金、稀土硅铁合金和稀土硅钙合金等。

1. 蠕墨铸铁的组织及性能

蠕墨铸铁的组织是由钢的基体和蠕虫状石墨组成。其基体也有铁素体基体、铁素体-珠光体基体和珠光体基体三种。

由于蠕墨铸铁中的石墨呈蠕虫状(类似于片状，但片短而厚，头部较圆、较钝，形似蠕虫)，对基体的割裂作用介于灰铸铁与球墨铸铁之间，因此其力学性能也介于灰铸铁与球墨铸铁之间。既具有灰铸铁良好的导热性、减震性、切削加工性和铸造性能，又有与球墨铸铁相近的抗拉强度、塑性和韧性。

2. 蠕墨铸铁的牌号及用途

蠕墨铸铁的牌号由“RuT”和一组数字组成。其中“RuT”是蠕墨铸铁的代号，代号后面的数字表示最低抗拉强度值(MPa)。例如牌号 RuT300 表示最低抗拉强度为 300 MPa 的蠕墨铸铁。蠕墨铸铁的牌号、力学性能及用途如表 3-29 所示。

表 3-29　蠕墨铸铁的牌号、力学性能及用途

牌　号	基体类型	力学性能(≥)				应　用　举　例
		R_m/MPa	$R_{r0.2}$/MPa	A/%	硬度/HBS	
RuT260	铁素体	260	195	3.0	121～197	制造活塞环、缸套、制动盘、制动鼓、玻璃模具、钢珠研磨盘、吸淤泵体等
RuT300	铁素体+珠光体	300	240	1.5	140～217	带导轨面的重型机床件、大型齿轮箱体、大型龙门铣横梁、盖、座、制动鼓、飞轮、玻璃模具、起重机卷筒、烧结机滑板等
RuT340		340	270	1.0	170～249	排气管、变速器壳、缸盖、纺织机械零件、液压件、小型烧结机齿轮等
RuT380	珠光体	380	300	1.0	193～274	增压器废气进气壳体、汽车、拖拉机的某些底盘零件
RuT420		420	335	1.0	200～280	

蠕墨铸铁主要应用于经受热循环载荷、要求组织致密、强度较高，形状复杂的零件，如大型柴油机的气缸体、制动鼓，大型电动机外壳，阀体，机座等。在汽车上主要用于制造柴油机气缸盖、进排气管、制动盘和制动鼓等。

3.5.6　特殊性能铸铁

为满足工业上对铸铁的特殊性能要求，向铸铁中加入某些合金元素，从而可获得具有特殊性能的铸

铁。包括耐热铸铁、耐磨铸铁和耐蚀铸铁。汽车中常用的有耐热铸铁和耐磨铸铁。

1. 耐热铸铁

普通铸铁加热到450℃以上的高温时，会发生表面氧化和"热生长"现象。热生长是指铸铁在高温下氧化性气氛沿石墨片边界和裂纹渗入铸铁内部，形成内氧化以及因渗碳体分解成石墨产生的体积不可逆膨胀现象，严重时胀大10%左右，使铸铁体积变化，力学性能降低，出现显微变形和裂纹。

耐热铸铁是在铸铁中加入硅、铝、铬等元素，使铸件表面在高温下形成一层致密的氧化膜，将内层金属与氧化介质隔绝，使内层金属在高温时不被氧化，从而提高了铸铁的耐热性。

常用耐热铸铁有高硅和铝硅耐热球墨铸铁。例如，RQTSi5是硅耐热球墨铸铁，使用温度可达850℃，应用于炉条、烟道挡板、换热器等。RQTAl5Si5是硅铝耐热球墨铸铁，使用温度可达1 050℃，应用于加热炉底板、钩链、焙烧机构件等。耐热铸铁在汽车上主要用于制造高温下工作的发动机进、排气门座和排气管密封环等。

2. 耐磨铸铁

耐磨铸铁是在灰铸铁中加入铬、钼、铜、钛、磷等合金元素而形成的。磷在铸铁中能形成硬而脆的磷化物，从而提高铸铁的耐磨性；铬、钼、铜在铸铁中使组织细化，既能提高硬度和耐磨性，又能提高强度和韧性。

常用的耐磨铸铁有高磷耐磨铸铁和铬钼铜耐磨铸铁等。主要用于制造在高温下强烈摩擦的零件，如汽车的气缸套、活塞环、排气门座圈等。

3. 耐蚀铸铁

耐蚀铸铁是指在腐蚀性介质中工作时，具有耐腐蚀能力的铸铁。提高铸铁耐腐蚀性的途径基本上与不锈钢相同，一般加入一定量的硅、铝、铬、镍、铜等合金元素，使其在铸铁表面形成一层连续致密的保护膜，阻止腐蚀继续进行，并提高铸铁基体的电极电位，从而提高铸铁的耐腐蚀性。

耐蚀铸铁主要用于化工机械，如制造容器、管道、泵、阀门等。

3.6 典型汽车零件的选材

在汽车制造过程中，从设计新产品、改造老产品，到维修、更换零件，都会涉及零件的选材、热处理工艺的确定和热处理工序安排等问题。这对提高产品质量和生产率，降低成本有着重要的意义。下面以汽车上几个典型零件为例，介绍汽车零件选材的方法及步骤。

3.6.1 汽车齿轮的选材

齿轮是机械工业中应用最广泛的重要零件之一，主要用于传递动力，改变运动速度和运动方向。齿轮的选材要从齿轮的工作条件、失效形式及其对材料的性能要求等方面综合考虑。汽车变速齿轮如图3-40所示。

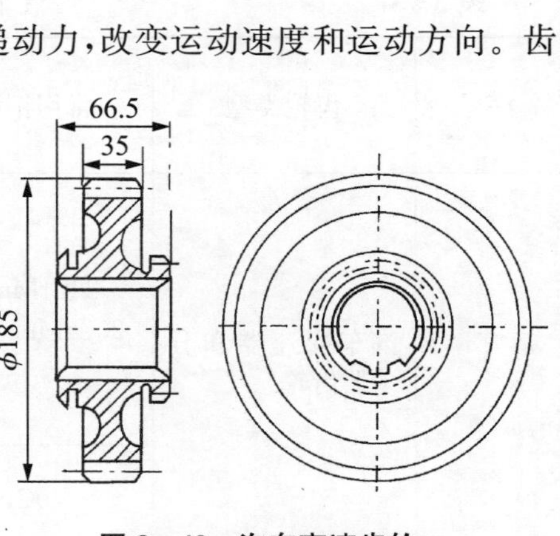

图3-40 汽车变速齿轮

1) 汽车齿轮的工作条件

汽车齿轮主要安装在变速器和差速器中。在变速器中，通过齿轮改变发动机、曲轴和主轴齿轮的速比；在差速器中，通过齿轮增加扭矩，调节左右轮的转速。全部发动机的动力均通过齿轮传给主轴，推动汽车运行。所以，汽车齿轮受力较大，受冲击频繁，对其耐磨性、疲劳强度、心部强度以及冲击韧性等的要求比一般机床齿轮高。齿轮工作时的受力情况为：由于传递扭矩，齿根承受很大的交变弯曲应力；换挡、起动或咬合不均匀时，轮齿承受一定冲击载荷；因加工、安装不当或齿、轴变形等引起的齿面接触不良，以及外来灰尘、金属屑等硬质微粒的侵入都会成为附加载荷而使工作条件恶化。因此齿轮的工作条件和受力情况是较复杂的。

2）汽车齿轮的主要失效形式

根据齿轮的工作条件，其主要失效形式是轮齿断裂、齿面剥落、齿面磨损以及过量塑性变形。汽车齿轮的失效形式如表 3－30 所示。

表 3－30　汽车齿轮的主要失效形式

失效形式	失 效 表 现
疲劳断裂	主要从根部发生，这是齿轮最严重的失效形式，常常一齿断裂会引起数齿甚至所有齿断裂
齿面磨损	由于齿面接触区摩擦，使齿厚变小
齿面接触疲劳破坏	在交变接触应力作用下，齿面产生微裂纹，微裂纹的发展引起点状剥落（或称麻点）
过载断裂	主要是冲击载荷过大造成的断齿

3）对汽车齿轮的性能要求

根据工作条件及失效形式的分析，可以对齿轮材料提出如下性能要求：

（1）高的弯曲疲劳强度，特别是齿根处要有足够的强度；

（2）高的齿面硬度和耐磨性；

（3）较高的心部强度和足够的冲击韧性；

（4）热处理变形小。

4）典型汽车齿轮的选材

在我国应用最多的汽车齿轮用材是合金渗碳钢 20Cr 或 20CrMnTi，并经渗碳、淬火和低温回火等热处理强化后使用。渗碳后表面碳含量大大提高，保证淬火后得到高硬度、高耐磨性和接触疲劳强度。由于合金元素提高了淬透性，淬火、低温回火后可使心部获得较高的强度和足够的冲击韧性。为了进一步提高齿轮的使用寿命，渗碳、淬火、低温回火后，还可以采用喷丸处理，增大表面压应力，有利于提高齿面和齿根的疲劳强度，并清除氧化皮。

合金渗碳钢齿轮的工艺路线一般为：下料→锻造→正火→切削加工→渗碳、淬火及低回→喷丸→磨削加工汽车、拖拉机齿轮常用钢种及热处理方法如表 3－31 所示。

表 3－31　汽车、拖拉机齿轮常用钢种及热处理方法

<table>
<tr><th rowspan="2">序号</th><th rowspan="2">齿轮类型</th><th rowspan="2">常用钢种</th><th colspan="2">热 处 理</th></tr>
<tr><th>主要工序</th><th>技 术 要 求</th></tr>
<tr><td rowspan="2">1</td><td rowspan="2">汽车变速器和分动器齿轮</td><td>20CrMnTi
20CrMnMo 等</td><td>渗碳</td><td>层　深：m_n＜3 时，0.6～1.0 mm
3＜m_s＜5 时，0.9～1.3 mm
m_n＞5 时，1.1～1.5 mm
齿面硬度：58～64 HRC
心部硬度：m_n≤5 时，32～45 HRC
m_n＞5 时，29～45 HRC</td></tr>
<tr><td>40Cr</td><td>（浅层）
碳氮共渗</td><td>层　深：＞0.2 mm
表面硬度：51～61 HRC</td></tr>
</table>

（续表）

序号	齿轮类型	常用钢种	热处理	
			主要工序	技术要求
2	汽车驱动桥主动及从动圆柱齿轮	20CrMnTi 20CrMo	渗碳	渗层深度按图纸要求，硬度要求同序号 1 中渗碳工序 层　深：$m_s<5$ 时，0.9～1.3 mm $5<m_n<8$ 时，1.0～1.4 mm $m_s>8$ 时，1.2～1.6 mm
	汽车驱动桥主动及从动圆锥齿轮	20CrMnTi 20CrMnMo	渗碳	齿面硬度：58～64 HRC 心部硬度：$m_n\leqslant 8$ 时，32～45 HRC $m_s>8$ 时，29～45HRC
3	汽车驱动桥差速器行星及半轴齿轮	20CrMnTi 20CrMo 20CrMnMo	渗碳	同序号 1 中渗碳工序
4	汽车发动机凸轮轴齿轮	HT150 HT200		170～229 HBS
5	汽车曲轴正时齿轮	35、40、45、40Cr	正火	149～179 HBS
			调质	207～241 HBS
6	汽车起动机齿轮	15Cr 20Cr 20CrMo 15CrMnMo 20CrMnTi	渗碳	层　深：0.7～1.1 mm 表面硬度：58～634 HRC 心部硬度：33～43 HRC
7	汽车里程表齿轮	20 Q215	（浅层） 碳氮共渗	层深：0.2～0.35 mm
8	拖拉机传动齿轮，动力传动装置中的圆柱齿轮、圆锥齿轮及轴齿轮	20Cr 20CrMo 20CrMnMo 20CrMnTi 30CrMnTi	渗碳	层深：不小于模数的 0.18 倍，但不大于 2.1 mm 硬度要求同序号 1、2
		40Cr 45Cr	（浅层） 碳氮共渗	同序号 1 中碳氮共渗工序
9	拖拉机曲轴正时齿轮、凸轮轴齿轮、喷油泵驱动齿轮	45	正火	156～217 HBS
			调质	217～255 HBS
		HT150		170～229 HBS
10	汽车、拖拉机油泵齿轮	40、45	调质	28～35 HRC

注：① m_n——法向模数；
② m_s——端面模数。

3.6.2　汽车轴类零件的选材

轴是汽车上的最重要零件之一，主要用于支撑传动零件（如齿轮、凸轮等）、传递运动和动力。根据轴类零件的工作条件和失效形式，对其材料有以下性能要求：

(1) 良好的综合力学性能，足够的强度、硬度、塑性和一定的韧性，以防止过载断裂和冲击断裂；

(2) 高的疲劳强度，对应力集中敏感性低，以防疲劳断裂；

(3) 足够的淬透性，热处理后表面要有高硬度、高耐磨性，以防磨损失效；

(4) 良好的切削加工性能，价格便宜。

轴类零件的选材既要考虑材料的强度，也要考虑冲击韧性和表面耐磨性。因此，轴一般用锻造或轧制的低、中碳钢或合金钢制造。

由于碳钢比合金钢便宜，并且有一定的综合力学性能，对应力集中敏感性小，所以一般轴类零件使用较多。常用的优质碳素结构钢有 35，40，45，50 钢等，其中 45 钢最常用。为改善其性能，这类钢一般要经过正火、调质或表面淬火热处理。

合金钢比碳钢具有更好的力学性能和热处理工艺性，但对应力集中敏感性较高，价格也较高，所以，当载荷较大并要求限制轴的外形、尺寸和重量，或轴颈的耐磨性要求高时，可采用合金钢。常用的合金钢有 20Cr，40Cr，40CrNi，20CrMnTi，40MnB 等。常用合金钢也必须采用相应的热处理才能充分发挥其作用。

除了上述碳钢和合金钢外，还可以采用球墨铸铁和高强度灰铸铁作为轴的材料，特别是曲轴的材料选用。

1. 汽车发动机曲轴的选材

曲轴是汽车发动机中形状复杂的重要零件之一，如图 3－41 所示。汽车发动机曲轴的作用是输出动力，并带动其他部件运动。曲轴在工作中受到弯曲、扭转、剪切、拉压、冲击及交变应力作用。曲轴的形状极不规则，其上的应力分布极不均匀，曲轴颈与轴承还发生滑动摩擦。曲轴的主要失效形式是疲劳断裂和轴颈严重磨损两种。根据曲轴的工作条件和失效形式，要求曲轴应具备以下性能：

图 3－41　汽车发动机曲轴

(1) 高的强度和一定的冲击韧性；

(2) 足够的抗弯、扭转和疲劳强度；

(3) 足够的刚度；

(4) 轴颈表面有高的硬度和耐磨性。

实际生产中，按照制造工艺，将汽车发动机曲轴分为锻造曲轴和铸造曲轴。锻造曲轴一般采用优质中碳钢和中碳合金钢制造，如 30，35，35Mn2，40Cr，35CrMo 等，经模锻、调质、切削加工后对轴颈部进行表面淬火。铸造曲轴主要由铸钢、球墨铸铁、珠光体可锻铸铁及合金铸铁等制造，如 ZG230－450，QT600－3，KTZ450－5，KTZ500－4 等。铸钢曲轴经铸造、高温正火、高温回火、切削加工后对轴颈进行气体渗碳、淬火、回火处理。

2. 汽车半轴的选材

汽车半轴是驱动车轮转动的直接驱动零件，也是汽车后桥中的重要受力部件，如图 3－42 所示。汽车运行时，发动机输出的扭矩经过变速器、差速器和减速器传给半轴，再由半轴传给车轮，带动汽车行驶。半轴在工作时主要承受扭转力矩、交变弯曲及一定的冲击载荷。在通常情况下，半轴的寿命主要取决于花键齿的抗压陷和耐磨损的性能，但断裂现象也不时发生。载重汽车半轴最容易损坏的部位是在轴的杆部和凸缘的连接处、花键端以及花键与杆部相连的部位。这些部位发生损坏时，一般为疲劳断裂。

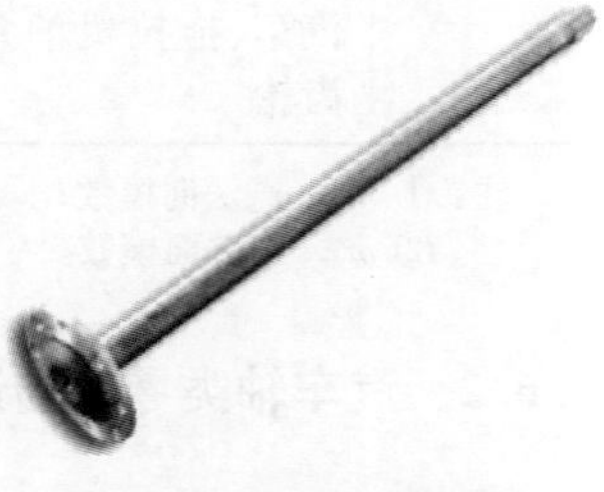

图 3－42　汽车半轴

根据半轴的工作条件，要求半轴材料具有高的抗弯强度、疲劳强度和较好的韧性。汽车半轴是要求综合力学性能较高的零件，通常选用调质钢制造。中、小型汽车的半轴一般用 45 钢、40Cr 制造；而重型汽车则用 40MnB，40CrNi 或 40CrMnMo 等淬透性较高的合金钢制造。半轴加工中常采用喷丸处理及滚压凸缘根部圆角等强化方法。为提高半轴的疲劳强度，使其获得良好的综合力学性能，采用调质处理，其高温回火工序采用快冷，防止出现回火脆性。花键部位为提高硬度和耐磨性，需要进行表面淬火和低温回火。

汽车半轴常用材料、技术要求及热处理工艺如表 3－32 所示。

表 3－32　汽车半轴常用材料、技术要求及热处理工艺

类别	材料	技术要求	热处理工艺
轿车和吉普车	40Cr	淬火、中温回火：杆部 28～32 HRC 法兰 28～32 HRC	淬火温度：840℃～860℃，水冷后空冷 回火温度：400℃～460℃，水冷
		感应淬火：硬化层深度 4～6 mm 硬度 50～55 HRC	中频淬火：180℃～250℃回火
	20CrMnTi	渗碳淬火：硬化层深度 1.5～1.8 mm 硬度 59～68 HRC	渗碳温度：(930±10)℃，随炉冷却 淬火温度：830℃～850℃，油冷 回火温度：180℃～200℃，空冷
载重车	40Cr	预备热处理：正火	加热温度：860℃～900℃，流动空气中冷至 600℃空冷
		最终热处理： 感应淬火：硬化层深度 3～6 mm 硬度 49～62 HRC	中频淬火，180℃～200℃回火
	40MnB	预备热处理：调质硬度 229～269 HBS	淬火加热温度：(840±10)℃，油冷
		最终热处理： 感应淬火：硬化层深度 1～7 mm 硬度 52～63 HRC	中频淬火，180℃～200℃回火
重型车	40CrMnMo	预备热处理：退火 硬度≤225 HBS	加热温度：860℃～880℃，流动空气冷却
		淬火、中温回火：硬度 37～44 HRC	淬火温度：(840±10)℃，流动空气冷却 回火温度：(480±10)℃，水冷

3.6.3 汽车弹簧的选材

弹簧是一种重要的机械零件。它的基本作用是利用材料的弹性和弹簧本身的结构特点，在载荷作用下产生变形时，把机械功或动能转变为形变能；在恢复变形时，把形变能转变为动能或机械功。弹簧的种类很多，按形状分主要有螺旋弹簧、板弹簧、蜗卷弹簧几种，如图 3－43 所示。不同的弹簧用途不同：如汽车、拖拉机、火车中使用的悬挂弹簧，主要起缓冲或减震作用；汽车发动机中的气门弹簧，在外力去除后能自动恢复到原来位置，起到复位作用；钟表、玩具中的法条起储存和释放能量的作用。

对弹簧材料的主要性能要求是：高的弹性极限和高的屈强比，高的疲劳强度以及一定的塑性和韧性。一些特殊弹簧还要求有良好的耐热性和耐腐蚀性。

中碳钢和高碳钢都可制作弹簧，但因其淬透性和强度较低，只能用来制造截面较小、受力较小的弹簧。合金弹簧钢则可制造截面较大、屈服极限较高的重要弹簧。

1. 汽车板簧的选材

汽车板簧用于缓冲和吸振，承受很大的交变应力和冲击载荷。其主要失效形式为刚度不足引起的过度变形或疲劳断裂。因此对汽车板簧材料的要求是要有较高的屈服强度和疲劳强度。

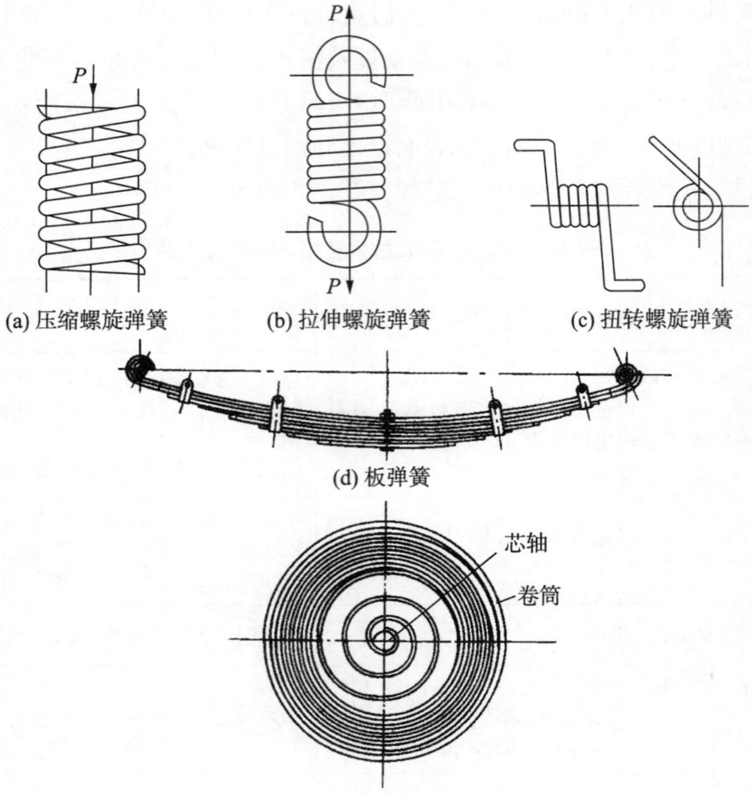

(a) 压缩螺旋弹簧　(b) 拉伸螺旋弹簧　(c) 扭转螺旋弹簧

(d) 板弹簧

(e) 蜗卷弹簧

图 3-43　弹簧的种类

汽车板簧一般选用弹性高的合金弹簧钢制造，如 65Mn、60Si2Mn 钢等。对于中型或重型汽车，板簧还采用 50CrMn、55SiMnVB 钢；对于中型载货汽车用的大截面积板簧，则采用 55SiMnV、55SiMnVNb 钢制造。

板簧一般采用的加工工艺路线为：热轧钢板冲裁下料→压力成型→淬火、中温回火→喷丸处理。喷丸强化处理也是对板簧进行表面强化的重要手段，目的是为了提高板簧的疲劳强度。

2. 气门弹簧的选材

气门弹簧是一种压缩螺旋弹簧，其用途是在凸轮、摇臂或挺杆的联合作用下，使气门打开和关闭。气门弹簧受力不是很大，可采用淬透性比较好、晶粒细小、有一定耐热性的 50CrVA 钢制造。其工艺路线为：冷卷成型→淬火、中温回火→喷丸处理→两端磨平。

3.6.4　箱体类零件的选材

一般箱体类零件结构复杂，具有不规则的外形和内腔，且壁厚不均匀。这类零件包括各种机械设备的横梁、支架、底座、齿轮箱、轴承座、阀体、泵体等，在汽车上的应用主要有气缸体、气缸盖、变速箱壳体、驱动桥壳等，质量相差很大，从几千克到数十吨。工作条件相差也很大，其中有的基础件以承受压力为主，如内燃机气缸体(图 3-44)、气缸盖，并要求有较好的刚度和减摩性；有的要承受弯曲、扭转、拉压和冲击载荷，如汽车的驱动桥。总的说来，箱体类零件受力不大，但要求有良好的刚度和密封性。

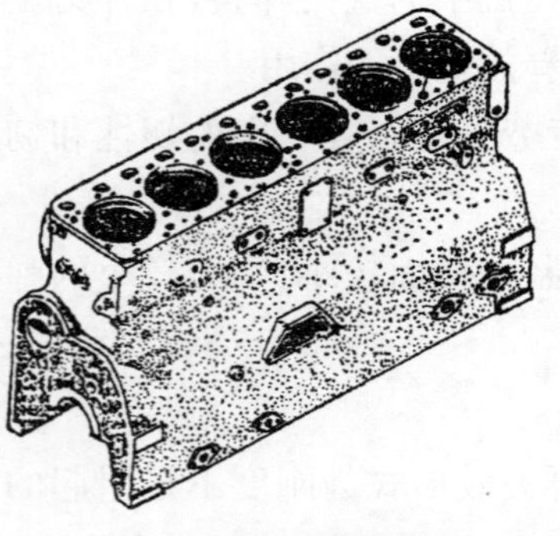

图 3-44　内燃机气缸体

根据箱体类零件的结构特点和使用要求，通常以铸件作为毛坯，且以铸造性能良好、价格低廉，并以具有良好的耐压、耐磨、减摩性的灰铸铁为主。对于质量要求不严格的一般内燃机的气缸盖、气缸体可采用灰铸铁；

对于受力复杂或受冲击载荷的零件采用铸钢、可锻铸铁或球墨铸铁制造，如汽车的驱动桥壳。风冷发动机、小轿车发动机的气缸体、气缸盖可选用质量轻、导热良好的铝合金制造。

对铸铁件应进行去应力退火或时效处理；铸钢件常采用完全退火或正火处理。

3.6.5 其他零件的选材

1. 发动机缸套的选材

发动机的工作循环是在气缸内完成的。气缸内与活塞接触的内壁面，由于直接承受燃气的冲刷，并与活塞存在一定压力的高速相对运动，使气缸内壁受到强烈的摩擦。气缸内壁的过量磨损是造成发动机大修的主要原因之一。因此，气缸的缸体一般采用普通铸铁或铝合金制造，而气缸工作面则用耐磨材料制成缸套镶入气缸。

常用缸套材料为耐磨合金铸铁，主要有高磷铸铁、硼铸铁、合金铸铁等。为了提高缸套的耐磨性，可以用镀铬、表面淬火、喷镀金属钼或其他耐磨合金等办法对缸套进行表面处理。

2. 活塞组的选材

活塞、活塞销和活塞环等零件组成活塞组(图 3-45)，与缸体、缸盖配合形成一个容积变化的密闭空间，以完成内燃机的工作过程，在工作中承受燃气作用力并通过连杆将力传给曲轴输出。活塞组工作条件十分苛刻，在高温、高压燃气条件下工作，工作温度最高可达 1 000℃以上，并在气缸内作高速往复运动，产生很大的惯性载荷。活塞在传力给连杆时，还承受着交变的侧压力。对活塞材料的性能要求是热强度高，导热性好，吸热性差，膨胀系数小，减摩性、耐磨性、耐蚀性和工艺性好。

图 3-45 汽车活塞组

常用的活塞材料是铝合金。铝合金的特点是导热性好、密度小；硅的作用是使膨胀系数减小，耐磨性、耐蚀性、硬度、刚度和强度提高。铝硅合金活塞需进行固溶处理及人工失效处理，以提高表面硬度。

活塞销传递的力矩比较大，且承受交变载荷。这就要求活塞销材料应有足够的刚度、强度及耐磨性，还要求外硬内韧，同时具有较高的疲劳强度和冲击韧性。活塞销材料一般用 20、20Cr、18CrMnTi 等低合金钢。活塞销外表面应进行渗碳或液体碳氮共渗处理，以满足活塞销外表面硬而耐磨、内部韧性好而耐冲击的要求。

活塞环材料应具有一定的耐磨性、韧性以及良好的耐热性、导热性和易加工性等性能特点。目前一般多用以珠光体为基体的灰铸铁或在灰铸铁的基础上添加一定量的铜、铬、钼及钨的合金元素的合金铸铁，也有的采用球墨铸铁或可锻铸铁。为了改善活塞环的工作性能，活塞环宜进行表面处理。目前应用最广泛的是镀铬，可使活塞环的使用寿命提高 2～3 倍。其他表面处理的方法还有喷镀、磷化、氧化、涂敷合成树脂等。

3. 连杆的选材

连杆(图 3-46)是汽车发动机中的重要零件。其作用是连接活塞和曲轴，并将活塞的往复运动转变为曲轴的旋转运动，把作用在活塞上的力传给曲轴以输出功率。

图 3-46 连杆示意图

连杆工作时受到复杂的拉、压应力的作用，还要承受气体做功时的冲击载荷。其主要失效形式是疲劳断裂和过量变形。因此要求连杆材料必须具有良好的综合力学性能以及较高的疲劳强度。

通常连杆材料选用综合力学性能好的中碳钢和中碳合金钢，如 45、40Cr、40MnB 等。合金钢虽具有很高的强度，但对应力集中很敏感。所以，在连杆外形、过渡圆角等方面需严格要求，还应注意表面加工质量，以提高疲劳强度，否则高强度合金钢的应用并不能达到预期效果。

4. 气门的选材

气门的主要作用是打开和关闭进、排气道。气门工作时，需要承受较高的机械负荷和热负荷，尤其是排气门工作温度高达 650℃～850℃。另外，气门头部还承受气体压力及落座时因惯性力而产生的相当大的冲击。气门经常出现的故障有：气门座扭曲、气门头部变形、气门座表面积炭时引起燃烧废气对气门表面强烈地烧蚀。

对气门的要求是保证燃烧室的气密性。气门材料应选用耐热、耐蚀、耐磨的材料。进、排气门工作条件不同，材料的选择也不同。进气门一般可用 40Cr、35CrSi、38CrSi、35CrMo、42Mn2V 等合金钢制造；而排气门则要求用高铬耐热钢制造，采用 4Cr10Si2Mo 作为气门材料时，可承受的工作温度为 550℃～650℃，采用 4Cr14Ni14W2Mo 作为气门材料时，可承受的工作温度为 650℃～900℃。

5. 汽车(车身、纵梁、挡板等)冷冲压零件的选材

在汽车零件中，冷冲压零件种类繁多，约占总零件数的 50%～60%。汽车冷冲压零件采用的材料有钢板和钢带，钢板包括热轧钢板和冷轧钢板。

热轧钢板主要用来制造一些承受一定载荷的结构件，如保险杠、制动盘、纵梁等。这些零件不仅要求钢板具有一定的刚度、强度，而且还要求具有良好的冲压成形性能。冷轧钢板主要用来制造形状复杂、受力较小的机械外壳、驾驶室车身等覆盖零件。这些零件对钢板的强度要求不高，但却要求具有优良的表面质量和良好的冲压性能，以保证高的成品合格率。

近年开发的加工性能良好、屈服强度和抗拉强度高的薄钢板(高强度钢板)，由于其可降低汽车自重，提高燃油经济性，在汽车上获得广泛应用。高强度钢板已用于制造横梁、边梁、保险杠、车顶、车门、前包围、后包围、行李箱、发动机罩等。

3.6.6 钢铁材料在汽车上的应用

目前，钢铁材料在汽车上的应用占主导地位。汽车发动机和底盘主要零件的用材情况如表 3－33 和表 3－34 所示。

表 3－33　钢铁材料在汽车发动机零件上的应用

代表零件	材料种类及牌号	使用性能要求	主要失效形式	热处理及其他
缸体、缸盖、飞轮、正时齿轮	灰铸铁：HT200	刚度、强度、尺寸稳定性	产生裂纹、孔壁磨损、翘曲变形	不处理或去应力退火。也可用 ZL104 铝合金制作缸体、缸盖，固溶处理后时效
缸套、排气门座等	合金铸铁	耐磨性、耐热性	过量磨损	铸造状态
曲轴等	球墨铸铁：QT600－2	刚度、强度、耐磨性	过量磨损、断裂	表面淬火、圆角滚压、渗氮，也可以用锻钢件
活塞销等	渗碳钢：20、20Cr、18CrMnTi、12Cr2Ni4	强度、冲击韧性、耐磨性	磨损、变形、断裂	渗碳、淬火、回火
连杆、连杆螺栓、曲轴等	调质钢：45、40Cr、40MnB	强度、疲劳强度、冲击韧性	过量变形、断裂	调质、探伤
各种轴承、轴瓦	轴承钢、轴承合金	耐磨性、疲劳强度	磨损、剥落、烧蚀破裂	不热处理(外购)

（续表）

代表零件	材料种类及牌号	使用性能要求	主要失效形式	热处理及其他
排气门	高铬耐热钢：4Cr10Si2Mo 4Cr14Ni14W2Mo	耐热性、耐磨性	起槽、变宽、氧化烧蚀	淬火、回火
气门弹簧	弹簧钢：65Mn、50CrVA	疲劳强度	变形断裂	淬火、中温回火
活塞	高硅铝合金：ZL108、ZL110	耐热强度	烧蚀、变形、断裂	固溶处理及时效
支架、盖、罩、挡板、油底壳等	钢板：Q235、08、20、16Mn	刚度、强度	变形	不热处理

表 3－34　　钢铁材料在汽车底盘及车身零件上的应用

代表零件	材料种类及牌号	使用性能要求	主要失效形式	热处理及其他
纵梁、横梁、传动轴(4 000 r/min)、保险杠、钢圈等	钢板：25、16Mn	强度、刚度、韧性	弯曲、扭斜，铆钉松动、断裂	要求用冲压工艺好的优质钢板
前桥(前轴)转向节臂(三角)、半轴等	调质钢：45、40Cr、40MnB	强度、韧性、疲劳强度	弯曲变形、扭转变形、断裂	模锻成型、调质处理、圆角滚压、无损探伤
变速箱齿轮、后桥齿轮等	渗碳钢：20CrMnTi、40 MnB	强度、耐磨性、接触疲劳强度及断裂强度	麻点、剥落、齿面过量磨损、变形、断齿	渗碳(渗碳层深度 0.88 mm 以上)淬火、回火，表面硬度 58～62 HRC
变速器壳、离合器壳	灰铸铁：HT200	刚度、尺寸稳定性、一定的强度	产生裂纹、轴承孔磨损	去应力退火
后桥壳等	可锻铸铁：KTH350－10 球墨铸铁：QT400－10	刚度、尺寸稳定性、一定的强度	弯曲、断裂	后桥还可以用优质钢板冲压后焊成或用铸钢
钢板弹簧	弹簧钢：65Mn、60Si2Mn、50CrMn、55SiMnVB	耐疲劳、冲击和腐蚀	折断、弹性减退、弯度减小	淬火、中温回火、喷丸强化
驾驶室、车厢罩等	08 钢板、20 钢板	刚度、尺寸稳定性	变形、开裂	冲压成型
分泵活塞、油管	有色金属：铝合金、纯铜	耐磨性、强度	磨损、开裂	

本 章 小 结

(1) 铁碳合金相图主要用于选择钢铁材料和制定钢铁材料的热加工工艺。钢和铸铁都是以铁和碳两个组元为主而组成的铁碳合金。铁碳合金的基本相和组织有铁素体、奥氏体、渗碳体、珠光体和莱氏体。不同成分的铁碳合金在不同温度下具有不同的组织，因而表现出不同的性能。

(2) 热处理是将固态金属或合金通过加热、保温、冷却以获得所需要的组织和性能的工艺，其目的是提高或改善金属材料的性能，充分挖掘金属材料的性能潜力。热处理工艺主要有退火、正火、淬火、回火、表面淬火和化学热处理。

(3) 碳素钢是指含碳量小于2.11%,并含有少量锰、硅、硫、磷等杂质元素的铁碳合金。常存杂质对钢的性能有一定影响,其中锰、硅是有益元素,硫、磷是有害元素。

(4) 合金钢是在碳素钢的基础上,为了改善钢的性能,在冶炼时有目的地加入了一种或多种合金元素的钢。合金钢和碳素钢相比具有较高的强度和韧性;在相同淬火条件下,能获得更深的淬硬层;具有良好的耐磨性、耐腐蚀性和耐高温性等特殊性能。汽车上的重要零件大多采用合金钢制造。

(5) 铸铁是含碳量大于2.11%的铁碳合金,具有良好的铸造性能、切削加工性能、耐磨性和减震性。铸铁在汽车制造业应用很广,主要用于汽车发动机的气缸体、气缸盖、活塞环、变速箱外壳等形状复杂的零件。

复习思考题

1. 名词解释

(1) 铁素体　(2) 奥氏体　(3) 渗碳体　(4) 珠光体
(5) 低温莱氏体　(6) 马氏体　(7) 热处理　(8) 调质
(9) 淬透性　(10) 淬硬性

2. 填空题

(1) 奥氏体在1 148℃时,碳的质量分数为________,在727℃时,碳的质量分数为________。

(2) 根据室温组织的不同,钢分为________钢,其室温组织为________和________;________钢,其室温组织为________;________钢,其室温组织为________和________。

(3) 热处理工艺过程都是由________、________和________三个阶段组成。

(4) 常用的淬火方法有________淬火、________淬火、________淬火和________淬火等。

(5) 按回火温度范围可将回火分为________回火、________回火和________回火三类,淬火后进行高温回火,称为________。

(6) 碳素钢简称碳钢,通常指碳的质量分数小于________,并含有少量锰、硅、硫、磷等杂质元素的________合金。

(7) 碳素钢根据碳的质量分数的多少可分为________、________和________。

(8) Q235－A·F表示屈服强度为________ MPa的________级沸腾钢。

(9) 45钢按用途分类属于________钢,按钢中有害元素S、P含量多少分类属于________钢。

(10) 所谓合金钢,是指在碳素钢的基础上,为了改善钢的某些性能,在冶炼时有目的地加入一些________炼成的钢。

(11) 灰铸铁、可锻铸铁、球墨铸铁及蠕墨铸铁中石墨的形态分别为________状、________状、________状和________状。

3. 选择题

(1) 铁素体为(　　)晶格,奥氏体为(　　)晶格,渗碳体为(　　)晶格。

A. 体心立方　B. 面心立方　C. 复杂斜方

(2) 铁碳相图上的 *ES* 线是(　　),*PSK* 线是(　　)。

A. A_1　　B. A_3　　C. A_{cm}

(3) 零件渗碳后,一般需经(　　)处理,才能达到表面高硬度和高耐磨性的目的。

A. 淬火+低温回火　　B. 正火　　C. 调质

(4) 常用冷冲压方法制造的汽车油底壳应选用(　　)。

A. 08 钢　　B. 45 钢　　C. T10A 钢

(5) 20 钢属于低碳钢,其平均碳的质量分数为 0.20%,用于制造汽车的(　　)。

A. 驾驶室　　B. 风扇叶片　　C. 凸轮轴

(6) 45 钢其平均碳的质量分数为(　　)。

A. 0.45%　　B. 4.5%　　C. 45%

(7) 汽车上的变速齿轮、万向节十字轴、活塞销和气门挺杆等,它们的表面要求具有高硬度、高耐磨性,而心部则要求具有高的强度和韧性,因而这些零件大多采用(　　)制造。

A. 合金渗碳钢　　B. 合金调质钢　　C. 合金弹簧钢

(8) 为了保证气门弹簧的性能要求,65Mn 钢制的气门弹簧最终要进行(　　)处理。

A. 淬火和低温回火　　B. 淬火和中温回火　　C. 淬火和高温回火

(9) 铬不锈钢的合金元素以铬为主,其含量一般大于(　　)%。

A. 0.13　　B. 1.3　　C. 13

(10) HT150 可用于制造(　　)。

A. 汽车变速齿轮　　B. 汽车变速器壳　　C. 汽车板簧

4. 判断题

(1) 碳溶于 α-Fe 中所形成的间隙固溶体称为奥氏体。(　　)

(2) 淬火后的钢,随回火温度的增高,其强度和硬度也增高。(　　)

(3) 硫、磷是钢中的有害元素,随着其含量的增加,会使钢的韧性降低,硫使钢产生冷脆,磷使钢产生热脆。(　　)

(4) 40Cr 钢是最常用的合金调质钢,常用于制造转向节、气缸盖螺栓等。(　　)

(5) Q345 钢与 Q235 钢的含碳量基本相同,但前者的强度明显高于后者。(　　)

(6) GCr15 钢是滚动轴承钢,其铬的质量分数为 15%。(　　)

(7) 铸钢用于制造形状复杂、难以锻压成形、要求有较高的强度和塑性,并承受冲击载荷的零件。(　　)

(8) 可锻铸铁比灰铸铁的塑性好,因此可以进行锻压加工。(　　)

5. 简答题

(1) 为什么绑扎物件一般用铁丝(镀锌的低碳钢丝),而起重机吊重物时却用钢丝绳(用 60、65、70 等钢制成)?

(2) 什么是热处理?其目的是什么?

(3) 简述共析钢过冷奥氏体在 $A_1 \sim M_s$ 之间不同温度下等温时,转变产物的名称和性能。

(4) 合金钢和碳素钢相比有哪些优点?

(5) 举例说出合金渗碳钢、合金调质钢、合金弹簧钢、滚动轴承钢及耐热钢在汽车上的应用。

(6) 制造汽车后桥壳等薄壁铸件应采用可锻铸铁还是球墨铸铁?为什么?

(7) 为什么球墨铸铁的强度和韧性比灰铸铁、可锻铸铁高?

(8) 试为下列汽车零件选择合适材料:

A. 后视镜支架　B. 气门推杆　C. 气门弹簧　D. 车架纵、横梁

E. 变速齿轮　F. 钢板弹簧　G. 发动机的进排气门　H. 化油器针阀

I. 气缸体　J. 曲轴

4 有色金属及其在汽车上的应用

学习目标

知识目标

(1) 掌握铝及铝合金、铜及铜合金的分类、性能、牌号(代号)及应用;
(2) 了解滑动轴承合金的分类、性能、牌号(代号)及应用;
(3) 了解其他有色金属的分类、性能、牌号(代号)及应用。

能力目标

(1) 学会分析汽车常用有色金属的性能要求;
(2) 学会汽车上使用的有色金属的识别;
(3) 学会汽车常用零部件选用有色金属的方法和应用。

工业生产中，通常把铁及其合金称为黑色金属，把黑色金属以外的其他金属称为有色金属。有色金属具有特殊的电、磁、热性能和耐腐蚀性，高的比强度(强度/密度)，它是实现汽车轻量化的理想材料，因而在现代汽车工业中得到了广泛的应用。汽车上常用的有色金属主要有铝、铜及其合金和滑动轴承合金。近年来钛、镁、锌及其合金和粉末冶金材料的应用也日趋广泛。

4.1　铝及铝合金

4.1.1　纯铝

1. 纯铝的特性及应用

纯铝是银白色的轻金属，密度为 2.72 g/cm^3，仅为铁的 1/3，经常用作各种轻质结构材料。工业纯铝导电性好，仅次于银、铜和金，居第四位；其导热性是铁的三倍；由于铝的表面能生成一层致密的氧化铝薄膜，可以阻止铝进一步氧化，因此其抗大气腐蚀性能好，但对酸、碱、盐的耐蚀性较差。纯铝具有极好的塑性($A=30\%\sim50\%$，$Z=80\%$)，容易加工成各种丝、线、棒、箔、片等型材。但纯铝强度、硬度很低($R_m=70\sim100$ MPa，20 HBS)，焊接性能较差，一般不适宜制作各种结构件。

纯铝主要用途是代替贵重的铜制作导线、电缆、电器元件等，还可制作质轻、导热、耐大气腐蚀的器具及包覆材料。在汽车上常用于制作垫片、内外装饰件和铭牌等。

2. 纯铝的牌号

铝的含量不低于 99.00%时为纯铝，其牌号用 1×××表示。牌号的最后两位数字表示最低铝百分含量，牌号的第二位字母表示原始纯铝的改型，如字母为 A，则表示原始纯铝，如果是 B—Y 的其他字母，则表示为原始纯铝的改型，如牌号 1A60 的铝板，表示其最低铝的百分含量应为 99.60%的原始纯铝。

4.1.2　铝合金

纯铝因其强度、硬度很低，切削加工性能和焊接性能较差，在汽车工业中使用较少。若向纯铝中加入适量的硅、铜、镁、锰等合金元素制成铝合金，则不仅保持了纯铝密度小、导热性和导电性好的优点，其强度和硬度也得到了大大改善，铝合金常用于制造质轻、强度要求较高的零件。

铝合金在汽车上的应用日趋广泛，不仅可用于制造活塞、气缸体、气缸盖、连杆和进气歧管等发动机零件，还可用于制造轮毂、离合器壳、转向器壳和变速器拔叉等底盘零件，甚至车身、车架等也开始采用铝合金制造。常见铝合金制造的汽车零件如图 4-1 所示。

根据铝合金的成分和工艺特点，可将其分为变形铝合金和铸造铝合金两大类。

1. 变形铝合金

变形铝合金的塑性好，变形抗力小，适合通过压力加工成型，通常在冶金厂加工成各种规格的型材，用于各种汽车零件的制造。按其化学成分与主要性能特点，变形铝合金分为防锈铝、硬铝、超硬铝和锻铝四种，其中防锈铝是不能热处理强化的铝合金。

按《变形铝及铝合金牌号表示方法》(GB/T 16474—1996)规定，变形铝合金牌号用“×A××”表示，牌号的第一、三、四位为数字，其中第一位数字是依主要合金元素 Cu、Mn、Si、Mg、Mg2Si、Zn 的顺序来表示变形铝合金的组别。按主要合金元素的排列顺序分别标示为 2、3、4、5、6、7，后两位数字表示同一组别中不同铝合金的序号。例如，“2A11”表示以 Cu 为主要合金元素的 11 号变形铝合金；“5A50”表示以 Mg 为主要合金元素的变形铝合金。

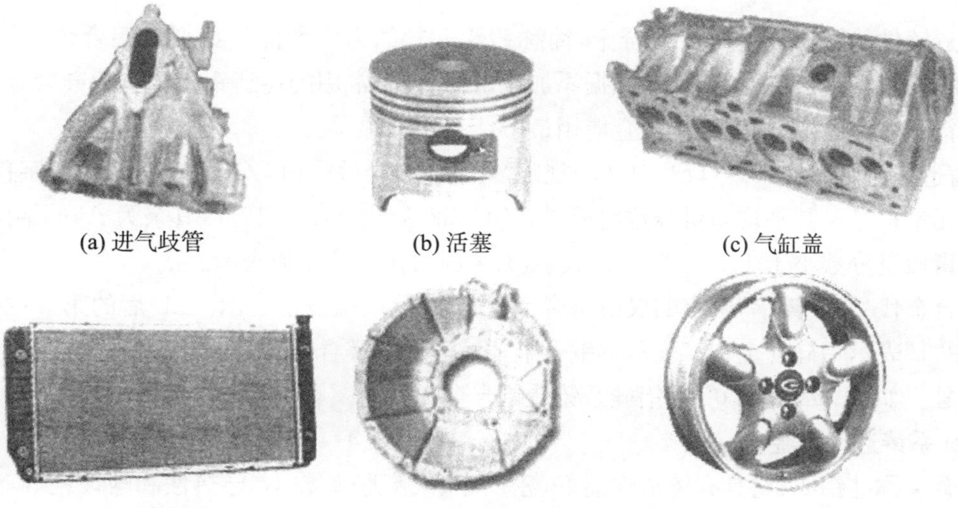

(a) 进气歧管　(b) 活塞　(c) 气缸盖

(d) 散热器　(e) 离合器壳　(f) 轮毂

图 4-1　常见铝合金制造的汽车零件

常用变形铝合金的牌号、性能及用途如表 4-1 所示。

表 4-1　常用变形铝合金的牌号、性能和用途

类别	原代号	新牌号	力学性能			性能特点	用途举例
			R_m/MPa	A/%	HBS		
防锈铝	LF5	5A05	280	20	70	具有优良的塑性，良好的耐腐蚀性和焊接性，但切削加工性差，不能用热处理强化	用于制作有耐蚀性要求的容器，如焊接油箱、油管、铆钉及受力小的零件
	LF21	3A21	130	20	30		
硬铝	LY1	2A01	300	24	70	通过淬火、时效处理，抗拉强度可达 400 MPa，比强度高，但不耐海水和大气的腐蚀	用于工作温度不超过 100℃ 的中等强度铆钉
	LY11	2A11	420	18	100		用于中等强度的结构件，如骨架、螺旋桨叶片、铆钉等
	LY12	2A12	470	17	105		用于高强度结构件及 150℃ 以下工作的零件，如飞机的骨架零件、蒙皮、翼梁等
超硬铝	LC4	7A04	600	12	150	塑性中等，强度高，切削加工性能良好，耐腐蚀性中等，点焊性能良好，但气焊性能不良	用于受力大的重要结构件，如飞机大梁、起落架、加强框等
锻铝	LD5	2A50	420	13	105	力学性能与硬铝相近，有良好的热塑性，适合于锻造	形状复杂和中等强度的锻件及冲压件如压气机叶片等
	LD7	2A70	415	13	120		高温下工作的复杂锻件，如内燃机活塞等

2. 铸造铝合金

用于制造铸件的铝合金为铸造铝合金，简称铸铝。它的力学性能不如变形铝合金，但其铸造性能好，可通过铸造生产形状复杂的铸件。根据添加元素的不同，常用的铸造铝合金有铝硅合金、铝铜合金、铝镁合金及铝锌合金等，其中以铝硅合金应用最多。

根据《铸造铝合金》(GB/T 1173—1995)规定，铸造铝合金牌号由Z("铸"字汉语拼音字首)Al+主要合金元素的元素符号及其平均质量分数组成，如ZAlSi12表示为$w_{Si}=12\%$，其余为Al的铝硅铸造合金。如果合金元素质量分数小于1%，一般不标数字，必要时可用一位小数表示。

铸造铝合金代号用"铸铝"两字的汉语拼音字首"ZL"及三位数字表示。ZL后的第一位数字表示合金系列，其中"1"表示铝硅合金；"2"表示铝铜合金；"3"表示铝镁合金；"4"表示铝锌合金。后两位数字表示合金顺序号。如ZL102表示02号铝硅系铸造铝合金。

1) Al-Si系铸造铝合金

这类合金又称硅铝明，它具有铸造性能好、密度小、线膨胀系数小、导热性和耐蚀性好等特点，是铸造性能与力学性能配合最佳的一种铸造合金。在该合金的基础上，加入适量的Cu、Mn、Mg、Ni等元素，发展成为可时效强化的铝硅合金，称特殊硅铝明。铝硅合金是目前应用最广的铸造铝合金，常用的有ZL102、ZL104和ZL108等，在汽车上常用于制造发动机活塞、气缸体和风扇叶片等。

2) A1-Cu系铸造铝合金

这类铝合金具有较高的强度和耐热性。但铸造性能、耐蚀性和比强度不如Al-Si合金。常用的有ZL201、ZL202、ZL203等，主要用于制造在300℃以下工作的要求高强度的零件，如增压器的导风叶轮、静叶片等。

3) A1-Mg系铸造铝合金

这类铝合金具有良好的耐蚀性和较高的强度，密度小(2.55 g/cm^3)。但铸造性能差，易氧化和产生裂纹。常用的有ZL301、ZL303，主要用于制造在海水中承受较大冲击力和外形不太复杂的铸件，如舰船和动力机械零件。

4) A1-Zn系铸造铝合金

这类铝合金具有较高的强度和良好的铸造性能、切削加工性能和焊接性能，但耐蚀性差，密度大，热裂倾向较大。常用的有ZL401、ZL402，主要用于制造汽车、拖拉机发动机零件及形状复杂的仪器零件、医疗器械等。

常用铸造铝合金的牌号、性能及用途如表4-2所示。

表4-2　　常用铸造铝合金牌号及用途

类别	牌　号	代号	用　　途
铝硅合金	ZAlSi7Mg	ZL101	形状复杂的零件，如飞机、仪器零件，抽水机壳体等
	ZAlSi12	ZL102	工作温度在200℃以下的高气密性、低载荷零件，如仪表、抽水机壳体等
	ZAlSi9Mg	ZL104	工作温度在250℃以下形状复杂的零件，如电动机壳体、气缸体等
	ZAlSi5Cu1Mg	ZL105	工作温度在250℃以下形状复杂的零件，如风冷发动机气缸头、机匣、油泵壳体等
	ZAlSi12Cu2Mg1	ZL108	要求高温强度及低膨胀系数的零件，如高速内燃机活塞等

（续表）

类别	牌　号	代号	用　　途
铝铜合金	ZAlCu5Mn	ZL201	砂型铸造工作温度为175℃～300℃的零件，如内燃机气缸头、活塞等
	ZAlCu10	ZL202	高温下工作不受冲击的零件和要求硬度较高的零件
	ZAlCu3	ZL203	中等载荷、形状比较简单的零件
铝镁合金	ZAlMg10	ZL301	承受冲击载荷、外形不太复杂、在大气或海水中工作的零件，如舰船配件、氨用泵体、内燃机车配件等
	ZAlMg5Si1	ZL303	
铝锌合金	ZAlZn11Si7	ZL401	结构形状复杂的汽车、飞机、仪器仪表零件，也可制造日用品
	ZAlZn6Mg	ZL402	

4.1.3　铝及铝合金在汽车上的应用

铝具有比强度高、耐腐蚀性优良、适合多种成型方法、较易再生利用等优点，是汽车工业应用较多的金属材料，特别是能源、环境、安全等方面的原因使对汽车轻量化的要求越来越迫切，使用轻量化材料是实现汽车轻量化的重要途径，而铝是应用得比较成熟的轻量化材料，近20年来，铝在汽车上的用量和在汽车材料构成中所占份额都有明显的增加。由铝合金制造的零件已经遍及汽车的发动机、底盘、车身等各个部分。

汽车上应用的铝合金以铸造铝合金为主，主要用于活塞、气缸盖、气缸体等零件。与铸铁比，铝的导热性能约高三倍，因而适于制造需要散热的热交换器零件上。此外铸造铝合金还用于制造离合器壳体、变速箱壳体、后桥壳、转向器壳体、摇臂盖、正时齿轮壳体等壳体类零件，发动机部件，以及保险杠、车轮、发动机框架、转向节液压泵体、制动钳、油缸及制动盘等非发动机结构件。且今后有进一步扩大应用的趋势。发动机部件用铝合金制造轻量化效果最为明显，一般可减重30%以上。

4.2　铜及铜合金

铜是人类历史上应用最早的金属，也是至今应用最广的有色金属之一，铜及铜合金具有优良的导电性、导热性，较强的抗大气腐蚀性和一定的力学性能，优良的减摩性和耐磨性并具有良好的加工性能，被广泛地应用在电气、仪表、汽车、造船及机械制造工业中。据统计，一辆载货汽车需用20 kg左右的铜。汽车上使用的铜主要是纯铜、黄铜和青铜。

4.2.1　纯铜

1．纯铜的特性及应用

工业用纯铜的含铜量高于99.95%，呈玫瑰红色。当表面生成氧化铜后，呈紫色，故又称紫铜。纯铜密度为8.96 g/cm^3，熔点为1 083℃，具有优良的导电性和导热性，很高的化学稳定性，在大气、淡水和冷凝水中有良好的耐蚀性。但强度不高（R_m＝230～250 MPa），硬度很低（40～50 HBS），塑性很好（A＝

45%～55%)。经冷塑性变形后,抗拉强度 R_m 可提高到 400～500 MPa,但伸长率 A 急剧下降到 2%左右。

由于工业纯铜强度、硬度低,不宜作受力的结构材料。在汽车上的应用主要是利用其导电性,制作电线、电缆和电气接头等电气元件;利用其导热性制作散热器等导热元件。此外,纯铜还可用于制作气缸垫、进排气管垫、轴承衬垫和油管等。

2. 纯铜的牌号

工业纯铜按杂质含量分为 T1、T2、T3、T4 四个牌号,其中"T"是"铜"字汉语拼音字首,数字表示顺序号,数字越大则纯度越低。

4.2.2 铜合金

纯铜因其成本较高,强度低,不适宜作为结构件。若向纯铜中加入合金元素制成铜合金,则不仅提高了强度,而且仍保持纯铜优良的物理和化学性能。因此,在机械工业中广泛使用的是铜合金。

铜合金按加入主要合金元素分为黄铜、青铜、白铜三大类。

1. 黄铜

以锌为主要加入元素的铜合金称黄铜。黄铜又分为普通黄铜和特殊黄铜两类。按生产方式可分为压力加工黄铜及铸造黄铜。

1) 普通黄铜

普通黄铜是铜锌二元合金。普通黄铜具有良好的耐腐蚀性和压力加工性能,并具有一定的塑性和强度。普通加工黄铜牌号用"H+数字表示"。H 为"黄"字汉语拼音字首,数字表示铜的质量分数。例如,H68 表示平均 $w_{Cu}=68\%$,其余为锌的普通黄铜。

H70、H68 等塑性好,适于制造形状复杂、耐腐蚀的冲压件,如弹壳、散热器外壳、导管、雷管等。

H62、H59 等热加工性能好,适合进行热变形加工,有较高强度,可制造一般机器零件,如铆钉、垫圈、螺钉、螺帽等。

H80 等含铜量高的黄铜,色泽金黄,并且具有良好的耐蚀性,可用作装饰品、电镀、散热器管等。

2) 特殊黄铜

在 Cu 与 Zn 的基础上再加入其他元素的铜合金,称为特殊黄铜。合金元素的加入,改善了黄铜的力学性能、耐腐蚀性和某些工艺性能。如加入铝能提高黄铜的强度、硬度和耐磨性;加入硅能提高黄铜的强度、硬度和铸造性能;加入锰能提高黄铜的力学性能和耐腐蚀性;加入锡能提高黄铜的耐腐蚀性,尤其能提高黄铜在海水中的耐腐蚀性;加入铅能改善黄铜的切削加工性能等。

压力加工特殊黄铜牌号用"H+主加合金元素符号+铜的平均质量分数+合金元素平均质量分数"表示。例如,HPb59 - 1 表示平均 $w_{Cu}=59\%$、$w_{pb}=1\%$,其余为锌的铅黄铜。

3) 铸造黄铜

牌号用"Z+铜和合金元素符号+合金元素平均质量百分数"表示。例如,ZCuZn38 表示平均 $w_{Zn}=38\%$,其余为铜的铸造普通黄铜;ZCuZn16Si4 表示平均 $w_{Zn}=16\%$、$w_{si}=4\%$,其余为铜的铸造硅黄铜。

常用黄铜的牌号、化学成分、力学性能及用途如表 4 - 3 所示。

表 4-3　常用普通黄铜、特殊黄铜、铸造黄铜的牌号及用途

组别	牌　号	化学成分/%		力学性能		主　要　用　途
		Cu	其他	R_m/MPa	A/%	
普通黄铜	H90	88.0～91.0	Zn	245/395	35/3	双金属片、供水和排水管、证章、艺术品
	H68	67.0～70.0	Zn	294/392	40/13	冷凝管、散热器及导电零件、轴套等
	H62	60.5～63.5	Zn	294/412	40/10	机械、电器零件，铆钉、螺冒、垫圈、散热器及焊接件、冲压件
特殊黄铜	HSn62-1	61.0～63.0	0.7～1.1Sn 余量 Zn	249/392	35/5	与海水和汽油接触的船舶零件
	HMn58-2	57.0～60.0	1.0～2.0Mn 余量 Zn	382/588	30/3	船舶零件及轴承等耐磨零件
	HPb59-1	57.0～60.0	0.8～1.9Pb 余量 Zn	343/441	25/5	热冲压及切削加工零件，如销、螺钉、轴套等
铸造黄铜	ZCuZn38	60.0～63.0	余量 Zn	295/295	30/30	一般结构件，如螺杆、螺母、法兰、阀座、日用五金等
	ZCuZn31Al2	60.0～68.0	2.0～3.0Al 余量 Zn	295/390	12/15	压力铸造件，如电机、仪表等以及造船和机械制造中的耐蚀零件
	ZCuZn40Mn2	57.0～60.0	1.0～2.0Mn 余量 Zn	345/390	20/25	在空气、淡水、海水、蒸汽(＜300℃)和各种液体、燃料中工作的零件

注：力学性能中分母的数值，对加工黄铜是指加工硬化状态的数值，对铸造黄铜是指金属型铸造时的数值；分子数值，对加工黄铜为退火状态的数值，对铸造黄铜为砂型铸造时的数值。

2. 青铜

除黄铜和白铜(铜镍合金)以外的所有铜合金统称为青铜。根据主要加入元素分别称为锡青铜、铝青铜、硅青铜、铍青铜等。

加工青铜的代号用 Q＋主加元素符号及平均含量(质量分数×100)＋其他元素的平均含量(质量分数×100)表示，例如：QSn4-3 表示含 $w_{sn}=4\%$、$w_{Zn}=3\%$的锡青铜。

铸造青铜的牌号表示方法与铸造黄铜相同，如 ZCuSn5Zn5Pb5 表示含 $w_{sn}=5\%$、$w_{Zn}=5\%$、$w_{pb}=5\%$的铸造锡青铜。

1) 锡青铜

以 Sn 为主加元素的铜合金称锡青铜。锡青铜具有耐蚀、耐磨、强度高、弹性好、铸造性能好等特点，特别适合于铸造形状复杂的铸件。

工业上常用锡青铜有 QSn4-3、QSn6.5-0.1、ZCuSnl0P1 等，主要用于制造弹性元件、轴承等耐磨零件、抗磁及耐蚀零件。在汽车上常用锡青铜制造发动机摇臂衬套、活塞销衬套等。

2) 铝青铜

以 Al 为主加元素的铜合金称铝青铜。铝青铜的强度、硬度、耐磨性、耐热性、耐蚀性都高于黄铜和锡青铜，但其铸造性能、焊接性能较差，此外还有冲击时不发生火花等特性。常用铝青铜有 QAI7、QAI9-2等，主要用于机械、化工、造船及汽车工业中的轴套、齿轮、蜗轮、管路配件等零件。

3) 铅青铜

以 Pb 为主加元素的铜合金称为铅青铜。铅青铜减磨性好，疲劳强度高并有良好的热传导性，是一

种重要的高速重载滑动轴承合金。常用的铅青铜有ZCuPb30、ZCuPb10Sn10、ZCuPb15Sn8等，主要用作高压、高速条件下工作的耐磨零件。

4）铍青铜

以Be为主加合金元素的铜合金称铍青铜，一般铍的含量为1.7%～2.5%。铍青铜具有很高的强度、硬度、疲劳强度和弹性极限，而且耐蚀、耐磨、无磁性，导电和导热性好，铸造性能好，受冲击无火花等。常用的铍青铜有QBe2、QBe1.5等。主要用于制作高级精密的弹性元件，如弹簧、膜片、膜盘等；特殊要求的耐磨零件，如钟表的齿轮和发条、压力表游丝；高速、高温、高压下工作的轴承、衬套及矿山、炼油厂用的冲击不带火花的工具。铍青铜价格较贵，所以应用受到限制。

常用青铜的牌号、性能及用途如表4-4所示。

表4-4　常用青铜的牌号、性能及用途

类别	牌号	化学成分/%		状态	力学性能			用途
		主加元素	其他		R_m/MPa	A/%	HBS	
锡青铜	QSn4-3	Sn3.5～4.5	Zn2.7～3.7 Cu余量	T L	350 550	40 4	60 160	制作弹性元件、化工设备的耐蚀零件、抗磁零件
	QSn7-0.2	Sn6.0～8.0	P0.1～0.25 Cu余量	T L	360 500	64 15	75 180	制作中等负荷、中等滑动速度下承受摩擦的零件，如轴套、涡轮等
	ZCuSn10P1	Sn9.0～11.0	P0.5～1.0 Cu余量	S J	220 250	3 5	79 89	用于高负荷和高滑动速度下工作的耐磨件，如轴瓦等
铝青铜	ZCuAI9Mn2	AI8.5～10.0 Mn1.5～2.5	Cu余量	S J	390 440	20 20	83 93	耐磨、耐蚀零件，形状简单的大型铸件和要求气密性高的铸件
	QAI7	AI6.0～8.0	Cu余量	L	637	5	157	重要用途弹簧和弹性元件
铅青铜	ZCuPb30	Pb27.0～33.0	Cu余量	J			25	要求高滑动速度双金属轴瓦减磨零件
铍青铜	QBe2	Be1.9～2.2	Ni0.2～0.5 Cu余量	T L	500 850	40 4	90 250	重要的弹簧及弹性元件，耐磨零件及在高速、高压下工作的轴承

注：T—退火状态，L—冷变形状态；S—砂型铸造，J—金属型铸造。

3. 白铜

白铜是以Ni为主要加入元素的铜合金。白铜分普通白铜和特殊白铜。

1）普通白铜

是Cu-Ni二元合金，具有较高的耐腐蚀性和抗腐蚀疲劳性能及优良的冷热加工性能。普通白铜牌号用“B+镍的平均百分含量”表示。如B5表示含Ni量为5%的普通白铜。

常用牌号有B5、B19等，用于在蒸汽和海水环境下工作的精密机械，仪表零件及冷凝器，蒸馏器，热交换器等。

2）特殊白铜

是在普通白铜基础上添加Zn、Mn、Al等元素形成的，分别称锌白铜、锰白铜、铝白铜等。其耐蚀性、强度和塑性高，成本低。特殊白铜的代号表示形式是“B+第二合金元素符号+镍的含量+第二合金元素含量”，数字之间以“-”隔开，如BMn3-12表示含Ni3%、Mn12%、Cu85%的锰白铜常用牌号如

BMn40－1.5(康铜)、BMn43－0.5(考铜)。用于制造精密机械、仪表零件及医疗器械等。

4.2.3 铜和铜合金在汽车上的应用

铜和铜合金在汽车上主要用于制作散热器、制动系统管路、液压装置、齿轮、轴承、制动摩擦片、电器元件、垫圈以及各种接头、配件和饰件等。其中H68用于散热器夹片、散热器本体主片、暖风散热器主片等；HPb59－1用于化油器配制针、制动阀阀座、曲轴箱通风阀座、储气筒放水阀本体及安全阀座等；ZCuPb30用于曲轴轴瓦、曲轴止推垫圈等；QSn4－4－2.5用于活塞销衬套、发动机摇臂衬套等；ZCuSn5Pb5Zn5用于离心式润滑油滤清器上、下轴承。汽车散热器如图4－2所示。

图4－2 汽车散热器

4.3 滑动轴承合金

轴承是重要的机械零件，有滚动轴承和滑动轴承两类。滑动轴承合金是制造滑动轴承的轴瓦及内衬的材料。汽车发动机中曲轴轴承、连杆轴承、凸轮轴轴承等都采用滑动轴承。常见的轴瓦结构如图4－3所示。

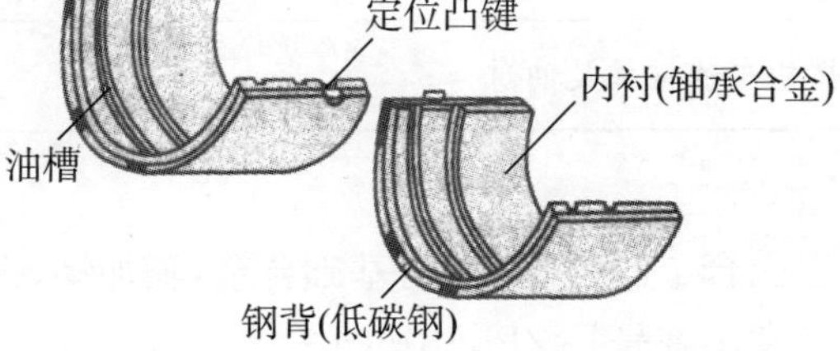

图4－3 常见的轴瓦结构

4.3.1 滑动轴承合金的特点及分类

1. 滑动轴承合金的特点与要求

当轴在轴承中旋转时，轴承表面不仅要承受一定的交变载荷，而且还与轴发生强烈的摩擦。为了减少轴的磨损，保证轴承正常工作，滑动轴承合金应具有以下性能：足够的强度、硬度和耐磨性；足够的塑性和韧性；较小的摩擦系数和高度磨合能力；良好的导热性、抗腐蚀性和低的膨胀系数等。

为了满足以上要求，滑动轴承合金理想的组织应该是软基体上分布硬质点，或者在硬基体上分布软

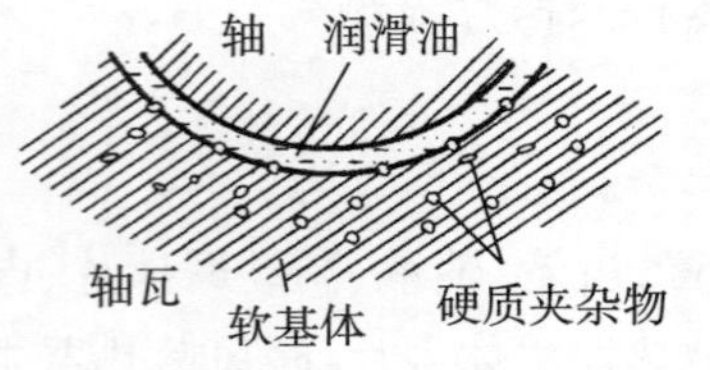

图 4-4 轴承合金的组织示意图

质点。若组织是软基体上分布硬质点，当轴运转时软基体受磨损而凹陷，硬质点将凸出于基体上支撑着轴颈，使轴和轴瓦的接触面积减小，而凹坑能储存润滑油，降低轴和轴瓦之间的摩擦系数，减少轴和轴承的磨损。另外，软基体能承受冲击和震动，使轴和轴瓦能很好地磨合，还能起嵌藏外来硬质点的作用，以保证轴颈不被擦伤。图 4-4 为滑动轴承合金的组织示意图。

2. 滑动轴承合金的分类及牌号

常用的滑动轴承合金有锡基轴承合金、铅基轴承合金、铝基轴承合金、铜基轴承合金等。滑动轴承合金一般在铸态下工作，其牌号以“铸”字汉语拼音字首“Z”开头，表示方法为“Z＋基本元素符号＋主加元素符号＋主加元素含量＋辅加元素符号＋辅加元素含量……”。例如，ZSnSb12Pb10Cu4 表示含 Sb 为 12%、含 Pb 为 10%、含 Cu 为 4%的锡基轴承合金。

4.3.2 常用滑动轴承合金

1. 锡基轴承合金（锡基巴氏合金）

锡基轴承合金也称为锡基巴氏合金。它是以锡为基础合金，辅加适量的锑、铜、铅等元素而形成的一种软基体硬质点类型的滑动轴承合金。最常用的牌号是 ZSnSb11Cu6。

锡基轴承合金的摩擦系数和膨胀系数小，塑性和导热性好，适于制作最重要的轴承，如汽轮机、发动机和压气机等大型机器的高速轴瓦。但锡基轴承合金的疲劳强度较低，许用温度也较低（不高于 150℃）。常用锡基轴承合金的牌号及用途如表 4-5 所示。

表 4-5 常用锡基轴承合金的牌号及用途

牌　号	用　　途
ZSnSb12Pb10Cu4	一般机械的主轴轴承，但不适于高温工作
ZSnSb11Cu6	2 000 马力以上的高速蒸汽机，500 马力的蜗轮压缩机用的轴承
ZSnSb8Cu4	一般大机器轴承及轴衬，重载、高速汽车发动机、薄壁双金属轴承
ZSnSb4Cu4	蜗轮内燃机高速轴承及轴衬

2. 铅基轴承合全

铅基轴承合金也称为铅基巴氏合金。是以 Pb 为基础合金，辅加锑、铜、锡等元素而形成的一种软基体硬质点类型的滑动轴承合金。常用牌号是 ZPbSb16Cu2。

这种合金的铸造性能和耐磨性较好（但比锡基轴承合金低），价格较便宜，可用于制造中、低载荷的轴瓦，例如汽车、拖拉机曲轴的轴承等。常用铅基轴承合金的牌号及用途如表 4-6 所示。

表 4-6 常用铅基轴承合金的牌号及用途

牌　号	用　　途
ZPbSb16Sn16Cu2	工作温度＜120℃，无显著冲击载荷，重载高速轴承
ZPbSb15Sn5Cu3Cd2	船舶机械，小于 250 kW 的电动机轴承

（续表）

牌　号	用　　途
ZPbSb15Sn10	中等压力的高温轴承
ZPbSb15Sn5	低速、轻压力条件下工作的机械轴承
ZPbSb10Sn6	重载、耐蚀、耐磨用轴承

3. 铜基轴承合金

铜基轴承合金包括铅青铜、锡青铜等，常用合金牌号为 ZCuPb30、ZCuSn10Pb1 等。

ZCuPb30 是硬基体 Cu 上分布软质点的轴承合金，润滑性能好，摩擦系数小，耐磨性好，铅青铜还具有良好的耐冲击能力和疲劳强度，并能长期工作在较高的温度 250℃～320℃下，导热性优异。常用于高载荷、高速度的滑动轴承，如航空发动机、高速柴油机轴承等。铅青铜的强度较低，实际使用时也常和铅基巴氏合金一样在钢轴瓦上浇铸成内衬，进一步发挥其特性。

ZCuSn10Pb1 是在软基体上分布硬质点的轴承合金。这类合金具有高强度，耐磨性好，适宜制造中速及受较大固定载荷的轴承，如电动机、泵、机床用轴瓦，也可用于高速柴油机轴承。

4. 铝基轴承合金

铝基轴承合金是以铝为基本元素，加入适量的锑、铜、锡等元素组成的合金。铝基轴承合金分为高锡铝基轴承合金、低锡铝基轴承合金和铝镁锑轴承合金等，其中 20 高锡铝基轴承合金是目前汽车上广泛应用的轴承合金，它是以铝为基体，加入 20%的锡和 1%的铜组成的合金，是一种新型的减磨材料，具有较高的承载能力、良好的耐磨性和导热性，价格较低等优点，可以替代锡基轴承合金，用于制造曲轴轴瓦和连杆轴瓦。但它的线膨胀系数大，运行时容易与轴咬合，装配时应留较大的间隙，以防止轴颈被擦伤。

4.4 其他有色金属简介

4.4.1 钛及钛合金

1. 纯钛

纯钛是银白色金属，密度为 4.5 g/cm^3，熔点高达 1 688℃，是一种高熔点的轻金属。钛有两种同素异构体，在 882.5℃以上为体心立方晶格的 β-Ti，882.5℃以下为密排六方晶格的 α-Ti。

纯钛塑性好、强度低，容易加工成形，可制成细丝和薄片。在大气和海水中有优良的耐蚀性，在硫酸、盐酸、硝酸、氢氧化钠等介质中都很稳定，钛的抗氧化能力优于大多数奥氏体不锈钢。

钛的性能受杂质的影响很大，少量的杂质就会使钛的强度激增，塑性显著下降。工业纯钛中常存杂质有 N、H、O、Fe、Mg 等。根据杂质含量，工业纯钛有三个等级牌号 TAl、TA2、TA3，“T”为“钛”字汉语拼音字首，其后顺序数字越大，表示纯度越低。

工业纯钛因其密度小，耐腐性好，因此是航空航天、船舶、化工等工业中常用的结构材料。常用于制作 350℃以下工作、强度要求不高的零件及冲压件，如飞机蒙皮、构架、隔热板，石油化工用热交换器、海水净化装置及船舰零部件。

2. 钛合金

纯钛的强度很低，价格昂贵，为提高其强度，常在钛中加入合金元素制成钛合金。按组织类型的不同，钛合金分为α型钛合金、β型钛合金和α+β型钛合金。其代号分别用TA、TB、TC加序号表示。

1) α型钛合金

钛中加入铝、硼等元素获得α型钛合金。α型钛合金的室温强度低于β型钛合金和α+β型钛合金，但高温(500℃～600℃)强度比它们的高，并且组织稳定，抗氧化性和抗蠕变性好，焊接性能也很好。α型钛合金不能淬火强化，主要依靠固溶强化，热处理只进行退火(变形后的消除应力退火或消除加工硬化的再结晶退火)。

α型钛合金的典型牌号是TA7，使用温度不超过500℃，主要用于制造航空发动机压气机叶片和管道，导弹的燃料缸，超音速飞机的涡轮机匣及火箭、飞船的高压低温容器等。

2) β型钛合金

钛中加入钼、铬、钒、锰等元素得到β型钛合金。β型钛合金有较高的强度、优良的冲压性能，并可通过淬火和时效进行强化。

β型钛合金的典型牌号为TB1，一般在350℃以下使用，适于制造压气机叶片、轴、轮盘等重载的回转件，以及飞机构件等。

3) α+β型钛合金

α+β型钛合金塑性好，高温强度高，耐腐蚀，具有良好的低温工作性能，并可通过淬火和时效进行强化，热处理后强度可提高50%～100%。TC4是典型的α+β型钛合金，由于强度高，塑性好，在400℃时组织稳定，蠕变强度较高，低温时有良好的韧性，并有良好的抗海水腐蚀及抗热盐腐蚀的能力，所以适于制造在400℃以下长期工作的零件，要求一定高温强度的发动机零件，以及在低温下使用的火箭、导弹的液氢燃料箱部件等。

钛合金适于制造汽车发动机气门弹簧、气门和发动机连杆等，在底盘部件主要为弹簧、半轴和紧固件等。用钛合金制造的板簧与用抗拉强度达2 100 MPa的高强度钢相比，可降低自重20%。

钛和钛合金由于其价格高，应用受到一定的限制。所以降低成本是未来钛合金的研制和生产工艺开发的重点。

4.4.2 镁及镁合金

1. 纯镁

纯镁是银白色金属，密度为1.74 g/cm^3，相当于铝的2/3，是工业用金属中密度最小的。纯镁具有很高的化学活性，耐腐蚀性很差，强度和塑性均较低，一般不直接用作结构材料。

2. 镁合金

纯镁的力学性能较低，实际应用时，一般在纯镁中加入一些合金元素，制成镁合金。镁合金中通过加入合金元素，产生固溶强化、时效强化及细晶强化作用，以提高镁合金的力学性能、抗腐蚀性能和耐热性能。镁合金中常加入的合金元素有铝、锌、锰、锆及稀土元素等。铝和锌可起固溶强化作用，锰可改善耐热性和耐蚀性。

镁合金经热处理后(固溶+时效)，强度可达300～500 MPa，比强度高于铝合金。另外，减振性好，切削加工性优良。但镁合金耐蚀性差，常常需要采取保护措施。

镁合金根据其加工性能可分为变形镁合金和铸造镁合金，其牌号分别以“MB”和“ZM”加数字表示。常用的变形镁合金有MB1、MB2、MB8、MB15等。其中应用较多的是MB15，它具有较高的强度和良好的塑性，且热处理工艺简单，热加工后直接进行时效便可强化，能制造形状复杂的大型锻件。常用的铸造镁合金有 ZM1、ZM2、ZM5。它们具有较高的强度和良好的铸造工艺性，适于生产各类铸件。但耐热性较差，长期使用温度不高于 150℃。

目前镁合金一般用于汽车上的座椅骨架、仪表盘、转向盘和转向柱、轮圈、发动机气缸盖、变速器壳、离合器壳等零件，其中转向盘和转向柱、轮圈是应用镁合金较多的零件。

由于镁合金具有良好的阻尼系数，减振量大于铝合金和铸铁，用于壳体可以降低噪声，用于座椅、轮圈可以减少振动，提高汽车的安全性和舒适性。虽然镁合金有这些优点，但从成本上看它仍然偏高于铝合金。尽管如此，镁合金的应用前景仍然看好，随着技术的发展将有更多的零件用镁合金来制造。

4.4.3 锌及锌合金

锌呈蓝白色，密度为 7.14 g/cm^3，室温下较脆。由于锌在常温下表面易生成一层保护膜，所以锌主要用作钢铁表面的防护性镀层。

锌能和铝、铜、镁等合金元素组成锌合金。锌合金的强度较高，铸造性能好，价格也不高，但其塑性较低，耐热性、焊接性较差。锌合金也可分为变形锌合金和铸造锌合金。铸造锌合金主要用于受力不大、形状复杂的小尺寸结构件或装饰件。目前应用最广的铸造锌合金是 ZZnAI4Cu1Mg。锌合金在汽车上可用于制造汽油泵壳、机油泵壳、车门手柄、雨刮器、安全带扣和内饰件等。

本章小结

(1) 汽车轻量化常用材料主要是铝合金、镁合金。

(2) 铝合金是在纯铝中加入适量的硅、铜、镁、锰等合金元素制成的。不仅保持了纯铝密度小、导热性和导电性好的优点，其强度和硬度也得到了大大改善，铝合金常用于制造质轻、强度要求较高的零件。

(3) 铝合金分为变形铝合金和铸造铝合金两类。变形铝合金的塑性好，易于形变加工；铸造铝合金的塑性差，凝固温度低，充型时流动性好，具有优良的铸造工艺性能，适于制造形状较为复杂的铸件。

(4) 铜合金是在纯铜中加入适量的锌、锡、铝、锰、镍等制成的。它具有纯铜的优良性能外，还具有较高的强度和硬度。分为黄铜、青铜和白铜三大类。

(5) 滑动轴承合金具有车载能力高、抗震性能好、工作平稳可靠、噪音小、检修方便等优点，是机床、汽车和拖拉机的重要零部件。常用的有锡基、铅基、铜基和铝基轴承合金。

复习思考题

1. 名词解释

(1) 纯铝　(2) 铝合金　(3) 变形铝合金　(4) 铸造铝合金

(5) 普通黄铜　(6) 特殊黄铜　(7) 滑动轴承合金

2. 填空题

(1) 汽车上应用的铝合金以________为主,主要用于活塞、气缸盖、气缸体等零件。

(2) 纯铜牌号用________加数字表示,数字越大则纯度越________。

(3) H68表示的材料为________,其中68表示________的平均含量为68%。HPb59-1表示特殊黄铜,其中59表示________的含量为59%、1表示________的含量为1%。

(4) TA、TB、TC分别代表________型钛合金、________型钛合金和________型钛合金。

(5) 镁合金根据其加工性能可分为________镁合金和________镁合金,其牌号分别以"MB"和"ZM"加数字表示。

3. 简答题

(1) 纯铝的性能有何特点?铝合金一般分哪几类?

(2) 变形铝合金分哪几类?说明其牌号的表示方法。

(3) 铸造铝合金主要有哪几种?说明其代号的表示方法。

(4) 铜合金分哪几类?各有何特点?

(5) 对滑动轴承合金有哪些性能要求?常用的滑动轴承合金有哪些?

(6) 钛的两种同素异构体分别是什么?说明其转变温度。

(7) 根据组织形态将钛合金分为哪几种?说明其性能特点。

5 非金属材料及其在汽车上的应用

学习目标

知识目标

(1) 了解非金属材料的种类；

(2) 掌握各种非金属材料的基本性能、组成和分类；

(3) 熟悉各种非金属材料在汽车上的应用。

能力目标

(1) 学会分析常用非金属材料的性能要求；

(2) 学会汽车常用非金属材料的识别；

(3) 学会汽车常用零部件选用非金属材料的方法和应用；

(4) 通过学习非金属材料知识，培养恰当选材和理论联系实际的能力。

金属材料因其具有力学性能高，热稳定性好，导电、导热性好等优点，因此汽车制造中一直以金属材料为主。但金属材料也存在密度大，耐腐蚀性差，电绝缘性差等缺点，而无法满足生产的需求。近年来随着非金属材料的迅猛发展和汽车轻量化的要求，越来越多的非金属材料在汽车上得到了应用，非金属材料已成为汽车制造不可或缺的材料。

非金属材料是指除金属材料以外的其他材料，包括塑料、橡胶、玻璃、陶瓷和复合材料等。

5.1 塑料

塑料是目前机械工业中应用最广泛的高分子材料，它是以合成树脂为基本原料，再加入一些用来改善使用性能和工艺性能的添加剂后，在一定温度和一定压力下制成的高分子材料。

5.1.1 塑料的组成和分类

1. 塑料的组成

塑料是由合成树脂和添加剂两大部分组成。

1) 合成树脂

合成树脂是从煤、石油和天然气中提炼的高分子化合物。合成树脂是塑料的主要成分，它决定了塑料的基本性能，并起着黏结剂的作用。大多数塑料是以所加合成树脂的名称来命名的，如聚氯乙烯塑料就是以聚氯乙烯树脂为主要成分的塑料。有些合成树脂可以直接用作塑料，如聚乙烯、聚苯乙烯等。在工程塑料中，合成树脂约占40%～100%。

2) 添加剂

添加剂主要用于改善塑料的使用性能和工艺性能，常用的添加剂有填充剂、增塑剂、稳定剂、固化剂、润滑剂和阻燃剂等。

填充剂主要起强化作用，也能改善或提高塑料的某些性能。如加入氧化硅可提高塑料的硬度和耐磨性，加入云母、石棉粉可以改善塑料的电绝缘性和耐热性，加入铝粉可提高塑料对光的反射能力及防止塑料老化等，通常塑料中填充剂的用量可达20%～50%，填充剂的加入可节约树脂用量，降低塑料制品的成本；增塑剂可以提高塑料的可塑性和柔软性，如在聚氯乙烯树脂中加入邻苯二甲酸二丁脂，可使塑料变得柔软而富有弹性；稳定剂可以提高塑料在光和热作用下的稳定性，以延缓塑料的老化；固化剂可以促使塑料在加工过程中硬化。此外，还可加入润滑剂、阻燃剂、着色剂、抗静电剂等，来优化塑料的各种特定性能。

2. 塑料的分类

塑料的品种很多，分类方法也不同，常见的有以下两种分类方法。

1) 按合成树脂的热性能可分为热塑性塑料和热固性塑料

(1) 热塑性塑料

热塑性塑料是指受热时软化，冷却后变硬，再加热又软化，冷却又变硬，可反复多次加热塑制的塑料。这类塑料加工成型方便，力学性能较好，生产周期短，可回收再利用。但耐热性较差，容易变形。热塑性塑料数量很大，约占全部塑料的80%，常用的有聚乙烯、聚氯乙烯、聚苯乙烯、聚酰胺(尼龙)、ABS塑料等。

(2) 热固性塑料

热固性塑料是指经一次固化后，不再受热软化，只能塑制一次的塑料。这类塑料耐热性能好，受热不易变形，但生产周期短，力学性能不高，且废旧塑料不能回收利用。常用的热固性塑料有酚醛树脂、氨基树脂、环氧树脂、有机硅树脂等。

2）按使用范围可分为通用塑料和工程塑料

（1）通用塑料

通用塑料是指产量大、用途广、通用性强、价格低的塑料。主要有聚乙烯、聚丙烯、聚氯乙烯、聚苯乙烯、酚醛塑料和氨基塑料等。这类塑料的产量占塑料总产量的75%以上，可以用来制作日常生活用品、包装材料以及一般机械零件。

（2）工程塑料

工程塑料是指用于工程构件和机械零件的塑料。这类塑料力学性能较高，耐热性、耐腐蚀性较好，可用来替代金属材料制造某些结构件。工程塑料主要有聚酰胺（尼龙）、聚碳酸酯、聚甲醇和ABS塑料等。

5.1.2 塑料的主要特性

1. 质量轻

一般塑料的密度在0.83～2.2 g/cm^3 之间，仅是钢铁的1/8～1/4。因此用塑料制造汽车零部件，可大幅度减轻汽车的整车装备质量，降低汽车自重，减少油耗。

2. 耐腐蚀性好

一般的塑料对酸、碱、盐和有机溶剂都有良好的耐蚀性能，特别是聚四氟乙烯，除了能抵抗熔融的碱金属作用外，其他化学药品包括“王水”也难以腐蚀。因此，在腐蚀介质中工作的零件可采用塑料制作，或采用在表面喷塑的方法提高其耐腐蚀能力。

3. 比强度高

尽管塑料的强度要比金属低些，但由于塑料密度小，质量轻，因此以等质量相比，其比强度要高。如用碳素纤维强化的塑料，它的比强度要比钢材高2倍左右。

4. 电绝缘性能好

塑料几乎都有良好的电绝缘性，可与陶瓷、橡胶和其他绝缘材料相媲美。因此，汽车电器零件广泛采用塑料作为绝缘体。

5. 吸振性和消声性良好

塑料具有吸收和减少振动和噪声的性能。因此，用塑料制作汽车保险杠、仪表板和转向盘等，可以增强缓冲作用，提高车辆的安全些和舒适性。

6. 耐磨性和减摩性优良

大多数塑料的摩擦系数较小，耐磨性好，能在半干摩擦甚至完全无润滑条件下良好的工作，所以可以制作齿轮、密封圈、轴承、衬套等要求耐磨的零件。

7. 容易加工成型

塑料通常一次注塑成型，可制造复杂形状的异形曲面，如汽车仪表板等，适合批量生产，加工成本低。

塑料除了具有以上优点外，也存在一定缺点。如与钢相比其力学性能较低；耐热性较差，一般只能在100℃以下长期工作；导热性差，其导热系数只有钢的1/600～1/200。此外，塑料还有易老化、易燃烧、温度变化时尺寸稳定性差等缺点。

5.1.3 塑料在汽车上的应用

塑料在汽车上除了广泛应用于制造各种内装饰件外，目前已可用来替代部分金属材料，制造某些结构零件、功能零件和外装饰件。目前塑料在轿车上的用量约占全车质量的8%～12%。塑料在汽车上的广泛应用，既满足了某些汽车零部件特殊性能要求，也是实现汽车轻量化的有效途径。塑料在轿车上的应用实例如图 5 - 1 所示。常用塑料的主要特性及其在汽车上的应用如表 5 - 1 所示。

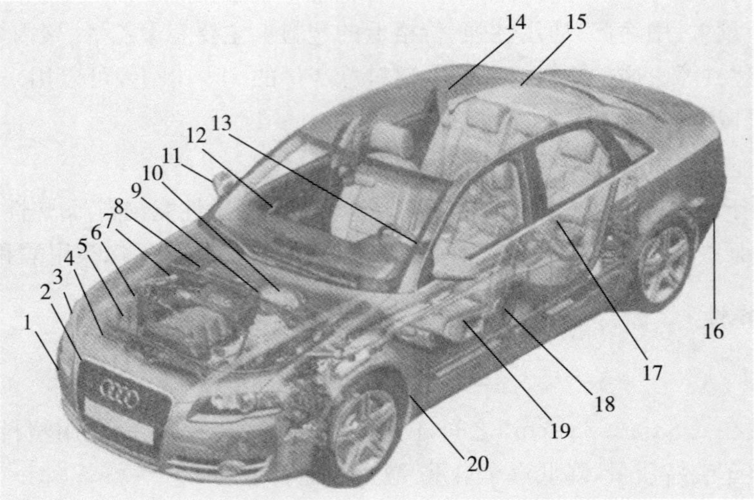

图 5 - 1　塑料在轿车上的应用实例

1—前保险杠；2—散热器格栅；3—车灯框；4—散热器固定框；5—空气滤清器壳；6—发动机装饰罩；7—进气管；8—制动液罐；9—蓄电池壳；10—补偿水箱；11—后视镜壳；12—仪表板；13—转向盘；14—车门内饰板；15—车厢内饰；16—后保险杠；17—车窗框；18—车门饰条；19—座椅；20—车轮罩

表 5 - 1　　常用塑料的主要特性及其在汽车上的应用

种类	化学名称	代号	主要特性	应用
热塑性塑料	丙烯晴-丁二烯-苯乙烯	ABS	综合力学性能优良，耐热性、尺寸稳定性好，易于加工成型	车体件、前围板、格栅、车头灯框等
	聚酰胺	PA	强度高，韧性好，耐磨性、耐疲劳性、耐油性等综合性能良好，但吸水性和收缩率大	车外装饰板件、风扇叶片、里程表齿轮、衬套等
	聚甲醛	POM	综合力学性能优良，尺寸稳定性好，耐磨性、耐油性、耐老化性好，吸水性小	半轴齿轮和行星齿轮垫片、汽油泵壳、转向节衬套等
	聚乙烯	PE	强度较高，耐高温、耐磨，耐蚀性和绝缘性好	内装饰板、车窗框架、手柄、挡泥板等
	聚四氟乙烯	PTFE	化学稳定性优良，耐蚀性极高，摩擦系数小，耐高温性、耐寒性和绝缘性好	各种密封圈、垫片
	聚苯醚	PPO	抗冲击性能优良，耐磨性、绝缘性、耐热性好，吸水率低，尺寸稳定性好，但耐老化性差	格栅、车头灯框、仪表板、装饰件、小齿轮、轴承、水泵零件等
	聚酰亚胺	PI	耐高温性能好，强度高，综合性能优良，耐磨性和减磨性好	正时齿轮、密封垫圈、泵盖等
	聚丙烯	PP	耐热性、耐蚀性较好，成型容易，但收缩率大，低温呈脆性，耐磨性不高	内饰镶条、内装饰板、散热器固定框、前围板、保险杠等
	聚氯乙烯	PVC	强度较高，化学稳定性、绝缘性较好，耐油性、抗老化性也较好，但耐热性差，成型加工性能较差	内装饰件、软垫板、电气绝缘体等
	聚碳酸酯	PC	力学性能优良，尺寸稳定性好，耐热性较好，但疲劳强度低，耐磨性不高	格栅、仪表板等

（续表）

种类	化学名称	代号	主要特性	应用
热固性塑料	酚醛塑料	PF	强度高，耐热性好，绝缘性、化学稳定性、尺寸稳定性等好，但质地较脆，抗冲击性差	电气绝缘件、摩擦片等
	环氧树脂	EP	强度较高，韧性较好，收缩率低，绝缘性、化学稳定性、耐蚀性好	汽车涂料、胶黏剂、玻璃钢构件等
	聚氨酯泡沫	PU	力学性能优良，吸振缓冲性、绝热性好，较高简单易于成型	软质用于座椅垫、内饰材料；半硬质用于转向盘、仪表板、保险杠、扶手等

5.2 橡胶

橡胶是一种具有高弹性的高分子材料。由于它具有高弹性，优良的伸缩性、吸振性、耐磨性、隔音性，因此在汽车制造和维修中广泛用于制造轮胎、风扇皮带、各种皮管、油封、门窗密封胶条、制动皮碗等。

5.2.1 橡胶的组成和分类

1. 橡胶的组成

橡胶是以生胶为主要原料，并添加适量的配合剂制成的高分子材料。

1）生胶

生胶是橡胶制品的主要组成物，其性能决定了橡胶制品的性能。生胶的耐热性、耐磨性差，强度低，一般不能直接制造橡胶制品，大多只作为橡胶的原料。

2）配合剂

配合剂是为了改善和提高橡胶制品的性能而加入的物质。主要有硫化剂、硫化促进剂、填充剂、增塑剂和防老剂等。

硫化剂的作用是改善橡胶分子结构，提高橡胶制品的弹性、强度、耐磨性、耐蚀性和抗老化能力，常用的硫化剂是硫磺、氧化硫、硒等；硫化促进剂起加速硫化过程、缩短硫化时间的作用，常用的有氧化锌、氧化铝等；填充剂的作用是提高橡胶制品的强度、硬度，减少生胶用量、降低成本和改善加工工艺性能，常用的有炭黑、滑石粉、氧化硅、氧化锌、陶土、碳酸盐等；增塑剂的作用是提高橡胶制品的塑性，改善黏附力，并能降低橡胶制品的硬度，提高耐寒性，常用的增塑剂有硬脂酸、精致蜡、凡士林以及一些油类和脂类；防老剂主要是延缓和防止橡胶老化。

2. 橡胶的分类

按照原料的来源，橡胶分为天然橡胶、合成橡胶和再生橡胶。

1）天然橡胶

天然橡胶是从橡胶树上采集的胶乳，经凝固、干燥、加压等工序制成的片状生胶。它具有优良的弹性，较高的强度、耐磨性、耐寒性、防水性、绝热性、电绝缘性以及良好的加工性能。缺点是耐老化性和耐候性差，耐油性和耐溶剂性较差，易溶于汽油和苯类溶剂，易受强酸浸蚀，且易自燃。

天然橡胶广泛应用于制造轮胎、胶带、胶管以及胶鞋、医疗卫生制品等。

2）合成橡胶

合成橡胶是用石油、天然气、煤等为原料，通过化学合成的方法制成的与天然橡胶性能相似的高分子材料。合成橡胶的原料来源丰富、价格低廉，其产量已超过了天然橡胶。

根据性能和用途，合成橡胶可分为通用橡胶和特种橡胶两大类。凡是性能与天然橡胶接近，物理、机械和加工性能较好，可以做轮胎和一般橡胶配件的，称为通用合成橡胶；而具有特殊性能，专供耐油、耐热、耐寒、耐化学腐蚀等制品使用的，称为特种合成橡胶。

合成橡胶的弹性和抗拉强度不如天然橡胶，但耐磨性、耐热性优良，用于各种轮胎、传动皮带、胶管、衬垫材料等。

3）再生橡胶

再生橡胶是利用废旧橡胶制品经再加工而成的橡胶材料。再生胶强度较低，但有良好的耐老化性，且加工方便，价格低廉。汽车上常用于制造橡胶地垫、各种封口胶条等，也可掺用于制作胶管、胶带、胶鞋的鞋底等。

5.2.2 橡胶的基本性能

1. 极高的弹性

这是橡胶独特的性能。橡胶的伸长率可达 100%～1 000%。橡胶在开始受负荷时变形量很大，随着外力的增加，抵抗变形的力也迅速增加，起到一种缓冲的作用。因此，橡胶可以制作减轻碰撞、敲击和吸收振动的零件，如发动机支架软垫等。

2. 良好的热可塑性

橡胶在一定温度下失去弹性而具有可塑性，称为热可塑性。橡胶处于热可塑状态时，容易加工成各种形状和尺寸的制品，而且当加工外力去除后，仍能保持该变形下的形状和尺寸。根据这一特性可把橡胶加工成不同形状的制品。

3. 良好的黏着性

黏着性是指橡胶与其他材料粘成整体而不易分离的能力。橡胶特别容易与毛、棉、尼龙等牢固地粘接在一起，如汽车轮胎就是利用橡胶与棉、毛、尼龙、钢丝等牢固地粘接在一起而制成的。

4. 良好的绝缘性

橡胶大多数是绝缘体，是制造电线、电缆等导体的绝缘材料。

此外，橡胶还具有良好的耐腐蚀性、密封性和耐寒性等。但橡胶的导热性差，抗拉强度低，尤其容易老化。

橡胶的老化是指橡胶随着时间的增加，出现变色、发黏、变硬、变脆和龟裂等现象。为减缓橡胶老化、延长橡胶制品使用寿命，在橡胶制品使用过程中应避免与酸、碱、油及有机溶剂接触，尽量减少受热、日晒和雨淋等。

5.2.3 橡胶在汽车上的应用

橡胶是汽车上常用的一种重要材料，其中用量最大的制品是轮胎，目前全世界生产的橡胶约有 80% 用于制造轮胎。此外，橡胶还广泛用于制造各种胶带、胶管、减震配件以及耐油配件等。常见汽车橡胶制品如图 5－2 所示。

汽车常用橡胶的种类、特性及应用如表 5－2 所示。

(a)轮胎

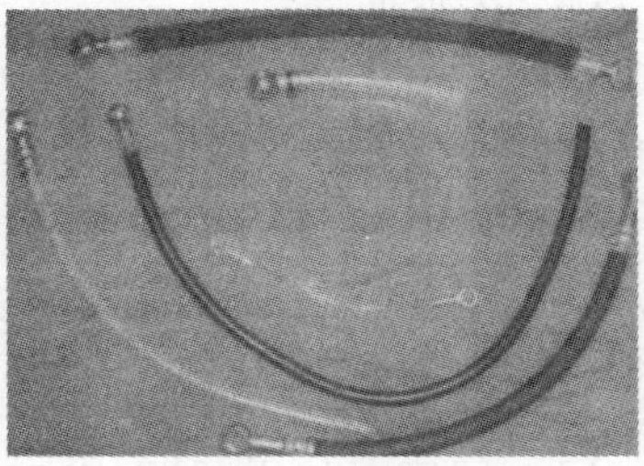
(b)胶管

(c)其他橡胶零件

图 5-2 常见汽车橡胶制品

表 5-2 汽车常用橡胶的种类、特性及应用

种 类	代号	主要特性	应 用
天然橡胶	NR	良好的耐磨性、抗撕裂性，加工性能良好，但耐高温、耐油性较差，易老化	轮胎、胶带、胶管和通用橡胶制品等
丁苯橡胶	SBR	优良的耐磨性、耐老化性能，力学性能与天然橡胶相近，但加工性能特别是黏着性较天然橡胶差	可替代天然橡胶，应用轮胎、胶带、胶管和通用橡胶制品等
氯丁橡胶	CR	良好的物理性能和力学性能，耐腐蚀、耐老化、耐油，黏着性好，但耐寒性较差，密度较大，绝缘性能差	胶带、胶管、电线护套、垫圈、密封圈和汽车门窗嵌条等
丁基橡胶	IIR	良好的气密性，吸振能力强，化学稳定性好，耐气候和耐酸性能良好，但耐油性和加工性能较差	轮胎内胎、胶管、电线护套和减震元件等
丁晴橡胶	NBR	优良的耐油、耐老化、耐磨性能，耐热性、气密性好，但耐寒性、绝缘性较差	油封、油管、皮碗和密封圈等耐油元件

5.3 玻璃

玻璃是由石英砂、纯碱、长石、石灰石等为主要原料，并加入某些金属氧化物辅料，在 1 550℃～1 600℃的高温窑中煅烧至熔融后，经成形、冷却所获得的非金属材料。通常具有透明、隔音、隔热等特性，并具有良好的化学稳定性。在现代汽车中，玻璃不仅是一种功能性外装饰件，而且还与保障视野，优化乘坐环境，减少行车阻力以及美观等多种要求有关，它是汽车的重要组成部分。

5.3.1 玻璃的种类及特点

玻璃的种类繁多，按用途不同可分为建筑玻璃、工业玻璃、光学玻璃、化学玻璃和玻璃纤维等。其中建筑玻璃又分为平板玻璃、波纹玻璃；工业玻璃又分为钢化玻璃、夹层玻璃、中空玻璃、夹丝玻璃等。常用玻璃有以下几种：

1. 平板玻璃

平板玻璃无色透明，具有良好的透光性，但抗弯强度极低、脆性大，破碎后形成尖锐棱角。主要用于建筑物门窗。

2. 磨砂玻璃

磨砂玻璃又叫毛玻璃，它是对平板玻璃进行表面磨砂处理而得到的。其主要特点是透光不透明，常用于制作浴室、卫生间门窗等，还可用于制作灯罩、黑板面等。

3. 钢化玻璃

钢化玻璃是普通玻璃经过高温淬火处理的特种玻璃，即将普通玻璃加热到一定温度后，迅速冷却进行特殊钢化处理。其性能特点是具有很高的温度急变抵抗能力，耐冲击性和强度较高。钢化玻璃主要用于高层建筑的门窗，厂房的天窗，汽车、火车、船舶的门窗和汽车的风窗玻璃等。

4. 夹丝玻璃

夹丝玻璃又称防碎玻璃，玻璃中间夹有一层金属网。特点是强度高，不易破碎。即使破碎，玻璃碎片也会附着在金属网上而不易脱落，具有一定的安全性。适用于建筑中需要采光而对安全性要求又比较高的场合，如厂房天窗、防火门窗、地下采光窗等。

5. 夹层玻璃

夹层玻璃又称安全玻璃。它是将两片或两片以上的平板玻璃或钢化玻璃用聚乙烯醇缩丁醛塑料衬片粘合而成。这种玻璃具有较高的强度，在受到破坏时，会产生辐射状或同心圆形裂纹，碎片不易脱落，且不影响透明，不产生折光现象，可用作汽车前挡风玻璃。

6. 信号玻璃

主要有平板色玻璃、凸透镜玻璃、偏光镜玻璃和牛眼形玻璃四种。它要求具有较高的透明度，有选择的透光性，色彩鲜艳均匀等特性。广泛用于铁路、公路、水路、航空等领域制作各种信号机、信号灯。

5.3.2 汽车上常用的玻璃

玻璃是汽车上具有重要功能的外装件，汽车上使用的玻璃主要是车窗玻璃。根据玻璃在汽车上的安装位置不同分为挡风玻璃、前角窗玻璃、前门窗玻璃、后角窗玻璃、后窗玻璃、后侧窗玻璃等，如图 5-3 所示。

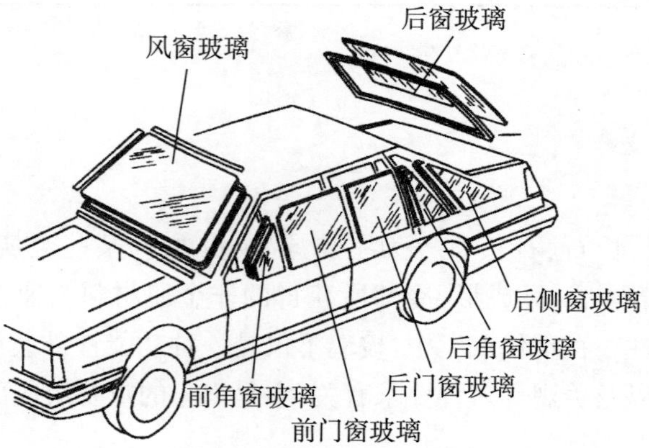

图 5-3 轿车的玻璃

汽车用玻璃必须是透明性、耐候性、强度及安全性能高的夹层玻璃、局部钢化玻璃或钢化玻璃。

钢化玻璃在受到冲击破碎后，碎片小而无棱角(图 5-4(a))，不会造成人体伤害，但这种玻璃在破碎前会产生很多裂纹，由于光线的漫射作用，玻璃会变得模糊不清，如果用于风窗玻璃，会影响驾驶人视线，容易造成事故，所以钢化玻璃只能作为汽车后窗玻璃和侧窗玻璃。

局部钢化玻璃只对玻璃局部进行淬火，在玻璃受到冲击作用时，玻璃局部碎裂为细小的碎块，中部则破碎成大块(图 5-4(b))，局部钢化玻璃的这种特性在临破碎之前能保持玻璃有一定的透明度，可使驾驶人受到较小的伤害，还有短暂的时间来进行应急处理。同样，局部钢化玻璃也是作为汽车后窗玻璃和侧窗玻璃。

夹层玻璃因其具有良好的安全性、较高的强度，受到破坏时，碎片不易脱落（图 5－4(c)），不影响透明，不产生折光现象等特点，因此，各国已制定有关法规，规定轿车的前挡风窗必须安装夹层玻璃。

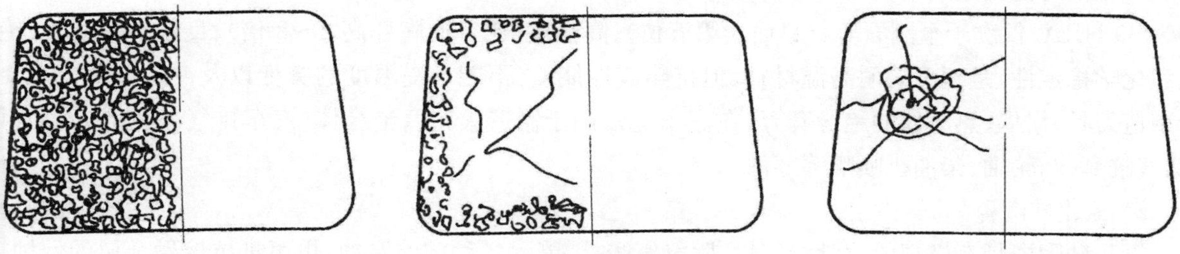

(a) 钢化玻璃　　(b) 局部钢化玻璃　　(c) 夹层玻璃

图 5－4　性能不同的汽车车窗玻璃

5.4　陶瓷

传统意义上的陶瓷是陶器和瓷器的总称。现代陶瓷的概念是指以天然硅酸盐或人工合成化合物为原料，经过制粉、配料、成形和高温烧结而制成的无机非金属材料。

5.4.1　陶瓷的基本性能

1. 力学性能

陶瓷最突出的性能特点是高硬度（一般为 1 000～5 000 HV，而淬火钢的硬度只有 500～800 HV）、高耐磨性、极高的红硬性（可达 1 000℃）和高抗压强度，但其抗拉强度和韧性都很低，脆性很大。

2. 热性能

陶瓷的熔点很高（一般在 2 000℃左右），有很好的高温强度，其高温抗蠕变能力强，1 000℃以上也不会氧化，故可用作耐高温材料。陶瓷热膨胀系数低，导热性小，是优良的高温绝缘材料，但其抗热震性差，温度剧烈变化时易破裂，不能急热骤冷。

3. 电性能

大多数陶瓷都具有较好的电绝缘性能，可直接作为传统的绝缘材料使用。尤其在高温、高电压工作条件下，陶瓷是唯一的绝缘材料。

4. 化学性能

陶瓷的化学稳定性高，对酸、碱、盐具有良好的耐腐蚀性，无老化现象。

5.4.2　陶瓷的分类

按原料不同陶瓷分为普通陶瓷和特种陶瓷两大类。

1. 普通陶瓷

普通陶瓷是以黏土（$Al_2O_3 \cdot 2SiO_2 \cdot 2H_2O$）、石英（$SiO_2$）、长石（$K_2O \cdot Al_2O_3 \cdot 6SiO_2$）等天然硅酸盐为原料，经粉碎、成型、烧制而成的产品。其特点是坚硬而脆，绝缘性和耐蚀性极好，制造工艺简单，成本低廉。主要用于日用、建筑、卫生陶瓷制品以及工业上应用的高低压电瓷、耐酸及过滤陶瓷等。

2. 特种陶瓷

特种陶瓷是采用纯度较高的金属氧化物、氮化物、碳化物和硼化物等化工原料，沿用普通陶瓷的成型方法烧制而成的陶瓷制品。特种陶瓷具有一些独特的力学性能、物理性能及化学性能。

1）氧化铝陶瓷

氧化铝陶瓷是应用最广的工程陶瓷，其主要成分是 Al_2O_3，又称为刚玉瓷。它具有高硬度（1 500℃时为 80 HRA，仅次于金刚石等材料而居第五位）、高强度（比普通陶瓷高 2～3 倍）、良好的耐磨性、绝缘性和化学稳定性，是理想的耐高温材料，但抗热震性能差，不能承受温度的突变以及冲击载荷。主要用于制造刀具、坩埚、热电偶的绝缘套等，在汽车上常用于制造火花塞绝缘体、汽车排气净化器、发动机活塞、气缸套、凸轮轴、柴油机喷嘴等零件。

2）氮化硅陶瓷

氮化硅陶瓷具有极高的化学稳定性，除氢氟酸外，能耐各种酸碱腐蚀，也可抵抗熔融金属的侵蚀；同时具有优异的电绝缘性以及很高的硬度、耐磨性和减摩性。常用作在腐蚀介质下工作的机械零件，如耐蚀水泵密封环、高温轴承、冶金容器和管道、炼钢生产上的铁液流量计等。

3）碳化硅陶瓷

碳化硅陶瓷是目前高温强度最高的陶瓷，在 1 400℃时抗弯强度仍能达到 500～600 MPa，其热稳定性、耐蚀性和耐磨性很好。主要用于热电偶套管、火箭尾喷嘴以及高温轴承、高温热交换器、密封圈和核燃料的包封材料等。

4）硼化物陶瓷

硼化物陶瓷具有高硬度和较好的耐化学侵蚀能力。硼化物陶瓷熔点范围为 1 800℃～2 500℃。与碳化物陶瓷相比，硼化物陶瓷具有较高的抗高温氧化能力，使用温度达 1 400℃。主要用于高温轴承、内燃机喷嘴、各种高温器件等。

5.4.3 陶瓷在汽车上的应用

陶瓷应用于汽车上，可以有效地降低车辆重量，提高发动机的热效率，降低油耗，减少排气污染，提高易损件寿命，完善汽车智能性功能。用氮化硅陶瓷材料制成的陶瓷纤维活塞，耐磨性好，可以有效地防止铝合金活塞由于热膨胀系数大而产生的“冷敲热拉”现象。所谓“冷敲”即冷车时，活塞与气缸壁配合间隙过大，活塞换向时引起敲击；“热拉”即热车时，因二者配合间隙过小，拉伤气缸。特种陶瓷可用于制作陶瓷凸轮轴、气门、气门座、摇臂等零件，可以充分发挥其优良的耐热性和耐磨性。日本五十铃公司研究开发的发动机用氮化硅材料制成气门，三菱公司采用陶瓷制成发动机摇臂，使用效果良好。特种陶瓷在高温下有良好的热稳定性，被广泛用作汽油机点火系统火花塞的基体。日本五十铃汽车公司研制的陶瓷发动机采用陶瓷作进、排气管，可以承受 800℃～900℃的高温，取消了隔热板，减少了发动机体积，并使排气净化效果提高 2 倍。

目前，陶瓷在汽车上的应用正在逐步扩大，国外已经开发了陶瓷复合发动机，将燃烧室内的气缸套、活塞气门等近 40％的零件采用陶瓷制造，并取消了冷却和散热装置，功率提高了 10％，油耗降低了 30％。由此可见，陶瓷在汽车上的应用前景十分广阔。

5.5 复合材料

复合材料是由两种或两种以上性质不同的材料通过人工组合而成的固体材料。它不仅综合了各组成材料的优点，而且还具有单一材料无法达到的优越的综合性能。因此，复合材料在各个领域都得到了广泛应用。例如，钢筋混凝土是由钢筋、水泥和沙石组成的人工复合材料；现代汽车中的玻璃纤维挡泥板，就是脆性的玻璃和韧性的聚合物相复合而成的；先进的B2隐形战略轰炸机的机身和机翼则大量使用了石墨和碳纤维复合材料。

5.5.1 复合材料的性能特点

1. 比强度和比模量高

比强度(强度/密度)和比模量(弹性/密度)是衡量汽车材料承载能力的重要指标。复合材料的比强度和比模量比金属材料高得多，如碳纤维-环氧树脂复合材料的比强度是钢的7倍，比模量是钢的5.6倍。因此，将复合材料用于要求强度高、重量轻的动力设备可大大提高动力设备的效率。由复合材料制成的汽车与使用钢材制造的汽车质量相比要轻1/3～1/2，这对提高整车动力性能，降低油耗，增加负载非常有益。

2. 抗疲劳性能好

多数金属的疲劳极限是抗拉强度的40%～50%，而碳纤维增强复合材料则可达70%～80%。这是由于纤维复合材料特别是纤维树脂复合材料对缺口、应力集中敏感性小，而且纤维和基体能够阻止和改变裂纹扩展方向，因此复合材料具有较高的抗疲劳性能。

3. 耐高温性能好

由于复合材料增强纤维的熔点均很高，一般都在2 000℃以上，而且在高温条件下仍然可保持较高的高温强度，故用它们增强的复合材料具有较高的高温强度和弹性模量，特别是金属基复合材料更显出其优越性。例如，一般铝合金在400℃时，弹性模量接近于零，强度值也从500 MPa降至30～50 MPa；而碳纤维或硼纤维增强的铝材，在400℃时强度和弹性模量可保持接近室温的水平。

4. 减震性能好

许多机器和设备(如汽车、动力机械等)的振动问题十分突出，而复合材料的减震性能好。原因是纤维增强复合材料的比模量大，则自震频率高，可避免产生共振而引起的早期破坏。另外，纤维与界面吸振能力强，故振动阻尼性好，即使发生振动也会很快衰减。

除以上几点外，许多复合材料都有良好的断裂安全性、化学稳定性、减摩性、隔热性以及良好的成型工艺等性能。

复合材料也有其不足之处，比如其伸长率较小，抗冲击性低，横向拉伸和层间抗剪强度较低，尤其是生产成本比其他工程材料高得多。但是，由于复合材料具有上述优越特性，因此在航空航天等国民经济及尖端科学技术上都有较广泛的应用。

5.5.2 常用复合材料的种类

复合材料一般由基体相和增强相组成。基体相起形成几何形状和黏结作用，有金属基体和非金属基体两大类；增强相起提高强度和韧性的作用。按增强相的物理形态分为纤维增强复合材料、层叠复合材料和颗粒增强复合材料。

1. 纤维增强复合材料

纤维增强复合材料中承受载荷的主要是增强相纤维。而增强相纤维处于基体之中，彼此隔离，其表面受到基体的保护，因而不易遭受损伤。塑性和韧性较好的基体能阻止裂纹的扩展，并对纤维起到黏结作用，复合材料的强度因而得到很大的提高。纤维种类很多，但用于现代复合材料的纤维主要是指高强度、高模量的玻璃纤维、碳纤维、石墨纤维及硼纤维等。

2. 层叠复合材料

层叠复合材料是以两层或两层以上不同的板材经热压胶合而成。根据复合形式有夹层结构的复合材料、双层金属复合材料、塑料-金属多层复合材料。夹层复合材料已广泛应用于飞机机翼、船舶、火车车厢、运输容器、安全帽、滑雪板等;将两种膨胀系数不同的金属板制成的双层金属复合材料可用于测量和控制温度的简易恒温器。

3. 颗粒增强复合材料

颗粒增强复合材料是由一种或多种颗粒均匀分布在基体材料内所组成的复合材料。一般颗粒的尺寸越小,增强效果越明显,颗粒的直径小于 0.01～0.1 μm 的称为弥散强化材料。不同颗粒起着不同的作用,如加入银粉、铜粉可提高导电、导热性能;加入 Fe_3O_4 磁粉可提高导磁性;加入 MoS_2 可提高减摩性;而陶瓷颗粒增强的金属基复合材料具有高的强度、硬度、耐磨性、耐蚀性和小的膨胀系数,可用于制作高速切削刀具、重载轴承及火焰喷嘴等高温工作零件。

5.5.3 复合材料在汽车上的应用

目前,汽车上常用的复合材料主要有纤维增强复合材料、金属基复合材料、陶瓷基复合材料等。

1. 纤维增强复合材料(FRP)

纤维增强复合材料是汽车轻量化的最重要的材料。它是由纤维、树脂、填充料三部分组成,其基体是塑料。FRP 中较典型的有玻璃纤维增强塑料和碳纤维增强塑料。

1) 玻璃纤维增强塑料(GFRP)

这种复合材料是以树脂为基体,以玻璃纤维增强的复合材料,俗称玻璃钢。玻璃纤维是由玻璃熔化后以极快的速度抽制而成,直径多为 5～9 μm,柔软如丝,单丝的抗拉强度达到 1 000～3 000 MPa,且具有很好的韧性,是目前复合材料中应用最多的增强纤维材料。玻璃钢力学性能优良,抗拉强度和抗压强度都超过一般钢和硬铝,而比强度更为突出,因而广泛应用于制造各种机器护罩、复杂壳体、车辆、船舶、仪表、化工容器、管道等。许多新建的体育馆、展览馆、商厦的巨大屋顶都是由玻璃钢制成的,它不仅质量轻、强度高,而且还能透过阳光。

玻璃钢用作汽车零部件材料,可减轻汽车自重,提高汽车性能。目前常用于制造汽车通风和空调系统元件、空气滤清器壳、仪表板、发动机罩、行李箱盖和座椅架等。

2) 碳纤维增强塑料(CFRP)

碳纤维增强塑料是以碳纤维为增强材料,以工程塑料为基体的复合材料。它不仅保持了玻璃钢的众多优点,而且许多性能高于玻璃钢。其强度和弹性模量均超过铝合金,甚至接近高强度钢,而密度比玻璃钢小,是目前比强度和比模量最高的复合材料之一。同时具有较高的疲劳强度、优良的耐磨性、减摩性及自润性、耐蚀性和耐热性等。其主要缺点是比较脆,碳纤维比玻璃纤维更光滑,因此与树脂黏结力更差。主要用于制造要求比强度、比模量高的耐磨件、耐蚀件等。

碳纤维增强塑料将是汽车工业大量使用的增强材料。目前汽车耗油量要求逐年下降,要使汽车轻量化、发动机高效化,都要求有质轻和一材多用的轻型结构材料,而碳纤维增强塑料则是最理想的材料。碳纤维增强塑料在汽车上主要用于底盘系统中的悬置件、弹簧片、框架、散热器等;传动系统中的传动轴、离合器片、加速装置等;发动机系统中的推杆、连杆、摇杆、水泵叶轮;车体上的车顶内外衬、地板、侧门等。

2. 金属基复合材料(MMC)

金属基复合材料通常是由低强度、高韧性的基体和高强度、高弹性模量的纤维组成的。金属基复合材料的基体大多采用铝、铜、铝合金、铜合金、镁合金和镍合金,增强材料一般为纤维状、颗粒状和晶须状的碳化硅、碳化硼、氧化铝和碳纤维,要求具有高的强度和弹性模量(抵抗变形及断裂)、高抗磨性(防止表面损伤)与高化学稳定性(防止与空气和基体发生化学反应)。

1）纤维增强金属基复合材料（FRM）

它是利用纤维的特性制造质轻的结构材料。其优点为比强度高、比刚性高，制成同等强度的零件可使重量下降；耐磨性和耐热性能好；热传导和电导性优良。因而FRM材料在汽车上用来制造活塞环、连杆、气缸体、活塞销等。

2）颗粒、晶须增强金属基复合材料

颗粒及晶须增强金属基复合材料是目前应用范围最广、开发前景最大的一种金属基复合材料。这类材料的金属基大多数是采用密度较低的铝、镁和铜合金，以便提高复合材料的比强度和比模量，其中较为成熟、应用较广的是铝基复合材料。这类复合材料所采用的增强材料为碳化硅、碳化硼、氧化铝颗粒或晶须，其中以碳化硅为主。汽车工业上应用的碳化硅颗粒铝合金基复合材料发展最快，它的强度比中碳钢好，与钛合金相近而又比铝合金略高，其耐磨性也比铝合金、钛合金好，密度只有钢的1/3，与铝相近。汽车上用来制造发动机活塞、喷油嘴部件、制动装置等。

3. 陶瓷基复合材料

陶瓷具有耐高温、抗氧化、高弹性模量和高抗压强度等优点，但由于脆性大经不起冲击，因而限制了陶瓷的使用。20世纪80年代以来，通过在陶瓷材料中加入颗粒、晶须及纤维等得到的陶瓷基复合材料，使陶瓷的韧性大大提高。

陶瓷基复合材料具有高强度、高弹性模量、低密度、耐高温、高的耐磨性和良好的韧性，目前已用于高速切削工具和内燃机部件上。汽车工业的研究重点是用陶瓷替代金属制造发动机的零部件。汽车发动机部件以至整机，用陶瓷材料可以提高热效率、无需水冷，而且比硬质合金的重量轻得多。例如，采用氮化硅陶瓷复合材料制造发动机的涡轮增压器，比镍基热合金涡轮增压器的重量减轻34%，起动到10^4 r/min所需的时间缩短了36%。

5.6 汽车用摩擦材料

汽车用摩擦材料是汽车上的消耗材料之一，主要起到传递动力、制动减速、停车制动等作用，是汽车制动系统与行车系统的重要组成部分。采用摩擦材料制造的汽车零部件主要包括：汽车制动摩擦片、汽车离合器摩擦片以及手制动摩擦片等。汽车摩擦材料对于汽车的安全性、使用性能及操纵稳定性起着十分重要的作用。

5.6.1 汽车用摩擦材料的性能要求

汽车制动摩擦片、汽车离合器摩擦片的主要功能是将动能转变成热量，然后将热量吸收或散发掉，同时通过摩擦减低摩擦材料和被它贴合的部件之间的相对运动。为了达到这些目地，对汽车用摩擦材料提出以下性能要求：

1. 高且稳定的摩擦系数

摩擦系数是摩擦材料的一个最为主要的技术指标，通常不是一个常数，而受温度、压力、速度或者表面状态、摩擦环境等影响而变化。理想的摩擦系数，应该是对这些因素的影响变化较小。

2. 良好的耐磨性

这是衡量摩擦材料使用寿命的一个重要指标。良好的耐磨性使摩擦对偶的磨损降低。

3. 较好的物理、力学性能

摩擦材料具有较好的物理、力学性能，除满足摩擦材料在加工过程中的要求之外，还要满足在使用中的强度要求，以保持良好的使用性能。通常包含的指标是冲击韧度、抗压强度、抗剪强度、导热系数、耐热性等。

4. 不产生过大的噪音

汽车制动噪声的产生，因素很复杂，一般就摩擦材料而言，低模量、低摩擦系数则不易产生过大的噪声。

5.6.2 汽车摩擦材料的组成

汽车摩擦材料主要由增强材料、填充材料及黏结材料等组成。

1. 增强材料

增强材料是摩擦材料重要的骨架组成部分，纤维的选用对摩擦材料的摩擦、磨损性能有着重要的影响。增强材料主要有以下几种：

1）石棉

石棉作为一种天然矿物纤维，具有质轻、价廉、分散性好、增强效果好等特点，在摩擦材料中得到了广泛的应用。从 20 世纪 20～80 年代，石棉增强摩擦材料几乎是一统天下，基本能满足当时汽车及工程机械的需要。从 1972 年国际肿瘤医学会确认石棉及其高温挥发物属于致癌物质后，国际上掀起了一股禁止使用石棉摩擦材料的浪潮。此外，随着汽车科技的进步及世界性的能源危机，汽车的车速更高，制动器更小及盘式制动器的出现，对摩擦材料的要求更高，使用条件也更为严酷。现今，高速轿车在紧急制动时前轮盘式制动器温度可达 300℃～800℃，而石棉在 400℃左右将失去结晶水，石棉脱水后导致摩擦性能不稳定、出现制动噪声等。因此，石棉摩擦材料明显不能适应汽车工业和现代社会需求，正逐渐被其他材料取代。

2）钢纤维

钢纤维摩擦材料为半金属摩擦材料，是以钢纤维代替石棉纤维增强材料而制成的摩擦材料。使用低碳钢及采取超声波切削生产出的钢纤维含油量低，表面活性好，价格便宜，因此在半金属摩擦材料中得到广泛应用。钢纤维的一个显著特点就是导热性好。钢纤维以其高导热性能使局部表面热量迅速扩散至内部，从而降低摩擦面温度，避免表面温度过高，防止树脂基体因热分解而导致材料磨损，缩短使用寿命。与石棉摩擦材料相比，钢纤维摩擦材料有平稳的摩擦系数，300℃～500℃时摩擦系数减少衰退；其高温磨损小，可压缩性低。但钢化纤维相对密度较大，易锈蚀，易产生刺耳的制动噪声。

3）玻璃纤维

玻璃纤维属于无机硅酸盐纤维，故其热稳定性较好。玻璃纤维发展历史较长，产品质量稳定，产量较大，价格也较便宜，因此在汽车摩擦材料中得到了一定范围的应用。但玻璃纤维硬度高，磨损比石棉增强材料大一倍以上，工作温度高时形成玻璃珠，摩擦系数不稳定。

降低玻璃纤维硬度及采用改性树脂基体可以改善上述缺陷。如国外采用 E 玻璃纤维制成的离合器片，具有良好的耐磨性，使用平稳，噪声小，无振动。

4）碳纤维

碳纤维具有比强度高、比模量高、耐热、耐磨、耐腐蚀及热膨胀系数较适宜等一系列优点。碳纤维增强碳基体的复合摩擦材料在航空航天工业中已得到了广泛应用。碳纤维作为汽车摩擦材料的增强纤维使用时主要存在两大障碍：一是原材料价格偏高，产量有限；二是碳纤维表面活性低，与基体树脂相容性差。此外，现有碳纤维一般为长纤维，难以达到适用于汽车摩擦材料的短纤维使用要求。

碳纤维增强材料比玻璃纤维增强材料有更高的摩擦系数和低的磨损率。

5）有机纤维

有机纤维摩擦材料有芳纶（KEVLAR）聚丙烯纤维、聚乙烯醇纤维、聚酯纤维等，其本身燃点高，高温热分解不明显。有机纤维单独作为增强纤维使用时，一般都须经过表面处理。通常是把天然或合成的有机纤维放在非电解的处理液中，使纤维表面镀上薄薄一层金属。进行过表面处理的有机纤维，既具有金属纤维的优点，如导热性好、耐磨等，又有非金属纤维的特点，如相对密度小、韧性好。有机纤维可以提高摩擦材料的稳定性，降低磨损量，对降低制动噪声也有明显作用。有机纤维摩擦材料以芳纶摩擦材料为最佳，但目前在降低价格和提高工艺上有待进一步努力。

6）混杂纤维

它采用两种或两种以上纤维进行混杂增强，不仅可以降低成本，还可充分发挥每一种纤维的优点，弥补相互的缺陷，使性能更加完善，更加优异。

采用混杂纤维为增强纤维将是摩擦材料的一个主要方向。目前，国内外已进行了碳纤维/钢纤维、玻璃纤维/有机纤维、钢纤维/芳纶混杂的研究，并取得了良好的效果。

2. 填充材料

填料是摩擦材料中不可缺少的部分，其在摩擦材料中主要起改善材料的物理与力学性能，调节摩擦性能及降低成本的作用。可分为有机材料、无机材料和金属材料三种。

目前，填料常用重晶石、硅灰石、氧化铝、铬铁矿粉、氧化铁及铜、铅等粉末。

3. 黏结材料

汽车摩擦材料用黏结材料多以酚醛树脂为主，也有相当一部分使用了含橡胶、腰果油、聚乙烯醇或其他高分子材料成分的改性酚醛树脂。

5.7 汽车用美容材料

随着我国汽车工业的迅速发展和汽车保有量的不断增加，一个新兴的行业——汽车美容业悄然兴起，并且已遍及全国。根据汽车行业专家们的预测，随着我国经济的持续高速发展和人们消费理念的改变，中国将成为世界轿车的最大消费国之一。汽车的平时清洁护理和定期美容保养，必然成为汽车消费者日常的消费内容。

5.7.1 汽车车身美容护理材料

车身是一部车最重要、最显眼的部位，必须时时注意保持整洁的外表。其美容护理最常用的材料就是清洁剂。

1. 万用清洁剂

万用清洁剂的特性是除去各种玻璃、漆面及金属制品的污垢；不伤害漆面、塑料及橡胶；是一种泡沫清洁剂，无滴流的困扰。使用时喷涂在不洁器具的表面，使泡沫停留 1 min，用干净棉布擦拭。万用清洁剂适用于汽车挡风玻璃、车身表面、座椅等的清洗。注意不要等泡沫全部干后才进行擦拭。

2. 制动清洁剂

制动清洁剂能迅速清除污垢；避免产生辗轧的噪声；不含有毒物质，不会造成污染。使用时喷涂在不洁零件的表面，让污垢滴尽，以干布擦拭。制动清洁剂适用于鼓式及盘式制动器、制动蹄片、制动组片、离合器压盘、风扇皮带、受压力的组件，以及其他离合器零件的清洗。此类清洁剂为易燃物，不得置于易燃处。

3. 车内仪表板清洁剂

车内仪表板清洁剂能保持车内人造皮革及真皮的光泽；使灰尘无法玷污；有柠檬香味，不含硅力康，不会破坏漆面。使用时喷涂在物体表面，以软布擦拭。主要适用于车门、仪表盘、其他车内合成橡胶、塑胶物质、真皮制品，如真皮座椅、皮包、皮衣等的清洗。

另外，车内仪表板清洁剂也称车内合成橡胶塑胶光亮剂，为易燃物，不可置于易燃处。

4. 发动机外表清洁剂

能除去较重的油污，呈碱性，含有缓冲剂成分；能快速乳化去除油污，且不腐蚀机体及其上部件；水溶性好，可完全生物溶解，易用水冲洗，不留残物。使用时用水稀释后喷洒在部件外表及油污处，用适量水冲洗，用软布擦净。适用于发动机外表及底盘等部件的清洗。

发动机外表清洁剂呈碱性，必须用水稀释后使用。

5. 发动机清洁剂

可除去油脂污垢、废油及无用的酸碱性合成物。使用时发动机需停转；喷涂在发动机及其周围的部分，让它完全渗透，2 min 后，再用自来水清洗；等全部干燥后，再喷涂“发动机漆面保护剂”来清洗；洗毕后，如发动机因受潮而无法启动，则使用“超级六号”来处理。

6. 气门及化油器清洁剂

可除去积存在化油器、气门、气门座的积炭及污垢；增进发动机进气的畅顺，避免无谓功率消耗；恢复气缸原有的压缩比；降低 CO 的产生。加油前添加本剂，添加比例为 1%。适用于所有汽车发动机及化油器式内燃机的清洗。

气门及化油器清洁剂为易燃物，但不含 CHC、铅、镉、多氯联苯、酒精及其他有害化合物，不会造成环境污染。

7. 水箱除锈清洁剂

能够除去积垢、锈渍、泥巴的沉积，达到除锈、清洁的效果。一罐 250 ml 除锈清洁剂可稀释 12 L 水。使用前，排尽水箱内的水，同时注入水及本剂，使发动机在不踩油门的情况下运转 20 min；排除水箱内的水及本剂，再用清洁的水冲洗水箱内部；将水箱注入清水，同时添加水箱恒温防漏剂。适用于汽车冷却系统的清洗。

8. 轮毂清洁剂

能有效去除轮毂上的油渍、氧化色斑，并清洁上光。本剂呈弱酸性，但对轮毂及轮胎无腐蚀作用。使用时把清洁剂喷涂在汽车轮毂上，用软布擦拭。适用于所有汽车轮毂的清洗。

9. 多功能清洁柔顺剂

能对汽车内室及后备箱各部位进行清洗翻新；去污力强，尤其对丝绒及地毯表面可起到清洁、柔顺、还原着色、杀菌等功效。低泡清洁剂适用于喷抽机使用，也可手工使用；高泡清洁剂会损坏真空泵，不得利用喷抽机喷洒。使用时用喷油机或手工喷洒适量清洗剂至需要清洗部位，用软布轻轻擦拭，用干布擦干净清洗部位。

10. 全能泡沫清洗剂

全能泡沫清洗剂泡沫丰富，去污能力强，能迅速分解油污，并能快速清除油渍污物。使用时应用手清洗、擦拭。适用于内室皮革、绒毛表面、仪表台、转向盘、车内侧等部位的清洗。

11. 重油清洗剂

重油清洗剂是一种强力的、可乳化的溶剂型重油清洗剂，能有效地去除汽车发动机零部件、底盘和设备上的重油污。重油清洗剂所含的特别成分能使污垢卷缩成胶束，胶束颗粒以快速分离的形式很容易用水冲洗干净，不会产生二次污染。重油清洗剂可吸收其容积六倍的油污，故可重复使用，对车体各部位无腐蚀作用。使用时将本剂喷涂于油污处，然后将所形成的胶束用水冲掉，再用干净布擦干。主要用于汽车发动机零部件、底盘和设备的清洗。

5.7.2 汽车涂料

涂料是一种涂覆在物体(被保护和被装饰对象)表面并能形成牢固附着的连续薄膜的配套性工程材料，是起保护、装饰作用的一类精细化工业产品。汽车涂料是指各种类型汽车在制造过程中涂装线上使用的涂料及汽车维修使用的修补材料。汽车涂料品种多，用量大，涂层性能要求高，涂装工艺特殊，已经发展成为一种专用涂料。

1. 汽车涂料的分类

(1) 按涂装对象的不同，可分为新车原装涂料、汽车修补涂料。

(2) 按功能可分为汽车用底漆、汽车用中间层涂料、汽车用面漆、防腐蚀涂料。

(3) 按涂装方式可分为汽车用电泳漆、汽车用液体喷漆、汽车用粉末涂料、汽车用高固体分涂料、涂装后处理材料(防锈蜡、保护蜡等)。

2. 汽车涂料的组成

涂料由成膜物质、颜料、溶剂和助剂组成。汽车表面的涂层大致可以分为三层，即底漆层、中间涂层和面漆层，各涂层使用的涂料有各自的特点。

1) 底漆

底层涂料由颜料、黏合剂、溶剂及一些添加剂组成，它们在油漆中起着不同的作用。正确的底漆层和中间涂层是构成车身涂层的基础部分，如果底漆层和中间涂层不正确或涂层涂料的组合配比不正确，面漆就会受到影响，甚至出现开裂或剥落现象。底漆是直接喷涂在经过预处理的车身表面上的第一道漆。在汽车修补漆作业中，底漆既可以喷涂在裸露的金属和塑料表面，也可以用于覆盖旧漆面。它的主要功能是牢固附着于车身表面，为整个漆膜提供牢固的基础，使漆膜与车身结合成为一体，当底漆直接喷涂在金属表面时还可以增强金属的耐腐蚀能力。

常用的底漆有环氧树脂底漆、富锌底漆、清洗型底漆及抗碎裂底漆等。

(1) 环氧树脂底漆

由底漆和催化剂组成，环氧树脂底漆非常适用于大面积填充的情况，例如可以用堆起的环氧树脂底漆与经过打磨的裸露车身结合，在填充后得到光滑的表面。环氧树脂底漆使用方便，可以为严重损坏的车身提供良好的防腐蚀保护。大多数环氧树脂底漆中混合有无铅的灰氧化铁或红氧化铁，所以在底漆喷涂 1 h 后，如果表面足够光滑就可以直接喷涂面漆而不必打磨。

(2) 富锌底漆

它可以保护焊接处不受腐蚀。这种底漆中的锌可以防止焊接区域发生电化腐蚀，缺点是与其他面层材料的黏结性不好。

(3) 清洗型底漆

也称之为乙烯树脂清洗型底漆。如果要追求非常好的抗腐蚀性，就要在腻子或封闭底漆下面涂清洗型底漆，它对碱、油及盐等物质具有很高的抗腐蚀作用。这种底漆的还原剂中含有磷酸，可以浸入车身表面，对钢、铝、塑料及其他金属产生强大的黏结力。在裸露的金属表面喷涂这种涂料后，如果不进行机械磨削就很难除去涂层。

(4) 抗碎裂底漆

它是特别为车身下部配置的，在行驶中车身的这个部位很容易受到来自路面石块的冲击而损伤，这种涂料可以抵抗石块、砂砾等路面碎粒的撞击，有助于减小敲击噪声，并可以改进车身的抗腐蚀性。

2）中间层涂料

如果车身只是喷涂底漆，就不能填平砂纸磨痕或其他表面缺陷，所以需要使用中间涂层。中间涂层是介于底漆层和面漆层之间的涂层，他的主要功能是改善车身表面和底漆的平整度，消除缺陷和封固被涂装表面，为面漆层提供良好的基础，还能提高面漆涂层的亮度和丰满度，提高漆膜整体的抗外力冲击性。常见中间涂层涂料的种类和特点如下：

（1）中涂漆

也称为二道浆底漆，通常用在汽车底漆和面漆或底色漆之间，主要作用是填平被涂表面的微小刮痕。中涂漆中颜料和填料的含量比底漆多，比腻子少，它既能牢固地附着在底漆表面上，又容易与上面的面漆涂层结合，起着承上启下的重要作用。中涂漆还具有良好的流动性和良好的刮痕填平性，能消除喷涂表面的洞眼和纹路等，使得喷涂面漆后能得到平整的涂层，提高了整个漆膜的亮度和丰满度。中涂漆一般呈灰色，具有良好的湿打磨性，打磨后能得到非常光滑的表面。为了节省面漆涂料和简化涂装工艺，此类涂料有与面漆同色化的趋势。为了减轻打磨的工作量，流动性更好、与面漆结合性更好的免打磨中涂漆也将出现。

（2）腻子

腻子是一种含颜料较多的涂料，专用于填平被涂装表面的缺陷，一般是采用刮涂，也可喷涂和刷涂。腻子层干燥后进行打磨，可以获得平滑的涂装表面。腻子可以刮涂在底漆上，也可以直接刮涂在金属表面。刮腻子可以获得良好的填平效果，但是要求操作人员具有较高的技巧。例如，常见的油性灰腻子、环氧树脂腻子和水性腻子，在使用时每道工序的干燥时间和层间晾干时间均应仔细控制，否则会产生表干里不干的结果，使总体需要的干燥时间增长。双组分聚酯腻子（原子灰）是靠化学反应固化，可快速形成厚膜，使用起来很方便。

刮腻子的作用一般只是在于提高喷涂表面的平整度和装饰性，腻子涂层容易老化开裂，加之手工刮涂和打磨腻子的劳动强度大，因此汽车制造厂是靠提高模具的精度和加工技术来确保车身表面的平整度，在汽车生产流水线上已经不再使用腻子，腻子主要用于汽车修理厂中的车漆修补作业。

（3）封闭底漆

中间涂层中的底漆涂料由颜料、黏合剂、溶剂及一些添加剂组成。封闭底漆是涂面漆前的最后一道中间层涂料，涂膜呈光亮或半光亮，主要功能是封闭底涂层，并具有一定的填平和增强面漆光亮功能。封闭底漆的光泽比中涂漆高，与面漆接近，因此还能显现出被涂装面的缺陷，便于操作人员消除。封闭底漆用于装饰性要求较高的轿车涂层中。

（4）防渗封闭底漆

为了防止涂装表面的旧漆涂层的颜色渗出封闭底漆涂层，尤其是旧漆涂层是有机颜料时，需要使用防渗封闭底漆。涂装防渗封闭底漆后不能直接打磨，需要喷涂具有填平作用的中涂层涂料后才能进行打磨。

3）面漆

面漆和底漆一样也是由颜料、黏合剂、溶剂及一些添加剂组成的，传统的汽车涂装工艺均采用溶剂型中涂＋面漆（底色漆＋罩光清漆）。近年来，由于溶剂性涂料的挥发性有机化合物 VOC（一种污染物）排放量较高，各国涂料界都在从事减少环境污染的水性涂料、粉末涂料和高固体分涂料的研究开发。

（1）水性涂料

由于水和溶剂在性能上有较大差别，水性涂料在涂装时漆膜易出弊病：水的表面张力大、颜料分散性差，难以获得高装饰性和耐蚀性好的涂膜性能；水的腐蚀性大，需改造或新建喷涂线；水的比热容大、难挥发，要求涂装环境的温度和湿度严格控制在规定范围内。欧美各国经多年攻关研究，汽车用水性涂料的涂膜和施工性能都得到了根本的改善。水性中涂漆的特点是施工固体分高,烘烤温度低、漆膜性能与传统溶剂型中涂漆相当,抗石击性能优于溶剂型中涂漆膜。

(2) 粉末涂料

粉末涂料由于低污染和节能、高效、低成本等原因,成为一般金属表面涂装的首选材料,但粉末涂料的抗紫外线能力和耐候性较差,在汽车涂装,尤其是整车涂装方面的应用较晚。随着技术的日臻完善和粉末涂料性能的提高,现已完全能满足轿车涂装的各项要求,如外观装饰性、耐候性、耐化学性、抗划伤性、抗紫外线性等。

(3) 高固体分涂料

高固体分涂料多采用低黏度的酯、丙烯酸树脂及高固体分的氨基树脂。由于高固体分涂料采用低黏度树脂,易产生流挂,施工不便。为保证漆膜厚度,又要防止其产生流挂,必须采用各种助剂来改变涂料的流平性,如气相二化硅、有机膨润土、氢化蓖麻油,以及 SCA、MICRO - GFL 等,方可获得优异的抗流挂性能和漆膜外观。另一方面,由于高固体分氨基树脂醚化度高,聚合度低,交联活性低,自聚反应少,其固化过程不易控制,可能会影响漆膜性能。因此,固化过程控制和流挂控制是高固体分涂料的两大技术关键。

3. 汽车用涂料的发展趋势

以环氧树脂为主要基材的涂料需求越来越大,它已成为粉末涂料业发展最快的品种。从 20 世纪 70 年代开始,发达国家对汽车生产有机溶剂的排放制定了严格的控制指标。为减轻挥发性有机物 VOC 排放量,20 世纪 80 年代末开始采用水性涂料,90 年代开始应用粉末涂料。以环氧树脂为代表的粉末涂料研发历史已有 20 多年,为了追求汽车涂料的高耐候性、高耐蚀性、高耐磨性,以及耐热、保光、保色等性能,并需要卓越的装饰性,开发研究有相当的难度,开始仅用于汽车零部件、汽车底漆、抗石击穿底漆等,直到 90 年代末才批量用于轿车面漆和罩光面漆,成为汽车用的粉末涂料。目前汽车车身采用干粉态或浆液态粉末涂料涂装已获成功,它们或作为底漆、单层涂料,或作为罩光面漆。目前主要有环氧聚酯混合型、聚酯型、聚氯酯型和丙烯酸型等。

5.7.3 车身漆面修补材料

随着我国汽车保有量的不断增多,汽车喷涂及划痕修补工作也日益重要。在汽车划痕修复美容中,除了要应付汽车制造厂日新月异的技术革新与改造外,还要满足客户对修补质量不断提高的要求。

1. 汽车涂料成膜机理

涂料由液态或粉末变成固态,在被涂物表面上形成均匀的薄膜,这一过程称为涂装。汽车涂装分为电泳涂装、静电喷涂和压缩空气喷涂等几种类型。新车通常在全自动生产线上完成底漆的电泳涂装工序。为了达到厚度均匀、趋于完美的涂装效果,新车面漆通常采用静电喷涂。而汽车修补涂装,则使用压缩空气进行喷涂,涂膜的质量很大程度上取决于操作者的熟练程度和技术水平。

液态涂料靠溶剂挥发、氧化、聚合等物理或化学作用成膜;粉末涂料靠熔融、缩合、聚合等物理或化学作用成膜。

根据涂料成膜过程的不同,汽车常用涂料可分为热塑性涂料和热固性涂料两大类。

1) 热塑性涂料的成膜过程

液态溶剂型涂料是靠溶剂挥发来实现涂膜干燥,故又称为挥发型涂料。无溶剂型或粉末热塑性涂料是靠加热熔融,所形成的涂膜能被溶剂再溶解或受热再融化。其成膜过程是物理作用,无化学变化。这一类型的汽车用涂料通常有硝基漆、过氧乙烯漆、改性热塑性丙烯酸树脂涂料及 PVC 型车底涂料等。

2）热固性涂料的成膜过程

这类涂料除了溶剂挥发和熔融等物理作用外，主要靠缩合聚合和氧化聚合等化学作用，使低分子树脂产生交联固化反应，形成网状结构的高分子化合物，所形成的涂膜不能再被溶剂溶解，受热也不能再融化。这一类型汽车涂料的代表是热固性丙烯酸树脂涂料，还有环氧树脂涂料、氨基醇酸树脂涂料、聚酯涂料、电泳涂料、水性涂料及热固性粉末涂料等。

目前汽车修补涂料多数是双组分（又称二液型）的热固性丙烯酸树脂涂料，其主剂（涂料）与固化剂必须严格按厂家规定标准配兑，并需根据环境温度选用不同挥发速度的稀释剂。

2. 汽车车身漆面的类型和鉴别方法

1）车身漆膜的类型

（1）根据车身漆面的形成条件划分

① 原厂漆面。新车涂膜经过120℃高温下烘烤，在涂膜干燥过程中经过熔融和二次流平，涂膜干固后具有镜面光泽，并且膜质坚硬。此外，由于新车在全自动化生产线上完成涂装，环境洁净无粉尘污染，亦保证了新车漆面洁净无瑕疵。

② 修补漆面。汽车原产漆面因意外碰撞受损坏后，为了恢复其外貌和装饰效果，采用压缩空气喷涂方法进行修补。因修补部位、修补面积、修补涂料的选用以及技工操作水平的不同，修补漆面的质量存在诸多变数，漆面质量或多或少存在瑕疵，只要认真观察，就可以发现修补漆面纹理不均匀、有压缩空气喷涂时漆雾落点留下的痕迹（严重者呈桔纹状），以及局部漆面可能存在尘粒等。

（2）根据车身漆面劣化程度划分

① 新车漆面。新车下线之前必须进行漆面保护，即在车身漆面上易受磨损部位贴上塑料薄膜，然后全车涂上一层较厚、黏性较大的保护蜡。所以目前汽车销售商将汽车卖出、交给客户之前，要进行“新车整备”。“新车整备”的最主要工作之一，是进行“开蜡”，即将原来涂在新车漆面上黏乎乎的保护蜡，用专用开蜡水洗除，然后再用抛光方法进行处理。通常来说，新车漆面一经“开蜡”处理后投入使用，就必须按期进行汽车美容专业护理，而不规范、非专业的洗车和打蜡不但省不了钱，反而会加速车身漆面的老化或者造成漆面意外伤害。

② 轻微损伤漆面。只要汽车在使用、在行走，就免不了“沦落风尘”，受到外界的伤害，在漆面表层形成氧化层或哑光、老化。这些轻微损伤包括：紫外线对汽车漆面的伤害，有害气体对汽车漆面的伤害，酸雨以及盐碱气候对汽车漆面的伤害，制动盘与蹄片磨损产生的粉末以及马路粉尘对汽车漆面的伤害等等。这些有害因素对汽车漆面的早期损伤是轻微的，通过专业的美容护理，可以有效去除哑光老化、氧化层，恢复汽车洁亮如新的效果。

③ 擦伤的漆面。指对汽车漆面造成损伤，但这种损伤仅仅伤及漆面的外观，而车身钣金面未变形、漆面亦无划刮花痕。被擦伤的漆面经修饰研磨或用砂蜡研磨后，可进行抛光处理来恢复原貌。

④ 划花的漆面。指漆面不但被外物擦伤，而且划刮的划痕深入漆膜。划花的漆面可采用点修补或笔修补的方法先修补，然后再抛光。划痕深且长，或大面积的划痕，则应采用修补方法进行处理。

⑤ 碰撞伤的漆面。该部分钣金面受损变形，需先进行钣金维修，然后做修补涂装。

⑥ 劣质老化的漆面。指漆面因材质等原因，经日晒雨淋而严重老化，发白、褪色或龟裂。这种漆面必须先清除，然后进行重新涂装。

（3）根据车身面漆漆膜构成划分

① 单膜漆面。新车涂装和修补涂装的涂膜构成相似，由里及外分为底涂、中涂和面漆三部分。单膜漆面时指面漆由一种材质的涂料，按工艺规范分2～3次涂布，然后进行干燥处理而获得的涂膜。通常素色（又称实色），即黑、白、红、黄、奶白、浅黄等不掺合闪光材料（如铝粉、云母等）的各色涂料，多采用单模喷涂技法。

② 双膜或三膜漆面。金属底色面漆及珍珠幻彩面漆涂装成膜后，涂膜表面没有洁亮的光泽感，其表面还必须另外涂装透明清漆罩光，才能显出其幻彩的色效果。而有的珍珠底色漆由于其遮盖力差，在喷涂之前，还必须先喷涂材质相同、颜色相称但遮盖力好的素色漆，故称“三膜”。这类漆面的最外层是透明层，有如彩色相片烫压了一层透明塑料薄膜，既能保持色彩鲜艳持久，又能耐磨不变花，即保色保光亮性能明显优于单膜漆面，其美容作业的操作性和效果较佳。

③ 局部修补的驳口处漆面。车身漆面进行局部修补时，为了减小新旧涂膜颜色的差异，均需采用驳口渐淡喷涂技法。因此，驳口区域修补喷涂获得的新涂膜渐变稀薄地过渡到旧涂膜区域，在进行美容护理时应特别仔细辨认，格外小心护理，以免意外造成漆面破损。

2）汽车漆面鉴别

由于使用材质不同，导致不同的汽车漆面性能迥异。新车采用高温烘烤，其漆膜光亮、坚硬，性能最佳。其次是双组分低温烤漆，最差的要数挥发性单组分涂料，其漆面短则一周（如硝基漆），长则不过一个月就要抛光一次才有光泽见人。

不同汽车漆面对其日常接触的物质，如汽油、有机溶剂、硅油、机油等敏感程度亦有所不同。

总之，漆面性能影响到车身抛光效果，涉及抛光用材的取舍。因此，汽车美容工作者必须掌握鉴别漆面的方法。

在进行修补涂装时，首先要知道旧漆膜所用的涂料是什么类型，其劣化的状态如何等，这是进行美容作业的一个重要环节。

旧漆膜的正确区分，挑选适当的涂料，以及正确安排作业计划来进行汽车美容作业，可以避免在美容作业中施工不顺利或交车后客户投诉事件发生。

(1) 溶剂法

取白碎布蘸满喷漆用的稀释剂后，擦拭漆膜，检视布团是否沾上溶解后的颜色来判断。

有时外观上辨认出是烤漆涂膜，但由于烘干不良也会出现颜色溶解现象，最好确认一下。

(2) 加热法

用1000～1500号砂纸将旧漆膜抛光，去除漆面光泽，然后加热到80℃以上观察漆膜是否会软化（呈现光泽）来判断。

(3) 漆膜硬度法

用铅笔推压漆膜。漆膜破损，涂膜硬度应降一级。

(4) 硝化棉检定液法

用JIS规格的硝化棉检定液（二苯胺1 g+浓硫酸100 ml）滴1滴在旧漆膜上，观察是否会变色。

检定液含有硫酸，具有危险性，市面上没有销售，自行配制应特别小心。

旧漆膜的辨别方法如表5-3所示。

表5-3　旧漆膜的辨别方法

旧漆膜＼辨别法	外观法	溶剂法	加热法	漆膜硬度法	硝化棉检定液法
氨基醇酸系	桔皮面	不溶	无变化	H—2H	无变化
聚丙烯酸酯系	桔皮面	不溶	变化	H—2H	无变化
喷漆系	抛光后的表面状态	溶	稍微软化	F—H	变青紫色
NC变性丙烯酸酯喷漆系	抛光后的表面状态	溶	稍微软化	F—H	变青紫色

（续表）

旧漆膜 \ 辨别法	外观法	溶剂法	加热法	漆膜硬度法	硝化棉检定液法
CAB变性丙烯酸酯喷漆系	抛光后的表面状态	溶	软化	F—H	无变化
双组分丙烯酸酯漆系	抛光后的表面状态	难溶	无变化	H—2H	稍微变青紫色
丙烯酸氨基甲酸酯系	桔皮面	不溶	无变化	H—2H	无变化

3）旧漆膜与修补用涂料的适应性

由旧漆膜的辨别法可知，修补用涂料的性质有所不同，对旧漆膜选错修补用涂料时，有可能产生收缩及破损等漆膜缺陷。

3. 车身漆面修补涂装技术

汽车面漆的种类：

1）按面漆的类型分类

目前汽车常用的修补用漆有以下三种：

（1）挥发性面漆类。主要是硝基外用磁漆和改性热塑性丙烯酸树脂漆类二种，后者性能较佳。

（2）双组分低温烤漆。常用的是双组分丙烯酸树脂漆，还有氨基类双组分低温烘烤型涂料。

（3）底色漆类。目前常用的底色漆的基料（主要成膜物质）是丙烯酸树脂，这类漆涂膜不具光泽，其表面还必须罩以清烘漆（亦属双组分涂料）后才能获得良好的效果。

底色漆属于目前使用最广的面漆涂料，其涂装方法又分双膜（金属漆）和三膜（珍珠漆和玛瑙漆等）两种类型。

2）按涂料颜色分类

（1）实色漆。目前汽车修补涂料的实色漆有两种，即挥发型和双组分型。基于涂装效果和效率等方面综合考虑，目前绝大部分场合都选择使用双组分低温烘烤类，因为前者虽然省却了固化剂（一般用量为面漆料分量的一半），但喷涂时需多喷涂 1～2 单层，并且其漆面光亮度较差，还需经常打蜡抛光。

（2）底色漆。底色漆是目前使用最广泛的修补面漆，因为它容易操作。底色漆喷涂后“指触干燥”时间很短，一般在喷涂后静置 10～20 min，即可对漆膜作重新填补砂眼（用漆灰）和打磨等处理，以及进行套色（如在车身上喷涂彩色饰条）时的放线和贴防涂胶纸带等工作。目前绝大部分轿车都是金属漆面，对这类车进行修补时，只能采用底色漆来处理。

此外，目前不少实色漆面轿车制造时就采用了底色漆双膜涂装技术，而且绝大部分涂料生产厂家如新劲、ICI、杜邦、鹦鹉、施必快、银箭、保利来等涂料生产厂商，都开发出实色漆采用底色双膜涂装的底色漆的配方技术，极大地提高了实色漆轿车的漆面亮丽效果。用一种通俗的比喻，就如彩色相片再封塑，既好看又耐用。

至于珍珠色、玛瑙色的面漆，需采用打底色—珍珠或玛瑙漆—清烘漆这种“三膜”涂装技术，工序复杂，而漆膜最后展现的是一种色效果。此类漆面高级轿车的修补难于操作，汽车美容工作者不能轻率从事。

（3）清烘漆。清烘漆自身不具色彩，是一种透明的罩光用面漆涂料。其喷涂方法与双组分实色面漆相同。

5.7.4 汽车内饰美容护理材料

1. 汽车形象设计

随着汽车逐步进入家庭，汽车的形象设计也开始流行起来。汽车形象设计也称汽车改装，目前国内一些大城市的汽车装饰店或专业改装店(即汽车形象设计店),已经开始展开汽车外形改装业务,以满足现代车主追求个性的需求。

1) 汽车改装材料

汽车改装所用的材料一般有玻璃钢和碳纤维两种。由于碳纤维的成本较高,而玻璃钢具有质量轻、抗撞性好、价格低廉等优点,所以汽车改装时使用较多的是玻璃钢。

2) 汽车改装分类

一般来说,汽车改装分为外观设计型、普通安装型和参赛改装型三类。

(1) 外观设计型

外观设计型是对整个车身进行重新设计。为了外形设计需要,必要时还会更换车轮及对车内的一些附加设备的位置进行重新调整。车身各部件都是根据原有车体进行"量体裁衣"式定做。它多用于对过时车型的外观改造,很受到许多玩车族的青睐。

(2) 普通安装型

普通安装型又称"大包围",是比较常见的改装方法。它的各个车身组件是由专门从事汽车改装的厂家批量生产的,改装时只需要进行相应的安装即可,对改装人员的技术要求较低,只要有相应的部件,一般的维修厂都能进行相应的安装。具体内容有:加装前头唇、裙脚、后尾唇、高位扰流板,改装前脸等。前头唇和后尾唇是分别加装在前、后保险杠上的,能起到压流、稳定车身的作用;裙脚是在车身左右两侧的底部加装导流板,具有降低风阻系数的作用。由此可见,大包围除了能改善车身的外观,还具增强汽车的行驶(特别是高速行驶时)稳定性等实用价值,因此特别受到普通有车族的欢迎。

(3) 参赛改装型

参赛改装型是为了满足参赛的需要而进行的改装。它除了对车身进行改装外,还需要对发动机、轮胎等与汽车动力性能相关的部件进行改进或更换。由于参赛具备高强度的竞争性,因而对车进行改装时其安全性、速度性及防撞性等方面的要求相当高,所以它一般在专业性较强的改装厂施工,以满足参赛改装的性能要求和安全保障。

2. 汽车太阳膜装饰

1) 太阳膜的选择

太阳膜的隔热性是评价太阳膜好坏的一个很重要的关键因素,但光凭眼睛和手是无法判定太阳膜质量高低的。如果有条件,可以做以下试验来比较选择:在一个碘钨灯上放一块贴着好膜的玻璃,用手只感到一丝热,而换上另一块贴着次膜的玻璃,马上感到手热,这样好坏一下子就区分出来了。另外,如果某太阳膜有中国质检中心的证明,一般来说这种膜在隔热性等方面都是不错的。

另外在挑选膜的颜色时,不要在太阳光底下看它的颜色的深浅,而是应将它放在车窗上,并把车门关好,只有这样试过之后,才不会和你想要的颜色有误差,因为在阳光下单看一种膜的颜色都是很浅的。

2) 太阳膜的粘贴

对贴膜,有些人并不感兴趣,其实贴上太阳膜除了能降低车内的温度、减轻空调的负担之外,太阳膜还有另外一个作用,即装饰的作用。若太阳膜的颜色能与车型和车身的颜色搭配得当,将产生意想不到的效果。所以要贴好太阳膜,关键是要颜色协调。也就是说,你必须考虑自己的车型和颜色,不能只听推销员说这个颜色很流行,于是不论多大多小、是黑是白的车,都用上了流行色贴膜,那效果自然就大打折扣了。

目前车身的颜色最多不过是白、黑、红、黄色四种,约占总量的一半。对于浅色的车型(如白色富康车)最好使用色彩明快的色膜。这类膜大多透光率很高,也不会影响隔热效果;纯白色的太阳膜,有很强的隔热性,但是从外观上看就像没有贴过一样,透过明亮的车窗,整车让人看起来特别干净,但车内也一览无余;蓝色、绿色和灰色这三种颜色如果非常浅的话,贴在任何车上都不难看。总之,车膜的颜色是越浅越好。

3. 轿车真皮座椅装饰

1）轿车真皮座椅的优缺点

（1）真皮座椅的优点

① 提高汽车配置档次，让汽车能够在视觉上、触觉上甚至在味觉上都有一个好的心理感受，而且可使汽车增色不少。

② 真皮坐椅不像绒皮座椅那么容易藏污纳垢，顶多只是灰尘落在座椅的表面，不会堆积在座椅的较深处而不宜清理。

③ 真皮坐椅的散热性比绒布座椅要好，在炎热的夏日，真皮坐椅只会表面较热，轻拍几下，热气会很快消散。所以，长时间坐在皮椅上时，也会将体热散去，而不像绒布座椅那么吸热。

（2）真皮坐椅的缺点

① 使用起来必须尽量小心，以免碰到尖锐的物品而使真皮表面损伤。

② 真皮坐椅受热后会出现老化现象，如果不理会，易过早失去光泽。

③ 真皮座椅在乘坐上要比绒布座椅滑，虽然厂家在座椅表面做皱折或反皮处理，以降低滑感，但与绒布比，同一椅型真皮坐椅的乘坐感还是要滑一些。

2）轿车真皮坐椅的识别

分辨原车皮椅或已经装好的皮椅真假，用按压法是很有效的；伸出食指，压住座椅表面（压住不要放手），若是有许多细微的线条向手指按压的圆心伸展而去，那么这就是真皮椅；如果压下去以后，皮椅表面并没有细微纹路出现，则表示是假冒的。

如果在装饰店等处换装真皮坐椅，换前最好通过检查皮样来鉴别一下所用皮子的真假。首先要看韧性，即延展度。拿一小块皮样，然后使劲拉一拉，如果延展性不错，那么说明这张皮是人造皮，即所谓的假皮，真皮的延展性是不佳的。其次，要看皮子的抗火性。人造皮含有塑胶成分，容易燃烧，如果拿人造皮来烧烧看，人造皮马上就会烧起来，而真正的牛皮是很难烧着的。再者，可以找皮样的纤维，把皮样翻过来，看看它的底部，如果皮子底部有自然纤维存在，毛毛的，这张皮是真皮；如果反面没有纤维，很光滑或有一层绒布粘贴在上面，那么很可能就是假皮。

3）轿车真皮座椅的选择

（1）选择传统式皮椅

所谓传统式，是指换装真皮椅前需将原有的绒布座椅拆掉，然后重新缝制一层真皮。这样做的好处是店家完全可以按照原来的椅型及椅面上缝隙，重新制作一张符合座椅造型的真皮，不仅可以保持原设计时的线条，更可确保在长久使用的情形下，椅面不至于变形或易位。

（2）选择椅套式皮椅

所谓椅套式，是指一种店家已经制好的皮椅套，只需将它买来往自己的椅子上一套即可。拆装自如、相对便宜的售价是椅套式的最大优点。但长时间使用，容易变形、易位。现在已有更好的方法：将椅套固定在绒布椅上，即通过类似固定胶条的东西，将椅套牢牢的粘住，甚至连皱着和沟纹都能再现。

（3）不必要的装饰

有些车主喜欢在真皮的座椅外部再套上一层椅套，如把头枕部分加套一个针织物，以求美观和保持真皮座椅的清洁。美观与否暂且不谈，单说清洁，再加一个套是有害无益的，因为时间一长，灰尘、杂物等细屑不仅会堆积在织物表面，还会透过织物套堆积在真皮座椅的表面，反而造成清理上的困难。

4. 汽车内装饰的清洗

汽车内饰件除了用吸尘法处理外，还应和外观一样，经常进行美容，营造一个清新的车内环境。

1）汽车内饰污垢种类及成因

(1) 污垢的种类

水溶性污垢有糠浆、果汁中的有机酸、盐、血液及黏附性的液体等。非水溶性固体污垢有泥、沙、金属粉末、铁锈或霉菌及虱虫等。油渍性污垢有润滑油、漆类产品、油彩、沥青及食物油等。

(2) 污垢的形成过程

① 粘附：污垢会在重力作用下停落或粘附在物体的表面。当有压力或摩擦力产生时，污垢也会渗透物件的表层，变得难以去除，如汽车玻璃及仪表台上的灰尘。

② 渗透：饮料或污水会渗透物件的表面。被物件所吸收，以致很难清除，如车门内饰板、后档台、脚垫上的饮料或血渍等。

③ 凝结：黏性污垢变干凝固后，会紧紧粘贴在物件表面，如汽车内饰丝绒脚垫或地毯表面的轻油类污垢。

2）去除污垢的方法

要想有效地清除污渍，需要以下 4 个方面的相互配合，才能发挥最佳的清洁效果。

(1) 高温蒸汽

可以使极难去除的污垢，在清洗之前先软化，为手工清洁内饰部件上的污渍做好准备。

(2) 水

用水可去除水溶性污垢，但不能去除油脂性污垢，而且难以清洁触及不到的内饰部件上的水溶性污垢。

(3) 清洁剂

能去除轻油脂及重油脂类污垢，帮助水分渗入内饰丝绒化纤制品。

(4) 动力

清洗内饰部件时，拍打、刷洗、挤压等皆有助于去除污垢。

3）清洁汽车内饰时注意事项

(1) 使用适当的清洁剂

清洁汽车不同材质的内饰部件时，最好使用专用于该物件或最相称的清洁剂。例如，用玻璃清洁剂清洗门窗、镜子，用化纤制品清洁剂清洗丝绒纤维制成的座套、地毯等。

(2) 不能随意混合或加温使用内饰清洁用品

不同的内饰清洁用品混合后，可能产生有害物质，而某些化学成分混合后，可能会释放有毒气体。将清洁剂加温，如放入蒸汽清洗机内使用，也会产生有害气体。因此，除非产品包装上注明特别的混合比例或配合机械的使用方法，否则切勿随意混合或加温使用内饰清洁用品，以免发生化学反应，产生有害物质。

(3) 使用不熟悉的产品应先测试

对于首次使用的清洁剂，应先在待清洗部件的不显眼处进行测试。如使用皮革清洁剂清洗内饰皮革时，先在不显眼的地方小面积使用，如座椅底部或背面等，以防褪色或有其他损坏。

(4) 正确保存清洁用品

注意正确保存清洁剂，这样既保证产品充分发挥效能，更有助于防止产品过早变质。

本章小结

(1) 塑料是一种高分子材料。具有密度小、化学性稳定、比强度高、电绝缘性好等优良性能，其缺点是刚性差、强度低、耐热性差、有老化现象。常用来制造汽车仪表盘、灯罩、风扇叶片、挡泥板、电器壳体、杂物箱、开关插座等。

(2) 橡胶是一种在使用温度下处于高弹性状的高分子材料，具有低的弹性模量、高的伸长率、优良的伸缩性和好的积储能量的能力，还有高的拉伸强度、疲劳强度以及良好的耐磨性、隔音性、不透水、不透气、耐酸碱和电绝缘性等性能。常用来制造汽车轮胎、胶带胶管、密封圈、减震块等。

(3) 玻璃是硅酸盐类材料的一种，主要由二氧化硅和各种金属氧化物组成。汽车玻璃分为安全玻璃、夹层玻璃、钢化玻璃、区域钢化玻璃。新型玻璃主要有调光夹层玻璃、热线反射玻璃、除霜玻璃等。

(4) 陶瓷是由晶体相、玻璃相和气相组成。在力学性能表现出突出的硬而脆的特点。在热性能上表现出高熔点、高热强性、高抗氧化性、高的耐蚀性和绝缘性，是有发展前途的高温材料。在汽车上，可以制作陶瓷绝热发动机、气门、进排气管、活塞、喷嘴等零件。

(5) 复合材料是由两种或两种以上的性质不同的材料组合而成的多相材料。一般是由一种强度低塑性好的基体材料，再加上一种强度高脆性大的增强材料所组成，具有其组成材料本身所没有的优越性能。性能上，最突出的优点是比强度高，还有抗疲劳性能好、减震能力强、耐高温性能好、断裂安全性好等。缺点是断裂伸长率较小、抗冲击性低、横向拉伸和层间抗剪强度较低，尤其是成本高。汽车上常用的复合材料是纤维增强塑料(FRP)。典型的有碳纤维增强塑料和玻璃纤维增强塑料，该制件的最大优点是轻量化效果显著，节能效果胜于钢和铝合金制件。

(6) 汽车用摩擦材料主要用于汽车传递动力、制动减速、停车制动。它包括汽车制动摩擦片、汽车离合器摩擦片及手制动摩擦片等。其主要性能要求是：较大且稳定的摩擦系数，有良好的耐磨性和物理力学性能，不产生过大的噪声等。

(7) 汽车涂料，按功能分类为底漆、中间层涂料、面漆、防腐蚀涂料；按涂装方式分类有电泳漆、液体涂料、粉末涂料、高固体分涂料、涂装后处理材料(防锈蜡、保护蜡等)。其性能要求有高的耐候性、耐蚀性、耐磨性等，以及耐热、保光、保色等性能，并需要卓越的装饰性。

复习思考题

1. 名词解释

(1) 塑料　　(2) 橡胶　　(3) 玻璃　　(4) 陶瓷

(5) 复合材料

2. 填空题

(1) 塑料是由________和________两大部分组成。

(2) 橡胶是以________为主要原料，并添加适量的配合剂制成的高分子材料。

(3) 普通陶瓷是以________、________、________等天然硅酸盐为原料，经粉碎、成型、烧制而成的产品。

(4) 复合材料一般由________相和________相组成。

(5) 玻璃钢是以________为基体，以________增强的复合材料。

3. 判断题

(1) 尼龙是一种工程塑料。　(　　)

(2) 钢化玻璃在受到冲击破碎后，碎片小而无棱角，可用于制作风窗玻璃 ( )

(3) 夹层玻璃受到破坏时，碎片不易脱落，不影响透明，不产生折光现象，可用于制作轿车的前挡风窗。 ( )

(4) 天然橡胶是从橡胶树上采集的胶乳制成，因而不适宜做汽车轮胎。 ( )

(5) 大多数陶瓷都具有较好的电绝缘性能，可直接作为传统的绝缘材料使用。 ( )

4. 简答题

(1) 汽车上主要应用塑料的部件有哪些?

(2) 轮胎、密封条、胶管、胶带减震元件及耐油元件是由哪种橡胶制成的?

(3) 汽车前挡风玻璃用钢化玻璃是否合适? 为什么?

(4) 汽车上有哪些部件可用陶瓷制造?

(5) 汽车上常用的复合材料主要有哪些?

(6) 汽车摩擦材料由什么组成? 其性能要求是什么?

(7) 汽车涂料、车身漆面修补材料和美容护理材料如何分类?

6 汽车燃料

学习目标

知识目标

(1) 了解车用汽油、柴油的使用性能及评价指标；
(2) 掌握车用汽油、柴油的牌号和规格；
(3) 了解车用汽油、柴油对环境的影响；
(4) 了解汽车新能源的发展状况，认识使用和开发新能源的重要性。

能力目标

(1) 学会车用汽油、柴油的合理选用和正确使用。

汽车作为交通工具在道路上行驶，需要消耗燃料以提供动力。燃料通常指能够通过燃烧将自身储存的化学能转化为热能的物质。目前汽油和柴油是汽车的主要燃料。近年来为了减少能源消耗、降低空气污染，开发了醇类燃料、天然气和液化石油气等汽车新能源。

6.1 车用汽油

汽油是在石油中精炼出来的，主要由碳、氢元素组成的碳氢化合物，碳约占 85%，氢约占 15%。汽油是汽油发动机(点燃式发动机)的主要燃料，密度一般在 0.71～0.75 g/cm³ 之间，有特殊的汽油芳香气味，是一种密度小且易于挥发的液体燃料，自燃点为 415℃～530℃。汽油分为车用汽油、航空汽油、工业汽油和溶剂汽油。汽车所使用的为车用汽油。

6.1.1 车用汽油的使用性能

车用汽油使用性能的好坏，对发动机的动力性、可靠性、经济性以及使用寿命都有很大影响。因此车用汽油必须满足的基本要求是：

(1) 在极短的时间内由液体蒸发成气体，与空气形成良好的可燃混合气使其快速、平稳地燃烧；

(2) 汽油在油路中不挥发形成“气阻”；

(3) 具有良好的抗爆性，不发生爆燃现象；

(4) 在储存和使用过程中不发生明显的质量变化，燃烧后无积炭；

(5) 不引起发动机零部件的腐蚀，不含有机械杂质及水分，环境污染少，无害性等。

车用汽油的使用性能主要为蒸发性(挥发性)、抗爆性、安定性(稳定性)、腐蚀性和清洁性等。

1. 蒸发性(挥发性)

汽油的蒸发性是指汽油由液体状态转化为气体状态的性能。汽油蒸发性是否良好，将直接影响汽油机中的燃烧是否正常，影响发动机的功率和经济性。

由于现代汽油发动机的转速都比较高，燃烧速度比较快，所以要求燃料供给系统必须在极短的时间内(0.02～0.04 s)形成良好均匀的可燃混合气。如果汽油蒸发性能不好，汽油汽化不完全，就难以形成足够浓度的混合气体，不但发动机不易起动，而且会有部分汽油以液体状态进入燃烧室，造成点火不良、发动机工作不稳定，增加油耗和排放污染(冒黑烟)。此外，未蒸发的汽油还会附着在气缸壁上，破坏润滑油膜，甚至窜入曲轴箱，使润滑油变稀，从而导致机油变质，加速机件磨损。特别是在冬季，若使用蒸发性不好的汽油，容易导致发动机不能顺利起动和正常工作。

汽油的蒸发性越好就越容易汽化，与空气的混合就越容易均匀，发动机中的可燃混合气体燃烧速度就越快越彻底；同时发动机容易起动，加速及时，工作平稳，输出功率就越大。但如果蒸发性能过好，会使汽油在储存、运输、加注过程中由于蒸发太快而损耗增大，而且在夏季使用时，会使汽油在油管中产生大量的气泡，造成供油中断，形成“气阻”现象，从而导致发动机不易起动，怠速不稳，加速不良，甚至熄火。所以要求汽油的蒸发性能(挥发性)要适当。

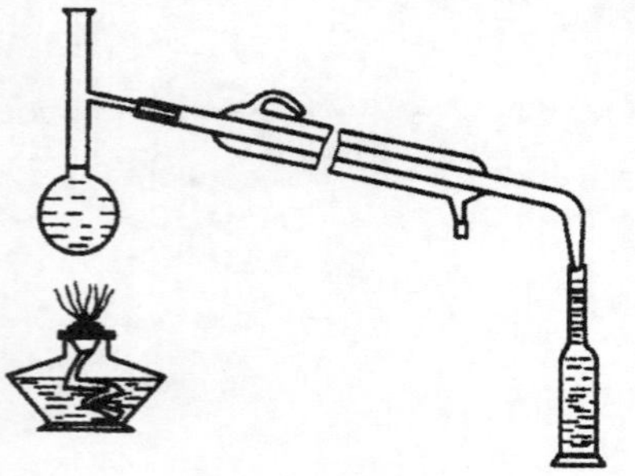

图 6-1 馏程的测定

评定汽油挥发性的指标有馏程和饱和蒸汽压。

1) 馏程

指定量油品在规定条件下蒸馏时，从初馏点到终馏点的温度范围。馏程的测定方法如图 6-1 所示，取 100 mL 汽油，倒入带有支管的蒸馏烧瓶中，然后按一定条件加热烧瓶中的汽油，使其蒸发成气体，通过支管进入冷凝器，冷却后又变成液体汽油经冷凝管流入量杯中。蒸馏出第一滴汽油时的温度称为初馏点，量杯中回收到 10 mL、50 mL、90 mL 冷凝液时的温度，分别称为 10%、50%、90%馏出温度，当全部液体从蒸馏烧瓶底部蒸发后的温度称为终馏点。

10%馏出温度表示汽油中轻质馏分的含量。该温度对汽油机冬季起动的难易程度和夏季是否发生“气阻”有很大影响。该温度低，说明汽油中轻质馏分越多，挥发性越好，发动机容易在低温起动，起动时间短，耗油少；但温度过低，则易在夏季或高原地区产生“气阻”。国标要求该温度不高于 70℃，一般以 60℃～65℃为宜。汽油在 10%馏出温度与起动温度的关系如表 6－1 所示。

表 6－1　　汽油 10%馏出温度与最低起动温度的关系

汽油 10%馏出温度/℃	54	60	66	71	77	82
发动机最低起动温度/℃	−21	−17	−13	−9	−6	−2

50%馏出温度表示汽油的平均挥发性。它对发动机起动后到正常工作温度的预热时间、加速性能和工作稳定性有很大影响。该温度低，可改善发动机的加速性、工作稳定性和起动后的暖车升温性能，所以国标要求该温度不能高于 120℃。汽油 50%馏出温度与发动机预热时间的关系如表 6－2 所示。

表 6－2　　汽油 50%馏出温度与发动机预热时间的关系

50%馏出温度/℃	104	127	148
起动后正常温度的预热时间/min	10	15	28 以上

90%馏出温度和终馏点表示汽油中含重质馏分的量。它们对汽油能否完全燃烧和发动机的磨损有影响。这两个温度过高，说明汽油中含重质馏分多，蒸发性差，汽油燃烧不完全，会冒黑烟，油耗量增大。同时残留的重质馏分还会破坏缸壁上的油膜，加剧气缸的磨损。因此国标要求汽油 90%馏出温度不能高于 190℃，终馏点不能高于 205℃。终馏点与气缸磨损、油耗量的关系如表 6－3 所示。

表 6－3　　终馏点与气缸磨损、油耗量的关系

终馏点温度/℃	175	200	225	250
气缸磨损/%	97	100	200	500
油耗量/L	98	100	107	140

汽油蒸发后仍会有一些残留物，它是汽油在储存中氧化生成的胶状物和汽油中的重质馏分。这些残留物会沉积在进气门、化油器量孔或电喷汽油机的喷嘴上，破坏发动机的正常工作，因此要严格控制其残留量。

2）饱和蒸汽压

是指汽油蒸发液-气两相达到平衡时，汽油蒸汽对容器壁产生的压力。用来评定汽油在使用中产生的“气阻”倾向的大小。饱和蒸汽压越高，说明汽油中含轻质成分越多，挥发性好、低温起动性好，但产生“气阻”的可能性越大，在储存中的蒸发损耗也越大，所以国标规定春夏季不大于74 kPa，秋冬季不大于88 kPa。

2. 抗爆性

汽油的抗爆性是指汽油在发动机气缸内燃烧时抵抗爆燃的能力。“爆燃”是指火花塞点火后，离火花塞最远的末端气体受到火焰前锋面的热辐射和压缩作用，使其压力、温度升高，导致在火焰前锋到达之前自行燃烧的现象。这种汽油在气缸内工作时不需点火而是靠自燃而燃烧的现象，是一种不正常的燃烧。造成爆燃的主要原因有：进气温度过高，点火提前角过大，压缩比过高，汽油自身的原因，发动机的结构和工作的条件等。抗爆性能好的汽油可以用在压缩比较高的发动机上，从而大大地提高了发动机的动力性和经济性能。

抗爆性是车用汽油的一项重要的质量指标，用辛烷值来评定汽油抗爆性的好坏。辛烷值是表示点燃式汽油机燃料抗爆性的一个约定数值。在规定的标准发动机试验中，通过和标准燃料进行分析比较来测定，采用和被测定燃料具有相同抗爆性的标准燃料中异辛烷的体积百分数来表示。辛烷值越高，汽油牌号越高，其抗爆性能越好。但是在发动机试验中，由于规定的额定条件不同，从而导致测定的辛烷值也随之改变。按照试验测定的方法可分为研究法(RON)和马达法(MON)两种。

研究法辛烷值表示汽油在中负荷、低转速运转条件下汽油的抗爆性。它是以较低的混合气温度(一般不加热)和较低的发动机转速(一般在 600 r/min)的中等苛刻条件为其特征的实验室标准发动机上测得的辛烷值，它模拟了轿车在城市道路条件下行驶的工况。马达法辛烷值则表示汽油机在重负荷、高速运转条件下汽油的抗爆性。它是以较高的混合气温度(一般加热至 140℃)和较高的发动机转速(一般在 900 r/min)的苛刻条件为其特征的实验室标准发动机上测得的辛烷值，它模拟了载货汽车在公路条件下行驶的工况。同一种汽油用研究法测定的辛烷值比用马达法测定的辛烷值要高 6～10 个单位，其差值称为汽油的灵敏度，可用来反映汽油抗爆性随运转工况激烈程度的增加而降低的情况，汽油灵敏度越小越好。

驾驶人选择汽油时一定要注意：爆燃只发生在汽油机上，牌号高的汽油可以避免爆燃的发生，但不要相信汽油辛烷值越高越好的说法。如果汽车只需要 93 号的汽油，而给它加注 97 号的汽油，也不会提高效率或动力，反而会造成经济损失。因此，建议先查一查发动机所需要汽油的牌号是多少，按使用说明所规定的牌号即可。

3. 安定性(稳定性)

安定性是指汽油在正常的储存和使用的条件下，避免氧化生胶而保持其性质不发生永久变化的能力。汽油安定性的好坏直接影响发动机的工作能力。安定性好的汽油不会给发动机带来危害，而安定性较差的汽油，极容易发生氧化反应，从而生成胶状物质和酸性物质，使汽油的辛烷值降低，酸值增加、颜色变深。如果长期使用这种汽油，由于产生的胶质黏稠沉淀，而导致汽油滤清器、油管、电喷式发动机的喷嘴等部位堵塞；由于产生的黏稠物质粘结气门而导致关闭不严，压缩比降低，燃烧不彻底从而产生的积炭明显增加，导致压力升高，气缸的散热也较差；由于积炭的增加会使火花塞的间隙减小，而导致点火能力下降，等等。为此要求驾驶人员选用汽油时特别要注意，要选择安定性(稳定性)好的汽油。

评定汽油安定性的主要指标有实际胶质和诱导期。

1) 实际胶质

实际胶质是指在规定条件下测得的发动机燃料的蒸发残留物，以 mg/100 mL 表示。实际胶质是判断汽油在使用过程中生成胶的倾向，从而决定汽油能否使用和能否继续储存。对于汽油的实际胶质，规定出厂时不大于 5 mg/100 mL；出厂后 4 个月检查封样时不大于 10 mg/100 mL；油库交付给使用单位时不大于 25 mg/100 mL。

2) 诱导期诱

诱导期是指在规定的加速氧化条件下，油品处于稳定状态下所经历的时间周期，以 min 表示。诱导期越长，越不易氧化，生成胶质的倾向越小，其安定性越好，适宜长期储存。一般国产汽油出厂时诱导期在 600～800 min，在普通条件下储存 21 个月后，诱导期仍在 400～500 min。

4. 清洁性

汽油的清洁性是指汽油中不应含有机械杂质和水分。汽油中存有的机械杂质和水分一般是在汽油储存、运输和使用过程中因受到外界环境的影响而混入的。机械杂质能增大发动机的磨损，水分会加大氧化生胶。所以国家标准中规定汽油中不允许有机械杂质和水分。如果需要对汽油机进行检测，最简单的办法就是将 100 mL 的汽油注入玻璃管中，静置一段时间(12～18 h)后，来观察玻璃管中的汽油，如果油色透明没有悬浮物和沉淀物，即为合格。

5. 防腐性

汽油在储存、使用过程中，不可避免地要与各种金属接触，这就要求汽油对金属不应有腐蚀性。汽油中的各种烃类物质本身并不腐蚀金属，引起金属腐蚀的物质主要是硫及硫化物、有机酸和水溶性酸或碱等物质。为此国标规定车用无铅汽油的硫含量不大于 0.05%，硫醇硫含量不大于 0.001%。

6.1.2 汽油的选用及使用注意事项

1. 汽油的选择

选择汽油时一定要按照汽车使用说明书中发动机的压缩比和汽车生产厂家推荐的汽油牌号来选择相应牌号(即辛烷值)的汽油(见附录一)，这样不仅可以充分发挥发动机的动力性能和经济性能，还有利于延长发动机的使用寿命和降低成本，同时还可以预防或减少发动机在保证正常运行工作中不发生"爆燃"的现象。

我国车用汽油目前所使用的有 90 号、93 号和 97 号三个牌号的汽油。要想保证发动机在工作中不发生"爆燃"的现象，就必须合理地选择相应牌号的汽油，在选择汽油时主要是根据压缩比的高低来选择。当发动机压缩比较高，爆燃倾向较大时，应选用牌号较高的汽油；反之，压缩比较低的发动机，应选用牌号较低的汽油。车用汽油的基本选用原则是：压缩比在 8.0 以下的发动机，应选用 90 号车用无铅汽油；压缩比在 8.0～8.5 之间的发动机，应选用 93 号车用无铅汽油；压缩比在 8.5～9.5 之间的发动机，应选用 95、97 号车用无铅汽油。

汽油质量的好坏，可以根据一看、二嗅、三摸和四摇等方法来判定。

(1) 一看：主要是观察汽油的颜色，标准的 97 号汽油其颜色为翠绿色，而标准的 93 号汽油其颜色为浅淡黄色或浅黄红色，含铅汽油则为红色，如果汽油颜色太浅，甚至发白，则可能是伪劣产品，选择时应加以注意。

(2) 二嗅：主要是闻汽油的味道，如果加有 MTBE(甲基叔丁基醚)的汽油会有一股酸味，如果适当少量的加入可以提高汽油的辛烷值，但如果超过 15%，氧的含量就超标。

(3) 三摸：主要检查汽油的蒸发性和黏度，如果将汽油少许放在手上很快蒸发掉，则说明汽油合格，如果很长时间还没有蒸发掉则说明汽油与柴油或润滑油在储存或使用中混合。

(4) 四摇：主要是观察汽油的黏度和泡沫性能，其检查的方法主要是根据以往的经验。

2. 汽油使用注意事项

由于驾驶人自身的原因会长期使用含铅较高或牌号不当的汽油。长期使用后，会在燃烧室内产生大量的积炭，从而导致压缩比升高，爆燃的倾向加大，此时需要驾驶人应及时维护发动机。为保证发动机正常工作必须注意以下事项：

(1) 需要更换汽油牌号时要注意，对于传统的蓄电池点火的发动机，当汽油由低牌号改换为高牌号时，可以把点火提前角适当提前，这样就可以充分发挥汽油的性能而不至于浪费；当汽油由高牌号改换为低牌号时，可以把点火提前角适当推迟，这样可以避免"爆燃"的发生。对电控发动机则由电控单元和爆震传感器自动调节。

(2) 当车辆在炎热的夏季或高原地区时，由于温度高，气压低，易发生气阻，应加强发动机的散热，采取隔热降温措施。

(3) 由于发动机长期使用，燃烧室积炭、缸盖经多次修理，会使发动机缸压升高，而导致爆燃。因此，这类汽车在维修后应使用高一级牌号的汽油。

(4) 汽油中不得掺入其他油液(如煤油或柴油等)，如果掺入会引起不必要的麻烦，如爆燃，严重破坏发动机润滑，从而导致发动机的磨损增加。

(5) 不要使用长期储存或已经变质的汽油，这些汽油燃烧后会产生大量的积炭而影响发动机的工作，特别是电喷发动机影响会更大。

(6) 汽油易燃、易爆、易产生静电，使用时要注意安全。

6.2 车用柴油

柴油是车用柴油发动机的主要燃料，在国民经济中占有重要的地位。柴油和汽油一样也是从石油中精炼出来的，由碳、氢元素组成的水白、浅黄或棕褐色的液体。柴油分为轻柴油和重柴油，轻柴油用于高速运转的发动机，重柴油用于低速运转的发动机。

柴油发动机的燃烧不是由火花塞直接点燃，而是柴油与被压缩的高温空气相遇后自行着火燃烧的，故又称为压燃式发动机。柴油发动机具有热效率高、耗油量低、燃料资源较汽油丰富、使用耐久可靠、燃料火灾危险性小等特点，因此柴油发动机广泛用于汽车、舰艇、坦克和工程机械，特别是一些大型重载汽车，大都使用柴油机。

6.2.1 柴油的使用性能

柴油的使用性能包括：发火性、低温流动性、蒸发性、黏度、安定性、腐蚀性和清洁性等。

1. 发火性(燃烧性)

发火性是指柴油在柴油发动机中的自燃能力。柴油的发火性主要取决于发火延迟期的长短。发火延迟期是指从柴油喷入燃烧室至开始着火的时期。发火性好的柴油，着火延迟期短，着火燃烧后气缸内压力上升平稳，柴油机工作柔和；如果发火性不好，着火延迟期就长，会使燃烧室的积油量增多，燃烧不充分，功率下降，油耗增加，磨损加大，排气冒黑烟等。同时会引起发动机工作粗暴，从而导致曲柄连杆机构受冲击力过大而产生弯曲并发出强烈的敲击声，并使零部件损坏。

柴油的发火性是以十六烷值评定的。与汽油辛烷值类似，也是用两种发火性差异很大的作为基准物对比得出的数值。一种为正十六烷，发火性好，定其十六烷值为 100；另一种是 α-甲基萘，发火性差，定其十六烷值为 0，按不同比例将它们混合在一起，可获得十六烷值 0～100 的标准燃料。然后在可变压缩比的标准单缸十六烷值测定柴油机上，将被测燃料与标准燃料进行同期闪火对比试验，若被测燃料与某标准燃料在相同条件下同期闪火，则标准燃料的正十六烷体积百分数即为被测燃料的十六烷值。

柴油机的转速越高，燃烧速度越快，对十六烷值要求就越高，一般 1 000 r/min 以下的柴油机，应使用十六烷值为 35～40 的柴油；1 000～1 500 r/min 的柴油机，应使用十六烷值为 40～45 的柴油；1 500 r/min 以上的柴油机，应使用十六烷值为 45～60 的柴油。柴油的十六烷值越高，其发火性越好，汽车就越容易在较低气温下起动，但十六烷值也不宜过高，否则柴油的低温流动性、喷雾和蒸发等性能均会受到影响，导致燃烧不完全，降低发动机功率，增加油耗，排气冒黑烟。一般十六烷值为 40～50 的柴油基本可满足工作要求。柴油十六烷值与起动最低温度的关系如表 6-4 所示。

表 6-4　　柴油十六烷值与起动最低温度的关系

柴油十六烷值	30	40	50	60	70	80
可以起动的最低温度/℃	30	12	4	−4	−8	−11

2. 低温流动性

低温流动性是指柴油在低温的条件下也应具有一定的流动状态以供发动机燃烧，从而保证发动机正常工作的性能。柴油的密度和黏度都比汽油大，随着温度的降低，柴油的黏度会变得更大，流动性变差。如果柴油的低温流动性不好，在低温工作时会堵塞油管或滤清器，从而无法形成良好的混合气而导致发动机工作不正常或根本无法起动。评定柴油低温流动性的指标有凝点、浊点和冷滤点。

1）凝点

凝点又称凝固点。是将柴油装在规定的试管内，冷却到预期的温度，将试管倾斜 45°，经过 1 min 液面不移动，此时的温度便是柴油的凝点。凝点是柴油储存、运输和油库收发作业的低温界限温度，同时与柴油低温使用性能有一定的关系。发动机使用凝点过高的柴油，停车后再起动将会非常困难。凝点越低的柴油，在柴油机燃料系统中供油性能越好，因此，在室外工作的发动机一般应使用凝点低于周围气温 5℃～7℃以上的燃料，才能保证发动机的正常工作。

柴油的凝点是评定其性能的最重要的指标之一。我国轻柴油是按凝点来确定牌号的。例如，0 号柴油的凝固点是 0℃，- 10 号柴油的凝固点是－10℃，- 25 号柴油的凝固点是－25℃。

2）浊点

浊点是指在规定条件下，柴油冷却至由于石蜡出现而失去透明时的最高温度。此时柴油虽仍可流动，但易造成油路堵塞而出现供油故障。

3）冷滤点

冷滤点是指在规定条件下，1 min 内通过 363 目/in^2（1 in＝2.54 cm）过滤器的柴油不足 20 mL 的最高温度。冷滤点与柴油实际使用的最低温度有较好的对应关系，可作为根据气温选用轻柴油的依据。一般冷滤点要高于凝点 4℃～6℃，比浊点略低。

3. 蒸发性（挥发性）

蒸发性是指柴油由液态转化为气态的能力。柴油的蒸发性要比汽油的蒸发性差得多，但是柴油的馏分要比汽油重。柴油的蒸发性能及蒸发的速度对发动机的工作有着重要的影响。蒸发性能好，柴油机起动性能就好，燃烧充分，耗油低，积炭少，排烟也较少；如果蒸发性不好，会给柴油机带来不必要的影响，如混合气不易形成、燃烧不充分、耗油量增加、发动机润滑油污染、污染排放增加等。但蒸发性过高，会影响储运及使用安全，发动机工作容易粗暴。

柴油的蒸发性主要用馏程、闪点等评定。柴油馏程测定方法与汽油基本相同，测定项目有 50%、90%和 95%馏出温度。50%馏出温度低，则轻质馏分多，易于起动。但 50%馏出温度过低时，柴油蒸发太快，易引起全部柴油迅速燃烧，缸内压力升高剧烈，发动机工作粗暴；90%馏出温度与 95%馏出温度越低，柴油中重质馏分含量越少，柴油燃烧更加充分，可提高柴油机的动力性，降低油耗，减小机械磨损。闪点是指柴油在一定条件下加热时，其蒸汽与周围空气形成的混合气接触火焰发生瞬间闪火时的最低温度。闪点低的柴油蒸发性好，但闪点太低会使柴油机工作粗暴，同时储运及使用中的安全性下降。

4. 黏度

黏度是表示柴油稀稠度的一项重要指标。黏度是随温度变化而变化的，温度高时油料变稀，黏度变小；温度低时油料变稠，黏度变大。轻柴油的黏度是指 20℃时的黏度。当黏度过大时，流动性能变差，影响供油量，同时，喷入气缸内的油粒较大，影响雾化，不易与空气均匀混合，这样燃烧不完全，燃油消耗量增加；当黏度过小时，在喷射时，因油粒细小，射程太短，同样不能很好的均匀分布，以致燃烧不完全，排气冒黑烟。因此，为了标准发动机正常工作，要求柴油的黏度保持在适当范围内。

5. 安定性

安定性是指柴油在储存、运输和使用过程中保持外观颜色、组成和性能不变的能力。安定性好的柴油无论是在储存还是使用过程中其颜色和性能基本保持不变。而安定性差的柴油在一段时间后其颜色和性能都会发生明显的变化，会使油中的实际胶质明显增多。经常使用安定性不好的柴油会使滤清器、油管、喷油器堵塞，燃烧室积炭快速增多。

影响柴油安定性的因素主要是内部的化学成分和外部的环境因素。化学成分主要是指碳氢化合物和非碳氢化合物两大部分，其中碳氢化合物中的烯烃是影响安定性的主要原因；而非碳氢化合物中的硫化物和氮化物是影响安定性的次要原因。外部环境主要是指储油容器、空气中的氧含量、气候温度等。如果使用金属容器储油会对柴油的氧化有一定的催化作用，氧的含量增多会使柴油与氧的接触多，温度高会加快柴油变质的速度。所以为保证发动机正常工作充分发挥其动力性能，要求驾驶人在选用柴油或储存柴油时，注意在合理的储存条件下进行柴油选择和使用，这样才能使发动机工作可靠，减少机件的磨损，延长发动机的使用寿命。

6. 腐蚀性

腐蚀性是指柴油在储存和使用的过程中不腐蚀零件的能力。腐蚀性主要是因为柴油中含有硫化物，有机酸和碱等有害物质，这些有害物都会影响发动机的正常工作。其中硫和硫醇硫对发动机的影响更大，因为它们燃烧完都会生成二氧化硫和三氧化硫等酸性有害物质。不仅会对发动机零部件进行强烈的腐蚀，如果硫的含量过多还会使发动机的润滑油变稀、变质使零部件磨损加剧。使用硫含量过大的柴油由于燃烧不彻底会使燃烧室、活塞顶、喷油器、进排气门等部位产生大量的积炭，加大气缸的磨损，从而影响发动机的使用寿命。正因为这些有害物质的存在会给发动机带来种种不良后果，为此要对柴油中的有害物质进行严格控制。国标强制规定柴油中的硫含量不得大于0.2%，硫醇硫含量不得大于0.01%。

7. 清洁性

柴油的清洁性用灰分、机械杂质和水分等指标评定。灰分是指柴油中不能燃烧的矿物质，呈颗粒状，坚硬，它是造成气缸壁与活塞环磨损的重要原因之一。为保证发动机具有较高的动力性，所以要严格控制灰分在柴油中的含量，国家标准规定灰分在柴油中的含量不得高于0.01%。机械杂质和水分是柴油在储存和运输的过程中不慎混入的杂质。机械杂质会使柴油发动机中的精密偶件卡死、喷油器喷孔堵塞而影响供油；水分会降低柴油发热量，冬季或低温下易结冰而堵塞油路，还有可能溶解可溶性的盐类使灰分增大，如果水分和有机酸混合在一起还会加快零件的腐蚀。所以国标严格控制柴油中机械杂质和水分的含量，其中水分不得高于0.03%的体积分数。

6.2.2 柴油的选用及使用注意事项

1. 车用柴油的选用

我国柴油牌号按照凝点划分为10号、5号、0号、-10号、-20号、-35号和-50号七种牌号。车用柴油应根据地区和季节的气温高低来选用。

为了保证发动机燃料在最低温下正常供应，不发生凝固而失去流动性，造成油路堵塞，所选柴油牌号要比当地、当月最低气温低5℃～7℃。当地区温度较低时，选用较低牌号的柴油；地区温度较高时，选择较高牌号的柴油。在气候温度允许的情况下应尽量选用高牌号的柴油，否则会造成使用成本升高。

因为低牌号柴油价格较高,如-35号柴油价格是10号柴油的2倍。为了充分利用资源与降低成本,不同牌号的柴油可以掺兑使用,例如,将50%的0号柴油与50%的-10号柴油混合,其凝点为-4℃~-5℃,适合于冬季最低气温在0℃~-3℃的地区使用。各地选用车用柴油牌号如表6-5所示。

表6-5　推荐选用的柴油牌号

牌号	适用地区季节	适用最低气温/℃
10号	全国各地6~8月和长江以南4~9月	12
0号	全国各地4~9月和长江以南冬季	3
-10号	长江以南地区冬季和长江以南地区严冬	-7
-20号	长城以北地区冬季和长城以南黄河以北地区严冬	-17
-35号	东北和西北地区严冬	-32
-50号	东北的漠河(黑龙江北部)和新疆的阿尔泰地区严冬	-45

2. 车用柴油的使用注意事项

(1) 为保证柴油的清洁,柴油加入油箱前,要充分沉淀,沉淀时间不少于48 h,然后用鹿皮、绸布或细布仔细过滤,除去杂质。

(2) 柴油与汽油不能混合使用,因为汽油的发火差,如果混用会使发动机起动困难,甚至不能起动。

(3) 在冬季或低温起动时,可以采用一定的预热措施,如对油底壳进行预热以降低起动阻力,还可以相应的提高蓄电池的密度以防止在低温地区发生结冰的现象,而影响发动机的起动。

(4) 在寒冷地区,缺乏低凝点柴油时,可以向高凝点柴油中掺入10%~40%的裂化煤油以降低柴油的凝点,但要注意掺入后必须搅拌均匀。

6.3　汽车新能源

汽车是石油产品的主要消耗者,据统计全世界的石油产品约有46%为汽车所消耗。这个惊人数字随着汽车保有量的不断增加也随之增加,对环境的污染也是越来越严重。据有关资料预测,石油资源只能供给全世界使用到2050年左右。因此,针对环境和能源形势的日趋恶化,降低汽车油耗和开发汽车新能源迫在眉睫,这已成为现代汽车技术发展的重要课题。

6.3.1　对汽车新能源的要求

汽车新能源必须能够替代目前汽车使用的汽油和柴油,因此应符合以下要求:

(1) 热值要高,能量密度要大,只需携带少量的燃料就能行驶足够的里程。由于汽车行驶的道路和地区不同,以及车载重量的增加,对新能源的要求也就不同,必须能满足发动机的功率要求才能克服种种阻力。

(2) 安全性能要好,无毒或低毒,对环境污染小。在使用的过程中对发动机无害,能充分燃烧,不挥发,燃烧后对环境的污染小。

(3) 来源广泛,价格便宜,容易携带。由于汽车的保有量不断增加,新能源必须来源广泛,才能满足汽车数量不断增加的需求,价格便宜才能满足大众的需求。

(4) 运输、储存和使用方便，不影响发动机的可靠性。

(5) 汽车新能源最好能与现代汽车的供给系兼容，如果需要改进，尽量改进一些简单的装置，以便大众使用。

6.3.2 汽车主要新能源

新能源汽车是指除汽油、柴油发动机之外的所有其他能源汽车。主要包括电动汽车，混合动力汽车，氢能源动力汽车和太阳能汽车等。其特点是废气排放量比较低。据不完全统计，全世界现有超过400万辆液化石油气汽车、100多万辆燃气汽车。中国市场上在售的新能源汽车都是混合动力汽车。

汽车新能源有着广阔的开发前景，目前正在开发代用石油产品的燃料有：醇类燃料、混合动力汽车、天然气、液化石油气、电能、氢气、太阳能、乳化燃料和合成燃料等。这些作为汽车新能源的燃料，也有不同之处，有的能源可以单独使用，而有的能源可以和柴油或汽油混合使用。各类新能源的特点及应用现状如表6-6所示。

表6-6　各类新能源的特点及应用现状

新能源	优　点	缺　点	现状及前景
电能	1) 电来源方式多； 2) 直接污染及噪声小； 3) 结构简单，维修方便	1) 蓄电池能量密度小，汽车驾驶里程短，动力性差； 2) 电池质量大，使用寿命短，价格高； 3) 蓄电池充电时间长； 4) 电池制造和处理存在污染	从总体看仍处于试验研究阶段，推广使用还需一定时间，有希望成为未来汽车主体
氢燃料	1) 不产生有害气体； 2) 氢的热值高； 3) 资源极其丰富	1) 氢气制取成本高； 2) 气态氢能量密度小，且储运不便，液态氢技术难度大，成本高； 3) 需要开发专用的发动机	仍处于基础研究阶段，目前多采用混合动力，即燃料电池与发动机并联使用。有希望成为未来汽车的重要组成部分，前景难以预测
醇类燃料	1) 甲醇、乙醇可以利用植物、天然气、煤炭制取，来源有长期保障； 2) 储运方便； 3) 辛烷值较高	1) 甲醇毒性大，而且对金属和橡胶件有腐蚀； 2) 污染较大，与汽油相当； 3) 单独使用时，需要对发动机做一些改进； 4) 成本高	目前世界上有相当数量的汽车燃烧甲(乙)醇和汽油的混合燃料，发展缓慢，可以作为能源的补充，在某些国家和地区可保持较大的比例
天然气	1) 资源丰富，在今后相当长时间内有充足的保障； 2) 污染很小； 3) 辛烷值高； 4) 价格低廉； 5) 技术成熟	1) 天然气储运不便； 2) 天然气也是非再生资源； 3) 新建加气站网络投资大； 4) 气态天然气能量密度小； 5) 汽车采用天然气会降低动力性； 6) 单烧天然气时须设计专门发动机	在许多国家已获得广泛使用并大力推广，世界上已有约511万辆天然气汽车，21世纪将成为汽车燃料的主流之一

1. 醇类燃料

醇类燃料主要是指甲醇和乙醇。由于醇类燃料的资源比较丰富，来源广泛，价格低廉，植物发酵就可以得到，因此，它已经被作为汽车的代替燃料使用，目前无论是在技术革新还是在降低成本等方面都已经有所更新。

1）甲醇

甲醇可以从天然气、煤炭、重质燃料、木材和垃圾等物质中提取。它以液体状态存在，无色易挥发，有毒，饮后能导致失明。甲醇的自燃点为464℃，辛烷值较高。甲醇作为汽车新能源使用时，既可以单独使用，也可与汽油混合使用。单独使用时，只需对发动机做一些改进，用提高发动机压缩比的方法来提高发动机的性能；混合使用时发动机无需做大的改动。

2）乙醇

乙醇可以从草杆、玉米、甘蔗等农作物中提取。作为新能源的代替燃料，能缓解石油的缺乏，是现行发展中可行的方法。乙醇俗称酒精，用乙醇为燃料的汽车，也可叫酒精汽车。乙醇常温下是液体，易挥发燃烧。乙醇的自燃点为423℃，其辛烷值较高，使用方法与甲醇类似。

醇类燃料蒸发潜热大，低温起动时，发动机很难起动，所以使用醇类燃料的发动机必须加设预热装备，以保证发动机在低温下容易起动。醇类燃料对发动机的腐蚀严重，易吸水，容易破坏润滑油膜，使发动机磨损加快，从而降低发动机的使用寿命。醇类燃料的燃烧速度快，排气中没有碳烟，对环境的污染小；由于醇类燃料在常温下是以液体状态存在，所以在储存和运输方面是比较方便的。

2. 天然气

天然气的主要成分是甲烷，作为新能源具有辛烷值高、混合均匀、燃烧积炭少、不冲刷缸壁油膜的特点。但天然气的携带性较差，汽车需要带气囊行驶，行驶阻力较大，同时气囊容积也会受到一定的限制，因此要求汽车的行驶里程很短。比较适合在城市的公交车上使用。天然气是所有新能源中应用最早的一种。目前，天然气被作为汽车新能源已经得到广泛的应用。

3. 液化石油气

石油气是在石油开采和加工过程中得到的可燃气体，主要由丙烷、丁烷以及其他气体混合而成。石油气在常温条件下，经加压使其液化后储存在高压容器中使用，故称为液化石油气。

液化石油气作为汽车新能源，具有辛烷值高、抗爆性能好、混合均匀、污染小、价格便宜、储存和使用过程方便的特点。采用液化石油气的发动机，可以通过提高发动机压缩比的方法来提高发动机的热效率；采用液化石油气的发动机燃烧过程比较安全，不会破坏缸壁的润滑油膜，对发动机的磨损小，能延长发动机的使用寿命。

目前多采用燃气（天然气和液化石油气）与汽油双燃料供给，即汽油（柴油）和燃料同时作为汽车的燃料。汽油发动机的汽车设有两套独立的燃料供给系统，利用选择开关在燃气和汽油两种燃料中进行转换使用，但两种燃料不允许同时混合使用；柴油发动机汽车配备两个供给系统及两个独立的燃料储存系统，发动机可使用纯柴油工作，当工作于双燃料状态时，用压燃的柴油引燃燃气与混合气而实现燃烧。

4. 氢气

氢可以燃烧，而且它在地球上的蕴藏量极为丰富，是一种极有前途的能源。氢用作汽车燃料具有热值高、热效率高、排气污染小、发动机磨损小等特点。但氢燃料成本极高，而且携带和储存非常困难，因此氢目前尚难用作汽车代用燃料，仅是一种未来可用的燃料。

5. 电能

电能具有对环境没有污染，噪声较小，操纵和使用方便等优点。用电能作为代用燃料的汽车称为电动汽车。电动汽车用电池主要有铅酸电池、镉镍电池、镍氢电池、锂电池等。目前铅酸电池是使用最广的电池，大约有90%的电动汽车使用铅酸电池。铅酸电池的技术比较成熟，功率较大，寿命在800～1 000次，成本较低，在未来的几年中仍然是电动汽车的主流电池。铅酸电池的缺点是比能低，快速充电技术不成熟。

目前影响电动汽车发展的最主要问题是电池。电池充电时间长，行驶里程短，需要较多的充电站，电池对环境有污染等。要想实现电动汽车通用化，就必须研究一种容量大、循环次数多、使用价格便宜、适合大众使用的全能电池。

6. 太阳能

太阳能是取之不尽的能源，通过太阳能电板可直接利用太阳能来驱动汽车。太阳能是目前所有新能源中最经济最简单的能源。但目前开发的太阳能电池效率低、体积大、成本高，驱动的汽车容量很小，短期内难有实用价值。

此外，正在研究开发的汽车新能源还有合成燃料、水、空气、植物油等，因尚处于研究阶段，许多技术问题还有待解决，所以目前还无法在汽车上应用。

本章小结

(1) 汽油的蒸发性、抗爆性、安定性、腐蚀性、清洁性是影响汽油发动机使用性能的重要指标。

(2) 我国执行了新的汽车排放标准，实行了汽油无铅化。汽油产品目前执行《车用无铅汽油》(GB17930—1999)标准，该标准中汽油的牌号按研究法辛烷值分为 90 号、93 号和 95 号。目前市场上所见到的 97 号、98 号汽油产品执行的产品标准均为企业标准。汽油选用的原则是以不发生爆燃为前提，根据说明书厂家推荐或实际需求选择适当牌号的汽油。

(3) 柴油的使用性能指标有燃烧性、蒸发性、低温流动性、安定性和腐蚀性。车用柴油按柴油的凝点分为 10 号、5 号、0 号、- 10 号、- 20 号、- 35 号、- 50 号等七种牌号，主要根据当地当时最低气温选择。为保证柴油机正常工作，凝点应该比环境气温低 5℃以上。

(4) 天然气、液化石油气、甲醇燃料、电能、氢能等已经成为我国汽车燃料的新能源。

复习思考题

1. 名词解释

(1) 爆燃　　(2) 气阻　　(3) 闪点　　(4) 凝点

(5) 新能源

2. 填空题

(1) 车用汽油的使用性能主要包括________、________、________、________和________等。

(2) 我国车用汽油按________来划分牌号，________越高，汽油牌号________，其抗爆性能越好。目前我国所使用的汽油牌号有________、________和________三个牌号。

(3) 柴油的使用性能包括________、________、________、________、安定性、腐蚀性和清洁性等。

(4) 我国柴油牌号是按照________来划分的，分为 10 号、5 号、________、________、________、________和- 50号七种。

(5) 汽车新能源正在开发代用石油的燃料有________、________、________、混合动力汽车、电能、氢气、太阳能、乳化燃料和合成燃料等。

3. 判断题

(1) 一般柴油机的耗油量要比汽油机的耗油量要高。 ( )

(2) 汽油发动机的温度过低,就会造成混合气形成不良。 ( )

(3) 牌号不同的柴油可以掺兑使用,以降低柴油的凝点。 ( )

(4) 甲醇是一种易挥发的液体,有毒,饮后能导致失明。 ( )

4. 选择题

(1) 评定汽油抗爆性能的指标是( )。

A. 十六烷值 B. 辛烷值 C. 馏程 D. 饱和蒸汽压

(2) 柴油的发火性是以( )评定的。

A. 十六烷值 B. 辛烷值 C. 馏程 D. 压缩比

(3) 当柴油需要进行掺兑时,－10 号和－20 号柴油各 50%掺兑后,其凝点为( )。

A. －15 号柴油 B. －16—17 号柴油

C. －13—14 号柴油 D. 不确定

(4) 选择汽油时要按照( )和汽车生产厂家推荐的汽油牌号来选择。

A. 辛烷值 B. 发动机压缩比大小

C. 蒸汽压 D. 实际胶质

(5) 车用柴油应根据( )来选用。

A. 十六烷值 B. 地区和季节的气温高低

C. 凝点 D. 黏度

5. 简答题

(1) 汽油的牌号是根据什么来划分的？主要有哪些牌号？如何进行选用？

(2) 柴油的牌号是根据什么来划分的？主要有哪些牌号？如何进行选用？

(3) 简述汽油发动机对汽油的基本要求。

(4) 简述柴油发动机对柴油的基本要求。

(5) 如何确定汽油的辛烷值和柴油的十六烷值?

(6) 影响车用柴油安定性的主要因素有哪些?

(7) 简述汽车新能源的种类和特点。

7 汽车润滑材料

学习目标

知识目标

(1) 了解发动机润滑油、车辆齿轮油和润滑脂的工作条件及使用性能；

(2) 掌握发动机润滑油、车辆齿轮油和润滑脂的分类、品种牌号及规格。

能力目标

(1) 学会发动机润滑油、车辆齿轮油和润滑脂的合理选用及正确使用；

(2) 学会润滑材料的检查和更换操作。

据统计，汽车零部件的主要失效形式是磨损，磨损型的故障约占汽车使用故障率的50%，由此带来的维修费用约占汽车使用费用总数的25%，而且汽车燃料的热能中约有10.5%消耗在汽车的各种摩擦损失中。由此可见，降低摩擦损失、减少磨损、延长车辆使用寿命的重要措施和有效途径就是润滑。

汽车润滑材料主要包括发动机润滑油、汽车齿轮油和汽车润滑脂等。

7.1 发动机润滑油

发动机是汽车的动力装置，汽车在正常行驶过程中，发动机的零部件间将产生相对运动，加之受载荷和温度的影响，会引起零部件的磨损。为减缓零部件的磨损、减少故障、延长发动机的使用寿命，最大限度地发挥发动机的应有功率，要正确地选择和使用发动机润滑油。

发动机润滑油是由石油中的重油经精致加工，并加入各种添加剂制成的。发动机润滑油是汽车润滑材料中品种最多，用量最大，且性能要求较高，工作条件异常苛刻的一种油品。

7.1.1 发动机润滑油的作用及工作条件

1. 发动机润滑油的作用

发动机润滑油的主要作用就是给发动机进行润滑、清洗、冷却、密封、防锈和减震。

1）润滑

润滑是发动机润滑油的主要作用。发动机在高速运动时，润滑油被发动机润滑系统送到各摩擦表面形成油膜，使金属间的干摩擦变成润滑油层间的液体摩擦，从而减少机件间的磨损，保证机件正常运行。

2）清洗

发动机润滑油在循环过程中，能把附着在摩擦表面的金属磨屑、杂质、赃物等带走，并把它们送到机油盘中沉淀或由滤清器滤除，使发动机机件表面保持清洁。

3）冷却

润滑油流过各个摩擦表面时，能将摩擦表面生成的热量带走，使机件保持正常的工作温度。

4）密封

发动机润滑油工作时会填满活塞与缸壁间的间隙，形成油封，起到良好的密封作用，防止气体的泄露，从而保证了发动机正常的输出功率。

5）防锈

润滑油能吸附在金属表面形成油膜，避免了水及腐蚀介质和金属的直接接触，从而起到防止或减少它们对金属的锈蚀。

6）减震

当机件受到冲击载荷时，载荷需通过机件间隙中的润滑油膜才能传递，由此起到缓冲和消振作用。

2. 发动机润滑油的工作条件

发动机润滑油是在高温、高压、高速以及润滑困难的恶劣条件下进行工作的，所以润滑油极易变质，而导致零件摩擦表面难以形成良好的油膜，最终导致零件因磨损而报废。

1）高温、高压

发动机工作时，许多机件处于较高的温度，如活塞头部约为205℃～300℃，气缸上部约为180℃～270℃，曲轴箱中温度约为85℃～95℃；同时，发动机的主轴瓦、连杆瓦、凸轮轴轴瓦等部位必须采用一定的压力给予润滑。润滑油在这样高温、高压下工作，极易氧化变质。

2）高速

发动机正常工作时，润滑油在发动机内的循环次数为每小时100次以上，高速循环的润滑油膜容易破坏，加速零部件的磨损。

3）燃烧废气和燃料的侵蚀

发动机工作中，燃烧的废气和未完全燃烧的混合气，在气缸密封不良时会串入曲轴箱，这些气体冷凝后将形成水和酸性物质，稀释、腐蚀润滑油。

4）杂质的污染

发动机运转中，空气中的尘埃、机件磨损产生的金属屑以及燃烧生成的积炭等都会进入润滑油，对润滑油造成严重污染。

7.1.2 发动机润滑油的主要使用性能

由于发动机润滑油的工作条件非常恶劣，为保证发动机正常润滑，发动机润滑油的主要使用性能包括适当的黏度、良好的黏温性、较强的抗氧化安定性、良好的清净分散性、较好的抗腐蚀性和良好的抗磨性等。

1. 适当的黏度

黏度是指润滑油在外力作用下当液体发生流动时分子间的内摩擦力。黏度是发动机润滑油的一项重要指标，是润滑油分类和使用的主要依据。对于汽车发动机来说，润滑油的黏度直接影响到发动机的起动性能、机件的磨损、燃料和油料的消耗以及功率的损失等。

黏度过小，就不易在摩擦表面形成足够厚的油膜，使机件得不到正常的润滑，以致加剧机件的磨损；同时由于润滑油黏度过小，会导致密封不良，气缸漏气，发动机功率下降，还会使混合气窜入曲轴箱使油底壳内的润滑油变稀变质从而失去原有的性能。黏度小的润滑油其蒸发性能就好，当润滑缸壁时润滑油有可能参与燃烧，这样不仅增加润滑油的消耗还会使发动机工作不稳。

黏度过大，消耗在润滑油之间的摩擦功率较多，造成发动机低温起动困难，降低了发动机的有效功率，增加了燃料的消耗。此外，由于润滑油的黏度过大，油的流动性就差，润滑油循环速度减慢，单位时间内流过摩擦表面的油量减少，从而降低了润滑油的冷却和清洗效果。所以，要求润滑油的黏度要适当，以免带来不必要的故障。

表示油料黏度的方法主要有动力黏度、运动黏度和条件黏度。我国润滑油规格中采用动力黏度和运动黏度表示。发动机使用的润滑油，其100℃运动黏度以100 mm^2/s左右为宜，黏度指数应在90以上。润滑油的黏度受温度影响很大，所以在使用中应考虑其工作环境温度，以便选用适当黏度的品种。

2. 良好的黏温性

润滑油的黏度是随温度的变化而变化的。当温度升高时，润滑油的黏度变小；温度降低时，黏度变大。润滑油的黏度随温度变化而变化的特性即为润滑油的黏温性。润滑油的工作温度范围很宽，发动机冬季起动时曲轴箱及摩擦表面的油温与气温相近，而发动机长时间运行后活塞区油温可达300℃左右。如果润滑油的黏温性差，即低温时黏度过大，而高温时黏度过小，会造成机件磨损和损坏。因此，为保证润滑油在高温和低温时都有适宜的黏度，要求润滑油必须具有良好的黏温性。

润滑油黏温性可以用黏度指数来表示，它是发动机润滑油的一项重要指标。黏度系数越大，表明黏度受温度影响越小，黏温性越好。

为了提高润滑油的黏温性，通常在低黏度润滑油中添加黏度指数改进剂（增稠剂），使之能适应较宽温度范围的使用要求，这种油称为多级油。

3. 较强的抗氧化安定性

安定性是指润滑油在储存和使用过程中，抵抗氧化反应的能力。润滑油一旦和空气中的氧接触，就会发生氧化反应，而引起润滑油变质，并腐蚀零件或影响发动机正常工作。常温下润滑油的氧化速度比较慢，但在高温时，氧化速度明显加快，尤其是在曲轴强烈搅拌下，飞溅的油滴蒸发成油雾，增大了与氧接触的面积，在金属催化作用下使氧化反应非常激烈，并生成氧化物。氧化物不仅会使油的外观和理化性能发生变化(颜色变暗、黏度增加、酸度增大)，同时还会引起机件磨损、破坏发动机正常工作、加速润滑油的老化变质。因此，要求润滑油具有良好的抗氧化能力，特别是在高温下的抗氧化能力。为减少润滑油的氧化变质，延长使用寿命，通常在油中添加各种性能良好的抗氧化添加剂。

4. 良好的清净分散性

清净分散性是指发动机润滑油能抑制积炭、漆膜和油泥的生成或将已经生成的沉淀物给予清除的性能。

发动机在使用过程中，因受到废气、燃气、高温和金属催化作用，会生成各种氧化物，它们与金属磨屑等机械杂质混合在一起，在油中形成胶状沉积物附在活塞、活塞环槽上，形成积炭和漆膜，或沉积下来形成油泥，堵塞油孔等，从而使发动机散热不良，机件磨损加剧，油耗增加，功率下降等。清净分散性能良好的润滑油能使这些氧化物浮在油中，通过发动机滤清器将其过滤掉，从而减少以上不良因素的产生。因此，润滑油中通常加入清净分散剂，使润滑油具有良好的清净分散性。

5. 较好的抗腐蚀性

腐蚀性表示润滑油长期使用后对发动机机件的腐蚀程度。无论润滑油的品质多么高级，在发动机高温、高压和有水分的工作条件下，也会逐渐老化。润滑油中的抗氧化剂也只能起到抑制、延缓油料的氧化过程，减少氧化物，但不能从根本上消除润滑油的老化。造成润滑油老化的主要原因是润滑油老化后产生的弱酸性物质，这些物质在高温、高压和有水分的条件下对金属起到腐蚀作用，特别是滑动轴承的耐腐蚀性较差，易被酸性物质腐蚀，产生麻点、凹坑、剥落等现象。为此要提高润滑油的提炼精度，减少酸值；或是添加防腐剂，使润滑油具有较好的抗腐蚀性。

此外，发动机润滑油还应有良好的抗磨性和抗起泡性等。

7.1.3 发动机润滑油的分类及规格

1. 发动机润滑油的分类

目前国际上广泛采用的是美国汽车工程师协会(SAE)的黏度分类法和美国石油协会(API)的使用性能分类法两种。

1) SAE 黏度分类法

黏度分类法是根据所测定的黏度将润滑油分为冬季用油(W 级)和非冬季用油。冬季发动机润滑油的分类，规定用在−18℃所测定的黏度来划分有 0 W、5 W、10 W、15 W、20 W、25 W 六个等级，其数字越小，说明其低温黏度越小，低温流动性越好，适应的温度越低。如 0 W 适用于在−35℃地区使用，5 W 适用于在−30℃地区使用，10 W 适用于在−25℃地区使用，15 W 适用于在−20℃地区使用，20 W 适用于在−15℃地区使用，25 W 适用于在−10℃地区使用。非冬季用油按 100℃时的运动黏度分级有 20、30、40、50 和 60 五个等级，其数字越大，适用的最高温度越高。

另外，为增大润滑油对季节和气温的适应范围，国家标准还规定了多级油的黏度级号，如 5 W/30、5 W/40、10 W/30、20 W/40 等多级油，其分子表示低温黏度等级，分母表示 100℃时的运动黏度等级。多级油在油中添加了黏度指数改进剂，能同时满足某一 W 级油和非 W 级油的黏度要求，有较宽的温度使用范围。例如，5 W/40 既符合 5 W 级油黏度要求，又符合 40 级油黏度要求，在全国冬季均可使用。

2) API 使用性能分类法

使用性能分类法是根据使用场合和使用对象将润滑油分为汽油发动机润滑油(S 系列)和柴油发动机润滑油(C 系列)两类。每一系列又按油品特性和使用场合不同，分为若干等级。目前，汽油发动机润滑油系列分为 SA、SB、SC、SD、SE、SF、SG 和 SH 等级别，其中 SA、SB、SC 和 SD 级润滑油已经不再使用；柴油发动机润滑油系列分为 CA、CB、CC、CD、CD－Ⅱ、CE 和 CF－4 等级别，其中 CA 和 CB 级润滑油已不再使用。各类油品的级号越靠后，其使用性能越好，适用的机型越新，或者说使用的工作条件就更加苛刻。发动机润滑油的级别、特性和使用场合如表 7－1 所示。

表 7－1　发动机润滑油的级别、特性和使用场合

应用范围	级别代号	特性和使用场合
汽油发动机润滑油	SE	适合 1972 年以后生产的轿车和汽油机货车。抗氧化性、抗高温吸附性、抗锈抗腐蚀性都要比 SD 好
	SF	适合 1980 年以后生产的轿车和汽油机货车。抗氧化性和抗磨性都比 SE 好
	SG	由发动机生产厂家推荐使用在 1989 年以后生产的汽油机轿车、轻型客车、轻型货车。它包含 CC 级的性能，抗吸附性、抗氧化性、耐磨性、抗腐抗锈性都比 SF 好
	SH	由发动机生产厂家推荐使用在 1993 年以后生产的汽油机车辆。拥有 SG 的最低性能下，抗吸附性、抗氧化性、耐磨性、抗腐抗锈性都比 SG 好。符合 DOD CID－A－A－52390 和 ILSAC GF－1 等发动机生产厂家要求的台架实验
	SJ	由发动机生产厂家推荐使用在 1996 年以后生产的汽油机车辆。与 SH 具有相同的抗吸附性、抗氧化性、耐磨性、抗腐抗锈性，增加抗低温性、油分子耐蒸发性、高温耐泡沫性。尾气排放有改善(轻微节约燃料)
	SL	适合 2002 年以后生产的车辆。能节约燃料，高温具有抑制吸附能力
	SM	适合 2004 年以后生产的车辆。性能比 SL 好，以降低添加剂中的磷含量实现环保要求，抗氧化性、高温耐磨性、高温抑制吸附性和泵送性有提高
柴油发动机润滑油	CC	适用于高负荷条件下运行的非增压及低增压柴油机，并包括一些重负荷汽油机。具有抑制高温沉积及轴承腐蚀的性能，也能抑制汽油机的低温沉积
	CD	用于使用各种质量燃料的高增压柴油机，包括高硫燃料非增压和增压柴油机。具有控制轴承腐蚀和高温沉积的性能，并可取代 CC 级
	CD－Ⅱ	用于重负荷二冲程柴油机，具有优良的磨损和沉积控制性能，也使用于所有 CD 级油的汽车
	CE	适用于低速高负荷和高速高负荷条件操作的大功率、高增压柴油机，主要包括 1983 年后生产的重负荷增压柴油机。它改进了 CD 级油的油耗、油的增稠、活塞沉积
	CF	适用于间接喷射柴油机，对燃料的要求较松，如硫含量可以超过 1.5%。具有很强的控制磨损、沉积物和铜轴承腐蚀的能力。可用于 1993 年以来制造的自然吸气涡轮增压式柴油机，也可满足要求使用 CD 级油的发动机
	CF－2	用于要求高效控制气缸磨损、活塞环积炭和沉积物的重负荷二冲程柴油机，以及要求使用 CD－Ⅱ级油和 CD 级油的发动机
	CF－4	用于高速四冲程柴油机。在油耗和活塞沉积物控制方面性能优于 CE 并可替代 CE。特别适合高速公路行驶的重负荷货车
	CG－2	用于二冲程大功率、重负荷的柴油机。节省燃料、排放低
	CG－4	用于高速公路行驶的大功率、重负荷增压直喷式柴油机，燃料宜用低硫、低芳烃柴油，对环保方面排放要求更严格。更有效地防止发动机关键部件表面沉积物的形成

2. 发动机润滑油的规格

发动机润滑油的产品规格是由品种(使用等级)与牌号(黏度等级)两部分构成的。每一特定品种都附有规定的牌号,国产发动机润滑油的品种与牌号如表7-2所示,产品按统一的方法命名,例如,SD30是指使用等级为SD级,黏度等级为SAE30的汽油发动机油;SJ5W/40为使用等级为SJ级,并且既符合SAE5W级油黏度要求,又符合SAE40级油黏度要求的多级汽油机油;SF/CD5W/30则为多级汽油机/柴油机通用油,它符合SF级汽油机油和CD级柴油机油使用性能,并且既符合SAE5W级油黏度要求,又符合SAE40级油黏度要求。

表7-2　国产发动机润滑油的品种与牌号

品　种	黏　度　牌　号
SC	5W/20,10W/30,15W/40,30,40
SD(SD/CC)	5W/30,10W/30,15W/40,30,40
SE(SE/CC)	5W/30,10W/30,15W/40,20/20W,30,40
SF(SF/CC)	5W/30,10W/30,15W/40,30,40
CC	5W/30,5W/40,10W/30,10W/40,15W/40,20W/40,30,40,50
CD	5W/30,5W/40,10W/30,10W/40,15W/40,20W/40,30,40

7.1.4 发动机润滑油的选用及使用注意事项

1. 发动机润滑油的选用

由于润滑油对发动机的使用性能和寿命都有很大影响,因此应严格按照汽车使用说明书规定,选用相同系列、使用等级、黏度等级的润滑油。汽车说明书推荐的润滑油是根据发动机的工作性能和销售地域的气温等情况而定的,对润滑油的选用有一定的指导作用,并留有较大的安全系数,同时也是发动机保用期内索赔的前提条件之一。若无说明书可按下列方法,选用合适的润滑油规格。

1) 润滑油使用性能级别选择

汽油发动机润滑油的选择,主要考虑的是发动机的结构特点,并根据使用说明书和发动机的工作条件进行选择。汽油发动机的工作条件是比较苛刻的,其苛刻程度与发动机进、排气系统中有无附加装置及其类型有关,因此,可按附加装置的类型来选用汽油发动机润滑油的使用等级。没有附加装置的汽油发动机可选用SD级油;有曲轴箱强制通风(PCV)装置的汽油发动机可选用SE级油,如CA1091载货汽车发动机和吉普BJ2020等都要求使用SE级油;有废气再循环(EGR)系统的汽油发动机应选用SF级油,如改进型492Q发动机就要求使用这个级别的机油;装有废气催化转化器或中低档电喷燃油系统的汽油机,要选用SG级以上的机油,如桑塔纳2000、富康、红旗系列电喷轿车;对于采用新型材料和新技术的中高档电喷汽油机则选用SJ级以上的机油,如奥迪A4、奥迪A6、别克、本田轿车及进口中高档汽油机。

另外,对于从欧、美、日等汽车生产国进口的汽车也可以根据生产年份来大致区分汽油机润滑油的使用等级。如1989—1993年用SG级油;1994—1996年用SH级油;1996—2001年用SJ级油;2001年至今用SJ或SL级油。这是因为汽车的生产年份越靠后,其性能改进越多,润滑油的工作条件通常要比早年生产的汽车苛刻。

柴油发动机润滑油的选择,主要考虑的是发动机的强化程度,发动机的强化程度一般可采用强化系数来表示。强化系数越大，柴油机的热负荷和机械负荷越高，其润滑油的工作条件就越苛刻，所选润滑油的等级也就越高。强化系数与柴油发动机润滑油使用等级之间的关系如表 7－3 所示。

表 7－3　强化系数与柴油发动机润滑油使用等级之间的关系

发动机的强化系数	柴油机油使用等级	应用机型
35～50	CC	玉柴，扬柴，朝柴 4102、4105、6102，锡柴，大柴 6110，日野 ZM400，五十铃 4BD1/4BG1 等
50～80	CD	康明斯、斯太尔、依维柯、索非姆等增压柴油机
＞80	CE 以上	用于在低速高负荷和高速高负荷条件下运行的低增压和增压式重负荷柴油机

2）润滑油黏度级别的选择

发动机润滑油的黏度级别主要根据气温、工况和发动机润滑油的技术状况选用，应同时满足低温起动性和高温润滑性。

黏度是评价发动机润滑油品质的一个重要指标。它的大小直接影响发动机润滑油的减磨、降温、清洁、除锈、防尘、吸收震动和密封等作用。黏度越小，流动性就越好，清洁、冷却效果越好，但高温油膜易破坏，润滑效果较差；黏度越大，油膜厚度、密封等方面越好，但低温起动时上油较慢，易出现干摩擦或半流体摩擦，冷却、冲洗作用也较差。因此发动机润滑油黏度选用要适当，一般要遵循以下原则：

(1) 根据工作地区的环境温度、发动机负荷、转速选用适宜黏度等级的发动机润滑油，以保证零件正常润滑。

(2) 尽量选用黏温特性好、黏度指数高的多级油。多级油使用温度范围比单级油宽，具有低温黏度油和高温黏度油的双重特性。如 5W/30 多级油同时具有 5 W、30 两种单级油的特性，其使用温度区间由 5W 级油的－30℃～10℃和 30 级油的 0℃～40℃组合成－30℃～40℃。与单级油相比，扩大了使用范围，不仅可以减少因气温变化带来更换发动机润滑油的麻烦，而且会减少发动机润滑油的浪费。

一般我国南方夏季气温较高，对重负荷、长距离运输、工况恶劣的汽车应选用黏度较大的发动机润滑油。我国北方地区冬季气温低，应选用低黏度发动机润滑油，以保证发动机起动，减少零部件磨损。发动机润滑油黏度级别的选择，还与发动机润滑油的技术状况有关。新发动机应选择黏度较小的发动机润滑油，以保证在磨合期内正常磨合；磨损严重的发动机应选择黏度较大的发动机润滑油，以维持所需的机油压力，保证正常润滑。发动机润滑油的黏度要保证发动机低温易于起动，而走热后又能维持足够黏度保证正常润滑。

从工况方面考虑，重载低速和高温下应选择黏度较大的发动机润滑油；轻载高速应选择黏度较小的发动机润滑油。发动机润滑油黏度等级与适用温度范围如表 7－4 所示。

表 7－4　常用发动机润滑油黏度等级与适用温度范围

黏度等级	适用温度/℃	黏度等级	适用温度/℃
5W/20	－30～20	20/40 W	－15～40
5W/30	－30～30	10 W	－25～－5
10W/30	－25～30	20	－10～30
10W/40	－25～40	30	0～30
15W/40	－20～40	40	10～50

2. 发动机润滑油的使用注意事项

(1) 要注意使用过程中润滑油的颜色和气味的变化。一旦发现颜色、气味以及性能指标有较大变化,应及时更换,不应教条地照搬换油期限。

(2) 要保证油面的正常高度,正常油面高度应位于油尺满刻度的标志和1/2刻度标志之间。当油面过低时,会使润滑油快速变质或因缺油而导致机件加速磨损甚至烧坏。油面过高时,不仅会加大润滑油的消耗还会使润滑油窜入曲轴箱使燃烧室内的积炭增加。

(3) 在更换发动机润滑油时一定要采用热机放油法。油温高时润滑油容易放出,并且会使油中的悬浮物、油泥分散,易和旧润滑油一起排出。

(4) 汽油发动机润滑油和柴油发动机润滑油不能互相使用,只有在特殊标明的情况下可以通用。不同牌号发动机的润滑油不可混用,以免发生化学反应。

(5) 应保持空气滤清器和机油滤清器清洁,并及时更换滤芯,保持润滑油清洁。

(6) 选购时,应尽可能购买有影响、有知名度的正规厂家的发动机润滑油,要特别注意辨别真假,确保润滑油的品质。

(7) 使用等级较高的润滑油可以代替使用等级较低的润滑油,但绝不能使用等级低的润滑油代替等级高的润滑油,否则会导致发动机早期磨损。

7.2 车辆齿轮油

车辆齿轮油是用于汽车、拖拉机和工程机械等车辆的变速器、驱动桥和齿轮传动机构的润滑油。它和发动机润滑油一样,具有润滑、防锈、密封、清洗、冷却和降噪的作用,但齿轮油的工作条件和润滑油不同,因此对车辆齿轮油的性能要求也有所不同。

7.2.1 车辆齿轮油的工作条件与性能要求

1. 车辆齿轮油的工作条件

1) 承受压力大

齿轮在啮合过程中,啮合部分接触面积小,单位接触压力很高。一般汽车齿轮单位接触压力可达2 000~3 000 MPa,而双曲线齿轮可达3 000~4 000 MPa,因此齿轮啮合部位的油膜极易破裂,导致摩擦和磨损,甚至引起擦伤和胶合。齿轮传动不仅有线接触,还有滑动接触,特别是双曲线齿轮,齿轮间具有较高的相对滑动速度,一般可达8 m/s左右,在这样高速大负荷条件下,会使油膜变薄甚至局部破裂,导致摩擦和磨损加剧。

2) 工作温度不高

齿轮油的工作温度要比发动机润滑油低,其油温的升高主要是由于传动机构摩擦产生的热量引起的,并随外界环境温度和行驶中外部空气冷却强度的变化而变化,齿轮油的工作温度一般不超过100℃。现代轿车采用双曲线齿轮,因其轴线偏置量较大,在车速高时,会使齿轮齿面间的相对滑动速度很高,使油温达到160℃~180℃。

2. 对车辆齿轮油的性能要求

根据车辆齿轮油的工作条件,对齿轮油的主要性能要求是:具有良好的极压抗磨性,适宜的黏度和良好的黏温性,良好的低温流动性、氧化安定性和抗泡沫性等。

7.2.2 车辆齿轮油的主要使用性能

1. 良好的极压抗磨性

极压抗磨性是指齿轮油在摩擦表面接触压力非常高的条件下，仍能保持有足够厚的油膜，防止摩擦表面产生烧结、胶合等损伤的性能。当汽车在重载荷下起动、爬坡或遇到冲击载荷时，齿面接触区中有相当一部分处于边界润滑状态，因此，要求齿轮油在较高的负荷下仍能保持有足够厚的油膜。齿轮油黏度的增加有利于承载能力的提高和油膜的保持，但黏度太大会增加摩擦损失。所以在车辆齿轮油中一般都加有极压抗磨添加剂，它能和金属零件表面发生化学反应生成一种性能极强的保护油膜，同时还具有保护金属零件抗腐蚀的作用，这样可以降低齿轮间的磨损并延长使用寿命。

2. 适宜的黏度及良好的黏温性

黏度与黏温性也是齿轮油的重要使用性能之一。一般而言，高黏度的齿轮油，可以有效防止齿轮和轴承损伤，减小机械运转噪声和漏油现象；而低黏度的齿轮油，可以提高传动效率，加强散热和清洗的作用。因此适宜的黏度应该既能保证发动机在低温不经预热便可以顺利起动又能使齿轮和轴承得到良好的润滑。

齿轮油的黏度是随温度的变化而变化的，其变化幅度越小，证明齿轮油的黏温性能就越好。汽车传动机构温度变化较大，如汽车减速器在冬季起动时温度可能在 0℃以下，而工作温度却在 80℃～100℃之间，有时高达 150℃～170℃。若齿轮油的黏温性不好，则起动时由于黏度太大就会增加起动阻力，而当温度上升时，又使黏度下降而削弱了润滑性，因此，齿轮油应具有良好的黏温性。

3. 良好的低温流动性

低温流动性是指齿轮油在低温下或冬季仍能保持最佳流动性的能力。车辆起动时，齿轮油的温度与外界温度几乎保持一致，尤其是在温度较低或冬季起动时齿轮油流动性的好坏对发动机起动是非常重要的，所以齿轮油应具有良好的低温流动性。

4. 良好的氧化安定性

氧化安定性是指齿轮油在高温条件下抵抗氧化的能力。如果氧化安定性不好，就会使齿轮油的黏度增加并降低齿轮油的流动性，还会生成油泥，并使齿轮油早期变质。同时氧化产生的腐蚀性物质，会加快金属零部件的腐蚀和磨损。在齿轮油中加入抗氧化添加剂是提高齿轮油氧化安定性的最佳途径。

5. 良好的抗泡沫性

抗泡沫性是指齿轮油在强烈搅动的条件下，抵抗泡沫生成和及时消失的能力。如果齿轮油生成的泡沫能及时消除就不会影响正常工作；如果形成较多的泡沫并且不能及时消失则会发生溢流或磨损等现象。因此齿轮油应具有良好的抗泡沫性能。

7.2.3 车辆齿轮油的分类及规格

1. 车辆齿轮油的分类

车辆齿轮油的分类依然采用的是美国汽车工程师协会（SAE）的黏度分类法和美国石油协会（API）的使用性能分类法两种。

1）SAE 黏度分类法

黏度分类法是根据车辆齿轮油的黏度达到 150 Pa·s 时的最高温度和 100℃时的运动黏度，将齿轮油分为 70W、75W、80W、85W、90、140 和 250 七种黏度牌号，如表7－5所示。表中凡带字母 W 的为冬季用齿轮油，是根据齿轮油黏度达到 150 Pa·s 时的最高温度划分的。低温黏度规定为 150 Pa·s，超过这一黏度，驱动桥双曲线齿轮和主减速器主动齿轮轴承的润滑条件会恶化，易发生损坏；不带字母 W 的为夏季用齿轮油，黏度等级根据 100℃时的运动黏度范围划分。

表 7-5　　车辆齿轮油的黏度分类

SAE 黏度牌号	黏度为 150 Pa·s 时的最高温度/℃	100℃时的运动黏度/(mm^2/s)	
		最小	最大
70W	−55	4.1	—
75W	−40	4.1	—
80W	−26	7.0	—
85W	−12	11.0	—
90	—	13.5	<24.0
140	—	24.0	<41.0
250	—	41.0	

车辆齿轮油也有多级油，常见的多级齿轮油有 75W/90、80W/90、85W/90 和 85W/140 等黏度等级。例如，80W/90 表示这种油在冬季使用时相当于 80W，其−26℃表面黏度不大于 150 Pa·s；在夏季使用时相当于 90 号，其 100℃运动黏度控制在 13.5～24.0 mm^2/s。由于多级齿轮油具有良好的低温起动性和良好的高温润滑性，能够同时满足不同地区、不同季节温度下齿轮润滑的要求，因此许多汽车用户使用多级齿轮油。

2）API 使用性能分类法

使用性能分类法是根据齿轮的承载能力和使用条件不同，将齿轮油分为 GL-1、GL-2、GL-3、GL-4、GL-5 和 GL-6 六个等级，级别中的数字越大，代表齿轮油的承载能力越强，适应的工作条件也就越苛刻。其适用的范围如表 7-6 所示。

表 7-6　　车辆齿轮油的使用性能分类

分类级别	适　用　范　围
GL-1	低齿面压力、低滑动速度下运行的汽车螺旋伞齿轮、蜗轮后轴和各种手动变速器。直馏矿油能满足这级油的要求
GL-2	汽车蜗轮后桥齿轮，其负荷、温度及润滑速度的状况用 GL-1 级齿轮油不能满足要求
GL-3	中等速度及负荷运转的汽车手动变速器和后桥螺旋伞齿轮规定用 GL-3 级齿轮油，其承载能力比 GL-2 高，比 GL-4 低
GL-4	在高速低转矩及低速高转矩下运行的轿车和其他车辆的各种齿轮，特别是准双曲线齿轮
GL-5	在高速冲击负荷、高速低转矩、低速高转矩条件下运行的轿车和其他车辆的各种齿轮，特别是准双曲线齿轮
GL-6	高速冲击负荷下运转的轿车和其他车辆的各种齿轮，特别是高偏置双曲线齿轮，偏置大于 5 cm 或接近大齿圈直径的 25%

2. 车辆齿轮油的规格

我国参照 API 使用性能分类法将车辆齿轮油分为普通车辆齿轮油、中等负荷车辆齿轮油和重负荷车辆齿轮油三个品种，分别相当于 APIGL－3、GL－4 和 GL－5。

1）普通车辆齿轮油

普通车辆齿轮油由石油润滑油、合成润滑油及它们的混合组分为原料，并加入抗氧化剂、防锈剂、抗泡剂和少量的极压剂制成。适用于中等速度和负荷比较苛刻的手动变速器和螺旋锥齿轮的驱动桥。按《普通车辆齿轮油》(SH0350—1992)规定，普通车辆齿轮油有 80W/90、85W/90 和 90 等 3 个黏度牌号。

2）中等负荷车辆齿轮油

中等负荷车辆齿轮油是由精制矿物油加抗氧化剂、防锈剂、抗泡剂和极压剂等制成。适用于高速低转矩、低速高转矩条件下工作的各种齿轮和使用条件不太苛刻的双曲线齿轮。我国还没有制定中等负荷车辆齿轮油的国家标准，目前国产中等负荷车辆齿轮油采用的是中国石油化工总公司暂定技术条件，有 75W、80W/90、85W/90、90 和 85W/140 等 5 个黏度牌号。

3）重负荷车辆齿轮油

重负荷车辆齿轮油是由精制矿物油加抗氧化剂、防锈剂、抗泡剂和极压剂等制成。与中等负荷车辆齿轮油相比，添加剂品种一样，但剂量要增加一倍。适用于高速冲击负荷、高速低转矩和低速高转矩条件下工作的各种齿轮，特别是客车和其他车辆的双曲线齿轮。按《重负荷车辆齿轮油(GL－5)》(GB13895—1992)规定，重负荷车辆齿轮油有 75W、80W/90、85W/90、85W/140、90 和 140 等 6 个黏度牌号。

近年来，由于进口品牌的齿轮油在国内大量生产并销售，国内市场出售的齿轮油，基本上都使用国际标准的级别，即 SAE 黏度分级级别和 API 质量分级级别。按照国际标准为汽车选用齿轮油，就可以保证汽车使用的要求。旧牌号国产齿轮油与 SAE 规格、API 规格齿轮油的对应关系及使用范围如表 7－7 所示。

表 7－7　旧牌号国产齿轮油与 SAE 规格、API 规格齿轮油的对应关系及使用范围

国产齿轮油	使用范围	相对应的 SAE 规格 （按黏度分类）	相对应的 API 规格 （按使用性能分类）
20 号普通齿轮油	冬季使用于一般汽车的齿轮传动装置上	SAE90	GL－2
30 号普通齿轮油	长江以南地区全年，长江以北地区夏季，使用于一般汽车的齿轮传动装置	SAE140	GL－2
22 号渣油型双曲线齿轮油	冬季使用于具有准双曲面齿轮传动装置的汽车上	SAE90	GL－3
28 号渣油型双曲线齿轮油	夏季使用于具有准双曲面齿轮传动装置的汽车上	SAE140	GL－3
18 号馏分型双曲线齿轮油	用于气温在－30℃～－10℃地区，具有准双曲面齿轮传动装置的汽车上	SAE90	GL－4
26 号馏分型双曲线齿轮油	用于气温在 32℃以上地区，具有准双曲面齿轮传动装置的汽车上	SAE140	GL－4
13 号馏分型双曲线齿轮油	用于气温在－35℃～－10℃严寒地区，具有准双曲面齿轮传动装置的汽车上	SAE85W	GL－5

7.2.4 车辆齿轮油的选用及使用注意事项

1. 车辆齿轮油的选用

车辆齿轮油主要根据汽车生产厂家的使用说明书要求来选择。如果没有使用说明书，可以按照工作条件选择品种，按照当地气温选择牌号；也可以根据齿轮传动的种类和承载能力及使用条件和工作温度来确定齿轮油的使用等级和黏度等级。

1）使用性能等级的选择

是根据齿轮工作条件的苛刻程度来选择。齿轮工作条件的苛刻程度是由齿轮的类型及其工作时的负荷和运动速度决定的。比如中外合资生产的轿车、载货汽车和工程车辆驱动桥中的双曲线齿轮，其齿轮的接触压力可达 3 000 MPa 以上，相对运动速度可达 10 m/s，齿轮油的温度可高达 120℃～130℃，在高负荷下运转时主要靠齿轮油内的极压抗磨剂的作用来减小磨损，所以双曲线齿轮或其他工作条件苛刻的齿轮，必须使用重负荷的齿轮油（GL－5）。

而车辆变速器的负荷一般较轻，转速又比较快，所以很容易形成良好的油膜给予润滑以降低磨损。因此普通的齿轮油就能够满足其润滑的要求。但通常为了简便省工，并在性能级别要求相差不大的情况下，通常转向机构的齿轮传动部分和变速器可以使用同一种润滑油。有的车辆要求驱动桥使用中、重负荷齿轮油，而变速器则要求使用普通齿轮油即可。

2）黏度等级的选择

主要根据当地季节气温和齿轮油温度为依据来选择适当牌号的齿轮油。

车辆齿轮油应具有良好的黏温性，既能保证在低温下顺利起动，还必须保证在高温时能形成良好的油膜。车辆齿轮油的黏度达到 150 Pa · s 时的最高温度，决定其适用的最低温度。黏度为 75W、80W 和 85W 的齿轮油牌号适用的最低温度分别为－40℃、－26℃和－12℃。

通常长江流域及冬季气温不低于－10℃的地区，全年可使用 90 号的齿轮油；长江以北及冬季气温不低于－12℃的地区，一般车辆全年可使用 85W/90 号的齿轮油；负荷特别重的车辆，可全年使用 85W/140 号的齿轮油；长城以北及冬季气温不低于－26℃的寒冷地区，可以全年使用 80W/90 号的齿轮油；黑龙江、内蒙古、新疆等冬季最低温度在－26℃以下的严寒地区，冬季应使用 75W 号的齿轮油，而夏季应换用 90 号的齿轮油；而在我国北方地区，可以选用四季通用的多级齿轮油。车辆齿轮油适用的环境温度及地域如表 7－8 所示。

表 7－8　车辆齿轮油适用的环境温度及地域

黏度级别	适用环境温度/℃	适　用　地　域
75W/90	－40～30	尤其适用于特寒区冬季使用，与合成油类机油及防冻液配合使用效果更佳
80W/90 80W/140	－26～40 －26～50	华东、华北、华中、华南地区冬夏通用
85W/90 85W/140	－12～40 －12～50	华东、华北、华中地区冬夏通用；华南、西南地区冬季使用
90、140	－5～50	全国各地夏季通用；华南地区冬季可用

2. 车辆齿轮油的使用注意事项

（1）使用齿轮油时，不能将使用等级较低的齿轮油用在要求较高的车辆上，如将普通齿轮油加在准双曲面齿轮驱动桥中，将使齿轮很快磨损和损坏。使用等级较高的齿轮油可以用在要求较低的车辆上，但成本增加。

（2）在保证润滑的条件下，尽量使用黏度合适的齿轮油。如果使用黏度较高的齿轮油，将会使燃料消耗明显增加，所以尽可能使用合适的多级齿轮油。

(3) 齿轮油在使用过程中，应按规定及时更换。一般汽车每行驶 40 000～50 000 km 后，结合定期维护予以换油。更换齿轮油时，应趁热放出旧的齿轮油，并将齿轮及齿轮箱清洗干净后再加入新的齿轮油，同时将换下的废油集中处理，以免污染环境。

(4) 等级不同的齿轮油不能混合使用，即使是同类、同级别牌号的齿轮油也不能混合使用，否则会降低齿轮油的使用效果。

(5) 齿轮箱的油面要适当，既不可过高也不可过低。加注齿轮油时油面应与加油口下缘平齐。同时应经常检查各齿轮箱是否有漏油、并保持油面干净、不能混入杂质等。

7.3 汽车润滑脂

润滑脂又称黄油，它是由基础油、稠化剂和液体润滑剂组成的润滑材料，是一种稠化了的润滑油。常温下呈黏稠的半固体油膏状态，颜色一般为深黄色。润滑脂具有许多优良的性能，它是汽车中不可缺少的润滑材料。

7.3.1 润滑脂的特点及其组成

1. 润滑脂的特点

(1) 润滑脂在金属零件表面具有良好的黏附性能，不易流失，在不容易密封的部位使用，可以简化润滑系统的结构。

(2) 润滑使用周期长，不需要经常添加，可以减少维护工作量，降低维护作业的费用。

(3) 具有较强的承压抗磨性能，在高负荷和冲击负荷下，仍能保持良好的润滑能力。

(4) 具有较好的密封作用和对金属部件的防腐蚀能力。

(5) 由于润滑脂适应的温度范围广，适应的工作条件也较宽，所以汽车或各种机械上不宜用液体润滑剂的部位，如轴承、传动轴花键、发电机、水泵和离合器轴承等部位均使用润滑脂。

润滑脂的主要缺点是黏性大，流动性差，运动时阻力大，功率损失也较大，冷却和清洗作用差，杂质混入后不易清除，所以润滑脂在使用范围上受到一定限制。

2. 润滑脂的组成

润滑脂主要由基础油、稠化剂、添加剂和填料四部分组成。一般润滑脂中基础油约占 80%～90%，稠化剂约占 10%～20%，其余为添加剂和填料。

1) 基础油

是润滑脂中起润滑作用的主要成分，它对润滑脂的使用性能有较大的影响。润滑脂一般都使用精制的矿物润滑油馏分或采用中等黏度和高黏度的润滑油作为基础油。为能适应机械设备在苛刻工作条件下的润滑和密封的需要，通常采用合成润滑油(酯类油、硅油等)作为基础油。

2) 稠化剂

稠化剂也是润滑脂的重要组成部分，它的性质和含量决定了润滑脂的黏稠程度以及抗水性和耐热性。稠化剂可分为皂基稠化剂和非皂基稠化剂，90%的润滑脂都采用皂基稠化剂，它是用动、植物油或脂肪酸与氢氧化物反应制成。常用的有钙皂、钠皂和锂皂等。

3) 添加剂和填料

添加剂是润滑脂所特有的，称胶溶剂，常用的有甘油和水，它能使油皂结合更加稳定。钙基润滑脂中一旦失去水，其结构就会完全破坏，不能成脂，而甘油在钠基润滑脂中则可以调节脂的稠度。另一种添加剂和润滑油中的一样，如抗氧剂、抗磨剂和防锈剂等，但其用量一般较润滑油中的多。为了进一步提高润滑脂的润滑能力还可以加入石墨、二硫化钼和碳黑等固体润滑剂作为填料。

7.3.2 润滑脂的主要使用性能

润滑脂的使用范围很广，工作条件差别也很大，不同车辆或机械设备对润滑脂使用性能的要求也有所不同。根据车辆或机械设备的工作条件，对其使用性能的基本要求是适当的稠度、良好的高温性能、低温性能、抗磨性、抗水性、防腐蚀性和安定性等。

1）稠度

是指润滑脂的浓稠程度。适当的稠度可使润滑脂容易加注并保持在摩擦表面上，以保持持久的润滑和密封作用。稠度可以用锥入度来表示。锥入度是指在规定的时间和温度条件下，以规定质量的标准锥体刺入润滑脂试样的深度，以 0.1 mm 为单位。测定时，在 25℃条件下，将锥体组合件从锥入度计上释放，当锥体下落 5 s 时，测定其刺入的深度。

锥入度反映润滑脂在低剪切速率下变形和流动阻力的性能。锥入度越大，润滑脂越软，即稠度越小，越容易变形和流动；锥入度越小，润滑脂越硬，即稠度越大，越不容易变形和流动。我国用锥入度划分润滑脂的稠度牌号，是润滑脂选用的重要依据。润滑脂的稠度等级和相应的锥入度范围如表 7 - 9 所示。

表 7 - 9　润滑脂的稠度等级和相应的锥入度范围

稠度等级	000	00	0	1	2	3	4	5	6
锥入度（25℃，0.1 mm）	445～475	400～430	355～385	310～340	265～295	220～250	175～205	130～160	85～115

2）高温性能

是指润滑脂在较高使用温度条件下，仍能保持其附着性，并具有抵抗氧化变质的能力。温度对润滑脂的流动性有很大影响，温度升高，润滑脂变软，粘附在摩擦表面上的润滑脂会自动流失而失去润滑作用。同时高温下还会使润滑脂的蒸发损失增大，氧化变质和凝缩分油现象加重等。润滑脂的高温性能可用滴点、蒸发损失和漏失量等性能指标评定。

3）低温性能

是指在低温条件下，仍能保持良好润滑能力的性能。车辆或工程机械设备在起动时润滑脂的温度几乎和外界环境温度相等，当环境温度较低时其黏度会较大，所以要求润滑脂在寒冷的地区或冬季使用时仍然能保持良好的润滑性能。它主要取决于润滑脂的相似黏度及黏温性能，相似黏度是指在一定的温度和一定的剪切速率下所测得的黏度。相似黏度对起动阻力、功率损失以及润滑脂进入摩擦面间隙时的难易程度都有影响，因此，润滑脂的相似黏度是评定润滑脂低温性能的重要依据。

4）抗磨性

是指润滑脂通过保持在运动部件表面间的油膜，防止摩擦的能力。润滑脂与润滑油的抗磨性几乎是一样的，润滑脂的稠化剂本身就是油性剂，因此润滑脂的抗磨性能一般要比基础油好。为了使润滑脂具有更好的润滑性能，通常在润滑脂中添加二硫化钼等减磨剂和极压剂，使之在较为苛刻的润滑条件下要比普通润滑油的润滑效果更好，这种润滑脂称为极压型润滑脂。

5）抗水性

是指润滑脂遇水后不改变其结构和稠度的能力。抗水性差的润滑脂遇水后稠度下降，甚至造成乳化而流失。汽车在雨天和涉水行驶时，底盘各摩擦点可能与水接触，所以要求润滑脂应具有良好的抗水性能。测定润滑脂抗水性采用抗水淋性能测定法(SH/T0109—1992)，是在规定条件下，将已知量的润滑脂加入试验机的轴承中，在运转时受水喷淋，根据实验前后轴承中润滑脂的重量差值，得出因受水喷淋而损失的润滑脂量。

6) 防腐蚀性

指润滑脂抵抗与其相接触的金属被腐蚀的能力。润滑脂本身如果含有过量的游离酸、碱或活性硫化物，或在储存、使用过程中因氧化产生的有机酸，都可能腐蚀金属，因此润滑脂中不能含有过量的游离酸、水、碱等。

7) 氧化安定性

是指润滑脂在储存和使用过程中抵抗因氧化而变质的能力。润滑脂中的基础油和稠化剂与空气接触时，在不同程度上会被氧化，使其酸值增加，稠度变软，易腐蚀金属，而使其寿命缩短。因此通常在润滑脂中加入抗氧化添加剂，以提高润滑脂的抗氧化能力。

7.3.3 润滑脂的分类、品种与规格

1. 润滑脂的分类

(1) 按基础油分为矿物油脂和合成油脂。

(2) 按用途分为减摩润滑脂、防护润滑脂、密封润滑脂。

(3) 按特性分为高温润滑脂、耐寒润滑脂、极压润滑脂。

(4) 按稠化剂的类别分为皂基润滑脂和非皂基润滑脂。皂基润滑脂又分为单皂基润滑脂(如钠基、锂基、钙基润滑脂等)、混合皂基润滑脂(如钙钠基润滑脂)和复合基润滑脂(如复合钙、复合锂、复合铝基润滑脂等)；非皂基润滑脂分为烃基润滑脂、无机润滑脂、有机润滑脂等。

2. 润滑脂的品种与规格

汽车常用润滑脂有钙基润滑脂、钠基润滑脂、汽车通用锂基润滑脂等品种。

1) 钙基润滑脂

钙基润滑脂是由动、植物脂肪与石灰制成的钙皂稠化矿物润滑油，并以水作为胶溶剂。钙基润滑脂按锥入度分为1、2、3、4等四个牌号，号数越大，脂越硬，滴点也越高。钙基润滑脂的特点是不溶于水，抗水性较强，且润滑、防护性能较好，但其耐热性较差，在高温、高速部位润滑时易造成油皂分离，所以钙基润滑脂最高使用温度一般不高于60℃，且使用寿命较短。

钙基润滑脂在汽车上主要用于底盘的摩擦部位、水泵轴承、分电器凸轮、变速器前球轴承、底盘拉杆球节的部位。钙基润滑脂的规格如表7-10所示。

表7-10　钙基润滑脂规格

项　目		质量指标				试验方法
		1号	2号	3号	4号	
外观		淡黄色至暗褐色均匀油膏				目测
工作锥入度/0.1 mm		310～340	265～295	220～250	175～205	GB/269
滴点/℃	不低于	80	85	90	95	GB/4929

（续表）

项目		质量指标				试验方法
		1号	2号	3号	4号	
腐蚀（T2铜片，24 h）		铜片上没有绿色或黑色变化				GB/7326
水分/%	不大于	1.5	2.0	2.5	3.0	GB/512
灰分/%	不大于	3.0	3.5	4.0	4.5	SY2703
钢网分油量（60℃，24 h）/%	不大于	—	12	8	6	SY2729
延长工作锥入度，一万次与工作锥入度差值/0.1 mm	不大于	—	30	35	40	GB/269
水淋流失量（38℃，1 h）	不大于	—	10	10	10	SY2718
矿物油黏度（40℃）/（mm^2/s）		28.8～74.8				GB/265

2）钠基润滑脂

钠基润滑脂是以动、植物脂肪加烧碱制成的纳皂稠化矿物润滑油，外观为深黄色至暗褐色的纤维状均匀油膏，按锥入度有2号和3号两个牌号。钠基润滑脂的特点是滴点很高（可达160℃），耐热性好，可在120℃下较长时间内工作，并有较好的承压抗磨性能，可适应较大的负荷。但它的耐水性很差，遇水易乳化变质，因此不能用于潮湿和易于与水接触的摩擦部位，适合用于离发动机很近、温度较高的风扇离合器等部位。钠基润滑脂的规格如表7-11所示。

表7-11　钠基润滑脂规格

项目		质量指标		试验方法
		2号	3号	
滴点/℃	不低于	160	160	GB4929
锥入度/0.1 mm 延长工作（10万次）	不大于	265～295 375	220～250 375	GB269
腐蚀试验（T2铜片，室温，24 h）		铜片无绿色或黑色变化		GB7326　乙法
蒸发量（99℃，22 h）/%（质量分数）		2.0	2.0	GB7325

3）汽车通用锂基润滑脂

汽车通用锂基润滑脂是由天然脂肪酸锂皂稠化低凝点润滑油，并加入抗氧剂、防锈剂制成。稠度牌号为2号，滴点达180℃。它具有良好的胶体安定性、氧化安定性、防锈性和抗水性，适用于-30℃～120℃下，汽车轮毂轴承、底盘、水泵和发电机等各摩擦部位润滑，进口车辆和国产新车普遍推荐使用这种润滑脂。其规格如表7-12所示。

表 7-12　　锂基润滑脂规格

项　　目	质量指标	试验方式
锥入度(25℃,60 次)/0.1 mm	265～295	GB269
滴点/℃　不低于	180	GB4929
钢网分油(100℃,30 h)/%　不大于	5	SY2729
相对黏度(−20℃,$D=10\ s^{-1}$)/Pa·s(P)　不大于	1 500 (15 000)	SY2720
游离碱/(NaOH%)　不大于	0.15	SY2707
腐蚀(100℃,3 h,紫铜片)	合格	SY2710
蒸发量(100℃,22 h)/%　不大于	2.0	GB/T7325
漏失量(104℃,6 h)g　不大于	5.0	SH/T0326
抗水性(加水 10%,10 万次工作锥入度)　不大于	375	GB269
剪切安定性(10 万次工作与 60 次工作锥入度差值)	50	GB269
氧化安定性(100℃,0.8 MPa,100 h)　不大于	0.3	SY2715
防腐蚀性(52℃,48 h,相对湿度 100%)	1 级	GB5018

此外,汽车常用润滑脂还有极压锂基润滑脂和石墨钙基润滑脂等。极压锂基润滑脂适用于高负荷齿轮和轴承的润滑,高性能的进口轿车推荐使用这种润滑脂;而石墨钙基润滑脂均具有良好的抗水性和抗压性,适用于汽车钢板弹簧、半挂车转盘等承压部位的润滑。常见润滑脂的性能比较如表 7-13 所示。

表 7-13　　常见润滑脂的性能比较

润滑脂	耐热性	机械安定性	抗水性	防锈性	极压性	使用寿命	最高使用温度/℃	价格
钙基脂	差	—	好			—	65	低
钠基脂	一般	—	极差	一般		—	80	低
铝基脂	差	—	差	好		—	50	低
通用锂基脂	好	—	好	好		—	120	适中
极压锂基脂	好	—	好	好	好	—	120	适中
二硫化钼 极压锂基脂	好	—	好	好	好	—	120	适中
膨润土润滑脂	好	—	好	差	—	—	130	较高
复合钙基脂	好	—	好	好	—	—	130	较高
极压复合锂基脂	好	好	好	好	好	—	160	较高
聚脲脂	好	好	好		好	长	—	高

7.3.4 润滑脂的选用及使用注意事项

1. 润滑脂的选用

选择润滑脂时主要根据车辆或机械设备使用说明书的规定，选用与用脂部位操作条件相适应的润滑脂品种和稠度牌号。在没有使用说明书的条件下，根据工作温度、运动转速、承载负荷和工作环境等条件来选择。

1）工作温度

润滑部位温度的高低对润滑脂的使用效果和使用寿命影响很大，一般轴承温度升高 10℃～15℃，润滑脂的寿命下降 1/2。若对润滑脂影响最大的是工作温度，就应选用合适滴点的润滑脂。工作温度越高，选用的滴点也越高；工作温度低，可选用滴点低的润滑脂。温度高的部位一定要选用抗氧化安定性好、热蒸发损失少、滴点高、分油量少的润滑脂；温度较低的部位，一定要选用低温起动性能好、相似黏度小的润滑脂。例如，水泵轴承、离合器分离轴承、轮毂轴承、发电机轴承等均可选用复合钙基润滑脂。

2）运动速度

若对润滑脂影响最大的是运动速度，就应该选用合适的黏度指标。速度越大，选用的黏度越大；反之应选用低黏度的润滑脂。

3）承载负荷

对重负荷机械，应选用稠度大的润滑脂。若承载负荷对润滑脂的影响最大，就应选用合适锥入度指标的润滑脂。承载负荷较大、速度较低的摩擦件选用锥入度较小的润滑脂；承载负荷较小的摩擦件，选用锥入度较大的润滑脂。

4）工作环境

选用润滑脂时还应考虑润滑部位的湿度、灰尘、腐蚀性等因素，特殊环境选用特殊性能的润滑脂。若润滑部位直接与水接触，就应选用耐水性强的润滑脂，如汽车钢板弹簧可选用石墨钙基润滑脂。传动轴中间支承轴承和十字轴承的工作温度虽不高，但容易与水接触，应选用钙钠基润滑脂和汽车通用锂基润滑脂。

2. 润滑脂的使用注意事项

(1) 润滑脂的选用要合理，否则会造成很大的浪费。轮毂轴承是主要用脂部位，我国南方地区可四季通用 2 号润滑脂；我国北方地区冬季可使用 1 号润滑脂，夏季可使用 2 号润滑脂。但不少用户习惯常年使用 3 号润滑脂，该润滑脂稠度较大，会增加轮毂轴承的传动阻力。试验表明，用 2 号润滑脂比用 3 号润滑脂节能，3 号润滑脂只适合在热带重载负荷车辆上使用。

(2) 润滑脂的填充量要适当。油脂填充量大，工作时搅动阻力大，轴承温升高，燃料消耗量相应增加。因此更换轮毂轴承润滑脂时，只要在轴承的滚珠(或滚柱)之间塞满润滑脂，而轮毂内腔采用“空毂润滑”，即在轮毂内腔仅薄薄地涂上一层润滑脂，起防锈作用即可。这样既利于散热，又可节约润滑脂。电动机轴承在添加润滑脂时，一般只添加 1/2 或 1/3 即可。如果添加过多，会增加摩擦阻力，使轴承易发热，而导致电量消耗过大。

(3) 钙基润滑脂的耐热性较差，因为它是以水为稳定剂的钙皂水化物，温度在 100℃左右便开始水解，当超过 100℃时便丧失润滑脂的稠度。所以在使用时不要超过规定温度，以免失水并破坏结构而引起油皂分离，失去润滑作用。

(4) 要保持润滑脂的清洁性。润滑脂混入杂质后不易清除，所以在储存和使用过程中要尽量避免灰尘、水分等杂质混入其中。在加注润滑脂时必须保证场所干燥清洁，尽可能减少与空气的接触。

(5) 润滑脂不能混合使用,否则会破坏原有结构而失去润滑的作用。钙基润滑脂要避免放在阳光直射处,最好放在阴凉干燥的地方。

本章小结

(1) 发动机润滑油具有润滑、冷却、清洗、密封、防锈、减震六个作用。其主要使用性能包括适当的黏度、良好的黏温性、较强的抗氧化安定性、良好的清净分散性、较好的抗腐蚀性和良好的抗磨性等。

(2) 发动机润滑油分类方法有两种:美国汽车工程师协会(SAE)黏度等级分类和美国石油协会(API)使用性能分类。SAE将发动机润滑油分为0W、5W、10W、20W、25W、20、30、40、50、60等11个黏度牌号,指数越大,表示黏度受温度影响越小,黏温性越好。其中带W的为冬季用油,不带W的为春秋夏季用油。有单级油和多级油之分,单级油只能适应很窄温度范围,是季节用油,多级油能够适应很宽温度范围,此油四季通用;API将汽油机润滑油分为SC、SD、SE、SF、SG、SH级,柴油机润滑油分为CC、CD、CD-Ⅱ、CE、CF-4级。

(3) 发动机润滑油的选用原则:先选使用等级,后选黏度等级。应严格按车辆使用说明书的规定和发动机润滑油的工作条件选择合适的使用等级;根据气温、工况、发动机技术状况选择合适的黏度级别。

(4) 我国汽车齿轮油等同美国汽车工程师协会(SAE)车辆齿轮油黏度等级分类,分为70W、75W、80W、85W、90、140、250等7个牌号;按质量分为三类:普通车辆齿轮油、中负荷齿轮油、重负荷齿轮油,分别相当于国际上的GL-3、GL-4、GL-5级别。选用原则:根据车辆使用说明书的规定和齿轮油的工作条件选用质量等级;根据最低气温和最高油温选用黏度等级。

(5) 我国常用的润滑脂品种有:钙基、钠基、汽车通用锂基、极压复合锂基、石墨钙基润滑脂。常用的是汽车通用锂基润滑脂,推荐使用的有1号和2号,实际上多用2号。

复习思考题

1. 选择题

(1) 下列(　　)不是车用润滑材料。

A. 发动机润滑油　　B. 车辆齿轮油　　C. 汽车润滑脂　　D. 汽油

(2) 国产重负荷车辆齿轮油相当于API使用分类中(　　)级齿轮油。

A. GL-2　　B. GL-3　　C. GL-4　　D. GL-5

(3) 润滑脂的稠度通常用(　　)表示。

A. 滴点　　B. 锥入度　　C. 黏度　　D. 水分

(4) 现代汽车普遍推荐使用(　　)润滑脂。

A. 钙基　　B. 钠基　　C. 钙钠基　　D. 汽车通用锂基

2. 填空题

(1) 发动机润滑油的主要作用就是给发动机进行________、________、________、________、防锈和减震。

(2) 发动机润滑油的主要使用性能包括适当的________、良好的________、较强的________、良好的________、较好的抗腐蚀性和良好的抗磨性等。

(3) 按SAE黏度分类法将润滑油分为冬季用油和非冬季用油。冬季发动机润滑油共有0W、5W、10W、15W、20W、25W六个等级，其数字越小，说明其低温黏度越________，低温流动性越________，适应的温度越________。非冬季用油共有20、30、40、50和60五个等级，其数字越大，适用的最高温度越________。

(4) 按API使用性能分类法将齿轮油分为GL-1、GL-2、GL-3、GL-4、GL-5和GL-6等六个等级，级别中的数字越大，代表齿轮油的承载能力越强，适应的工作条件也就越苛刻。

(5) 润滑脂的稠度可以用________来表示。________越大，润滑脂越软，即稠度越小，越容易变形和流动。

(6) 汽车钢板弹簧适合选用________润滑脂进行润滑。

3. 简答题

(1) 发动机润滑油如何选用？

(2) 车辆齿轮油应具备哪些使用性能？如何选用车辆齿轮油？

(3) 比较钙基润滑脂、钠基润滑脂和汽车通用锂基润滑脂在使用性能上的差别？

(4) 使用发动机润滑油、车辆齿轮油和润滑脂时应注意哪些事项？

8 汽车工作液

学习目标

知识目标

(1) 掌握汽车制动液、防冻液和液力传动油的分类、牌号和规格;

(2) 了解汽车制动液、防冻液和液力传动油的使用性能;

(3) 了解汽车减震器油、液压油和空调制冷剂的使用性能和分类。

能力目标

(1) 学会汽车制动液、防冻液和液力传动油的合理选用;

(2) 掌握汽车制动液、防冻液和液力传动油的正确使用和检查、更换操作。

汽车工作液是指汽车正常工作中所使用的液态工作介质。汽车工作液在汽车发动机、制动系统、传动系统以及悬架系统中得到广泛应用，它对汽车的动力性、安全性和行驶平顺性都有直接影响，因此需要合理选择和正确使用。

汽车工作液主要包括汽车制动液、汽车防冻液、液力传动油、减震器油和液压油等。

8.1 汽车制动液

制动液又称刹车油或刹车液，是车辆液压制动系统中传递压力的工作介质。当驾驶人踩制动踏板时，从制动踏板传力至制动总泵的活塞，通过制动液传递能量到车轮各分泵，使摩擦片张开，达到停车的目的。汽车制动液质量的好坏直接影响到汽车的行驶安全，使用质量低劣的制动液，会发生高温气阻，低温制动迟缓等故障，导致车辆制动失灵而引起交通事故。

8.1.1 汽车制动液的性能要求

为保证汽车在严寒、酷暑的气温条件和高速、重负荷、大功率及频繁制动的操作条件下，有效、可靠地使汽车制动灵活，确保行车安全，要求汽车制动液具有良好的高温抗气阻性、低温流动性和黏温性、与橡胶的配伍性、抗腐蚀性、溶水性和抗氧化性等。

1. 高温抗气阻性

高温抗气阻性是指制动液在高温时抵抗气阻产生的能力。车辆在行驶时由于经常频繁制动，在制动过程中由于摩擦而产生的热会使制动液的温度显著增加，有时可达 150℃以上。如果制动液的沸点低，会在高温作用下蒸发成蒸汽，使制动系统产生气阻，从而导致制动失灵。为保证车辆行车安全可靠，要求制动液必须具有较高的沸点。

2. 低温流动性和黏温性

制动液的工作温度很宽，冬季接近最低气温，而在制动时由于摩擦发热可使制动系统工作温度达 70℃～90℃，有时高达 150℃。为保证制动液在低温下制动油缸活塞能随踏板的动作灵活移动，在高温时又有适宜的黏度，不影响油缸的润滑和密封，要求制动液有良好的低温流动性和黏温性。为此，在制动液的使用技术条件中规定了各级制动液在－40℃和 100℃时的运动黏度。

3. 良好的与橡胶配伍性

与橡胶配伍性是指制动液对橡胶零件不会造成显著的溶胀、软化和硬化等不良影响的现象。在汽车制动系统中采用了许多橡胶零部件如皮碗、油管和油封等，这些橡胶件经常泡在制动液中，如果制动液对这些橡胶制品有溶胀作用，则其体积和质量就会发生变化，出现渗漏、制动压力下降，严重时导致制动失灵，因此要求制动液与橡胶有良好的配伍性。

制动液与橡胶配伍性是通过皮碗试验测定的。测试时要求温度在 120℃下经过 70 h 和温度在 70℃下经过 120 h 的浸泡后，取出皮碗，观察皮碗外观无发黏、无鼓泡、不析出黑炭，皮碗根径增值能控制在规定范围内。

4. 抗腐蚀性

抗腐蚀性是指制动液对金属零部件不产生腐蚀而导致制动失灵的现象。制动系统中传动装置多数采用铸铁、铜、铝等金属制成，长期与制动液接触，极易产生腐蚀，使制动失灵。为减少对金属的腐蚀，在制动液使用技术条件中，要求制动液能通过金属腐蚀试验。其方法是将镀锡铁皮、铸铁、黄铜、纯铜、钢和铝等金属片，置于温度在 100℃的制动液中浸泡 120 h 后，观察其质量变化，要求不超过各自的规定值。

5. 溶水性

溶水性是指制动液吸水后还能与水相溶，不产生分离和沉淀。车辆在频繁制动时制动液难免与空气接触，这样空气中的水分就会被制动液所吸收，如果这些水分不被制动液溶解，将会对金属零部件产生一定的腐蚀，并且这些水分还会随工作温度的变化而变化。在较低的温度下会结冰，而在高温下会蒸发形成蒸汽从而导致制动性能差，所以要求制动液能将这些水分给予溶解。

6. 抗氧化性

制动液在常温下是比较稳定的，但在受高温和金属催化等因素影响时，会使其氧化而变质，所以要求制动液应具有良好的抗氧化性能。抗氧化性能决定制动液在储存和使用的过程中是否容易因氧化而变质，抗氧化性能越好，则制动液就越不容易变质，储存和使用期就会越长。

8.1.2 汽车制动液的分类及规格

1. 汽车制动液的分类

根据制动液的组成和特性不同，可将制动液分为醇型、矿油型和合成型三类。其中合成型制动液是目前应用的主要品种。

1）醇型制动液

醇型制动液是由低碳醇类和蓖麻油按同等比例调和，经过沉淀和过滤制成的制动液。其价格虽低廉，但由于其高低温性能均较差，容易分层，易发生交通事故，为此我国自 1990 年 5 月起就已淘汰。

2）矿油型制动液

矿油型制动液是用精制轻柴油馏分为原料，加入稠化剂和其他多种添加剂调和而成。其特点是工作温度范围广，一般在－50℃～150℃，具有良好的润滑性，对金属无腐蚀作用，但其与水混合后易产生气阻，对天然橡胶有溶胀作用，必须使用耐油橡胶密封件，以免导致制动失灵。因此在我国也未推广使用。

3）合成型制动液

合成型制动液是由基础液、润滑剂和添加剂组成。其工作温度范围宽，黏温性好，对橡胶和金属的腐蚀作用均很小，故适合于高转速、大功率、重负荷和制动频繁的车辆使用，是目前使用最多、最广的一种制动液。按其基础液不同，常用的有醇醚制动液、酯制动液和硅油制动液三种。

（1）醇醚制动液

醇醚制动液的基础液主要有乙二醚类、甘醇醚类化合物或聚醚等。常用的润滑剂有聚乙二醇、聚丙二醇、环氧乙烷和环氧丙烷共聚物等，润滑剂约占总量的 20%。添加剂主要有抗氧化剂、抗腐蚀剂、抗橡胶溶胀剂和 pH 值调整剂等。醇醚型制动液平衡回流沸点较高、性能稳定、成本低，是目前用量最大的一种制动液。但其缺点是吸湿性强，湿沸点较低。

（2）酯制动液

酯制动液是为克服醇醚型制动液吸湿性强的缺点而生产的一种制动液，其基础液通常采用乙二醇醚酯、乙二醇酯或硼酸酯等。这类制动液能保持醇醚的高沸点，同时吸湿性小或基本不吸湿，适合在湿热环境下使用。

（3）硅油制动液

硅油制动液具有高温稳定性、氧化安定性、高低温润滑性均高于其他制动液。缺点是具有过分的疏水性，只要少量水混入制动系统，在低温下就有可能结成冰，对制动系统会造成不利的影响。另外，硅油制动液的原材料成本高，因此该制动液并未普及，只在军车等车辆中使用。

2. 汽车制动液的规格

1）国外汽车制动液规格

国外汽车制动液典型规格有三个系列：

(1) 美国联邦政府运输标准(FMVSS)，具体规格是 FMVSSNo. 116DOT－3、DOT－4、DOT－5，这是世界公认的通用标准。

(2) 美国汽车工程师协会标准(SAE)，具体规格是 SAEJ1703e、SAEJ1703f、SAEJ1705 等。

(3) 国际标准化组织(ISO)具体规格是 ISO4925－1978《道路车辆-非石油基制动液》，它是参照 FMVSS116 DOT－3 制定的，100℃的运动黏度不小于 1.5 mm^2/s，平衡回流沸点不低于 205℃，湿平衡回流沸点不低于 140℃。

2）国内汽车制动液规格

《机动车制动液使用技术条件》(GB10830—1998)以 JG 作为汽车制动液使用技术条件规格的代号，简称 JG 系列。JG 系列汽车制动液按使用技术条件分为 JG_0、JG_1、JG_2、JG_3、JG_4、JG_5 等级别，其中 J、G 分别为交通部、公安部两部汉语拼音的第一个字母，JG 右下角的数字为各级的序号。JG 系列汽车制动液的主要特性及推荐使用范围如表 8－1 所示。

表 8－1　JG 系列汽车制动液的主要特性及推荐使用范围

级别	制动液主要特性	推荐使用范围
JG_0	具有优异的低温性能，其高温抗气阻性差	严寒地区冬季使用，如最低月平均气温在－20℃以下的黑龙江、内蒙古、新疆等类似地区
JG_1	具有较好的高温抗气阻性能	高温抗气阻性能已达 SAEJ1703c 水平，我国一般地区均可使用
JG_2	具有良好的高温抗气阻性能和低温性能	相当于 SAEJ1703 水平，我国广大地区均可使用
JG_3	具有较好的高温抗气阻性能和优良的低温性能	相当于 ISO4926—1978 和 DOT3 水平，我国一般地区均可使用
JG_4	具有较好的高温抗气阻性能和良好的低温性能	相当于 DOT4 水平，我国广大地区均可使用
JG_5	具有优异的高温抗气阻性能和低温性能	相当于 DOT5 水平，我国广大地区均可使用

2003 年我国颁布了《机动车辆制动液》(GB12981—2003)标准，该标准参照国际通行的 SAE、DOT 和 ISO 分类规格，国际制动液高温气阻性的不同，从低到高分为 HZY3、HZY4、HZY5 三级，并规定各级制动液应达到的规格要求和使用范围。例如，牌号 HZY3 的含义为：H、Z、Y 分别表示“合”“制”“液”，是合成制动液的汉语拼音，数字表示级号。各级号汽车制动液的技术要求见附录四。

8.1.3　汽车制动液的选用及注意事项

1. 汽车制动液的选用

合成制动液是按等级来划分的，选用时应严格按照车辆使用说明书的规定，选用合适等级的制动液，以确保行车安全。若国产车使用进口制动液或进口车使用国产制动液，应根据其对应关系正确选用。如无说明书，可根据车辆的工作条件(气候特点、道路条件和行驶速度)进行选择。

1）根据环境条件

主要指气温、湿度和道路条件，如在炎热的夏季、在山区多坡或高速公路上行驶，车辆制动强度大，制动液工作温度高，特别是在湿热条件下，要选用沸点较高的制动液如 HZY5，非湿热条件下可选用 HZY3、HZY4（JG_3 或 JG_4）等合成制动液，在车速不高的平原地区，除冬季外可以使用 JG_1 级制动液，在严寒的冬季，应选用 JG_0 级制动液。

2）根据车辆的速度

高速车辆，特别是高级轿车与一般货车比，制动液工作温度较高，应选用级别较高的制动液。

3）优先选用高等级产品

选择车辆制动液时，应选用高于或等于车辆规定使用级别的产品；最好选用合成型制动液；尽量选用经常为车辆制造厂提供配套制动液的生产厂家的产品，以确保质量的可靠性和使用性能的稳定性。

2. 汽车制动液的使用注意事项

(1) 不同型号、不同厂家的制动液不能混用，否则会影响制动效果。

(2) 加注或更换制动液时，最好使用专业设备。更换制动液时应彻底清洗制动系统，特别要防止水分、矿物油和机械杂质混入。因为水分等杂质会导致制动失灵，水分还会使制动系统中的金属零部件产生腐蚀。当换用不同品种制动液时，应用新液清洗一次。

(3) 制动液使用一定时间后会发生变质而影响车辆的制动性，所以要求制动液要按期更换，更换期一般为车辆行驶 20 000～40 000 km 或一年。

(4) 制动液应密封储存，以免吸收大气中的水分后使沸点降低。

(5) 制动液多以有机溶液制成，易挥发、易燃，使用中应注意防火，存放时应避免阳光直射。

8.2 汽车防冻液

防冻液实际上就是冷却液，它是由降冰点剂、缓蚀剂、消泡剂、着色剂、防腐剂和缓冲剂等多种添加剂调和而成的，具有特殊性能的冷却液。水冷式发动机是用冷却液作传热介质，通过冷却系统把热量带出并散失掉，使发动机能在合适的温度范围内正常工作。水是广泛使用的发动机冷却液，但水的冰点较高，在 0℃时就会结冰，水结冰后体积膨胀，会使气缸体、散热器等破损，水在工作中还易生成水垢，影响传热效果。而汽车防冻液用于发动机的冷却系统，它具有冬季防冻，夏季防沸，全年防水垢和防腐蚀等优点。

8.2.1 对防冻液的性能要求

1. 较低的冰点

冰点是评定防冻液性能的基本指标，冰点越低，其防冻效果就越好。选择防冻液时，其冰点应低于当地最低温度 10℃以上，以保证温差的变化。

2. 较高的沸点

通常水的沸点是 100℃，而标准防冻液的沸点则在 110℃以上，这样在温度较高的环境下工作时就不易开锅，从而保证车辆在满载、高负荷、高速或山区以及炎热的夏季都能正常行车。另外，沸点越高的防冻液其蒸发损失就越小。

3. 良好的传热性能

为了保证防冻液在夏季时对发动机有较强的冷却作用，要求防冻液有良好的传热性，以保证冷却系统的散热效果。

4. 防腐蚀性

冷却系统中的金属件经常与高温冷却水接触而慢慢地被腐蚀。采用优质的防冻液不但不会对金属件造成腐蚀，对冷却系统中使用的水管、水封等橡胶制品也没有腐蚀性。

5. 防水垢

水垢是冷却系统危害最为严重的，水垢易粘附在水箱、水套等金属表面，而影响散热器的散热效果，清除也很困难。采用优质的防冻液不但可以避免生成水垢而且还具有清除水垢的作用。

6. 抗泡性好

防冻液中若有泡沫，会降低防冻液的冷却效果，所以在防冻液中必须加有适量的消泡剂，以提高防冻液的抗泡性。

8.2.2 防冻液的种类与性能

防冻液主要是由防冻剂与水按一定比例混合而成，按防冻剂的不同，汽车常用的防冻液有酒精型、甘油型和乙二醇型三种。

1. 酒精型防冻液

酒精型防冻液是用酒精作防冻剂，与水配制而成。酒精与水可按各种比例混合而组成不同冰点的防冻液。酒精的沸点为78.3℃，冰点为－114℃。酒精含量越高，防冻液的冰点越低。这类防冻液的特点是流动性好、散热快、配制简单，但沸点低、蒸发损失大、挥发后冰点容易回升、易燃、易爆，在高原地区不宜使用酒精型防冻液。

2. 甘油型防冻液

甘油型防冻液是由甘油（丙三醇）为防冻剂与水配制而成。由于甘油的沸点、闪点高，所以这类防冻液的沸点高，不易蒸发和着火，对金属的腐蚀性小，但其降低冰点的效率低，甘油用量大，成本较高，所以这种防冻液只适宜于在环境气温不太低的地区使用。

3. 乙二醇型防冻液

乙二醇型防冻液是由乙二醇为防冻剂与水配制而成。乙二醇是一种无色微黏的液体，它的沸点为197.4℃，冰点为－11.5℃。与水混合后，冰点会有明显降低。其降低的程度在一定的范围内随乙二醇的增加而降低，最低可达－68℃。用不同比例的乙二醇和水可以配制成不同冰点的防冻液。这类防冻液的优点是沸点高、冰点低、冷却效果好、黏度较小，但乙二醇有毒性，对金属有腐蚀作用。因此，常用的乙二醇型防冻液多加有防腐剂和染色剂，可长期使用，故称为长效防冻液。目前发动机使用的防冻液主要是乙二醇型防冻液，也是目前最好的防冻液。

乙二醇型防冻液根据《乙二醇型发动机冷却液及其浓缩液》(SH0521—1992)规定，按其冰点不同有－25、－30、－35、－40、－45、－50 等 6 个牌号。各种牌号的成品防冻液和浓缩液均有一级品和合格品之分。合格品在防腐性上的要求不及一级品，合格品不要求进行模拟使用腐蚀实验。

8.2.3 防冻液的选用及使用注意事项

1. 防冻液的选用

选用防冻液时主要依据说明书的规定进行选择。不同发动机其技术特性、热负荷情况以及冷却系统材料等均不同，对其质量要求也有所不同。若无特殊要求的车辆，可以选用乙二醇型防冻液以降低运输成本。对于一些中高档车辆，要求使用专用防冻液，应按车辆使用说明书选用对应的防冻液。

乙二醇型防冻液的选用，应根据当地冬季最低气温来选择适当冰点牌号的防冻液，其冰点应至少低于当地最低气温的5℃以上。选用浓缩防冻液时应按使用说明书规定的比例加入蒸馏水或去离子水，配制出具有与使用条件相对应冰点的防冻液，配制时不得使用自来水等非清洁水。

2. 防冻液的使用注意事项

(1) 不同厂家、不同牌号的防冻液不能混用,否则会影响发动机的使用寿命。

(2) 使用防冻液时严禁口吸,因为防冻液中所使用的某些添加剂有一定的毒性。

(3) 加注防冻液之前应对发动机冷却系统进行清洗,加注量一般为冷却系统总容量的95%,以免温度升高后膨胀溢出。加注时不要将防冻液滴落在车漆和温度较高的零部件上,否则会由于化学作用损伤漆膜和引起燃烧。

(4) 应经常检查防冻液液面高度,若液面下降,应及时加水,保持原有容量。

8.3 液力传动油

液力传动油又称汽车自动变速器油(ATF),通用型液力传动油呈紫红色,有些呈淡黄色,它是汽车自动变速器和助力转向系统中的工作介质。它不仅对液力变矩器、液力偶合器和机械变速器所构成的自动变速器起到传递动力的作用,而且还对齿轮、轴承等摩擦副起润滑和冷却的作用,同时在伺服机构中起着液压自动控制的作用。

8.3.1 对液力传动油的性能要求

液力传动油的主要使用性能要求有适宜的黏度及良好的黏温性、良好的热氧化安定性、良好的抗泡沫性和抗磨性能等。

1. 适宜的黏度及良好的黏温性

作为传动介质,液力传动油的黏度对变矩器的传动效率影响很大,一般黏度越小,其传动效率越高。但黏度过小会导致液压系统的泄漏增加和换挡迟缓等故障;黏度过高,则会降低其传动效率,而且低温起动困难。为了兼顾上述两方面对液力传动油黏度的不同要求,液力传动油在100℃时的运动黏度在7 mm^2/s左右较为适宜。同时,由于液力传动油的工作范围很宽,一般在−40℃～150℃之间,为适应自动变速器使用条件比较复杂的特点,保证良好的润滑和使用效率,液力传动油应有良好的黏温性。

2. 良好的热氧化安定性

由于液力传动油使用温度较高,高速行驶的轿车其液力传动油的温度为80℃～90℃,在苛刻条件下运行时最高油温可达150℃～170℃,此时若液力传动油的热氧化安定性不好,当油温升高时则会形成油泥、漆膜和沉淀物等,影响自动变速器的性能,甚至会堵塞滤清器、油路等,造成摩擦片打滑和控制系统失灵等严重后果。因此,在液力传动油中加入性能良好的抗氧化剂,以提高液力传动油的热氧化安定性。

3. 良好的抗泡沫性

液力传动油在高速流动中极易产生泡沫,泡沫会使油压降低,影响控制的准确性,破坏正常润滑,导致离合器打滑和烧坏等故障。泡沫主要是气体的掺入以及油液中的少量水分蒸发造成的,为了防止泡沫的产生,油中要加入抗泡沫添加剂,以降低油品表面张力,使气泡迅速从油液中溢出。

4. 良好的抗磨性

液力传动油的抗磨性是为了满足润滑的需要,为确保自动变速器的行星齿轮机构、轴承、垫圈和油泵等长期正常工作,要求液力传动油要有相匹配的静摩擦和动摩擦系数,从而适应离合器在换挡时对摩擦系数的不同要求。为了提高液力传动油的抗磨性通常都会加入抗磨添加剂。

此外,还要求液力传动油具有良好的与橡胶匹配性和防腐蚀、防锈性能等。

8.3.2 液力传动油的分类及规格

1. 国外液力传动油的分类

国外液力传动油的分类多采用美国材料试验协会(ASTM)和美国石油协会(API)共同提出的 PTF (Power Transmission Fluid)分类法,将其分为 PTE－1、PTE－2 和 PTE－3 等三类。

1) PTE－1类传动油

主要适用于轿车或轻型卡车的液力传动系统。其特点是低温起动性能好,对传动油的低温黏度及黏温性有很高的要求。

2) PTE－2类传动油

主要适用于重负荷的液力传动系统,如客车、越野车和工程机械车等。由于在重负荷下工作,对其极压抗磨性要求高,通常加极压抗磨添加剂。

3) PTE－3类传动油

主要适用于农业及建筑机械的液力传动系统和齿轮箱中使用。其特点是适用范围广。例如,作传动、差速器和驱动齿轮的润滑,以及液压转向、制动和悬挂等装置的工作介质,其极压抗磨性能和负荷承载能力比 PTF－2类传动油要求更严格。

2. 我国液力传动油的分类

我国液力传动油的分类是按照中国石油化工总公司的标准,将其分为 6 号、8 号和 8D 号三种,其规格如表 8－2 所示。

表 8－2　　液力传动油规格

项　目		质量指标			试验方法
		6号	8号	8D	
运动黏度/(mm^2/s)100℃		5.0～7.0	7.5～9.0	7.5～9.0	GB/T265
运动黏度比(100℃/50℃)		—	3.6	3.6	
黏度指数	不小于	100	200	—	GB/T2541
闪点(开口)/℃	不低于	180	150	150	GB/T267
腐蚀试验(铜片,100℃,3 h)		合格			SH/T0195
水溶性酸或碱		无			GB/T259
机械杂质/%		无			GB/T511
水分/%		无			GB/T260
泡沫性(93℃)/mL		报告			GB/T12579
凝点/℃		－20	－25	－50	GB/T510
最大无卡咬负荷 PB/N		784.5	784.5	784.5	GB/T3142

1) 6 号液力传动油

6 号液力传动油是以精制的石油馏分,加入抗氧化剂、抗磨剂等调制而成。它的抗磨性好,但黏温性稍差，适用于内燃机车和重型货汽车的多级变矩器和液力耦合器，这种油接近于 PTF－2 级油。

2) 8 号液力传动油

8 号液力传动油是以润滑油馏分，经脱蜡、深度精制并加入增黏、抗氧化、抗腐蚀等多种添加剂调制而成。这种传动油具有良好的黏温性、抗磨性和较低的摩擦系数，适用于轿车和轻型货车的自动变速系统，这种油接近于 PTF－1 级油，外观为红色的透明体。

3) 8D 号液力传动油

8D 号传动油的各项技术指标除凝点外，其他均与 8 号油相同。因其凝点较低，专用于严寒地区液力传动系统的润滑。

8.3.3 液力传动油的选用及使用注意事项

1. 液力传动油的选用

选择液力传动油时，应严格按使用说明书的规定，选用适当品种的液力传动油。轿车和轻型货车应选用 8 号传动油；进口轿车要求使用 GM－A 型、A－A 型或 Dexron 型的自动变速器油都可以用 8 号油来代替。重型货车、工程机械的液力传动系统应选用 6 号传动油。严寒地区应选用 8D 号液力传动油。

2. 液力传动油的使用注意事项

(1) 应保持正常的工作油温。因为油温过高会加速液力传动油的氧化变质，引起故障。

(2) 要经常检查液力传动油的油面高度。通常车辆每行驶 10 000 km 应检查一次。检查时，使车辆停放在平坦路面上，并使发动机保持运转状态，此时油平面应在自动变速器油尺的上下刻度线之间，过低时应及时补给。若发现油面下降过快，则可能漏油，应及时予以检查排除。

(3) 应按使用说明书的规定期限，及时更换液力传动油和滤清器或清洗滤网，同时拆洗自动变速器油底壳，并更换密封垫。若无说明书的车辆，通常每行驶 30 000 km 时更换一次液力传动油以延长传动系统的使用寿命。

(4) 检查液力传动油质量时，可直接通过油的外观和气味进行检查，液力传动油外观检查及出现的相应问题如表 8－3 所示。

表 8－3　　液力传动油外观检查及出现的相应问题

液力传动油液的外观变化	出现的相关问题
清澈、并带有红色	此现象正常
颜色发白、浑浊	油水混合，水进入油中
颜色清淡、气泡多	油面过高、内部空气泄漏
油中有固体残渣	离合器或轴承有损伤
油尺上有胶状物	油液温度过高

8.4 其他汽车工作介质

除了汽车制动液、防冻液和液力传动油以外，在汽车上还会用到减震器油、液压油、制冷剂等工作介质。

8.4.1 减震器油

为了提高汽车的舒适性，延长汽车的使用寿命，汽车上都装有减震系统，其中大部分车辆都采用液压减震器，它是利用液体流动通过节流阀时产生的阻力来起减震作用的。

减震器油是汽车减震器的工作介质，其使用性能对减震器的工作性能影响极大。对减震器油的主要性能要求有：适当的黏度，良好的氧化安定性、抗泡沫性、抗磨性、防腐性以及低凝点等。目前多数国产汽车推荐使用克拉玛依炼油厂生产的减震器油和按上海石油公司企业标准推荐生产的减震器油。前者的特点是凝点很低，有良好的黏温性，适合在寒冷地区使用；后者的特点是凝点不高于－8℃，适合在温暖地区使用。

减震器油也可自行配制，如可用 25 号变压器油和 22 号汽轮机油各 50%(质量分数)配制而成；也可用体积比为 70%的 10W/30 或 30 号汽油机油和 30%的－35 号柴油配制；还可用 10 号机械油代替。使用减震器油应注意减震器的密封良好，无渗漏现象。定期维护拆检减速器时，按规定更换减震器油，油量要适中，不能过多或过少。

8.4.2 液压油

随着汽车工业的发展，现代汽车上的许多机构广泛采用了液压和液力传动。除液压制动系统、液压减震器、自动变速器以外，离合器液压操纵系统、液力转向系统、自动倾斜机构等均采用了液压传动系统。另外，在汽车维修机械中也广泛应用了液压传动，如各种作业装置、平台回转机构、提升及夹紧机构等。

液压油就是用于液压传动系统中的工作介质。为保证液压系统的正常工作，液压油必须保证其不可压缩性和良好的流体状态。对液压油的主要性能要求有：适宜的黏度和良好的黏温性，良好的抗磨性、抗乳化性、抗泡沫性和抗氧化性等。

1. 液压油的分类

按国标规定，液压油属于 L 类(润滑剂和有关产品)中 H 组(液压系统)，并统一命名。汽车及其维修机械液压系统常用 L－HL 液压油、L－HM 液压油(抗磨型)、L－HV 液压油(低温抗磨型)、L－HR 液压油(高黏度指数)等品种。

1) L－HL 液压油(通用工业机床润滑油)

L－HL 液压油是一种精制矿物油，具有良好的抗氧、防锈性能，常用于低压液压系统和传动装置，在 0℃以上环境下使用，适用于机床和其他设备的低压齿轮泵，也可以使用于其他抗氧防锈型润滑油的机械设备(如轴承和齿轮等)。L－HL 液压油按照 40℃时的运动黏度可将其分为 15、22、32、46、68 和 100 等六个黏度牌号。

2) L－HM 液压油(抗磨液压油)

L－HM 液压油是在 L－HL 油的基础上通过改善其抗磨性能而得来的。适用于低、中和高压的叶片泵、柱塞泵和齿轮泵的液压系统，也可以用于中、高压的工程机械或车辆上的液压系统(如数控机床、起重机和挖掘机等中重型机械)和中等负荷机械上的润滑部位，其适应的温度范围为－5℃～60℃。L－HM 液压油按照 40℃时的运动黏度可将其分为 15、22、32、46、68、100 和 150 等七个黏度牌号。

3) L－HV 液压油(低温抗磨液压油)

L－HV 液压油是在 L－HM 油的基础上通过改善其黏温性能而得来的液压油。L－HV 液压油属于宽温度变化范围下使用的液压油，适用于环境温度变化较大和工作条件恶劣的(野外作业的工程车辆、军车等)低、中和高压液压系统和其他中等负荷机械的润滑部位，其适用温度在－30℃以上。按其基础油可将其分为矿油型和合成油型两种；按照 40℃时的运动黏度又可以将其分为 15、22、32、46、68 和 100 等六个黏度牌号。

4) L－HR 液压油(低温液压油)

L－HR 液压油是在 L－HL 油的基础上通过改善其黏温性能而得来的液压油。它具有良好的防锈、抗氧性和黏温性。适用于环境温度变化较大和工作条件恶劣的中、低压液压系统和其他轻负荷机械的润滑部位。L－HR 液压油分为 15、32 和 46 等三个黏度牌号。

2. 液压油的选用及使用注意事项

液压油的选用应根据工作环境温度和液压泵的类型选择液压油。汽车举升机和轮胎起重机液压系统采用 21 MPa 以上的高压泵，应选用黏温性好的 L－HR 液压油、抗磨性好的 L－HM 液压油，或抗磨性和黏温性都好的 L－HV 液压油。L－HL 普通液压油适用于环境温度为 0℃～40℃下操作的各类液压泵(6.3～21 MPa)。根据液压泵的类型选择液压油如表 8－4 所示。

表 8－4　　各种液压泵液压油的选择

泵的类型	系统压力/MPa	温度/℃	液压油品种	黏度级别
齿轮泵	＞7	5～40	L－HL 液压油，中高压以上用 L－HM 液压油	32、46、68
	—	40～80	L－HL 液压油，中高压以上用 L－HM 液压油	100、150
径向柱塞泵	—	5～40	L－HL 液压油，中高压以上用 L－HM 液压油	32、46
	—	40～80	L－HL 液压油，中高压以上用 L－HM 液压油	68、100、150
轴向柱塞泵	—	5～40	L－HL 液压油，中高压以上用 L－HM 液压油	32、46
	—	40～80	L－HL 液压油，中高压以上用 L－HM 液压油	68、100、150
叶片泵	＜7	5～40	L－HM 液压油	32、46
	＞7	40～80	L－HM 液压油	46、68
	＜7	5～40	L－HM 液压油	46、68
	＞7	40～80	L－HM 液压油	68、100

使用液压油时应注意：

(1) 不同品种、不同牌号的液压油不得混合使用。

(2) 液压油在储存或使用过程中应确保其清洁，否则会缩短液压系统的寿命。

(3) 应按使用说明书规定的换油标准及时换油，一般条件下汽车和工程机械在高级维护时更换液压油。

8.4.3　空调制冷剂

空调制冷剂又称制冷工质，在南方一些地区俗称雪种。它是汽车空调制冷系统中循环流动的工作介质。由于受到压缩机所做压缩功的作用，它在系统的各个部件之间循环流动，进行能量的转换和传递，完成制冷剂向高温热源放热和从低温热源吸热的过程，从而实现制冷的目的。

制冷剂的性质直接关系到制冷装置的制冷效果、经济性、安全性及运输管理，因而汽车空调制冷剂应满足以下性能要求：

(1) 无毒、无异味；

(2) 不易燃、不易爆；

(3) 易于改变吸热和散热状态；

(4) 化学性质稳定，无腐蚀性；

(5) 与润滑油无亲和作用，可与冷冻机油以任意比例相溶；

(6) 有利于环境保护。

1. 制冷剂的分类

目前汽车空调制冷系统使用的制冷剂主要有 R12 和 R134a 两种，其中 R 是英文 Refrigerant(制冷剂)的第一个字母。

汽车空调制冷剂最早广泛使用的是 R12，R12 属于氟里昂系制冷剂，其特点是蒸发潜热大、易液化，对金属、橡胶的腐蚀性小，无毒且不易燃烧，但遇火会产生有毒物质。由于 R12 制冷剂会严重破坏大气臭氧层，引起严重的环保问题，目前世界各国都已禁止使用，取而代之的是 R134a 制冷剂。

R134a 制冷剂的特点是沸点较低、蒸发潜热高于 R12 制冷剂、传热性能好，但其中水分含量高，管路压力高、温度及负荷大。用 R134a 制冷剂代替 R12 制冷剂后，空调系统的输入功率和制冷量都有明显的提高，而且占用面积也有所减少，从而证明 R134a 制冷剂是一种最为理想的代用品。

2. 制冷剂的使用注意事项

(1) 在储存和使用过程中应尽量避热。制冷剂极易蒸发，在储存时应尽量避开阳光直射、火炉及其他热源，添加制冷剂时应在低温下进行。

(2) 应尽量避免与皮肤接触。因为制冷剂在大气压力下会急剧蒸发制冷，极易冻伤皮肤，在加注制冷剂时，要避免接触皮肤和进入眼睛。

(3) 加注制冷剂时要选择通风良好的环境。因为制冷剂排到大气中会造成氧气浓度急剧下降，严重时会使人窒息，因此在检查及填充时要在通风良好的环境下进行。

(4) 不得混合使用制冷剂。因为不同的制冷剂对空调系统结构的要求不一致。

本章小结

(1) 合成制动液是我国目前汽车使用的主要制动液，其牌号有 JG_3、JG_4、JG_5 三种。

(2) 防冻液的作用不仅仅是降低发动机冷却液的冰点，还具有提高冷却液沸点、防止水箱金属被腐蚀、提高传热效率等优点。目前广泛使用的是乙二醇型冷却液。按冰点分为－25、－30、－35、－40、－45、－50 等六个牌号。

(3) 我国液力传动油分为 8 号和 6 号两种。8 号主要用于轿车，6 号用于内燃机车、载货汽车、工程机械等。

(4) 目前，多数国产汽车推荐使用克拉玛依炼油厂和按上海石油公司企业标准生产的减震器油。前者特点是凝点很低，有很好的黏温性，适合在寒冷地区使用；后者的凝点不高于－8℃，适合在高温地区使用。

(5) 汽车空调制冷介质有 R12 和 R134a 两种。其中 R134a 也称为环保制冷剂，是取代 R12 的理想产品。

复习思考题

1. 名词解释

(1) 汽车制动液　　(2) 汽车防冻液　　(3) 液力传动油　　(4) 减震器油

(5) 液压油　　　　　　　　(6) 空调制冷剂

2. 填空题

(1) 汽车工作液主要包括________、________、________、减震器油和液压油等。

(2) 制动液是车辆液压制动系统中________的工作介质。

(3) 为保证制动液在低温下制动油缸活塞能随踏板的动作灵活移动,在高温时又有适宜的黏度,不影响油缸的润滑和密封,要求制动液有良好的________和________。

(4) 我国液力传动油按现行标准将其分为________、________和 8D 号三种。

(5) 汽车防冻液用于发动机的冷却系统,具有冬季防________,夏季防________,全年防水垢和防腐蚀等优点。

(6) 防冻液主要是由________剂与________按一定比例混合而成。

(7) 乙二醇型防冻液按其冰点不同有−25 号、________、________、________、−45 和−50 等 6 个牌号。

(8) 汽车空调制冷系统使用的制冷剂主要有 R12 和 R134a 两种,其中________属于氟里昂系制冷剂,会严重破坏大气臭氧层,引起严重的环保问题,取而代之的是________制冷剂。

3. 选择题

(1) 下列(　　)制动液已被淘汰。

A. 醇型　　B. 醇醚　　C. 酯　　D. 硅油

(2) 下列(　　)不是防冻液的作用。

A. 降低冰点　　B. 提高沸点　　C. 降低沸点　　D. 加强散热

(3) 目前发动机使用的防冻液主要是(　　)型防冻液。

A. 酒精　　B. 乙醇　　C. 乙二醇　　D. 甘油

(4) 下列(　　)是环保制冷剂。

A. R12　　B. R134a　　C. R22　　D. 氨

4. 简答题

(1) 各种制动液能否混合使用,为什么?

(2) 如何正确加注防冻液?

(3) 汽车制动液、汽车防冻液、液力传动油分别有哪些主要性能要求?

(4) 使用汽车制动液、汽车防冻液、液力传动油和空调制冷剂应注意哪些事项?

9 汽 车 轮 胎

学习目标

知识目标

(1) 了解汽车轮胎的使用性能；

(2) 掌握汽车轮胎的基本结构、分类和规格。

能力目标

(1) 学会轮胎的选配和合理使用。

轮胎是汽车的重要组成部分，一辆新载货汽车的轮胎价值占全车价值的 1/5。在汽车运输过程中，轮胎费用也占 10%左右。汽车轮胎的作用是支承汽车的总质量；吸收和缓和汽车行驶时所受到的一部分冲击和振动，以保证汽车具有良好的乘坐舒适性和行驶平顺性；保证轮胎与路面有良好的附着作用，以提高汽车的牵引性、操作性和通过性。轮胎的性能直接影响汽车的动力性、制动性、行驶稳定性、平顺性、越野性和燃料经济性。因此合理选择、正确使用和及时维护轮胎，对延长其使用寿命，提高汽车的使用性能，降低运输成本有着重要的意义。

9.1 轮胎的类型与结构特点

9.1.1 轮胎的类型

(1) 按配套车辆可分为轿车轮胎、载重汽车轮胎、工程机械轮胎、摩托车轮胎、自行车轮胎和航空轮胎等；

(2) 按组成结构可分为有内胎轮胎和无内胎轮胎；

(3) 按胎体中帘线排列方向可分为普通斜交轮胎、带束斜交轮胎和子午线轮胎等；

(4) 按胎面花纹可分为普通花纹轮胎、混合花纹轮胎和越野花纹轮胎；

(5) 按胎内气压可分为高压轮胎(0.5～0.7 MPa)、低压轮胎(0.15～0.45 MPa)和超低压轮胎(低于0.15 MPa)。目前，轿车、货车几乎全部采用低压胎，因为低压胎弹性好，断面宽，与道路接触面大，壁薄而且散热性能好，这些特点提高了汽车行驶的平顺性和转向操纵性。

不同类型的轮胎有不同的结构特点和使用性能。

9.1.2 轮胎的结构特点

轮胎通常由外胎、内胎和垫带组成，如图 9-1 所示。也有不需要内胎的，但对内胎层的橡胶性能要求较高。现以目前常见的普通斜交轮胎、子午线轮胎和无内胎轮胎为例说明其结构。

1. 普通斜交轮胎

普通斜交轮胎如图 9-2 所示，是一种老式结构，其结构特点是胎体中的帘线与胎面中心线呈 35°角，帘线是由一侧胎边穿过胎面到另一侧胎边。由这种斜置帘线组成的帘布层，通常有多层，它们交错叠合起来，成为胎体的基础。由于帘布层的交错排列，给轮胎胎面和胎体增加了强度，在适当充气时，会使驾驶人感到较为柔软、舒适。轮胎接触地面的面积大，使汽车行驶更加平稳，从而延长了轮胎的使用寿命。但普通斜交轮胎的滚动阻力大，油耗高，承载能力较低，因此在使用上受到了一定的限制，有被子午线轮胎取代的趋势。

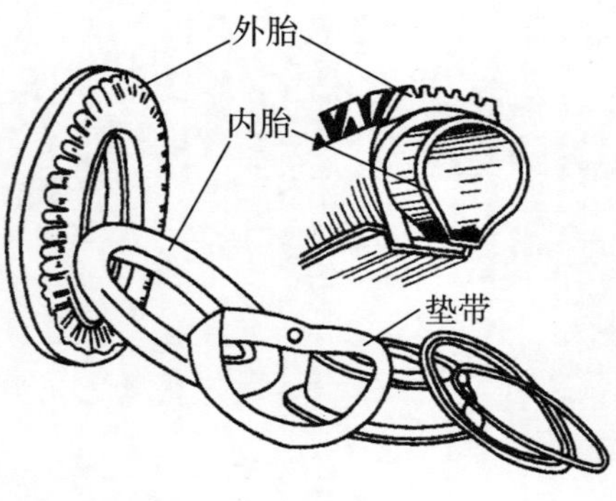

图 9-1　轮胎的组成

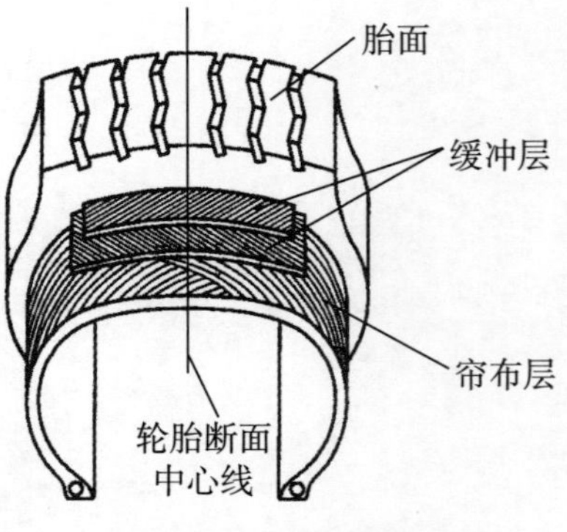

图 9-2　普通斜交轮胎

2. 子午线轮胎

子午线轮胎用钢丝或纤维织物作帘布层，其帘线与胎面中心线的夹角接近 90°，从一侧胎边穿过胎面到另一侧胎边环形排列。帘线这样分布就像地球上的子午线，故称子午线轮胎。子午线轮胎的结构如图 9－3 所示。

由于子午线轮胎的帘线呈环状排列，使帘线的强度得到充分利用，所以子午线轮胎帘布层数比斜交轮胎少约 40%～50%。帘线在圆周方向上若只靠橡胶来维系，则难以承担行驶时产生的切向力，所以子午线轮胎一般采用强度较高、伸张很小的纤维织物帘布或钢丝帘布制造的带束层，带束层像刚性环形带一样，紧紧箍在胎体上，以保证轮胎具有一定的外形尺寸，承受内压引起的负荷及滚动时所受的冲击力，减少胎面与胎体帘布层所受的负荷等。带束层一般有多层，相邻层帘线呈交叉排列，它们与胎面中心线夹角很小，一般为 10°～20°，这就使得帘布层帘线和带束层帘线交叉于三个方向，形成许多密实的三角形网状结构，如图 9－4 所示。这种结构有效阻止了胎面向周向和横向伸张与压缩，大大提高了胎面的刚性，减少了胎面与路面的滑移现象，提高了胎面的耐磨性。子午线轮胎和普通斜交轮胎的帘布层比较如图 9－5 所示。

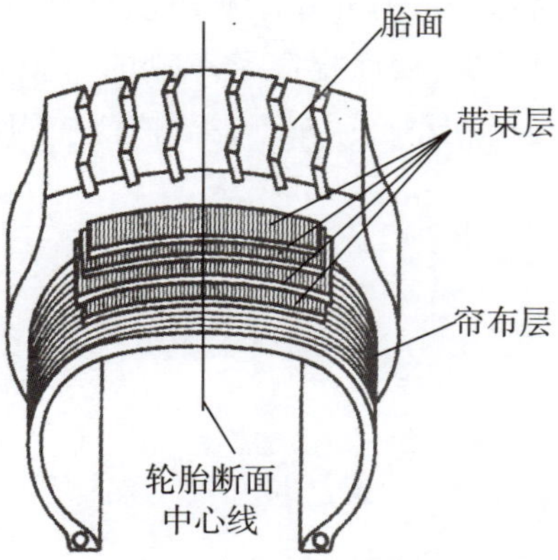

图 9－3　子午线轮胎

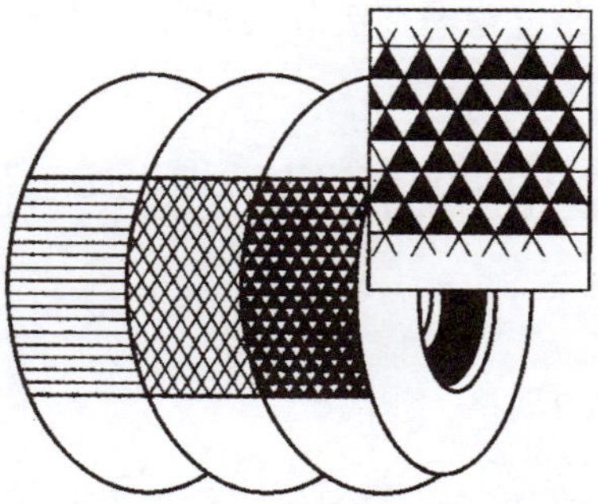

图 9－4　三角形网状结构

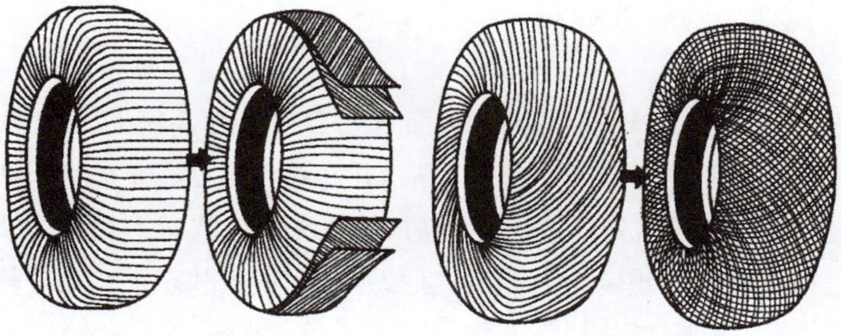

图 9－5　子午线轮胎和普通斜交轮胎的帘布层

由于子午线轮胎的这些结构特点，使得子午线轮胎具有比普通斜交轮胎显著的优点：

(1) 附着性能好。由于子午线轮胎胎体弹性大，使其滚动时与地面接触面积大，胎面滑移小，所以其附着性能好。

(2) 滚动阻力小，节省燃料。由于子午线轮胎帘布层数少，层间摩擦力小，所以其滚动阻力比普通斜交轮胎小 20%～30%，不但可提高汽车的动力性，还可以提高燃料的经济性，一般可降低油耗 6%～8%，并且随着车速的提高，节油效果更加明显。

(3) 承载能力大。由于子午线轮胎的帘线排列与轮胎的主要变形方向一致，因而其帘线强度可得到充分利用，故其承载能力比普通斜交轮胎高。

(4) 胎面耐穿刺,不易爆胎。由于子午线轮胎有多层坚硬的环形带束,胎面刚性大,能够减小胎面胶的伸张变形,接触地面的面积又大,单位压力小,因而提高了胎面的耐刺穿性能,在恶劣的使用条件下也不易发生爆裂。

(5) 由于子午线轮胎帘布层数少,胎侧薄,所以散热性能好,有利于提高车速。

子午线轮胎在具有以上优点的同时,也存在一些缺点。如胎侧薄,变形大,胎侧与胎圈受力比普通斜交轮胎大,因而胎面与胎侧的过渡区易产生裂口;吸振能力弱,胎面噪声大;制造技术要求高,成本高等。

由于子午线轮胎明显优越于普通斜交轮胎,因此在轿车上已广泛使用,在货车上也越来越多地采用了子午线轮胎。随着汽车技术的发展,结合无内胎轮胎和子午线轮胎的优点,现在轿车上已开始广泛使用的无内胎轮胎(真空胎)大多数是无内胎子午线轮胎。

3. 无内胎轮胎

无内胎轮胎与有内胎轮胎在外观和结构上基本相似,不同之处是无内胎轮胎没有内胎,是将压缩空气直接压入外胎内。在外胎的内壁上有一层大约 2～3 mm 厚的专门用来密封压缩空气的橡胶密封层,它是采用硫化的方法黏附上去的。其特点是只有在爆胎时才会失效,另外爆胎后可从外部进行紧急处理。车辆行驶时当尖物刺破轮胎后,内部的压缩空气不会立即消失,从而提高了车辆的行驶安全性;散热性能好,可通过轮辋直接散热;可以延长轮胎的使用寿命。目前在小型轿车上得到广泛应用。

9.2 轮胎的规格及合理使用

9.2.1 轮胎的规格

按国家标准规定,在轮胎外胎的两侧标有生产编号、厂家商标、尺寸规格、层级、额定载荷、胎压、胎体帘布层的汉语拼音代号(如 M-棉帘布轮胎、R-人造丝帘布轮胎、N-尼龙帘布轮胎、G-钢丝帘布轮胎、ZG-钢丝子午线帘布轮胎)、旋转方向等。

1. 轮胎的尺寸规格

轮胎尺寸规格可用外胎直径 D、轮辋直径 d、断面宽度 B 和断面高度 H 的名义尺寸代号表示。

(1) 外胎直径 D 是指轮胎按照规定压力充足气后,并在无负载状态下轮胎外表面的直径。

(2) 轮辋直径 d 是指轮胎按照规定压力充足气后,并在无负载状态下轮胎内圈的直径。

(3) 断面宽度 B 是指轮胎按照规定压力充足气后,并在无负载状态下轮胎外侧两面间的距离。

(4) 断面高度 H 是指轮胎按照规定压力充足气后,并在无负载状态下轮胎外径与内径的差值一半。即

$$H=(D-d)/2$$

2. 不同轮胎规格的表示方法

1) 高压轮胎

一般用 $D\times B$ 表示。D 表示轮胎的外胎直径,B 表示轮胎的断面宽度,均使用英寸(in)为单位,“×”表示为高压胎。目前在汽车上高压胎已经很少使用。

2) 低压轮胎

一般用 $B-d$ 表示。B 表示轮胎的断面宽度,d 表示轮胎的轮辋直径,均使用英寸(in)为单位,“－”表示为低压胎。例如,9.00－20 中“9.00”表示轮胎断面宽度为 9 in,“20”表示轮辋名义直径为 20 in,“－”表示为低压胎。

3）超低压轮胎

超低压轮胎规格的表示方法与低压轮胎基本相同。在一般情况下，轮辋直径在 15 in 以下为低压胎，例如，7.00－14 表示轮胎断面宽度为 7 in，轮辋名义直径为 14 in。

4）国产子午线轮胎

规格用 *BRd* 表示，其中 R 表示子午线轮胎(Radial 的首写字母)。

随着轮胎的扁平化，原先使用轮胎的断面宽度和轮辋直径已经不能完全表示轮胎的规格。即在断面宽度相同的情况下，其断面高度随不同扁平率的变化而变化。轮胎按照扁平率的高宽比划分系列，目前国产轿车的子午线轮胎有 80、75、70、65 和 60 五个系列，数字分别表示为断面高度和断面宽度的百分比。其相对应的是 80%、75%、70%、65%和 60%。从比例的数值可以看出，数字越小，轮胎就越矮，即轮胎越扁平。例如，9.00R20 中“9.00”表示轮胎名义断面宽度，“R”表示子午线结构，“20”表示轮辋名义直径；185/60※R13 中，“185”表示轮胎名义断面宽度，“60”表示轮胎名义高度比，“※”表示速度符号，“R”表示子午线结构，“13”表示轮辋名义直径。

5）无内胎轮胎

按国家标准规定，载货汽车的子午线无内胎轮胎的规格表示为 *BRd*。例如，8R22.5 中“8”表示轮胎名义断面宽度，“R”表示子午线结构，“22.5”表示无内胎轮辋名义直径。

有些子午线无内胎轮胎，采用在规格中加“TL”标志，例如，轻型载货汽车子午线轮胎7.00R16.5TL，其中“TL”则表示为无内胎轮胎。

3. 轮胎的层级

轮胎的层级是表示轮胎承载能力的相对指数，主要用于区别尺寸相同，但结构和承载能力不同的轮胎。轮胎的层级数与轮胎帘布层的实际层数没有直接的关系。轮胎层级常用 PR(PLYRATING)表示。

4. 轮胎最高速度和速度级别代号

轮胎最高速度是指在规定条件(路面级别、轮辋名义直径)下，在规定的持续行驶时间内，允许使用的最高速度。

将轮胎最高速度(km/h)分为若干级，目前有 25 个，用字母表示，叫做速度级别符号。部分速度级别符号如表 9－1 所示，不同轮辋名义直径的轿车轮胎最高速度如表 9－2 所示。

表 9－1　　轮胎速度级别符号与最高行驶速度

轮胎级别符号	轮胎最高行驶速度/(km/h)	轮胎级别符号	轮胎最高行驶速度/(km/h)
L	120	R	170
M	130	S	180
N	140	T	190
P	150	U	200
Q	160	H	210

表 9－2　　轮胎速度级别符号在不同轮辋名义直径时表示的轿车轮胎最高行驶速度

轮胎速度级别符号	轮胎最高行驶速度/(km/h)		
	轮辋名义直径 10 in	轮辋名义直径 12 in	轮辋名义直径≥13 in
R	135	145	160
S	150	165	180
T	165	175	190
H	—	195	210

5. 轮胎负荷指数与轮胎负荷能力

轮胎负荷指数是指在规定条件(轮胎最高速度、最大充气压等)下轮胎负荷能力的数字符号。轮胎负荷指数用 LI 表示,轮胎负荷能力用 YLCC 表示。轮胎负荷指数目前有 0～279 共 280 个,部分轮胎负荷指数与轮胎负荷能力对应关系的数据如表 9－3 所示。图 9－6 所示型号为 225/60R16 98H 中,“225”表示轮胎断面宽度(mm);“60”表示轮胎的扁平率;“R”表示子午线轮胎;“16”表示轮辋直径(in);“98”表示负荷指数,即轮胎负荷能力为 7 500 N;“H”表示速度级别,即轮胎在负荷指数内允许的最高时速为210 km/h。

图 9－6　型号为 225/60R16 98H 轮胎

表 9－3　轮胎负荷指数与轮胎负荷能力对应关系

轮胎负荷指数 LI	轮胎负荷能力 YLCC/N	轮胎负荷指数 LI	轮胎负荷能力 YLCC/N
85	5 150	92	6 300
86	5 300	93	6 500
87	5 450	94	6 700
88	5 600	95	6 900
89	5 800	96	7 100
90	6 000	97	7 300
91	6 150	98	7 500

9.2.2　轮胎的合理使用

合理使用轮胎,目的在于降低轮胎的磨损速度,防止不正常的磨损和损坏,从而延长轮胎的使用寿命,轮胎使用的基本要求有以下几个方面。

1. 保持轮胎气压正常

轮胎的充气压力是决定轮胎使用寿命和行驶安全性的重要因素。轮胎气压过低,会使胎体变形增大,从而造成内应力增加,并过度生热,加快橡胶老化和帘线疲劳,导致帘线因疲劳而折断、松散和帘布脱层;还会使轮胎的接地积增大,滑移量增加及磨损加剧,特别是胎肩的磨损较为严重;由于轮胎的滚动阻力增加,而使燃料消耗增加;如果使用双轮胎时,一胎气压过低,会使另一轮胎磨损严重加快。轮胎气压过高时,会使轮胎接地面积减少,单位压力增高,从而使胎冠磨损加剧。由于材料过度拉伸,会使轮胎的刚性增大,胎体弹性下降,当轮胎受到冲击时,极容易产生胎冠爆裂。

试验表明,轮胎气压过低或过高,轮胎的使用寿命都将缩短。由图 9－7 可见,轮胎气压降低 20%,轮胎的使用寿命会缩短 15%。汽车超载或装载不均衡时,都会引起轮胎超载。

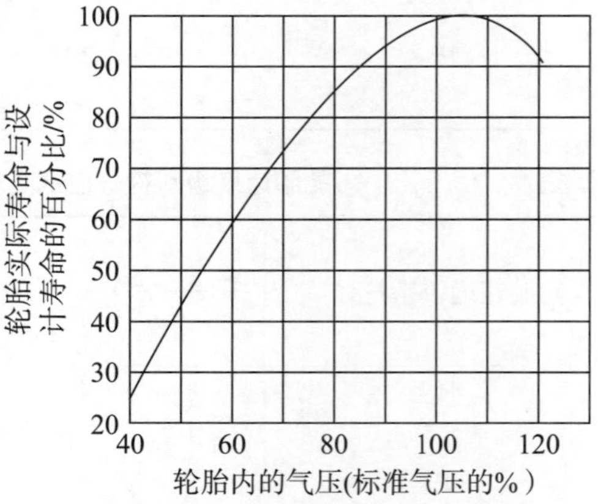

图 9－7　轮胎气压与寿命的关系

2. 防止轮胎超载

严格控制车辆超载装物。因为每一个轮胎都有它最大装载质量,所以在使用时要严格按照规定进行装载。如果超载行驶,轮胎的变形就会增大,其帘布层和帘线应力也有所增加,此时极易造成帘线折断和帘布层脱落,导致轮胎的接地面积增大，而加快轮胎胎肩的磨损。当车辆行驶时，特别是遇到障碍物时，即使是一个不大的石块，也会引起爆胎。在转弯或不平的路面上行驶，当轮胎负荷超过50%，其轮胎使用寿命将缩短50%；当超过一倍时，其寿命将会缩短80%以上。轮胎超载时的损坏和胎压过低时损坏相似，只是超载时轮胎损坏更严重。因此，装载货物时必须按照规定的装载质量装载，并注意装载货物时要保持装载平衡，以防止车辆在行驶时发生货物移动或漂移等现象。

3. 合理搭配轮胎

在同一辆车上或同一轴上应该使用规格、结构、层级和花纹等完全一致的轮胎，采用双胎并装时，必须要求选用同一厂牌的轮胎，以保持负荷相同，磨损一致。

当轮胎磨损到一定程度需要更换时，应尽可能是全车更换或同轴更换。如果条件不允许，可将新胎或质量较好的轮胎装在转向轮上，将旧胎或磨损稍轻的轮胎装在其他轮上，以确保行车安全。规格相同，但结构、层级以及花纹不同的轮胎，不能装在同一轴上使用，特别是子午线轮胎和普通斜交轮胎更不能混装在同一车上或同一轴上使用。轮胎应按规定的型号与轮辋配套使用，不同型号规格的轮辋，即使直径相同，其轮辋宽度和突缘高度也有所不同。窄胎装宽轮辋，或宽胎装窄轮辋，都会造成轮胎的早期损坏。

4. 控制行驶车速，注意轮胎温度

随着汽车行驶速度的提高，轮胎在单位时间内与地面的接触次数也相应增多，轮胎的变形频率、胎体的震动也随之增加。当车速达到某一速度时，轮胎的工作温度和气压升高，会加速橡胶的老化，产生帘布层断裂和胎面剥落现象，严重时会造成轮胎爆裂。因此，一定要坚持中速行驶，胎体温度不得超过100℃。夏季行驶应增加停歇次数，如轮胎发热或胎压增高，应停车休息散热。严禁放气降低轮胎气压，也不要泼冷水降温。

5. 精心驾驶车辆

不正确或不精心驾驶车辆，都会使轮胎的使用寿命急剧缩短。为此，驾驶车辆时应做到起步平稳、加速均匀、中速行驶、直线前进、减速转向、少用制动、选择路面。

6. 做好日常维护

轮胎的日常维护包括出车前、行车中和收车后的检查。主要检查轮胎的气压和有无不正常磨损以及损伤，并及时预防隐患和消除故障。

出车前用气压表检查各个轮胎的气压是否符合规定，气门嘴有无漏气现象，以及是否碰到制动鼓。检查各个轮胎的螺母是否松动，挡泥板、货箱等有无碰擦轮胎的现象，并及时消除，以防故障隐患。

行车中的检查是利用停车时进行，检查项目与出车前检查项目基本相似。

收车后检查轮胎是否有漏气的现象，如有则查找其漏气根源并及时清除；检查轮胎花纹之间有否夹杂石子等现象并及时清除；检查轮胎螺母是否有松动，如有松动也应及时清除，以防故障隐患。行车中由于种种原因换用备用轮胎，当收车时应及时维修替换下来的轮胎。

本章小结

(1) 轮胎的作用：支撑汽车总质量、吸收和缓和冲击及振动、保证与地面良好的附着性。

(2) 子午线轮胎和无内胎轮胎由于具有良好的使用性能而被广泛用于载重汽车和轿车上。

(3) 轮胎的规格：例如，205/60R1589H205指轮胎断面宽度是205 mm；60指扁平率；R表示子午线轮胎；15指轮辋直径(in)；89指负荷指数；H指速度等级符号。

(4) 正确选择轮胎：所选轮胎的尺寸规格符合车辆使用说明书的规定；轮胎的速度等级必须与车辆最高行驶速度相适应；轮胎的负荷能力要与承载能力相适应；轮胎的花纹要与道路条件相适应等。

(5) 正确使用轮胎：保持轮胎气压正常；防止超载；合理搭配轮胎；合理控制车速；注意轮胎温度。

复习思考题

1. 名词解释

(1) 子午线轮胎 (2) 外胎直径 D (3) 轮辋直径 d (4) 断面宽度 B

(5) 断面高度

2. 填空题

(1) 汽车轮胎的作用是支承汽车的________；吸收和缓和汽车行驶时所受到的一部分________；保证轮胎与路面有良好的________作用，以提高汽车的牵引性、操作性和通过性。

(2) 轮胎的分类方法有很多，按组成结构可分为________和________；按胎内气压可分为________、________和________。

(3) 轮胎通常由________、________和________组成。

(4) 轮胎尺寸规格可用________、________、________和________的名义尺寸代号表示。

(5) 轮胎的日常维护包括________、________和________的检查。

3. 简答题

(1) 汽车轮胎有哪些类型？各有何优缺点？

(2) 为什么无内胎轮胎在轿车上得到广泛使用？

(3) 无内胎轮胎在结构上如何实现密封的？

(4) 如何合理使用轮胎？

(5) 子午线轮胎和普通斜交轮胎相比有什么特点？为什么子午线轮胎得到越来越广泛的使用？

(6) 轮胎气压对轮胎有什么影响？

10 铸 造

学习目标

知识目标

(1) 熟悉铸造生产的基本原理、特点及应用；

(2) 掌握砂型铸造工艺过程；

(3) 了解特种铸造原理、过程、特点及应用。

能力目标

(1) 学会识别汽车上使用的铸件；

(2) 能够根据汽车零部件的性能要求和使用条件，选用合适的铸造工艺；

(3) 不断地提高实践能力，注意安全意识。

铸造是将液态金属浇注到与零件形状相适应的铸型型腔中，待其冷却凝固后，获得零件或毛坯的成型工艺。

铸造成型具有适应范围广、成本低的特点：

(1) 铸造成型适应的形状和尺寸范围广。铸造是依靠液态金属的流动成形的，可以生产各种形状、各种尺寸的毛坯，特别是具有复杂内腔的毛坯，如汽车发动机的缸体件，通过铸造工艺获得毛坯，然后局部切削加工后进行装配，是唯一经济可行的制造方案。

(2) 铸造成型适应的材料范围广。工业中常用的金属材料，如碳素钢、合金钢、铸铁、青铜、黄铜、铝合金等，都可用于铸造，其中应用最广的是铸铁。

(3) 铸造所用的原材料来源广泛，价格低廉，设备投资小，因此，铸件成本较低。

但由于铸造生产环节多，易产生多种铸造缺陷，且一般铸件的晶粒粗大、组织疏松，力学性能不如锻件，因此铸件一般不适宜制作受力复杂的和受力大的重要零件，而主要用于制作受力不大或受简单静载荷的零件，如箱体、床身、支架、机座等。汽车上常见的铸件如图 10-1 所示。

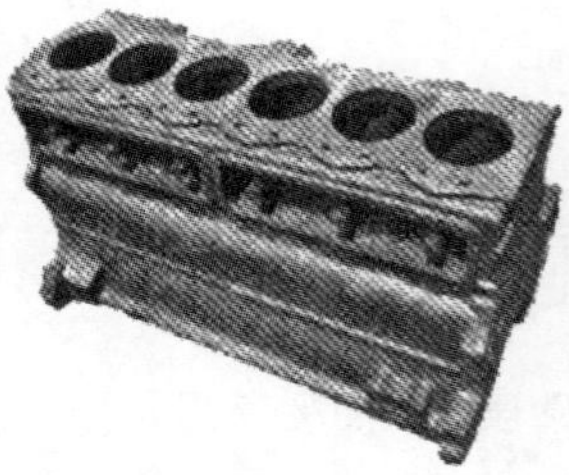

(a) 铸铁汽缸体

(b) 铝合金变速器壳

图 10-1　汽车上常见的铸件

根据生产方式的不同，铸造分为砂型铸造和特种铸造两大类。

10.1　砂型铸造

砂型铸造是指用型砂紧实成型的铸造方法。由于砂型铸造造型材料来源广泛，成本低廉，是最常用的铸造方法，目前我国砂型铸造生产的铸件占铸件总产量的 80%。

砂型铸造工艺过程如图 10-2 所示，主要包括以下几个工序：制作模样和型芯盒→配制型砂和芯砂→造型、造芯→合金熔炼→合型浇注→落砂、清理→检验入库。

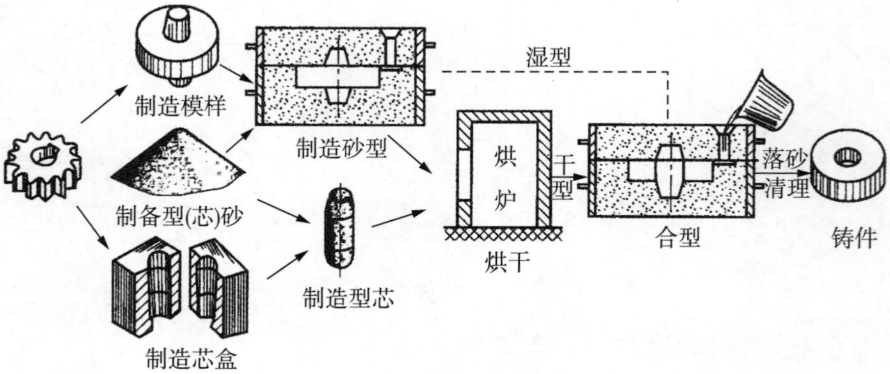

图 10-2　砂型铸造工艺过程

1. 模样与型芯盒

模样与型芯盒是用来造型和造芯的基本工艺装备。模样用于形成铸型的型腔，它和铸件的外形相适应。模样是根据零件图的形状和尺寸，同时考虑铸造工艺需要，如加工余量、铸造圆角、拔模斜度等制作的，常用的有木模、金属模、塑料模等。型芯盒用于制造型芯，其内腔与型芯的形状和尺寸相适应。型芯是用于形成铸件内腔和局部外形的，它是以石英砂为基础，添加黏结剂和附加物而成。

2. 型砂和芯砂

型(芯)砂由原砂、黏结剂、附加物、水、旧砂按一定比例混合而成。型砂应具有足够的强度、较高的耐火性、良好的透气性和较好的退让性。由于型芯的周围被高温金属液所包围，故芯砂的上述性能要求比型砂更高。

3. 造型

造型是砂型铸造中最基本的工序。它是用模样和型砂制成与铸件形状和尺寸相适应的铸型的过程。通常分为手工造型和机器造型两大类，其中手工造型应用最广。根据铸件的结构特点，可采用整模造型、分模造型、挖砂造型、活块造型、三箱造型、刮板造型等，常用造型方法的特点及应用如表 10－1 所示。

表 10－1　常用造型方法特点及应用

造型方法	简　图	主要特点	应　用
整模造型	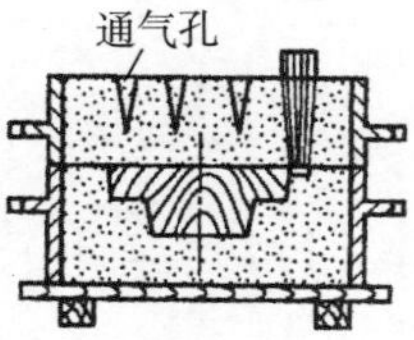	模样为整体，分型面为平面，型腔在同一砂箱中，不会产生错型缺陷，操作简单	用于最大截面在一端，且为平面的铸件，应用较广
分模造型	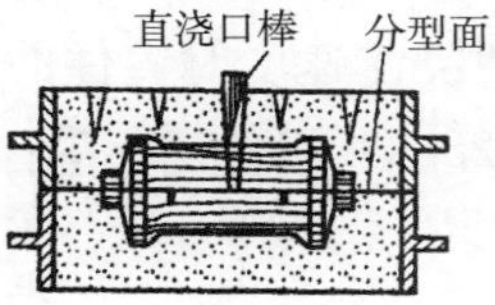	模样在最大截面处分开，型腔位于上、下型中，操作较简单	用于最大截面在中部的铸件，常用于回转体类铸件
挖砂造型	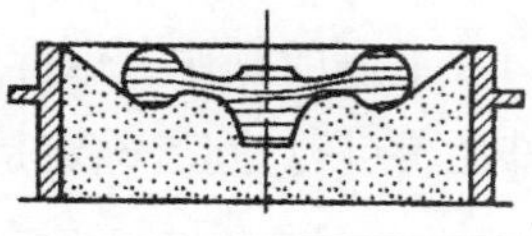	模样是整体的，分型面为曲面，为了能取出模型，造型时用手工挖去阻碍起模的型砂。对工人的操作技术要求高，生产率低	用于单件小批生产、分型面不是平面的铸件
活块造型	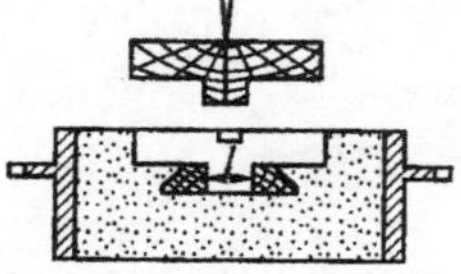	将妨碍取模的部分做成活动的模块，取出模样主体部分后，再小心将活块取出，其造型费工时，要求工人的技术水平高	用于单件、小批生产带有凸起部分、难以起模的铸件
刮板造型	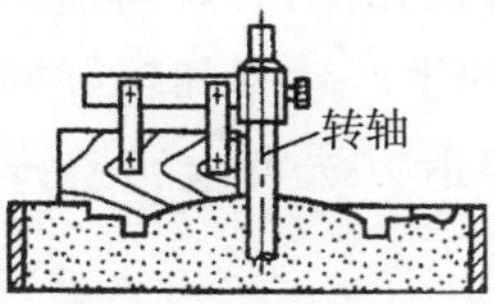	用刮板代替木模造型。它可大大降低木模成本，节省木材，缩短生产周期。但生产率低，要求工人的技术水平高	用于有等截面的大中型轮类、管类铸件的单件小批生产
三箱造型	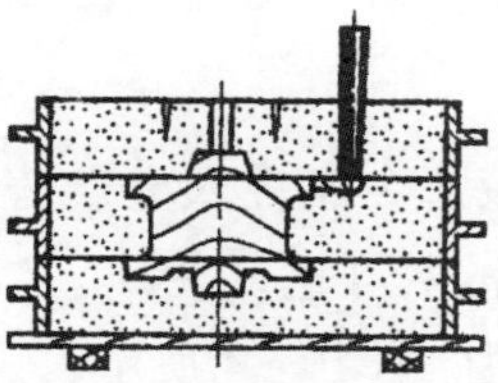	用上、中、下三个砂型，有两个分型面，中箱高度有一定要求，操作复杂	用于中间截面小，两端截面大的铸件单件小批生产

现以图 10－3 所示轴承座为例，简要介绍整模造型过程。

(1) 把模样放在底板上→套下箱→放砂→撞砂→紧实→刮平(图 10－3(a)、(b))

(2) 翻转下型→修光→撒分型砂(图 10－3(c))

(3) 套上箱→放浇注棒→放砂→撞砂→紧实→扎通气孔(图 10－3(d))

(4) 开起上箱→从下箱取出模样(图 10－3(e))

(5) 开横浇道→修型→合上箱→造型完成(图 10－3(f))

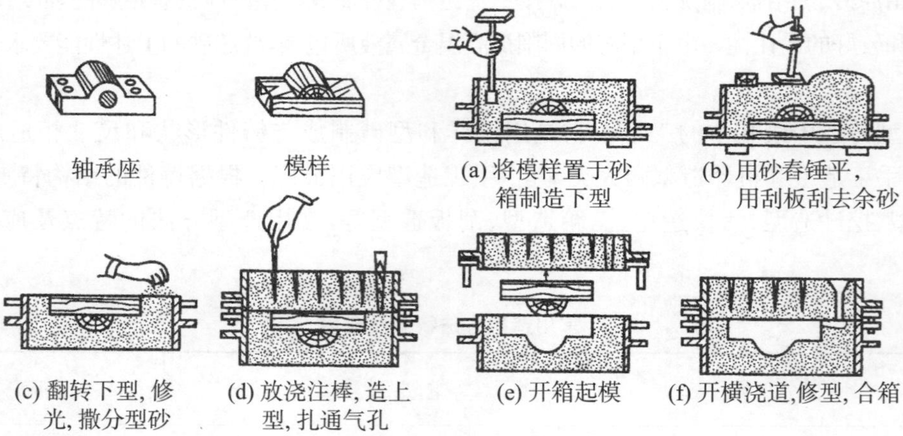

图 10－3　整模造型

4. 合型浇注

合型是将铸型的各个组元(上型、下型、型芯等)组成一个完整铸型的过程。合型时应检查铸型型腔是否清洁，型芯的安装是否准确牢固，砂箱的定位是否准确、牢固。

将液态金属注入铸型的操作称为浇注。浇注时金属液的温度和浇注速度对铸件的质量有很大影响，如掌握不当，将会生产各种缺陷。通常铸铁的浇注温度一般在 1 280℃～1 350℃左右。浇注速度是先快后慢，浇注时中途不得断流，同时应防止飞溅和满溢。

5. 落砂、清理

落砂和清理是指铸件冷凝后，从铸型中取出，清除表面黏砂、浇冒口及毛刺的操作。单件或小批量的落砂，可用手工进行，大批量生产一般用落砂机清砂。落砂和清理后，铸件还要进行检验，确定是否存在缺陷。

10.2　特种铸造

除砂型铸造以外，所有其他铸造方法都称为特种铸造。与砂型铸造相比，特种铸造具有良好的铸件精度和表面质量，较高的生产效率和较好的劳动条件等优点。目前常用的特种铸造方法有金属型铸造、压力铸造、熔模铸造和离心铸造等。

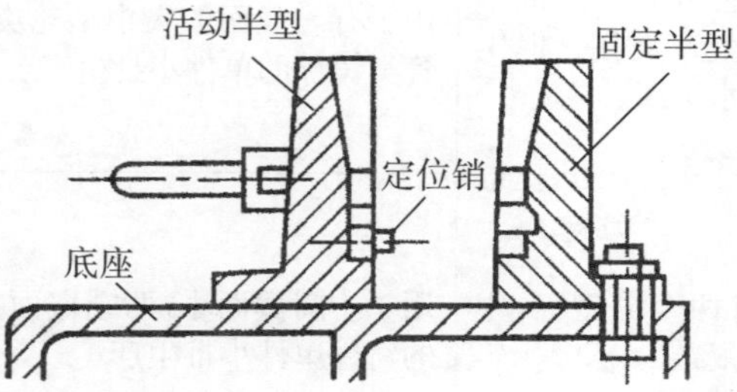

图 10－4　垂直分型式金属型

10.2.1　金属型铸造

金属型铸造是将液态金属浇入金属铸型中而获得铸件的铸造方法。因金属型可重复使用，又称为永久型铸造。垂直分型式金属型如图 10－4 所示。

与砂型铸造相比，金属型铸造有以下特点：

(1) 金属型导热性能好，冷却快，铸件晶粒细小、组织致密，力学性能高。

(2) 实现了“一型多铸”，一个金属型可使用几百次到数万次，节省了造型材料和造型工时，提高了生产效率，改善了劳动条件。

(3) 金属型尺寸精度高，表面光洁，大大提高了铸件的尺寸精度和表面质量。

(4) 金属型制造成本高，生产周期较长，不适于单件小批量生产。而且由于金属型不透气、没有退让性，铸件容易产生浇不足、冷隔、气孔、裂纹等缺陷。

金属型铸造主要用于有色金属的大批量生产，典型的产品如汽车发动机的缸盖、排气管、活塞、轮毂等。

10.2.2 压力铸造

压力铸造是将液态金属在高压下快速压入铸型，并在压力下凝固的铸造方法，简称“压铸”，如图 10－5所示。

压力铸造使用的压铸机，由定型、动型、压室等组成。首先使动型与定型合紧，用上边活塞将压室中的熔融金属压射到型腔，凝固后打开铸型并顶出铸件，用下边的活塞将余料推出压室，完成压铸全过程。

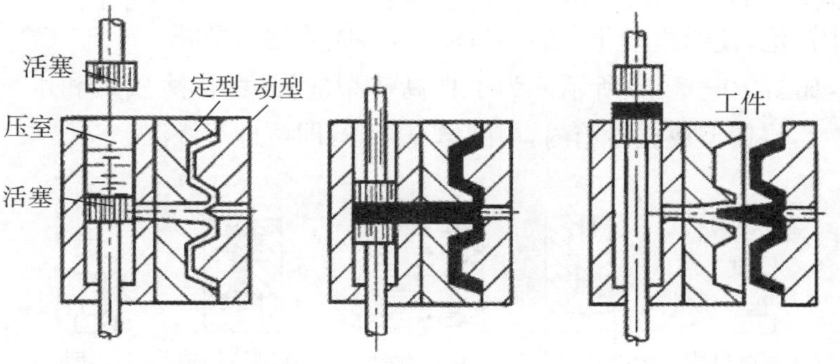

(a) 合型浇注　　(b) 压射　　(c) 开型顶件

图 10－5　压力铸造

压力铸造有以下特点：

(1) 由于金属液是在高压、高速下充填金属型腔，提高了合金的充型能力，因此可压铸出形状复杂的薄壁件。如压力铸造可直接铸出零件上的各种孔眼、螺纹、齿形、花纹、图案等；锌合金的最小壁厚可达 0.3 mm，铝合金可达 0.5 mm。

(2) 由于压力铸造保留了金属型铸造的一些特点，合金又是在压力下结晶的，所以铸件晶粒细小，组织致密，强度较高。

(3) 压力铸造件的尺寸精度及表面质量高，实现了少切屑或无切屑加工，因此省工、省料、省设备，降低了零件的生产成本。

(4) 压力铸造的主要缺点是压铸机造价高；压铸型结构复杂，制造费用较高，生产周期长；金属液充型速度大，凝固快，补缩困难，铸件中容易产生气孔和缩孔等缺陷。

压力铸造主要用于低熔点的有色金属的小型、薄壁、复杂铸件的大批量生产，如汽车发动机的气缸体、气缸盖、变速箱体、轮毂、齿轮、叶轮等。汽车铝合金压铸件如图 10－6 所示。

10.2.3 熔模铸造

用易熔材料(如蜡料)制成模样，再在模样上包覆若干层耐火材料，制成蜡壳，待模样熔化流出后经高温焙烧即可浇注的铸造方法，称为熔模铸造，也称失蜡铸造。

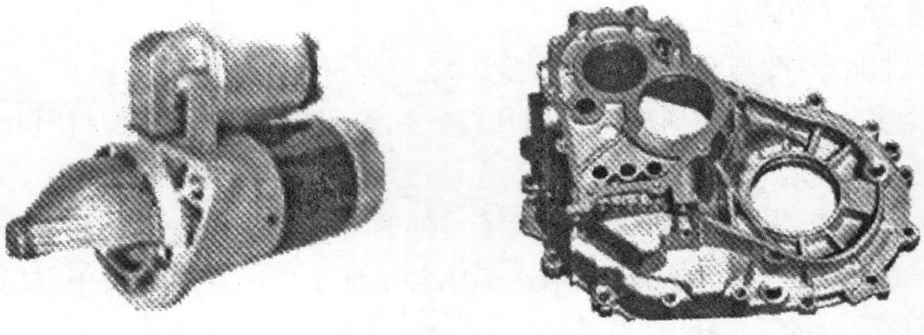

(a) 压力铸造铝合金外壳的汽车起动机　　(b) 压力铸造铝合金变速器壳

图 10－6　汽车铝合金压铸件

熔模铸造工艺过程如图 10－7 所示。

(1) 制造蜡模，如图 10－7(a)—(f)所示。首先根据铸件的形状和尺寸，用钢、铜或铝合金制成压型；然后把熔化成糊状的蜡质材料(常用 50%石蜡＋50%硬脂酸)压入压型中，制成单个蜡模，再把多个蜡模与浇注系统焊粘成蜡模组，形成铸件的模样。

(2) 制造型壳，如图 10－7(g)所示。将蜡模组浸入以水玻璃与石英粉配制的耐火材料中，取出后再撒上石英砂并在氯化铵溶液中硬化，重复数次直到结成 5～10 mm 厚的型壳。待型壳干燥后，将它放在 85℃～90℃的热水中浸泡，使蜡模熔化并经浇口流出，形成铸型的型腔。

(3) 焙烧、浇注，如图 10－7(h)所示。为了提高铸型的强度，排除残蜡和水分，将型壳在 850℃～950℃的炉内焙烧，然后将铸型放在砂箱内，周围填充干砂，即可进行浇注。

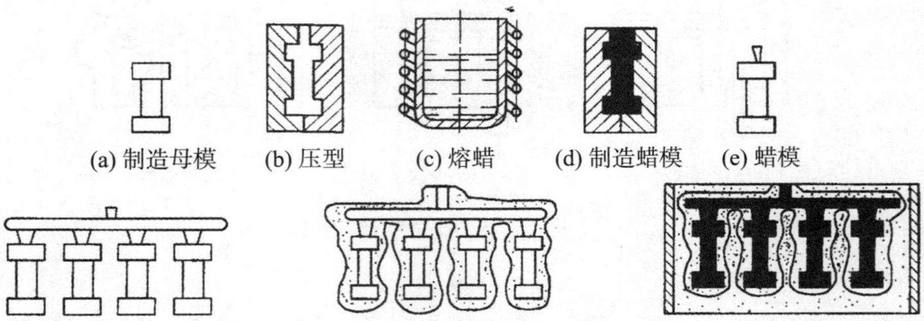

(a) 制造母模　(b) 压型　(c) 熔蜡　(d) 制造蜡模　(e) 蜡模

(f) 蜡模组　(g) 结壳、脱蜡　(h) 填砂、浇注

图 10－7　熔模铸造工艺过程

熔模铸造有以下特点：

(1) 铸型是一个整体，无分型面，可以制作出各种形状复杂的零件。

(2) 铸件尺寸精度高，表面质量好，可实现少切屑或无切屑加工。

(3) 熔模铸造工艺过程较复杂，生产周期长(4～15 d)，铸件成本较高。

(4) 由于型壳强度的限制，不适宜制造尺寸较大的铸件，一般为几十克至 25 kg，最大重量不超过 80 kg。

熔模铸造主要用于高熔点合金及难切削合金的小型铸件，如形状复杂的汽轮机叶片和叶轮、复杂的刀具等。汽车熔模铸件如图 10－8 所示。

10.2.4　离心铸造

离心铸造是将液态金属浇入高速旋转的铸型中，使金属液在离心力的作用下凝固成铸件的铸造方法。

离心铸造是在离心铸造机上进行的，根据铸型旋转轴位置的不同，离心铸造机可分为立式和卧式两大类，如图 10－9 和图 10－10 所示。

(a) 钢板支架

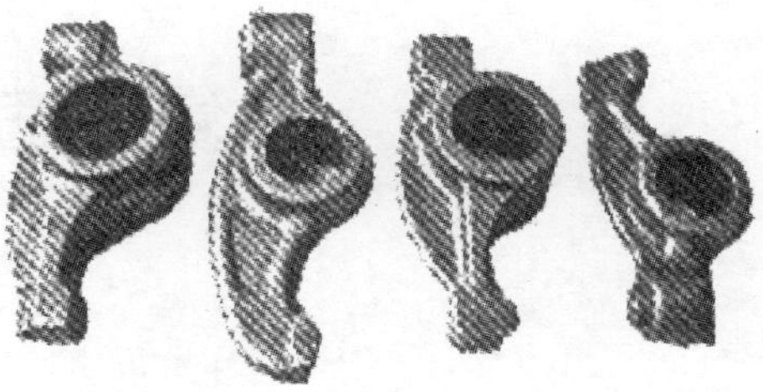

(b) 摇臂

图 10-8 汽车熔模铸件

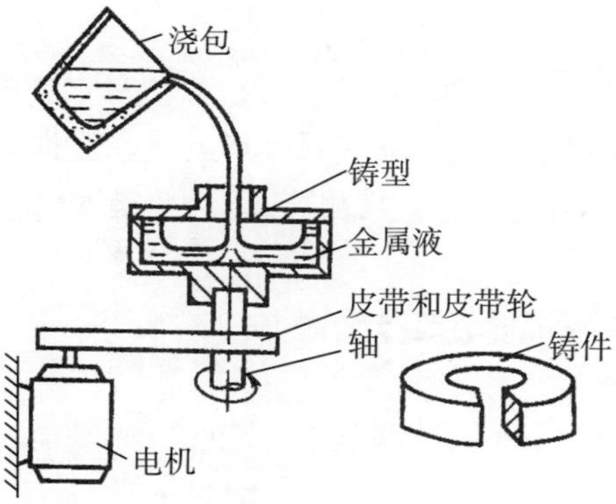

图 10-9 圆环件的立式离心铸造示意图

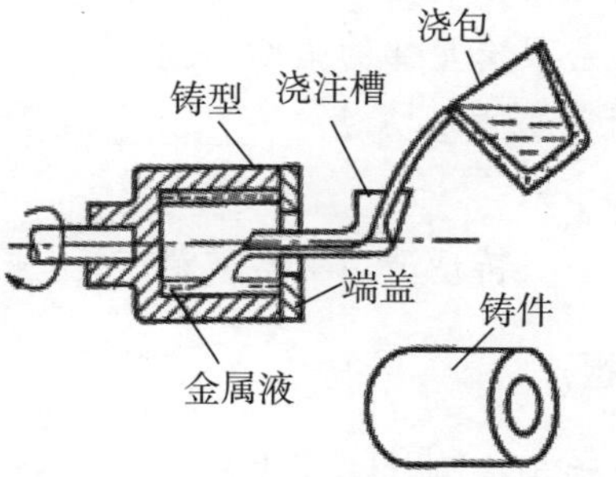

图 10-10 圆筒件的卧式离心铸造示意图

离心铸造有以下特点：

(1) 金属液在离心力作用下成形，组织致密，铸件力学性能好，且内部不易产生缩孔、气孔、夹渣等缺陷。

(2) 金属液的充型能力强，便于铸造流动性差的合金及薄壁铸件。

(3) 便于生产双金属铸件，如钢套镶铜轴承，其结合面牢固，可节省许多贵重金属。

(4) 离心铸造的缺点是铸件内表面质量较差，尺寸不够精确，所以应加大内孔的加工余量。

离心铸造多用于生产圆形中空铸件，如各种管子、缸套、轴套、圆环等。图 10-11 为离心铸造成形的汽车上的气缸套。

图 10-11 汽车上的气缸套

本 章 小 结

(1) 铸造是制造毛坯的主要方法之一，在机械制造中占有极其重要的地位。汽车上，形状复杂、受压应力为主的一般性结构件，如发动机壳等多以铸件为毛坯。

(2) 砂型铸造是铸造生产中最基本、应用最广泛的方法。其生产工序是由配砂、造型(造芯)、合金熔炼及浇注、落砂、清理、检验等工艺过程构成。

(3) 特种铸造介绍了砂型铸造以外的其他铸造成型方法、特点及适用范围。

(4) 本章内容的学习，应与实习实训或生产现场相结合，增加感性认识。

复习思考题

1. 名词解释

(1) 铸造　　(2) 砂型铸造　　(3) 特种铸造　　(4) 造型

2. 填空题

(1) 模样用于形成铸型的型腔,它和铸件的________相适应。

(2) 型芯盒用于制造型芯,其________与型芯的形状和尺寸相适应。

(3) 型砂应具有足够的强度、较高的________性、良好的________性和较好的________性。

(4) 常用手工造型方法有________造型、________造型、________造型、________造型、________和________造型。

(5) ________铸造造型材料来源广泛,成本低廉,是最常用的铸造方法。

3. 简答题

(1) 铸造成型有哪些优缺点?

(2) 什么是金属型铸造? 金属型铸造有哪些特点?

(3) 什么是压力铸造? 压力铸造有哪些特点?

(4) 什么是熔模铸造? 熔模铸造有哪些特点?

(5) 什么是离心铸造? 离心铸造有哪些特点?

11 锻　　压

学习目标

知识目标

(1) 了解锻造生产特点、应用及其工艺流程；

(2) 了解板料冲压的生产特点、手工成形方法、应用及其工艺流程。

能力目标

(1) 学会识别汽车上使用的锻压件；

(2) 能够根据汽车零部件的性能要求和使用条件选用锻压工艺方法；

(3) 了解锻压生产常用设备、工具和板料冲压的基本操作要领；

(4) 学会金属板料的放样与下料及矫正方法。

锻压是在外力作用下，通过工具或模具，使金属坯料产生塑性变形，从而获得具有一定形状、尺寸和力学性能的零件或毛坯的加工方法。

锻压是锻造和冲压的总称。锻压是使金属在固态下加工成型。经锻压成型的制件，不仅可得到所需的形状和尺寸，同时能提高金属的力学性能。因此，锻压是机械制造中毛坯生产的主要方法之一。

锻压加工在汽车零件制造中应用很广，一些重要的金属零件大多由锻造加工而获得毛坯，如十字轴、变速齿轮、连杆、半轴等。而汽车车身的板件则均由冲压加工完成。按重量计算，汽车上 70%的零件或毛坯都是锻压加工制造的。常见的汽车锻压加工零件如图 11－1 所示。

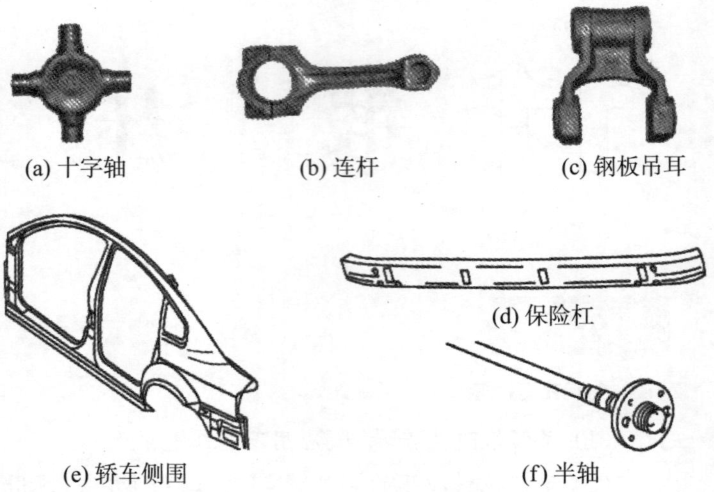

图 11－1　常见的汽车锻压加工零件

11.1　锻造

锻造是对加热的金属坯料，施加冲击力或压力，使之产生塑性变形，从而获得所需锻件的加工方法。根据成型方式不同，锻造分为自由锻造和模型锻造两类。

与其他加工方法相比，锻造具有以下特点：

(1) 锻造能改善金属组织，提高金属的力学性能。这是因为锻造可以压合铸造组织中的内部缺陷，使组织更加致密；可以使粗大的晶粒细化；可以使高合金工具钢中的碳化物被击碎，并且合理分布。

(2) 可以节省金属材料。由于锻造提高了金属的力学性能，因此相对缩小了同等载荷下零件的截面尺寸，减轻了零件的重量。另外采用精密锻造时，可使锻件的尺寸精度和表面粗糙度接近成品零件，做到少切削或无切削加工。

(3) 具有较高的生产率。模锻成型比切削加工成型生产效率高。例如，生产内六角螺钉，用模锻成型的生产率是切削加工的 50 倍，若采用冷镦工艺制造时，其生产效率是切削加工成型的 400 倍以上。

由于锻造是以金属的塑性变形为基础的，因此用于锻造的材料必须具有良好的高温塑性，以便在加工时能产生较大的塑性变形而不破坏。各种钢材和大多数有色金属及其合金都具有一定的塑性，可以锻造成型，而铸铁、铸造铜合金、铸造铝合金等脆性材料则不能进行锻造成型。

11.1.1　自由锻造

自由锻造是利用锻造设备的冲击力或压力，使加热的金属坯料在两个抵铁之间产生变形，从而获得所需锻件的加工方法。自由锻造分为手工锻造和机器锻造两种，手工锻造劳动强度大，只适合于小批量小型锻件的生产，现代生产中主要依靠机器锻造生产。自由锻造可锻小自几克，大至几百吨的锻件，是生产大型锻件的唯一方法。

1. 自由锻造设备

自由锻造常用设备有空气锤和蒸汽-空气锤两种，如图 11－2 所示。空气锤的吨位一般为 50～1 000 kg，其特点是吨位较小，操作方便，广泛用于质量为 2.5～84 kg 的小型锻件生产；蒸汽-空气锤是利用蒸汽或压缩空气来驱动锤头，故锻锤的打击力度大为提高，其吨位一般为 1～5 t，适合锻造中型或较大的锻件。自由锻造常用手工工具如图 11－3 所示。

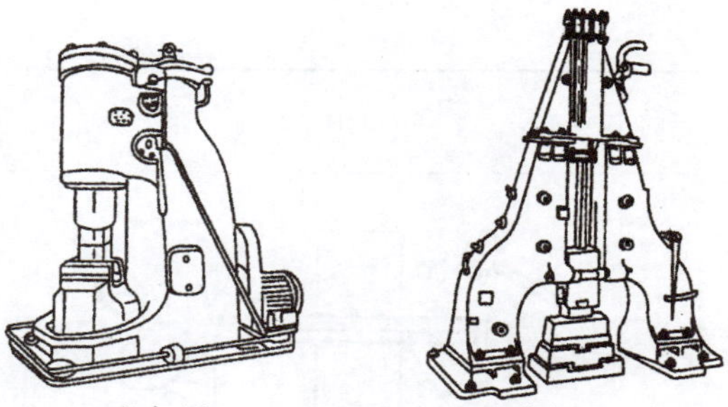

(a) 空气锤　　(b) 蒸气—空气锤

图 11－2　自由锻造常用设备

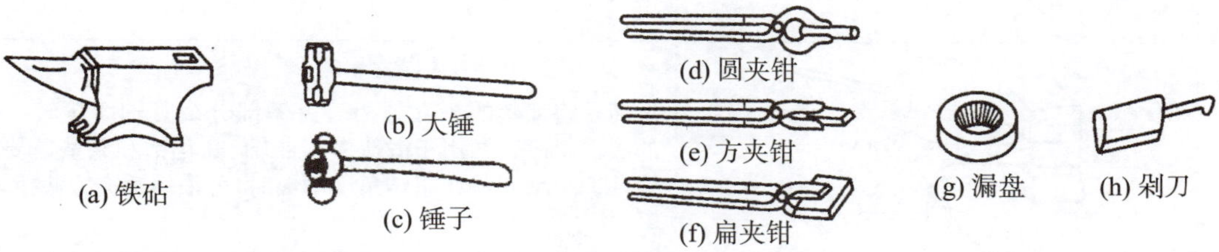

图 11－3　自由锻造常用手工工具

2. 自由锻造的基本工序

自由锻造的基本工序有镦粗、拔长、冲孔、弯曲、错移和扭转等，其主要工序图例及应用如表 11－1 所示。

表 11－1　　自由锻造主要工序图例及应用

工序名称	图　　例	应　　用
镦粗	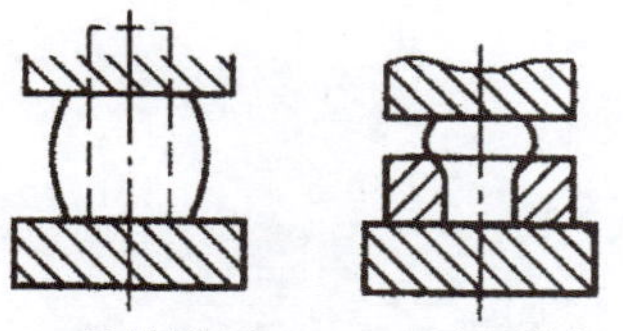 (a) 整体镦粗　(b) 局部镦粗	镦粗是减少坯料高度，增大坯料横截面的锻造工序。常用于齿轮、法兰等锻件加工，也可作为冲孔前的准备
拔长	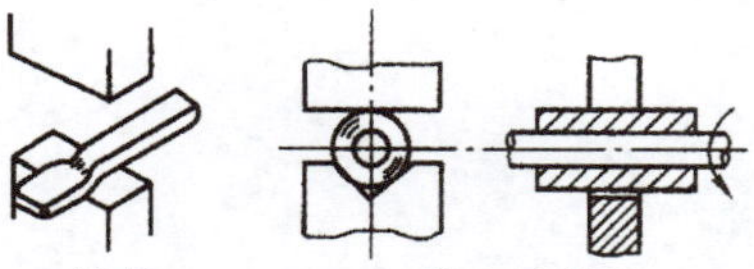 (a) 拔长　(b) 带心棒拔长	拔长是减小坯料横截面，增加其长度的锻造工序，也可用于扩孔。通常用于长而截面小的工件，以及圆环、套筒等，还常用于改善锻件内部质量
冲孔	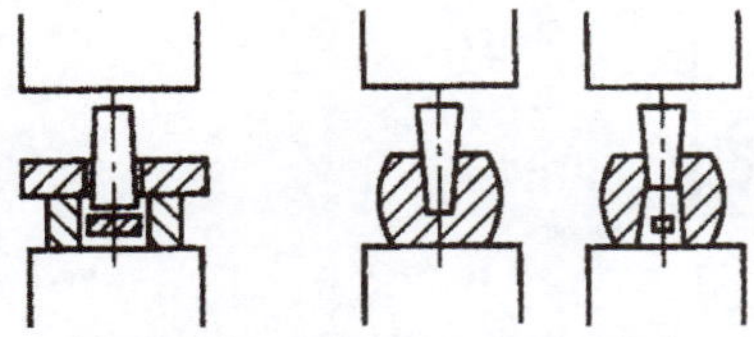 (a) 单面冲孔　(b) 双面冲孔	冲孔是利用冲头在镦粗后的坯料上冲出通孔或不通孔的锻造工序。通常薄坯料采用单面冲，厚坯料采用双面冲。冲孔也常作为锻造圆环、套筒零件的准备工序

（续表）

工序名称	图　例	应　用
弯曲	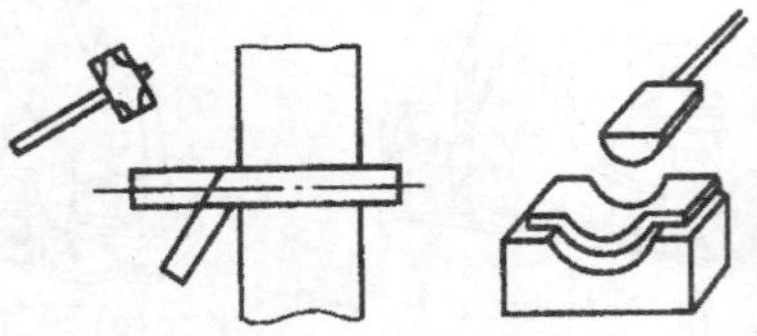 (a) 角度弯曲　(b) 弧度弯曲	弯曲是将坯料弯成所需形状的锻造工序。汽车上的弯板和拖钩都是利用弯曲工序成型的
错移	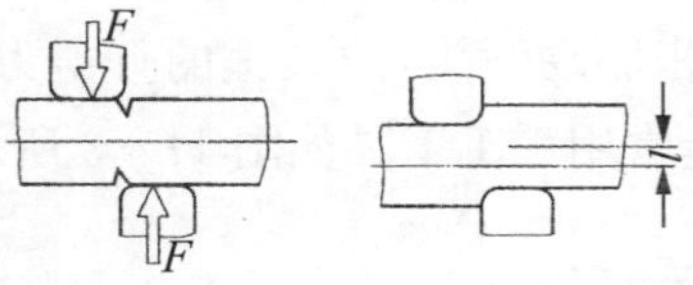	错移是将坯料的一部分相对另一部分平行错开一段距离的锻造工序。常用于锻造曲轴类零件。错移时先对坯料进行局部切割，然后在切口两侧分别施加大小相等、方向相反且垂直于轴线的冲击力或压力，使坯料实现错移
扭转	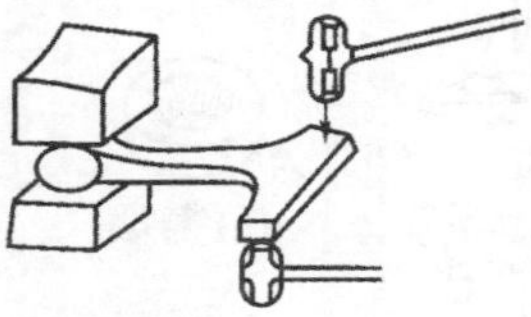	扭转是将坯料的一部分相对另一部分绕其轴线旋转一定角度的锻造工序。常用于锻造多拐曲轴、麻花钻和某些需要校正的锻件。小型坯料在扭转角度不大时，可采用锤击方法扭转

11.1.2　模型锻造

模型锻造是使用模具对坯料进行加工的锻造方法。常用的有锤上模锻和胎模锻。

1. 锤上模锻

锤上模锻所用的设备主要是蒸汽-空气模锻锤，如图 11－4 所示。蒸汽-空气模锻锤结构上与自由锻锤的最大区别在于砧座与锤身连接，形成封闭结构，锤头与导轨的间隙较小，使锤头上下运动更精确，以保证锻件的精度。模锻锤的吨位为 1～16 t，可生产 150 kg 以下的锻件。

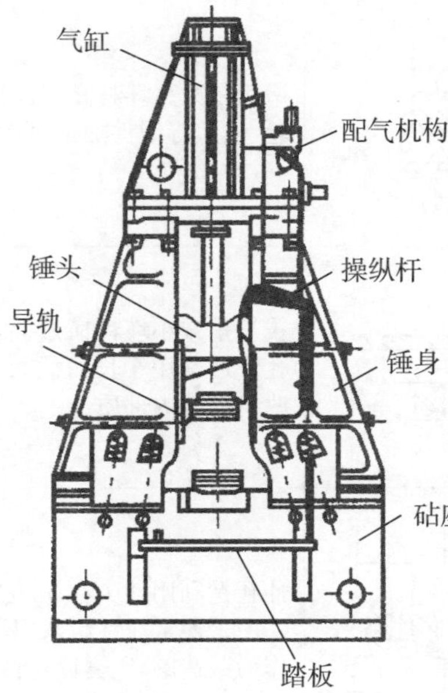

图 11－4　蒸汽-空气模锻锤

弯曲连杆锤上模锻，如图 11－5 所示。锻模由上下模组成，坯料在模膛中经拔长、滚压、弯曲等三个工步，使毛坯接近于锻件，然后经预锻和终锻制成有毛边的锻件，切除毛边即得到合格的锻件。

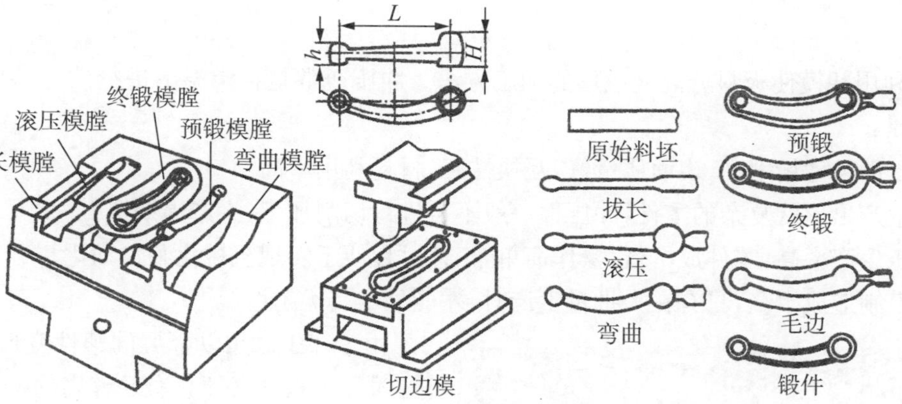

图 11－5　弯曲连杆锤上模锻示意图

锤上模锻的特点是能加工形状比较复杂的锻件，锻件表面质量高，加工余量小，可节省金属材料和加工工时，生产效率高。但由于受到模锻设备的限制，锻件重量不能太大，而且制造锻模的成本较高，通常适合于小型锻件的大批量生产。

2. 胎模锻造

胎模锻造是在自由锻造设备上使用可移动的简单模具（胎模）生产锻件的锻造方法。通常采用自由锻方法使坯料成形，然后放在胎模中终锻成形。

与自由锻造相比，胎模锻造具有操作简单，生产效率高，锻件尺寸精度高，表面粗糙度值低，加工余量小，节约金属等特点；与锤上模锻相比具有胎模制造简单，不需要贵重的锻造设备，成本低，使用方便等优点。但胎模锻件尺寸精度和生产效率比锤上模锻低，工人劳动强度大，胎模使用寿命短。

胎模按其结构可分为摔模、扣模、筒模和合模四种，如图 11－6 所示。

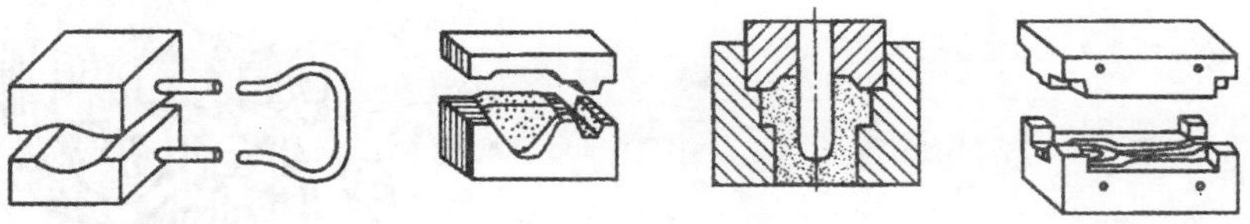

(a) 摔模　(b) 扣模　(c) 筒模　(d) 合模

图 11－6　胎模的种类

近年来随着制造工业的发展，汽车上不少零件采用精密模锻制造，图 11－7 所示的汽车行星齿轮即为精密模锻件。精密模锻是利用某些刚度大、精度高的模锻设备（曲柄压力机、摩擦压力机等），锻造出形状复杂、精度高的模锻件的模锻工艺。精密模锻件公差可在±0.02 mm 以下，达到少切削或无切削加工就能使用的目的。

图 11－7　精锻的行星齿轮

精密模锻的工艺特点是：对坯料材料要求比较高，计算要更精确；锻模的精度要比普通模具高两级以上，并要求加工时有良好的导向、润滑、冷却和排气等；模锻设备要求刚度大、精度高；控制锻件的加热温度，使锻件表面少氧化或无氧化。

11.2 冲压

冲压是利用冲模使板料分离或成形的加工方法。冲压通常是在常温下进行的，所以又称为冷冲压。冲压的特点是：

(1) 冲压件尺寸精度高，表面质量好，互换性好，材料利用率高。

(2) 能生产出形状复杂的零件，冲压件一般不再进行切削加工，生产周期短。

(3) 冲压生产率高，零件成本低，操作简单，工艺过程便于实现机械化和自动化。

(4) 冲模制造成本高，只有在大批量生产时，才能显示其优越性。

图 11-8　汽车制造冲压生产线

由于冲压也是以金属的塑性变形为基础的，因此用于冲压的板料必须具有足够高的塑性。冲压常用的金属材料有低碳钢，低碳合金钢，铝、铜、镁及其合金。

冲压在工业生产中有着广泛的应用，特别是在汽车、航空航天、电器、仪表等行业占有极其重要的地位。汽车制造厂大型冲压生产线如图 11-8 所示。

1. 冲压常用设备

冲压加工常用的设备有剪切机、冲床和油压机。剪切机是使板料分离的设备，其用途是把板料剪成一定宽度的条料，以供下一步冲压工序用，常用的剪切机如图 11-9 所示。

冲床是冲压加工的基本设备，用于坯料落料或成形。常用的有开式和闭式两类，开式冲床如图 11-10 所示，吨位一般在 6.3～200 t，常用于加工截面不大的零件。

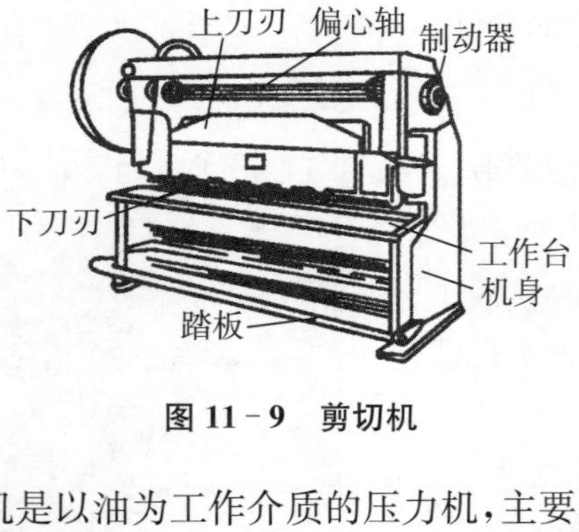

图 11-9　剪切机

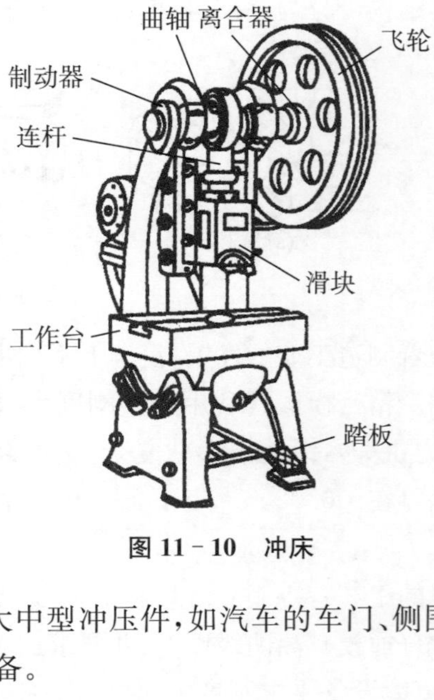

图 11-10　冲床

油压机是以油为工作介质的压力机，主要用于生产大中型冲压件，如汽车的车门、侧围、后围、行李箱盖等。油压机通常是汽车厂生产车身覆盖件的主要设备。

2. 冲压的基本工序

冲压的基本工序可分为分离工序和成形工序两大类。分离工序是使坯料的一部分与另一部分相互分离的工序，如切断、落料、冲孔、切口、切边等，如表 11－2 所示。成形工序是使坯料的一部分相对另一部分产生位移但不破裂的工序，如弯曲、拉深、翻边、胀形等，如表 11－3 所示。

表 11－2　　常见分离工序

工序名称	图　例	特　点
切断	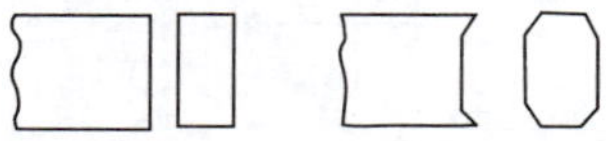	使板料沿不封闭轮廓分离的工序
落料		使板料沿封闭轮廓分离的工序，冲下来的部分为制件
冲孔	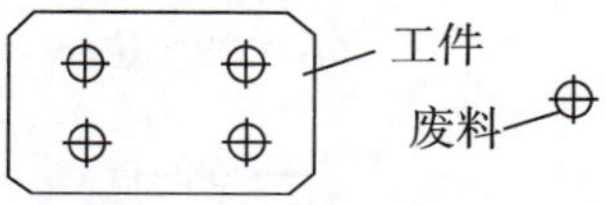	使板料沿封闭轮廓分离的工序，冲下来的部分为废料
切口	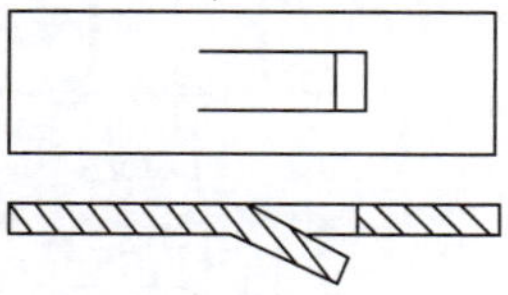	在坯料上沿不封闭线冲出缺口，切口部分发生弯曲，如通风板
切边	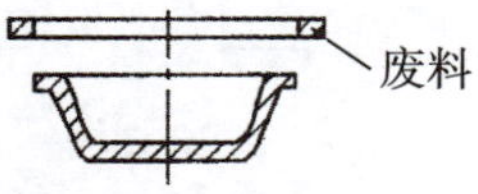	将制件的边缘部分切掉

表 11－3　　常见成形工序

工序名称	图　例	特　点
弯曲	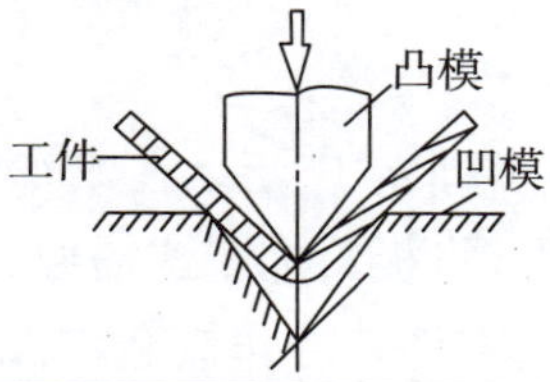	将板料弯成所需形状的加工方法
拉深	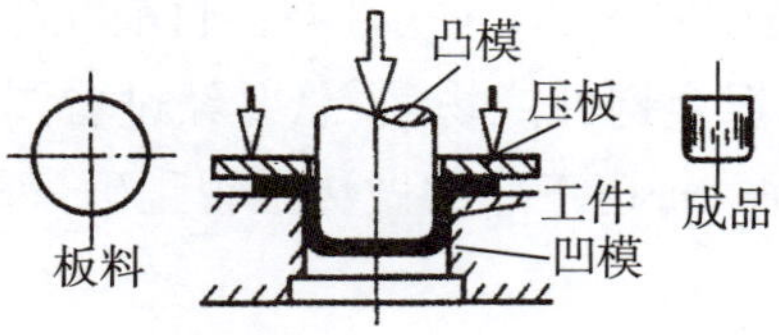	将板料成形为开口的空心零件的加工方法，也叫拉延
翻边	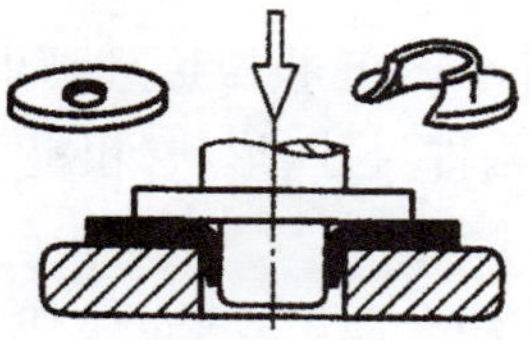	把制件上有孔的边缘翻出竖立直边
胀形	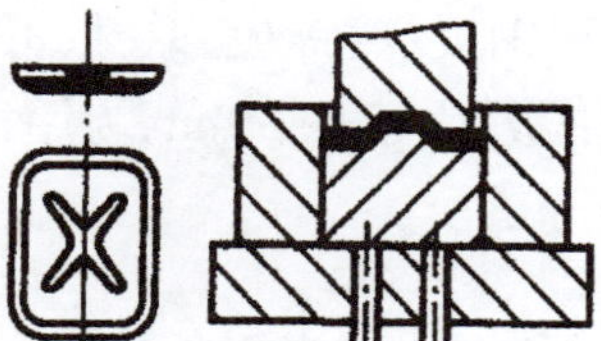	利用局部变形使坯料或半成品改变形状的工序，用于制造刚性的筋条、花纹或文字等

汽车消声器零件加工工艺如图 11－11 所示。它是由三次拉深、一次冲孔、两次翻边和一次切槽七个工序组成，是冲压加工较为典型的实例。

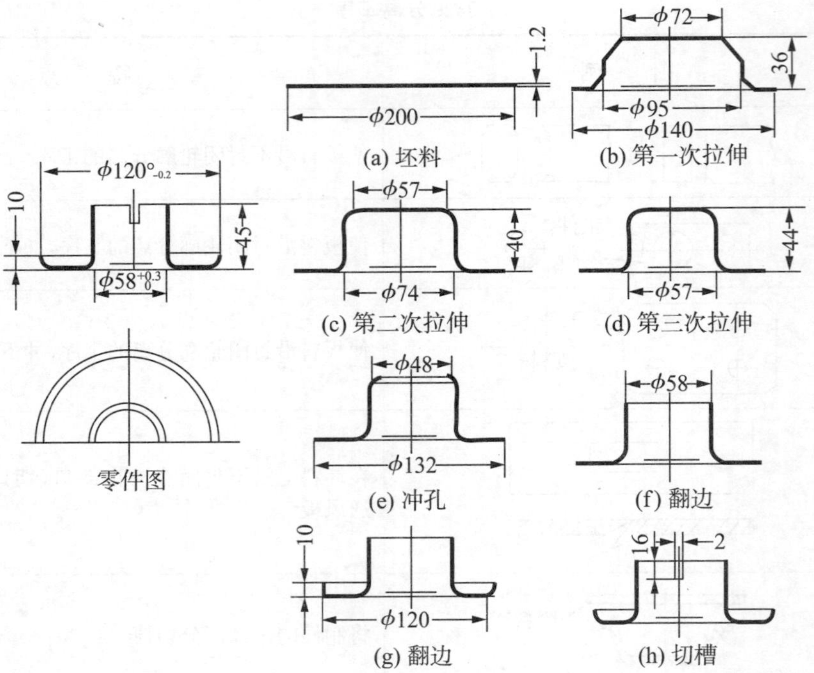

图 11－11　汽车消声器的冲压工艺

11.3　钣金

钣金在汽车、航天航空、船舶、机械、化工、粮油加工中应用非常广泛。在汽车行业中客车、面包车、各式轿车的外表大多由钣金构件组成。利用金属的塑料变形，将板料加工成需要的零件称为钣金零件。钣金零件按照成形方法又可以分为冲压钣金零件和冷作钣金零件。冷作钣金零件的特点是外形尺寸较大，板料较薄，刚性较差，表面可展开，成型方法简单，精度要求低，互换性差。目前在生产中手工劳动强度大，技术水平要求较高。对钣金工来说，凡制作一个钣金构件或物品，总要经过看图选材、划线（放样展开）、裁料、成形、联接装配和产品校核等一系列的工序，每道工序的做法是否正确，都直接关系到钣金构件制作的成败，所以要引起重视。

1. 看图与选材

接受钣金制作任务后，要看懂图纸。钣金加工使用的图，是按正投影原理画出的施工图。施工图是钣金工从事生产进行加工的依据。施工图的内容主要包括构件尺寸、形状、粗糙度、标题栏和有关技术说明等五部分。

选材就是根据零件在工作中的作用和要求，根据产品所需要的力学性能及成本等因素，来确定其材质和厚度。冷作钣金零件所用的材料较多，按材质分有普通钢板、镀锌板、铝材、不锈钢板、锡板和铜板等；按材料厚度分，小于 2 mm 的为薄板，2.0～4.5 mm 为中板，大于 4.5 mm 为厚板。冷作板金零件主要以薄板为主。

2. 划线（放样展开）

在板料上用笔或划针按施工图划出加工界线叫做划线。在冷作板金零件制造中，划线是第一道工序。划在金属板料上的线称为标记线，划线之后的各道工序的加工就按照标记线进行。划线包括放样划线、展开划线和号料划线等。

放样划线简称放样，是根据施工图，经消除板厚尺寸的影响后画出的实际图形，是作展开图的依据和基础。展开划线简称展开，是根据放样图画出的实际表面展开图，它是做样板或裁料的依据。号料划线也称裁料划线，是在展开图或样板的基础上，留出加工余量，直接在板料上划出下料的加工界线。

划线过程大致分为放样，求结合线，作展开图，放加工余量。其中，求结合线和作展开图是划线的关键。

3. 裁料

裁料就是将所需零件展开图的外形尺寸从板料上分离出来的工序。裁料分为机械裁料和手工裁料两种方法。不规则的冷作板料以手工裁料为主。随着生产技术的不断发展，冷作板料的裁料越来越多地在冲剪设备上进行。

4. 成形

成形是将展开图裁好的料，用手工或成形设备加工成图纸要求的形状。在冷作钣金零件中，大都是以弯曲为主，而滚弯和折弯用得特别多。因设备条件所限，目前有不少的钣金构件还离不开手工操作。

5. 联接或装配

联接就是把单个或几个经成形的半成品件，经过一定的方法连接成所要求的零部件。装配是将零件按照一定的配合形式和技术要求，组合或固定在一起的过程。冷作钣金零件常用的联接方法主要是螺栓连接、铆接、铰接、套接、卡箍联接、锡焊连接、电焊和点焊联接等。

6. 校核

校核就是对制成的钣金构件进行校正和检验的过程。这个过程按图纸的要求分为构件的中间检验和装配终了的检验。要认真校核构件的尺寸、形状、技术要求等，发现问题要及时更正，避免产生构件报废，造成浪费，为提高构件质量、降低成本创造良好的条件。

11.3.1 放样与裁料

展开放样有图解法和计算法两种。所谓图解法，是依据施工图通过一系列划线作图的过程从而得到展开图的方法；计算法是通过一系列较复杂的计算所得数据，就可做出展开图。计算法放样准确性较高，但繁杂，不易掌握；而图解法易掌握，但其误差较大。目前我国常用的钣金展开法主要还是用图解法。用图解法作展开图的第一道工序就是放样。

1. 放样

1) 放样

放样又叫放大样，是依据施工图的要求，按正投影原理把构件以 1∶1 的比例画到板料上，这样画出的图叫放样图，画放样图的过程叫做放样。放样的方法较多，随着科学技术的飞快发展，出现了光学放样、自动下料等新工序，劳动条件改善，提高了功效，正在逐步推广使用，但由于设备所限，广泛应用的还是实尺放样。

2) 放样图与施工图的关系

放样图与施工图有密切的联系，但也有些区别。

(1) 施工图的比例不确定，可以 1∶2、2∶1 或其他比例，而放样图一般只限于 1∶1。

(2) 施工图是按国家标准绘制的，而放样图较随便。放样图可不必标注尺寸，线条的粗细长短都无关紧要，只要画出形状和大小就行；施工图内容由前面所讲的五部分组成。

(3) 施工图上不能随意添加或去掉线条，而放样图上则可以添加一些必要的辅助线，还可以去掉与下料无关的线段或视图。

(4) 施工图的目的在于示意，而放样图的目的在于精确反映实物形状。

(5) 施工图和放样图上同一部位的尺寸也会有所不同，造成尺寸差异的原因主要是厚板的影响。

3) 放样的一般步骤

(1) 读图

要读懂施工图，经过对图纸的分析与综合，想象出构件各部分在空间的相应位置、大小和形状，然后才可进行划线工作。

(2) 准备放样所需的工装

就是准备在放样工序中所用的工具、量具及夹具等。在钢板上进行划线时常用的工具有划针、直尺、角尺、圆规、曲线尺和样冲等。

(3) 选择放样基准

放样基准是作为放样时的起点和基准线。常规情况下放样基准与设计基础应是一致的。基准的选定，应先从构件的对称面、底面、重要端面及回转体的轴线来确定。放样基准在通常情况下，可根据以下三种类型来选定：以一个面和一条中心线为基准、以两个互相垂直的平面(或线)作为基准、以中心对称轴线为基准。

(4) 划线的基本原则

为了保证划线的质量和准确性，提高功效，必须遵守下列规则：

① 作垂直线时不能用量角器或直角尺画，必须用作图法画出。

② 用圆规在钢板上划圆或作圆弧时，在圆心点必须先冲出样冲眼，以防圆规尖滑动。

③ 放样公差应遵守放样的公差。

④ 划线工具、量具要定期检验校正。

除以上基本规则必须遵守外，还应注意下列几点：

① 核对所用板材牌号、规格与图纸是否相符。对于关键零件、重要产品所用的板材，不但要有合格验证书，板材的化学成分和力学性能也应和图纸要求相符。

② 板材表面应清洁。要求板材表面无油污，无麻点、裂缝等材质缺陷。

③ 如遇到板料呈现波浪形或不平度过大，要先对板料进行矫正，然后进行划线。

④ 划线前，应对所划线部位加涂料，以便辨认。

(5) 放样图的操作

选出基准线，划出中心线、垂直线；划圆弧、直线，根据施工图所标注尺寸线按1∶1比例完成放样图。

4) 由放样图作展开图

(1) 根据施工图画出立面图和平面图。

(2) 把平面图的圆周分 12 等分，在立面图上作出相应素线，延长边线划出交点，完成放样图。

(3) 由放样图求实长画展开图。

(4) 放样图的实长与板厚的关系：当板厚 $t \leqslant 1.5$ mm 时，可忽略不计板厚的影响；当板料较厚时，其展开长度应从板料中心层的展开长度为准，放样时只要画出中径即可。

5) 划线常用的符号

为了正确反映钣金零件的加工工序的性质和加工内容，避免出现差错而造成废品，形成浪费，必须对所画线条的作用用统一的符号说明。

2. 裁料

裁料就是按照展开图或样板将板料裁剪成所需要的毛坯件或制件的工艺。

1) 裁料方法

裁料方法主要有剪裁、冲裁、割裁和锯裁。

(1) 剪裁是利用双刃刀具将板料剪切下料的工序。

(2) 冲裁是利用凸凹模的分与合使板料相互分离的工序。

(3) 割裁是指用气体燃烧的火焰将板料相互分离的工序。

(4) 锯割是利用锯条将板料进行分割的工序。

2) 裁料方法的选择

裁料方法的选择,主要是根据零件形状、材质、厚度、批量等。如选择的裁料方法合适,可以省力省工时,可保证高功效,节省原材料,从而提高生产效益。

对于厚件零件,如遇材质较好,可用机械剪裁或气割等方法。外形尺寸较小、形状较简单、产量较大时,可采用冲载。对于薄板零件,单件或小批量生产时,应用手工剪裁。

11.3.2 矫正与成形

1. 矫正

金属板材、型材所产生的不平、不直或翘曲的现象称为金属材料的变形。原材料在运输、库存保管存放不当时,也会引起变形。消除金属板材、型材的不平、不直或翘曲等缺陷的操作称为矫正。

1) 矫正分类

矫正可分为冷矫正和热矫正两种。冷矫正是在常温下进行的矫正,这种冷矫正只适用于矫正塑性较好、变形不大的金属材料。热矫正是将矫正件加热到 700℃～1 000℃的高温下进行矫正。热矫正用于变形十分严重、脆性较大或长期在露天存放的板材或型材。矫正的方法有手工矫正、机械矫正、火焰矫正和高频热点矫正等。

2) 手工矫正的工具

手工矫正常用锤击等方法进行,劳动强度大而工效低。

(1) 软、硬手锤。软锤是指木锤、铜锤、橡胶锤,用来矫正已加工过的表面、薄钢板或有色金属件。硬锤是指榔头或方形手锤,用来矫正一般材料。

(2) 平板或铁砧,是矫正型材、板材和工件的基座。

(3) 抽条和拍板。抽条是用条状薄板料制成的简易手工工具,用于抽打较大面积的薄板料。拍板是用较硬的檀木制成的专用工具,用于敲打板料。

(4) 螺旋压力工具,用于矫正较大的轴类零件或棒料。

(5) 检验工具。矫正时用来检验的工具有平板、角尺、各种直尺和百分表等。

3) 手工矫正的方法

由于金属板料厚度、材质、零件的形状及变形程度的不同,其矫正所选定的方法也不一样。不论哪一种方法的矫正,原理都是相同的。为了掌握矫正的基本操作方法,这里介绍几种变形零件的矫正。

(1) 薄板的矫正

变形后中间部分变薄而引起的薄板中间凸起,矫正的方法:应先锤击板料的边缘,逐渐向凸起部位移近,要求锤击的速度要快,用力要轻,使边缘的厚度与凸起部位的厚度愈接近则愈平整;如遇薄板四周呈现波浪形,这说明材料四周变薄而伸长,应沿没发生翘曲的平面先进行锤击,逐渐使其延展直至矫平。

(2) 条料的矫正

条料的变形主要有弯曲(立弯和厚弯)和扭曲两种。当条料在厚度方向上弯曲时,放置条料凸起向上,直接锤击凸起处即可矫平。当条料在宽度方向弯曲时,用手锤依次锤击条料内层或锤击条料内层三角区,直至板料矫平为止。如遇条料是扭曲变形,可将其一端用台钳夹住,再用叉形扳手夹另一端,进行反方向扭转，在扭曲变形消失后，再矫正其平面。

(3) 角型材的矫正

角型材变形的形式主要有弯曲(内弯和外弯)、扭曲及角变形等。角形材料不论是内弯还是外弯，都可以将它凸起向上，放在合适的钢圈上或砧座上，锤击其凸起部位，使其反向弯曲从而矫正。如遇角型材发生扭曲，矫正的方法是将一端用台钳夹住，用扳手夹住另一端反向扭转，待扭曲消除后，再用锤锤击进行修整。当发生角变形时，可在平台或V形铁上锤击矫正。如遇角型材同时存在几种变形，应先矫正变形较大的部位，后矫正变形较小的部位；如遇角型材既有弯曲变形又有扭曲变形，应先矫正扭曲变形，而后矫正弯曲变形。

2. 成形

成形就是将展开图裁好的坯料加工成一定形状零件的工艺过程。成形过程是坯料在外力作用下产生一定量塑性变形的过程。按成形所用工具和设备分为冲压成形、钣金专用设备机压成型和手工操作成形三种。

手工成形用于单件或小批量的薄板制件的生产。手工成形要求操作者利用简单的手工成形工具，经过人工的操作使板料实现弯曲、放边和收边等三种基本变形过程。而一个板金制件的成型可分解为弯卷、卷边、放边与收边、拨缘和绞接等工序。

常用的手工成形工具有錾口锤、木锤、方尺、衬铁和顶杆。由于成形和加工材质的不同，有材质、形状及大小不同的手锤，常用的是錾口锤。有用檀木制成的木锤、方尺。木锤有平头和球头两种，平头锤多用于使板料增厚收缩的锤击，球头锤多用于在胎模中使板料变薄胀形成曲面的锤击。方尺是用于板料弯曲的主要锤击工具。衬铁有多种形状，重2 kg左右，便于手持，用于整形时承受锤子的冲击力。顶杆用于拱曲或小型工件成形时的支撑内腔。此外，手工成形时还需要有手虎钳、常用的钳工工具等，手工成形的灵活性大，选用工具应择便而定。

1) 弯曲

手工弯曲是通过手工操作来弯曲板料，手工弯曲的零件一般是中小型的，弯曲又分为折边和弯卷两种情况。

(1) 折边

对短小零件的折边可在台钳上进行。夹板料时为避免钳口压痕，要在钳口处垫好角钢或其他金属片。弯曲操作：用左手拉板料上端，右手用木锤锤击根部，直到弯曲成形。

(2) 弯卷

弯卷是板料件制作成圆筒件的工序。将裁好的圆筒件板料搁置在圆钢上，用方尺先将两端顶弯，顶弯长度约为100 mm。遇咬缝时要注意方尺锤击的部位，以防咬缝被敲高，在咬缝或焊接后，再将筒形件套到圆钢上矫圆。

2) 卷边

为增加零件边缘的刚性和强度或美观，而将零件的边缘卷过来，这种工序称为卷边。卷边分空心卷边和包丝卷边两种。包丝卷边的操作过程如下：

(1) 根据铁丝直径 d，在板料边缘上划出 $d/2$ 至 $d/3$ 两条弯曲线。

(2) 将 $d/2$ 处的弯曲线弯成约70°弯角，弯角不要过尖。从 $d/2$ 至 $d/3$ 间敲成圆弧状，从端面插入铁丝。

(3) 翻转板料用方尺锤实，在方钢上修整，修整不平直的过卷和包容不足的疵病，并使卷边粗细一致和平滑。

如是空心卷边，最后把铁丝抽出来。抽拉铁丝时，只要夹住铁丝一端，一边转一边向外拉即可。

3) 放边与收边

放边是用手工成形工具,使钣金零件的边缘或周缘产生变薄延展变形。放边的方法简单介绍以下两种:

(1) 打薄放边。将锤放的型材的一边置于铁砧上,必须与铁砧表面保持水平,用錾口锤锤击。

(2) 型胎放边。按弯曲的曲率半径做出型胎,将L型材嵌入型胎中,用木锤通过顶木在型胎上顶放,木锤打击顶木,顶木顶住毛料,使毛料伸展。

收边是用手工成形工具,使钣金零件的边缘或周缘产生增厚收缩的成形。收边的方法简单介绍以下两种:

(1) 起皱钳收边。用起皱钳将收边部位钳成波纹,要求波纹尽可能细密,并使坯料收缩弯曲成更小的曲率半径,然后用木锤将起皱纹打平,最后用锤平整,使工件达到要求为止。

(2) "楼"弯变(即敲到凸曲线弯边)。收边方法是用木锤"楼"。型板料夹在型胎上,用铝杆顶住毛料,用木锤舷打顶住的部位,这样使板料逐渐被收缩靠胎。

4) 拨缘

拨缘就是用放边或收边的方法,把板料的边缘弯曲成弯边的操作。拨缘操作的效果和作用与翻边相同,所以拨缘也叫翻边。拨缘分内拨缘(相当于平面拉伸类翻边)、外拨缘(相当于平面压缩类翻边)和管节拨缘(相当于曲面翻边)三种。内拨缘是为了增加刚性,又减轻重量。外拨缘主要是为了增加刚性,有时也为联接、装配方便,一般无配合关系的部位,多采用外拨缘。

5) 拱曲

拱曲是将平板毛料的中间锤击延展(变薄)、外缘起皱收条(变厚)所形成双曲率面的操作。拱曲操作分为热拱曲和冷拱曲二种。

(1) 热拱曲。通过加热使板料拱曲,一般适用于厚大件。加热方法有两种:一种是普通的焊枪加热,一种是炉子加热。

(2) 冷拱曲。在常温下将薄的板料用于手工锤击成凸凹曲面形状的零件为冷拱曲。

在拱曲时,锤击应轻而均匀,使表面均匀伸展。为使毛料伸展得快,又不易拉裂,在拱曲过程中,可垫橡皮、软木、沙袋等进行伸展。拱曲零件的坯料应事先退火,尺寸较大、曲度较大的拱面件,最好进行中间退火,以防裂纹的产生。

6) 铰接　在钣金加工中,把制件毛坯的两端或两块板料的边缘折转扣合,并彼此压紧的联接称为铰接。根据制件的加工关系,铰接分为铰缝联接和铰口联接两类。根据铰接的方法又分为手工铰接和机械铰接。在钣金制件中,很多为薄板铰接,因为这种铰接件有一定的强度,而且表面光滑又美观,所以手工铰接应用相当广泛,如日常所见的盆、桶、水壶等件都是铰接的产品。

本章小结

(1) 锻压是锻造和冲压的总称。承受重载荷、冲击载荷的重要机械零件多以锻件为毛坯;汽车、拖拉机、航空、家用电器、仪器仪表等工业中广泛使用的是板料冲压件。

(2) 自由锻造变形阻力相对较小,故设备所需吨位较模锻小。但锻件的尺寸精度低、生产率低,对操作者技术水平要求较高。适合于形状较简单的单件或小批生产件和大型锻件的生产。

(3) 模型锻造变形阻力较大,故设备所需吨位较大。可锻出形状比较复杂的锻件,锻件尺寸精度、表面质量及力学性能较高,材料利用率、生产率较高,但模具费用较高,主要用于中、小件的大批量生产。

(4) 板料冲压所用材料为塑性较好的薄板。其变形过程分为三个阶段:弹性变形、塑性变形和剪裂分离阶段。冲压既可以直接冲出成品零件，也可以为后续变形工序准备坯料，汽车上应用广泛。冲压件尺寸精度高，表面质量好；材料利用率、生产率也很高，但模具费用较高。

(5) 利用金属的塑性，将板材加工成需要的零件称为钣金零件。对钣金工来说，凡制作一个钣金构件或物品，总要经过看图选材、划线（放样展开）、裁料、成形、联接装配和产品校核等一系列的工序。每道工序的做法是否正确，都直接关系到钣金构件制作的成败。

复习思考题

1. 名词解释

(1) 锻压　　(2) 自由锻造　　(3) 模型锻造　　(4) 胎模锻造

(5) 冲压

2. 填空题

(1) 自由锻造常用设备有空气锤和蒸汽-空气锤两种，空气锤的特点是吨位________，广泛用于________型锻件生产；蒸汽-空气锤吨位较大，适合锻造________或________锻件。

(2) 自由锻造的基本工序有________、________、________、________、错移和扭转等。

(3) 镦粗是减少坯料________，增大坯料________的锻造工序。常用于齿轮、法兰等锻件加工，也可作为冲孔前的准备。

(4) 拔长是减小坯料________，增加其________的锻造工序。通常用于长而截面小的工件。

(5) 落料是使板料沿封闭轮廓分离的工序，冲下来的部分为________。

(6) 冲孔是使板料沿封闭轮廓分离的工序，冲下来的部分为________。

3. 判断题

(1) 用于锻造的材料必须具有良好的高温塑性，以便在加工时能产生较大的塑性变形而不破坏。（　）

(2) 用于冲压的板料不必具有很高的塑性，因此任何材料都适合冲压成形。（　）

(3) 自由锻造是生产大型锻件的唯一方法。（　）

(4) 落料和冲孔的工序方法相同，只是工序目的不同。（　）

4. 简答题

(1) 为什么要"趁热打铁"？

(2) 试比较自由锻造、锤上模锻、胎模锻造的优缺点。

(3) 生活用品中有哪些由板料冲压而成？

(4) 放样图与施工图的区别有哪些？

(5) 放样基准如何选择？

(6) 划线时的基本规则有哪些？

(7) 在选择裁料方法时，应根据哪些原则进行？

(8) 试述薄板四周呈现波浪的校正。

12 焊　　接

学习目标

知识目标

(1) 了解焊接生产特点及应用；

(2) 掌握焊条电弧焊、气体保护焊、埋弧自动焊、气焊、电阻焊的工艺特点和应用范围。

能力目标

(1) 掌握焊条电弧焊的基本操作技能；

(2) 能够根据汽车零部件的性能要求和使用条件选用合适的焊接方法；

(3) 学会识别汽车上使用的焊接件；

(4) 不断提高实践能力，注意安全意识。

焊接是用加热或加压方式，借助于金属原子的结合和扩散，使分离金属达到结合的加工方法。

焊接与其他加工方法相比，具有以下特点：

(1) 节省金属材料。焊接与铆接相比，可以节省金属材料 15%～20%。由于节约了材料，金属结构的自重也减轻了。

(2) 可以制造双金属结构。不但可以焊接同种金属，还可以焊接不同种金属。

(3) 可以化大为小，拼小成大。可以用板材、型材等焊接成大型、复杂的结构件。也可以采用铸-焊、锻-焊、冲-焊复合工艺，有利于降低成本，节省材料，提高经济效益。

(4) 焊接接头密封性能好。焊接高压容器产品是其他工艺方法无法替代的。

(5) 由于焊接是一个不均匀的加热和冷却过程，所以焊接后会产生焊接应力与变形，因此焊接过程中应采取一定的工艺措施，以减轻或消除接应力与变形。

焊接在汽车制造中应用极为普遍，汽车车架、车桥、车身、车厢等几大总成都应用了焊接技术，尤其是轿车车身覆盖件的拼装更离不开焊接。随着汽车工业的迅速发展，汽车制造的批量化、高效率以及对产品质量一致性的要求，使焊接的生产方式发生了巨大改变。焊接机器人在生产中获得了较多的应用，从而使焊接的操作向自动化、智能化方向发展。汽车焊接生产线如图 12-1 所示。

图 12-1　汽车焊接生产线

焊接的方法很多，按其工艺特点可分为熔焊、压焊和钎焊。本章主要介绍几种常用的焊接方法。

12.1　电弧焊

电弧焊是利用电弧热加热并熔化金属来进行焊接的。常用的有焊条电弧焊、埋弧焊和气体保护焊。

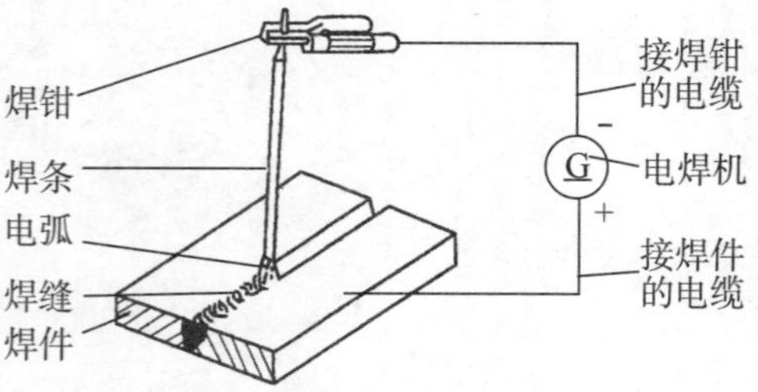

图 12-2　焊条电弧焊焊缝成形过程

12.1.1　焊条电弧焊

焊条电弧焊是用手工操纵焊条进行焊接的电弧焊方法。它利用焊条和焊件之间产生的电弧热，使焊条和焊件局部熔化，冷却后形成焊缝而获得牢固的焊接接头。

焊条电弧焊焊缝成形过程如图 12-2 所示。焊接前先将焊机输出端分别与焊件和焊钳连接，用焊钳夹持焊条。

焊接时，先在焊件与焊条之间引燃电弧，由电弧产生的热量使焊条和焊件熔化并形成熔池，随着焊条的移动，被熔化的金属迅速冷却凝固形成焊缝，使两个焊件成为一体。

1. 焊条电弧焊的设备及工具

电弧焊的主要设备是电弧焊机，它是产生焊接电弧的电源，其作用是为焊接提供电流。焊接时可根据焊件的厚度、焊条直径以及焊接方法等不同，选择所需要的电流。按电流种类的不同，电弧焊机有交流弧焊机和直流弧焊机两类。常用的交流弧焊机如图 12－3 所示。

进行焊条电弧焊时必需的工具有夹持焊条的焊钳，保护操作者皮肤、眼睛免于灼伤的手套和防护面罩，清除焊缝表面渣壳用的清渣锤和钢丝刷等。焊钳与面罩如图 12－4 所示。

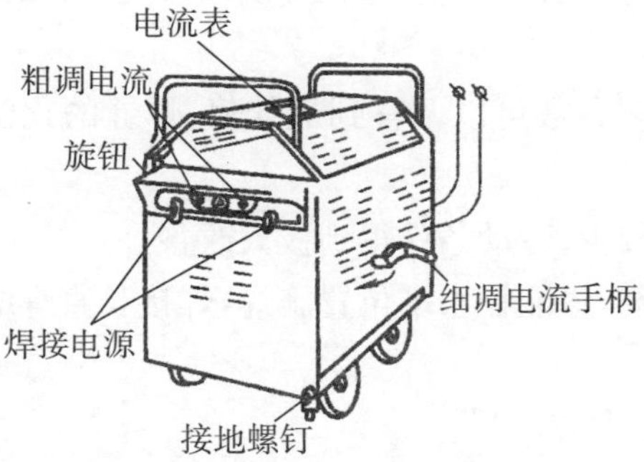

图 12－3　交流弧焊机

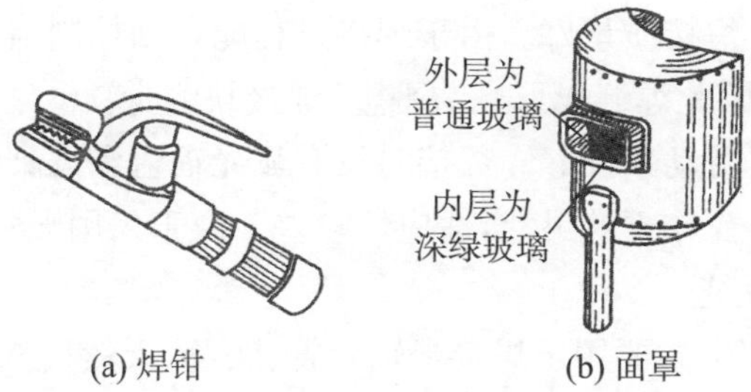

图 12－4　焊钳与面罩

2. 焊条

焊条由焊芯和药皮两部分组成，如图 12－5 所示。焊芯是一根具有一定直径和长度的金属丝。根据用途不同，它可由碳钢、合金钢、铸铁或有色金属等制成。焊芯有两个作用：一是作为电极传导电流，产生电弧；二是本身熔化后作为填充金属与熔化的焊件形成焊缝。

药皮是压涂在焊芯表面的涂料层，它由稳弧剂、造渣剂、脱氧剂、合金剂、黏接剂等组成。其作用是提高焊接电弧的稳定性，防止空气对熔化金属的侵害，保证焊缝金属具有合乎要求的化学成分和力学性能。

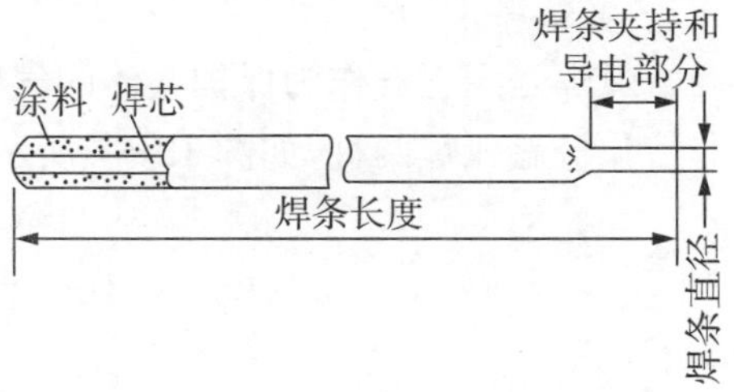

图 12－5　焊条

3. 焊条电弧焊的特点及应用

焊条电弧焊设备简单，操作方便，对空间不同位置、不同接头形式都能进行焊接，因此，焊条电弧焊是焊接生产中应用最广泛的焊接方法。但焊条电弧焊生产效率低，劳动强度大，对焊工的技术水平要求高，焊接质量不易保证。

焊条电弧焊在汽车上常用于厚板零部件，如支架、备胎架、车架等的焊接。

12.1.2　埋弧焊

埋弧焊是电弧在焊剂层下燃烧进行焊接的方法。它是利用焊丝和焊件之间燃烧的电弧产生热量，熔化焊丝、焊剂和焊件而形成焊缝的。焊丝作为填充金属与熔化的焊件共同组成焊缝，而焊剂(相当于焊条的药皮)则对焊接区起保护和合金化作用。如果埋弧焊中的引弧、焊丝送进、移动电弧、收弧等过程由机械自动完成，则称为埋弧自动焊。

埋弧焊的焊接过程如图 12－6 所示。焊接前，在焊件接头处覆盖一层 30～50 mm 厚的颗粒状焊剂，然后将焊丝插入焊剂中，使它与焊件接头处保持适当距离，并使其产生电弧。电弧产生的热量使

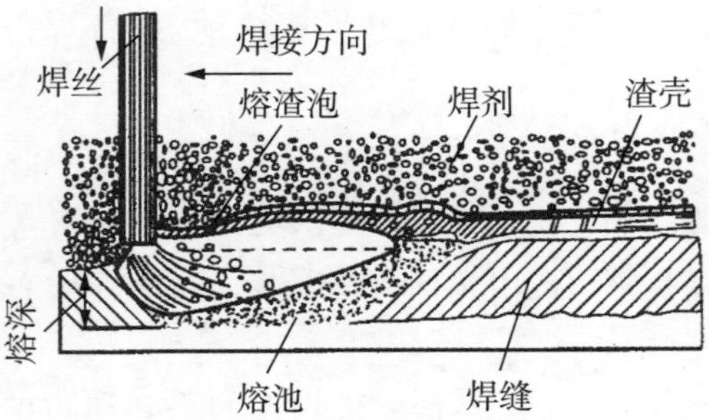

图 12-6　埋弧焊的焊接过程

周围的焊剂熔化成熔渣和高温气体，高温气体将熔渣排开形成一个空腔，电弧就在这一空腔中燃烧。覆盖在上面的液体熔渣和最表面未熔化的焊剂将电弧与外界空气隔离。焊丝熔化后形成熔滴落下，并与熔化了的焊件金属混合形成熔池。随着焊丝的不断移动，熔池中的金属也随之凝固形成焊缝，同时浮在熔池上面的熔渣也凝固成渣壳。

与焊条电弧焊相比，埋弧焊具有以下特点：

(1) 生产效率高。埋弧焊可以使用较大的电流，焊接速度快，且焊接过程可以连续进行，无需频繁更换焊条，因此生产效率比焊条电弧焊高 5～10 倍。

(2) 焊接质量好。由于焊接过程能自动控制，各项工艺参数可以调整到最佳值，焊缝的化学成分均匀稳定，因此焊缝成形光洁平整，焊接缺陷少。

(3) 劳动条件好。焊接时没有弧光辐射和飞溅，烟尘较少，劳动条件得到极大改善。

(4) 操作不够灵活，适应性较差。由于采用颗粒状焊剂，只能在水平位置施焊，焊接长直焊缝或大直径的环焊缝。

汽车上主要用于焊接半轴套管、法兰、天然气汽车的压力容器等。

12.1.3　气体保护焊

气体保护焊是在焊接区内喷入保护气体，将熔池与空气隔开，达到保护熔化金属的电弧焊方法。常用的有氩弧焊和 CO_2 气体保护焊两种。

1. 氩弧焊

氩弧焊是用氩气作为保护气体的气体保护焊。按电极在焊接过程中是否熔化，分为熔化极氩弧焊和非熔化极氩弧焊两种，如图 12-7 所示。

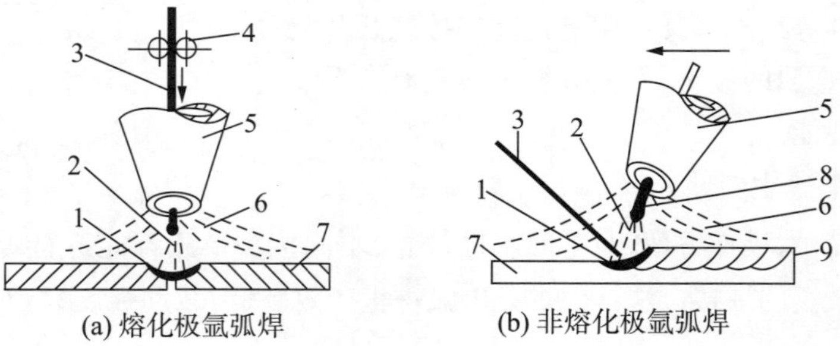

(a) 熔化极氩弧焊　　(b) 非熔化极氩弧焊

图 12-7　氩弧焊

1—熔池；2—电弧；3—焊丝；4—送丝枪；5—喷嘴；6—氩气；7—焊件；8—钨极；9—焊缝

熔化极氩弧焊是以连续送进的焊丝作为电极，焊丝既是电极也是填充金属。而非熔化极氩弧焊是以高熔点的钍钨棒或铈钨棒作电极，焊接过程中钨极不熔化，只起导电和产生电弧的作用，填充金属由另外的焊丝提供，故又称钨极氩弧焊。

由于氩气是惰性气体，因而能有效地保护熔池，获得高质量的焊缝；此外，氩弧焊是一种明弧焊，便于观察，操作灵活，适用于全位置焊接。但氩气价格昂贵，焊接成本高，焊前清理要求严格。

目前，氩弧焊主要用于焊接易氧化的有色金属以及高强度合金钢、不锈钢、耐热钢等。

2. CO_2 气体保护焊

CO_2 气体保护焊是用 CO_2 作为保护气体的电弧焊方法。CO_2 气体保护焊如图 12-8 所示。电焊机两极分别接在导电嘴和焊件上，焊丝由送丝机构经导电嘴送出，与焊件一同熔化形成熔池；CO_2 气体以一定流量经喷嘴喷出，形成保护气流，防止空气侵入，从而保证焊缝质量。

CO_2 气体保护焊的优点是焊接成本低，生产效率高，焊接质量好，操作方便。缺点是飞溅较大，烟雾较多，弧光强烈，若操作不当，容易产生气孔等缺陷。

CO_2 气体保护焊在汽车制造和维修上应用广泛，常用于车厢、机油盘、后桥、车架、减震器阀杆、横梁、传动轴等的焊接。

随着汽车工业向大批量、高效率、高质量方向发展，汽车领域先进技术不断涌现，对焊接质量和焊接速度提出越来越高的要求，一般工人已难以胜任。因此，大部分汽车制造厂都采用电弧焊机器人替代人工进行焊接，用电弧焊机器人焊接不仅可以大大提高生产效率，而且还可以保证很高的焊接质量，目前电弧焊机器人已成为汽车焊接生产的主要装备。常用的电弧焊机器人如图 12-9 所示。

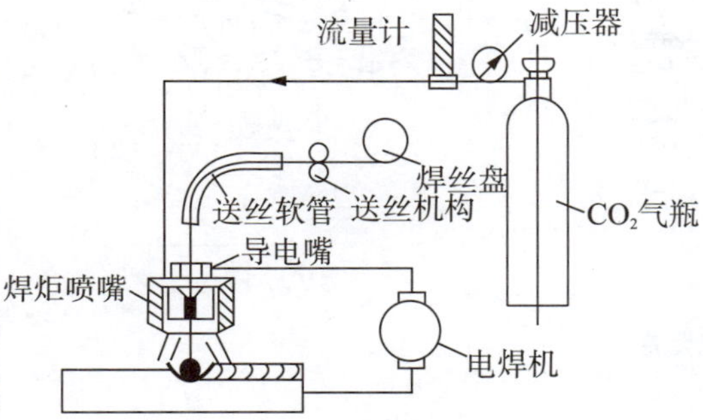

图 12-8 CO_2 气体保护焊

图 12-9 电弧焊机器人

12.2 气焊

气焊是利用气体火焰作热源的焊接方法，最常用的是氧-乙炔焊。

气焊时，可燃气体乙炔和助燃气体氧气按一定比例混合后，从焊矩喷嘴喷出，点燃后形成高温火焰（温度可达 3 000℃），熔化焊件和焊丝，形成熔池，待熔池冷却凝固后形成焊缝，如图 12-10 所示。气焊的装置如图 12-11 所示，由氧气瓶、乙炔瓶、减压器、焊矩等组成。

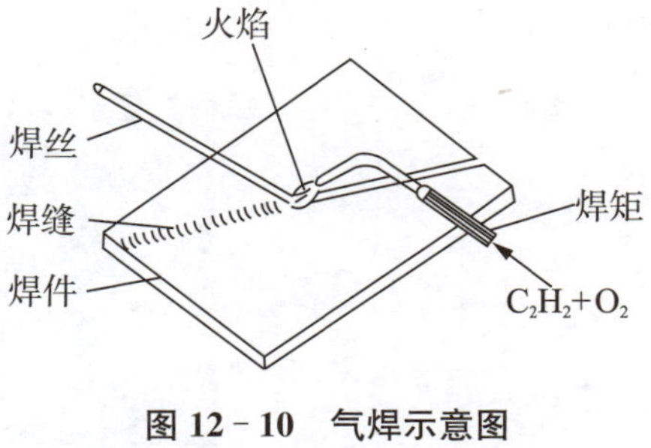

图 12-10 气焊示意图

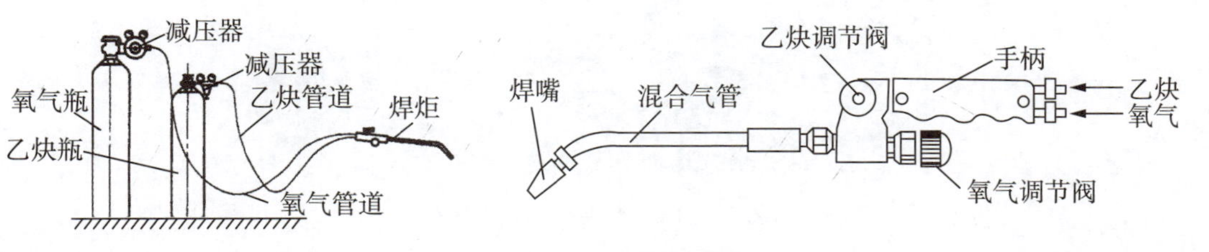

图 12-11 气焊的装置图

气焊的优点是设备简单，不需要电源，适合各种空间位置的焊接。但气焊火焰温度低，生产效率较低，焊接变形大，只适合焊接薄板或小型零件。

在汽车制造中，气焊常用于车身的焊补，而在汽车维修中则应用更多。

12.3 电阻焊

电阻焊是在焊件组合后，通过电极施加压力，利用电流在焊接处产生的电阻热而进行焊接的方法。

与其他焊接方法相比，电阻焊的优点是生产效率高，焊接变形小，劳动条件好，容易实现自动化。但电阻焊设备复杂，耗电量大，适用的接头形式与焊件厚度受到一定的限制。电阻焊主要有点焊、缝焊和对焊三种，如图 12－12 所示。

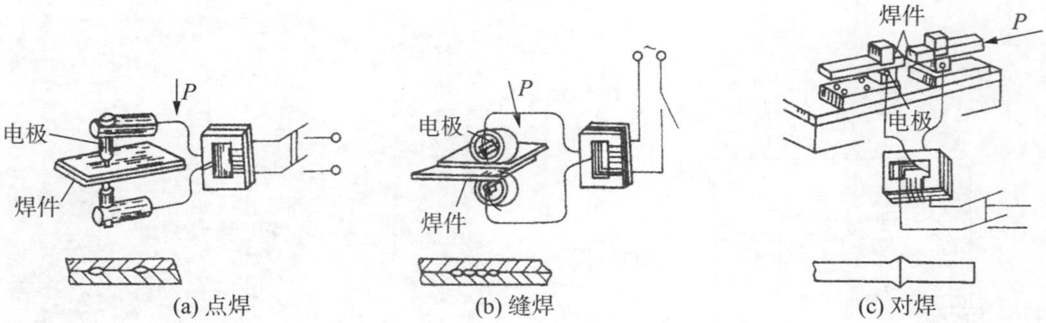

图 12－12　电阻焊

1. 点焊

点焊是将焊件装配成搭接接头，并压紧在两个柱状电极之间，利用电阻热熔化焊件金属，形成焊点的焊接方法。点焊适用于板厚小于 4 mm，不要求密封的薄板件焊接。

在汽车生产中点焊是应用最广的焊接方法。一般焊装一台车身大约有 3 000～4 000 个焊点，其中大部分使用点焊焊接。如车身底板、载货车车厢、发动机盖、行李箱盖、车身总成、车门、侧围、后围、前桥等都是点焊而成。目前汽车车身点焊大部分由点焊机器人完成，点焊机器人的工作情况如图 12－13 所示。

图 12－13　点焊机器人的工作

2. 缝焊

缝焊过程与点焊相似，所不同的是以盘状滚动电极代替了柱状电极。焊接时，盘状电极压紧焊件，边焊边滚，配合断续送电，形成连续重叠的焊点。缝焊的焊缝具有良好的密封性。

缝焊主要适用于厚度在 3 mm 以下，有密封性要求的薄壁容器和管道等，如汽车车身顶盖雨檐、减震器封头、油箱、消声器和机油盘等。

3. 对焊

对焊是将焊件装配成对接接头，利用电阻热将两工件端面对接起来的焊接方法，分为电阻对焊和闪光对焊两种。

电阻对焊时，使焊件两端面紧密接触，利用电阻热将焊件接触面加热至塑性状态，然后迅速施加轴向压力完成焊接的方法。电阻对焊只适合于焊接截面形状简单、直径小于 20 mm 和强度要求不高的焊件。闪光对焊时，将焊件装配成对接接头，接通电源，并使其端面逐渐移近达到局部接触，利用电阻热加热这些接触点(产生闪光)，使端面金属熔化，直至端部在一定深度范围内达到预定温度时，迅速施加轴向力完成焊接的方法。

对焊常用于汽车钢圈、锚链、刀具、自行车车圈、钢轨和管道的焊接。

本 章 小 结

(1) 焊接是一种不可拆的联接方式，它不仅可以联接各种同类金属，还可以联接不同类金属，主要应用于金属结构的制造上。

(2) 焊条电弧焊设备简单，操作灵活，对空间不同位置、不同接头形式的工件都能进行焊接，是焊接生产中应用最广泛的焊接方法。

(3) 气焊具有设备简单、不需要电源、操作灵活方便、成本低、适用性好等特点，因此在工业生产、建筑施工中得到了广泛应用，尤其适用于没有电源的野外焊接。

(4) 埋弧自动焊生产率高，劳动条件好，焊缝质量容易保证，适用于低碳钢、低合金钢、不锈钢等金属材料中厚板的长、直焊缝和较大直径的环焊缝的焊接。

(5) 气体保护焊是利用具有一定性质的气体对金属熔池进行保护的，其保护效果良好。

(6) 电阻焊生产率高，焊接变形小，劳动条件好，操作方便，易于实现自动化，主要适用于成批大量生产。

复习思考题

1. 名词解释

(1) 焊接　　(2) 焊条电弧焊　　(3) 埋弧焊　　(4) 气体保护焊

(5) 气焊　　(6) 电阻焊

2. 填空题

(1) 焊接的方法按其工艺特点可分为________、________和________。

(2) 焊条由________和________两部分组成。

(3) 焊芯有两个作用：一是________,二是________。

(4) 药皮的作用是________。

(5) 气体保护焊根据保护气体的不同,分为________焊和________焊两种。

3. 判断题

(1) 埋弧焊适合于空间不同位置的焊接。 ( )

(2) 气焊和气体保护焊都适合在没有电源的野外焊接。 ( )

(3) 氩弧焊主要用于焊接易氧化的有色金属以及高强度合金钢、不锈钢、耐热钢等。 ( )

(4) 点焊和缝焊都适用于有密封性要求的薄壁容器和管道等。 ( )

4. 简答题

(1) 焊接与其他加工方法相比有哪些优点?

(2) 试比较焊条电弧焊、埋弧焊、气体保护焊的优缺点及适用范围。

(3) 观察分析汽车上的车架、半轴套管、法兰、车身总成、车门、侧围等都是由什么方法焊接而成。

13 金属切削加工

学习目标

知识目标

(1) 了解金属切削加工的基础知识;

(2) 掌握车削、铣削、钻削、镗削和磨削常用设备、工艺特点和应用范围。

能力目标

(1) 学会金属切削加工常用设备及工具的基本操作技能;

(2) 能够根据汽车零部件的性能要求和使用条件选用合适的金属切削加工方法;

(3) 学会识别汽车上使用的金属切削加工零件;

(4) 不断地提高实践能力,注意安全意识。

金属切削加工是指利用切削刀具从工件上切除多余材料的加工方法。切削加工通常是在常温下进行,所以又称冷加工。

汽车上的金属零件有些采用特种铸造、精密锻造和焊接成型后不需要进行后续加工就可以达到使用要求,但绝大多数情况下,为了经济地获得高精度的零件,通常需要对毛坯采用切削加工成型,因此,切削加工是汽车制造和维修中应用广泛的加工方法,汽车绝大多数的金属零件是通过切削加工方法获得和修复的。切削加工方法主要有车削、铣削、磨削、镗削、钻削、刨削以及齿轮加工等,所用的机器称为机床,对应的有车床、铣床、磨床、镗床、钻床、刨床及齿轮加工机床,所用的刀具为车刀、铣刀、砂轮、镗刀、钻头、刨刀及齿轮加工刀具等。

13.1 金属切削加工基础知识

13.1.1 切削运动和切削用量

1. 切削运动

切削运动是指切削过程中,刀具和工件之间的相对运动。切削运动分为主运动和进给运动,如图 13-1 所示。

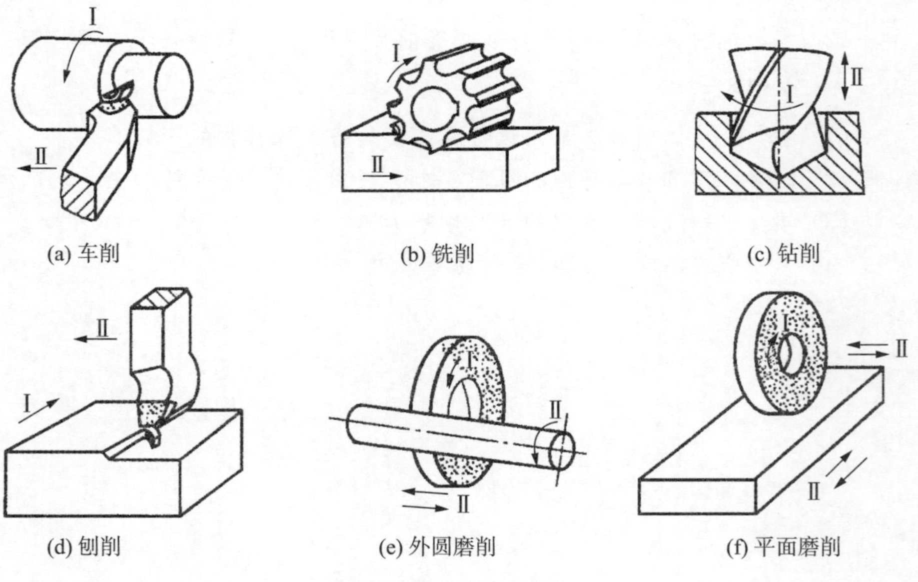

图 13-1 切削运动

1) 主运动

切除工件多余材料的基本运动称为主运动。例如,车削加工时工件的回转运动;铣削加工时铣刀的回转运动;钻削加工时钻头的回转运动;刨削加工时刨刀的直线往复运动;磨削加工时砂轮的回转运动都是主运动。

2) 进给运动

使工件多余材料不断投入切削的运动称为进给运动。进给运动可以是连续运动,也可以是间歇运动。例如,车削加工时车刀的直线运动;铣削加工时工件的直线运动;钻削加工时钻头的轴向运动;刨削加工时工件的间歇运动;磨削加工时工件的直线往复运动和回转运动都是进给运动。

切削加工时，主运动只有一个，通常是速度最高、消耗功率最大的运动。进给运动可以是一个或多个，速度较低、消耗功率较小。

在切削加工过程中，工件上形成三种表面，以车削加工为例，如图 13－2 所示。可分为待加工表面，即工件上待切除的表面；已加工表面，即工件上切除多余金属后形成的新表面；切削表面，即正在被切除的表面，它是待加工表面和已加工表面间的过渡表面。

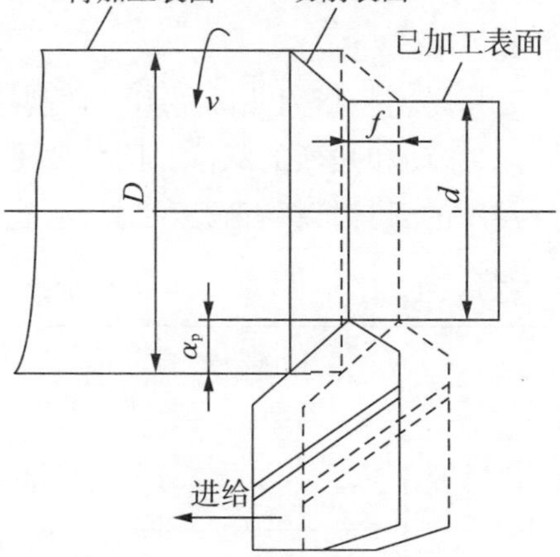

图 13－2　工件上的三种表面及切削用量

2. 切削用量

切削用量包括切削速度、进给量和切削深度，通常称为切削用量三要素。

1) 切削速度 v_c

刀具切削刃上的某一点相对于待加工表面在主运动方向上的瞬时速度，称为切削速度，单位为 m/min。当主运动为回转运动时，切削速度为

$$v_c = \frac{\pi D n}{1\,000}$$

式中　D——工件待加工表面或刀具的直径，mm；

n——工件或刀具每分钟转数，r/min。

2) 进给量 f

在主运动的一个循环内(一转或一次往复行程)，刀具在进给运动方向上相对工件的移动量。当主运动是回转运动时，单位为 mm/r；当主运动为直线往复运动时，单位为 mm/往复行程。

3) 切削深度 α_p

工件待加工表面与已加工表面的垂直距离，也称吃刀量，单位为 mm。

切削用量三要素是切削加工的基本参数，它的大小直接影响到工件的加工质量、生产效率和加工成本，因此，在切削加工中要合理地选择切削用量。

13.1.2　切削刀具

1. 刀具的结构

切削刀具的种类很多，形状各异，但它们的结构却存在着共性，都可看成是外圆车刀的演变与组合。外圆车刀是最基本、最典型的切削刀具，如图 13－3 所示。

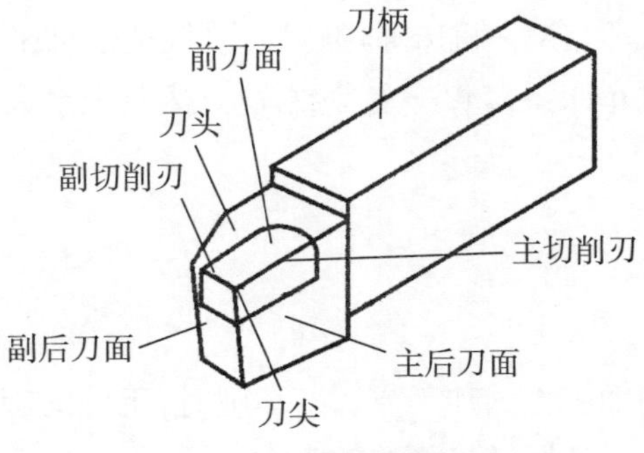

图 13－3　外圆车刀的结构

外圆车刀由刀头和刀体组成。刀头直接承担切削工作，也称切削部分；刀体则用于装夹，一般选用优质碳素钢或合金钢制造。外圆车刀的特点是三面两刃一尖，即前刀面、主后刀面、副后刀面、主切削刃、副切削刃和刀尖。对于切削刀具来说，其切削部分的材料和几何角度是进行切削加工的重要因素。

2. 刀具材料

刀具材料是指刀头的材料。切削过程中，刀具的切削部分在很高的切削温度下工作，并承受着很大的压力、振动和强烈的摩擦。因此要求刀具材料必须具有很高的强度、硬度、耐磨性、耐热性和足够的韧性。常用的刀具材料有碳素工具钢、合金工具钢、高速钢和硬质合金，如表 13－1 所示。

表 13－1　常用刀具材料的种类、性能和应用范围

种　类	常用牌号	硬　度	红硬性/℃	工艺性能	应用范围
碳素工具钢	T8A、T10A T12A、T13A	60～65HRC	200～250	可冷热加工成形，刃磨性能好	用于手动刀具，如锉刀、丝锥、板牙、锯条等
合金工具钢	9SiCr CrWMn	60～65HRC	300～350	可冷热加工成形，刃磨性能好，热处理变形小	用于低速成形刀具，如丝锥、板牙、铰刀等
高速钢	W18Cr4V W6Mo5Cr4V2	63～70HRC	600～700	可冷热加工成形，刃磨性能好，热处理变形小	用于中速及形状复杂的刀具，如钻头、铣刀、拉刀等
硬质合金	YCo8、YCo6 YT15、YT30	89～94HRC	800～1 000	粉末冶金成形，多镶片使用，脆性大	用于高速切削刀具，如车刀、刨刀、铣刀等

13.1.3　金属切削机床

金属切削机床是用切削的方法将金属毛坯加工成零件的机器，简称机床。

1. 机床的分类

机床的种类和规格繁多，为便于区别和使用，通常分类如下：

(1) 按机床使用的刀具和加工方式，分车床、钻床、镗床、磨床、齿轮加工机床、螺纹加工机床、铣床、刨床、拉床、锯床和其他机床等；

(2) 按加工精度可分为普通机床、精密机床和高精度机床等；

(3) 按使用范围分为普通机床和专用机床；

(4) 按尺寸和质量分为一般机床和重型机床。

2. 机床的编号

机床的型号用来表示机床的类别、主要参数和主要特性代号。机床型号的编制采用汉语拼音字母和阿拉伯数字按一定规律组合的方式来表示。例如，CM6140 型精密卧式车床的编号中代号及数字的含义如下：C—机床类型代号（车床类），M—机床通用特性代号（精密机床），6—机床组别代号（落地及卧式车床组），1—机床系别代号（卧式车床系），40—主参数代号（床身上最大回转直径 400 mm）。

13.2　车削

车削是指在车床上用车刀切削工件的加工方法。车削时，工件的旋转为主运动，车刀的移动为进给运动。车削主要用于轴类或盘类零件回转表面的加工。

车削是切削加工中最基本的加工方法，汽车中的曲轴、变速齿轮、半轴、衬套、制动盘、螺栓等的回转表面大多数是通过车削加工成形的，因此，车削加工在汽车零件的制造和汽车维修中应用很广。

13.2.1 车床

车床是进行车削加工的机床。车削加工时，工件夹持在卡盘（或其他夹具）上，车刀夹持在刀架上，通过主轴和刀架的相互配合来完成对工件的车削加工。车床的种类很多，其中卧式车床应用最普遍。

卧式车床由主轴箱、进给箱、挂轮箱、溜板箱、刀架、溜板、尾座、光杠、丝杠和床身等组成，如图 13－4 所示。

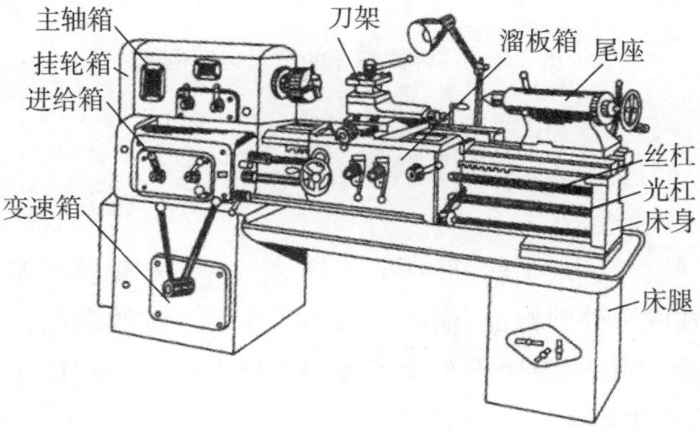

图 13－4　卧式车床

1. 主轴箱

用来支撑主轴，并将电动机的旋转运动传递给主轴。箱内有变速机构，变换箱外手柄位置，可以使主轴获得不同的转速。主轴前端可安装卡盘或其他附件，用以装夹并带动工件一同旋转。

2. 挂轮箱

把主轴的旋转运动传递给进给箱。调换箱内的齿轮，并与进给箱配合，可以车削不同螺距的螺纹。

3. 进给箱

用来实现车刀的进给运动。通过箱内的变速机构，可以把主轴的旋转运动传递给光杠或丝杠。变换进给箱外手柄位置，可使光杠或丝杠获得不同转速。

4. 溜板箱

把丝杠或光杠的旋转运动变为溜板和刀架的直线运动。变换溜板箱外的手柄位置，可控制溜板作横向或纵向运动。

5. 溜板

分为上、中、下三层。上溜板用于纵向调节车刀位置或手动纵向进给，也可转动一定角度，用于短锥面加工；中溜板用于横向进给，可控制工件的切削深度；下溜板用于纵向进给。

6. 刀架

固定在小溜板上，用来装夹刀具。

7. 尾座

安装在车床右端的导轨上，可沿导轨移动。尾座上的锥孔可装顶尖支撑工件，也可装钻头、铰刀、丝锥等刀具进行孔的各种加工。尾座的位置可横向调整，常用于加工细长的小锥度工件。

8. 光杠和丝杠

将进给箱的运动传递给溜板箱。光杠用于一般的车削加工，丝杠用于螺纹车削。

9. 床身

床身是车床的基本支承件，车床的各主要部件均安装于床身上，它保持了各部件间具有准确的相对位置，并且承受了切削力和各部件的重量。

卧式车床的运动传递如图 13－5 所示。

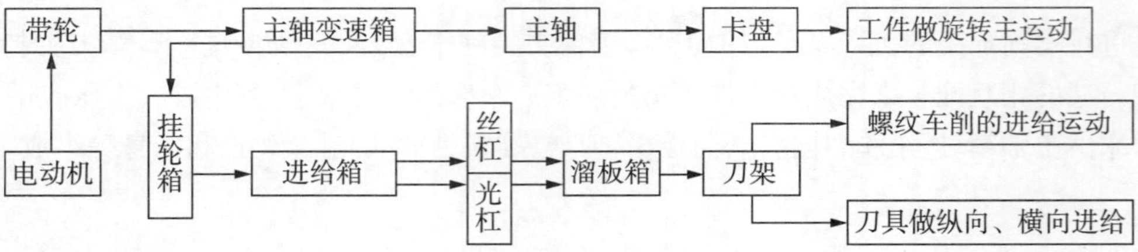

图 13－5　卧式车床的运动传递框图

13.2.2　车刀及车削工作

1. 常用车刀的种类及用途

常用车刀有外圆车刀、端面车刀、车槽刀、内孔车刀、圆头车刀和螺纹车刀等，如图 13－6 所示。外圆车刀用于车削工件的外圆柱面和外圆锥面；端面车刀用于车削工件的端面、台阶和倒角；车槽刀用于切断工件或在工件上车出沟槽；内孔车刀用于车削工件的各种内孔；圆头刀用于车削工件的圆角、圆槽和特形面；螺纹车刀用于车削各种螺纹。

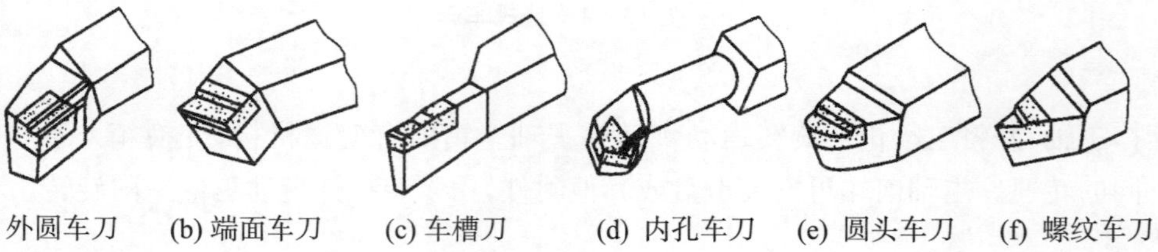

图 13－6　常用车刀

2. 车削加工

车削加工的范围很广，大部分具有回转表面的工件都可以用车削方法加工，如车外圆柱面、车端面、车沟槽、车内孔、车螺纹、车圆锥面以及车成形面等，如图 13－7 所示。此外，还可以用钻头、铰刀、丝锥和滚花刀进行钻孔、绞孔、攻螺纹和滚花等操作。

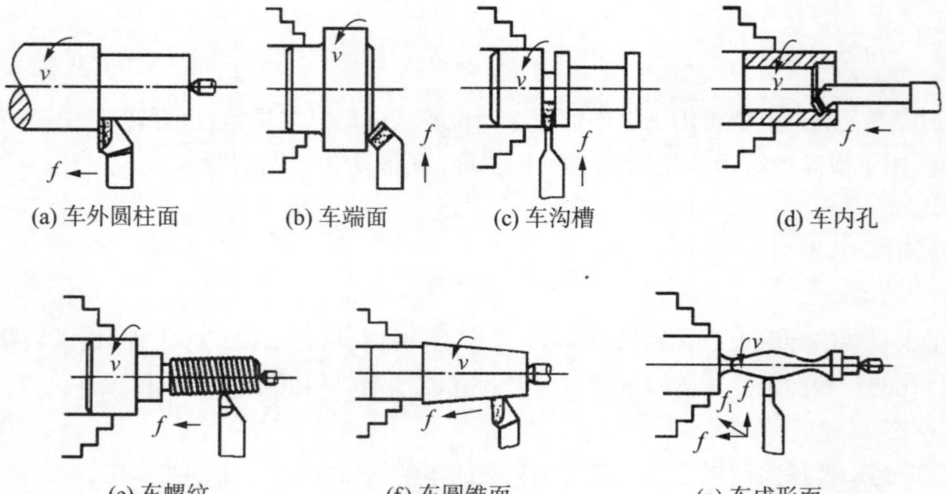

图 13－7　车削的主要工作内容

1）车外圆柱面

车外圆柱面是车床最基本的加工，车削时，工件做旋转运动，外圆车刀做纵向进给运动来完成，如图13-7(a)所示。主要加工轴、套和盘类零件的外表面。

2）车端面

车削时，工件做旋转运动，端面车刀做横向进给运动来完成，如图13-7(b)所示。

3）车沟槽与切断

用车槽刀做横向进给运动来完成，如图13-7(c)所示。切断时，刀具受工件包围容易产生振动，影响表面质量，故进给量不宜过大。车沟槽与切断的方法相同，只是深度按需要而定，常用于工件退刀槽、越程槽的加工。

4）车内孔

车内孔的方法与车外圆相同，如图13-7(d)所示。内孔车削通常在孔预加工后进行。

5）车螺纹

车螺纹时，工件做旋转运动，螺纹车刀按规定螺距做纵向进给来完成，如图13-7(e)所示。车削螺纹时常用的进刀方法：车削螺距小于3 mm的螺纹时，采用直进法，即用螺纹车刀的两条刀刃同时参加切削，切削深度由中滑板控制；车削螺距大于3 mm的螺纹时，则采用左右切削法，即用刀具左右刀刃分别切削，中滑板控制切削深度，小滑板控制进给方向。

6）车圆锥面

工件做旋转运动，车刀做直线进给运动并与工件回转轴线成一定角度来完成的，如图13-7(f)所示。圆锥面的切削有转动小滑板法、偏移尾座法、仿形法等。通常短小外圆锥面采用转动小滑板法加工，长圆锥面采用偏移尾座法、仿形法加工；内圆锥面的加工采用转动小滑板法。

7）车成形面

工件做旋转运动，车刀做曲线进给运动来完成，如图13-7(g)所示。车削成形面常用双手控制法，即用双手同时转动小滑板和中滑板手柄，通过纵向和横向运动的合成，使车刀作曲线运动，从而加工出成形面。若批量较大也可用仿形法加工。

13.2.3 车削加工的特点

1. 车削加工范围广泛

车削可加工不同类型工件的回转表面、端面和成形面；可加工各种钢、铸铁、有色金属等材料的工件；可获得低精度、中等精度和相当高的精度，适用于各种生产类型。

2. 生产效率高

由于车削为连续加工，在加工过程中基本上无冲击现象，可以采取很高的切削速度；车刀的刚度好，可以采用相当大的切削深度，因此生产率高。

3. 容易保证各加工面的位置精度

对于轴和盘套类零件，由于各加工表面具有同一回转轴线，并与车床主轴的回转轴线重合，可在一次装夹中加工出不同直径的外圆、内孔及端面，所以可以较好地保证各加工面间的同轴度和垂直度。

13.3 铣削

铣削是在铣床上用铣刀进行切削加工的方法。铣削时，铣刀旋转做主运动，工件或铣刀的移动做进给运动。铣削是平面加工中应用最普遍的加工方法，在铣床上使用不同的铣刀，可以加工各种平面、台阶、沟槽和成形表面，如图 13－8 所示。

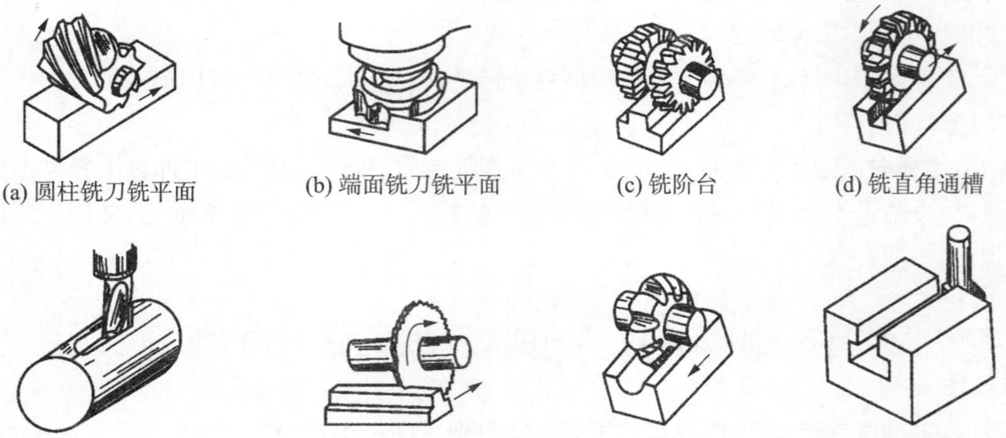

(a) 圆柱铣刀铣平面　(b) 端面铣刀铣平面　(c) 铣阶台　(d) 铣直角通槽

(e) 铣键槽　(f) 切断　(g) 铣特形面　(h) 铣特形槽

图 13－8　铣削的主要工作内容

铣削按铣刀旋转方向与工件进给方向的不同，分为顺铣与逆铣两种方式，如图 13－9 所示。铣刀的旋转方向与工件的进给方向相同称为顺铣。顺铣时，切削由厚变薄，不易产生加工表面的硬化层，刀具磨损小。顺铣切削力压向工件，不易产生振动，加工表面粗糙度值小。顺铣通常用于精铣加工和薄壁工件的铣削。铣刀的旋转方向与工件的进给方向相反称为逆铣。逆铣时，切削由薄变厚，容易造成加工表面的硬化层，刀具磨损大。逆铣切削力有将工件挑离工作台的趋势，易产生振动，加工表面粗糙度值大。逆铣常用于有硬皮的毛坯或硬度较高工件的粗铣加工。

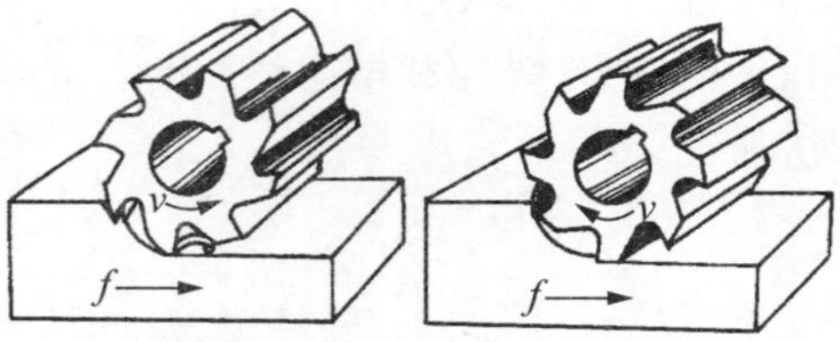

(a) 顺铣　(b) 逆铣

图 13－9　顺铣和逆铣

13.3.1　铣床

常用的铣床有卧式铣床、立式铣床、龙门铣床和数控铣床等，其中最常见的是卧式铣床和立式铣床。

1. 卧式铣床

卧式铣床如图 13－10 所示，主轴处于水平位置，铣刀通过刀杆安装在主轴上，由主轴带动做旋转运动。横梁上的挂架用于支撑刀杆的伸出端，增加刀杆的刚性。工件装夹在工作台上，工作台可在水平面内做横向、纵向移动，可以随回转盘做±45°的转动，还可随升降台垂直升降。工作台各个方向的运动，既可手动，也可机动。

2. 立式铣床

立式铣床主轴与工作台垂直，并可左右转动±45°，以扩大立式铣床的工作范围。其工作台和升降台的运动与卧式铣床基本相同，但没有转台，工作台不能转动，如图 13－11 所示。

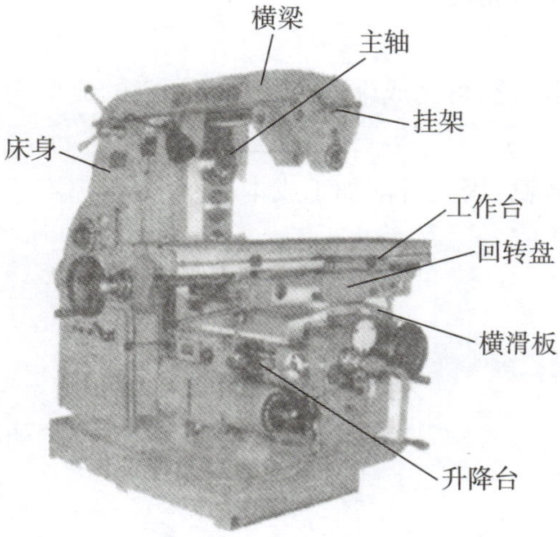

图 13－10　卧式铣床

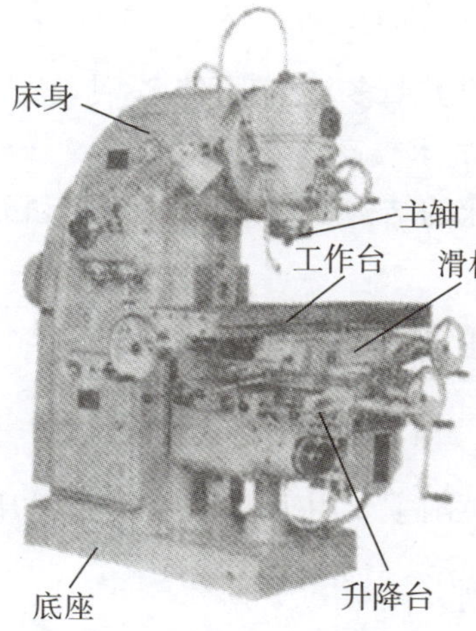

图 13－11　立式铣床

13.3.2　铣刀

铣刀是多刃回转刀具，一般用高速钢和硬质合金制成。铣刀的几何角度与车刀极为相似，每个刀齿相当于一把车刀。

铣刀种类很多，常用的有加工平面的圆柱铣刀、端面铣刀；加工沟槽的立铣刀、锯片铣刀、键槽铣刀和三面刃铣刀；加工成形面的角度铣刀和成形铣刀等，如图 13－12 所示。

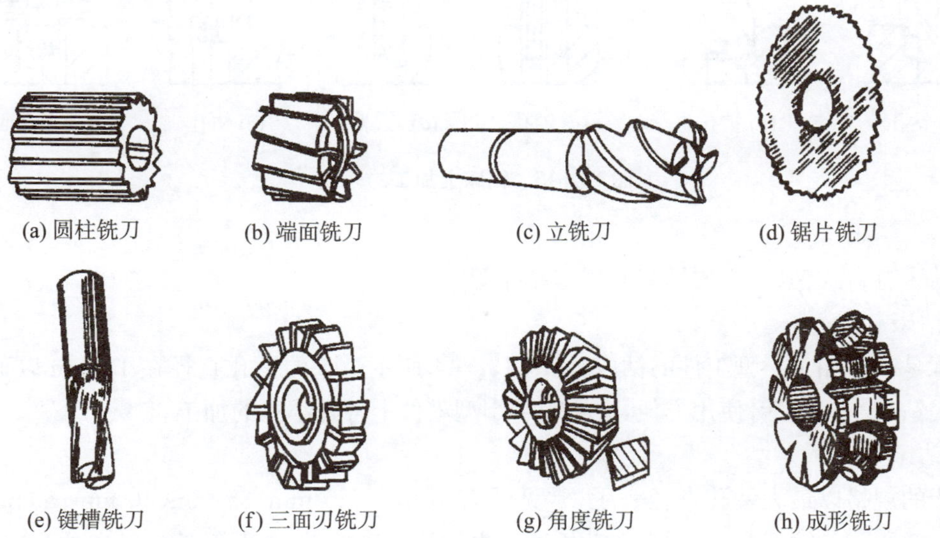

图 13－12　常用的铣刀

13.3.3　铣削加工的特点

1. 生产效率高

由于铣刀属于多刃刀具，加工过程中有多个刀齿同时参加切削，可以采用较大的切削用量，所以生产效率较高。

2. 加工质量中等

由于铣削属于断续切削，导致刀齿负荷不均匀，磨损不一致，从而引起机床的振动，造成切削不稳，直接影响工件的表面粗糙度，铣削加工后只能达到中等精度。

3. 加工范围广

由于铣刀类型多，铣床附件多，使铣削加工范围广泛，可完成许多车削无法加工的成形表面。

4. 加工成本较高

由于铣床的结构复杂，铣刀的制造和刃磨要求较高，因此铣削加工成本比车削高。

13.4　钻削与镗削

钻削与镗削主要用于内孔的加工，钻床与镗床可以看作是为适应内孔加工而专门制造的机床。

13.4.1　钻削

钻削是在钻床上用钻头在工件上加工内孔的方法。钻削时，钻头的旋转运动为主运动，钻头沿本身轴线方向的移动为进给运动。

在钻床上除钻孔外，还可进行扩孔、铰孔、攻螺纹、锪孔和扩平面等，如图 13－13 所示。

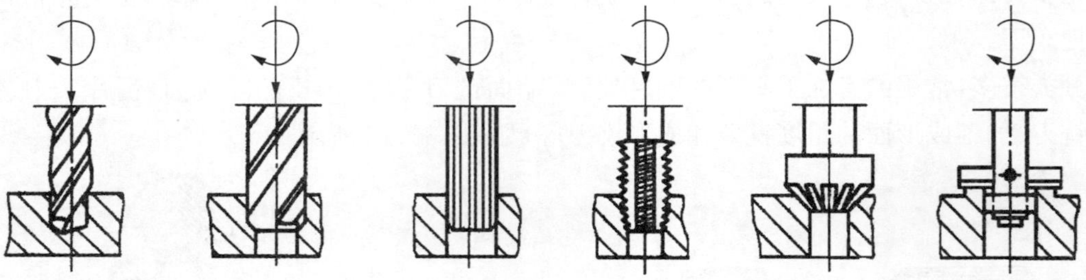

(a) 钻孔　(b) 扩孔　(c) 铰孔　(d) 攻螺纹　(e) 锪孔　(f) 扩平面

图 13－13　钻床上加工的表面

1. 钻床

常用的钻床有台式钻床、立式钻床和摇臂钻床等。

1）台式钻床

台式钻床是一种加工小型工件的钻床，如图 13－14 所示。它的钻孔直径在 13 mm 以下，主轴用手动进给。台式钻床小巧灵活，使用方便，主要用于小型零件上各种小孔的加工。

2）立式钻床

立式钻床的规格以最大钻孔直径表示，常见的有 18 mm、25 mm、35 mm、40 mm、50 mm 等几种类型，如图 13－15 所示。钻削时，主轴由电动机通过主轴箱带动旋转，进给箱传递轴向的进给运动。变换主轴箱和进给箱外的手柄，可改变主轴转速和进给量。工作台和进给箱可沿立柱的轨道上下移动，以调整工件和钻头的相对位置。由于立式钻床的主轴不能左右移动，在工件上加工不同的孔时，需要移动工件，所以只适合于加工中、小型工件。

3）摇臂钻床

它是在立式钻床的基础上进行了改进，如图 13－16 所示。主轴箱可以沿摇臂上的导轨做横向移动，摇臂可以绕立柱转动和沿立柱上下移动。所以摇臂钻床工作时不必移动工件，适合笨重工件和多孔工件的钻削加工。

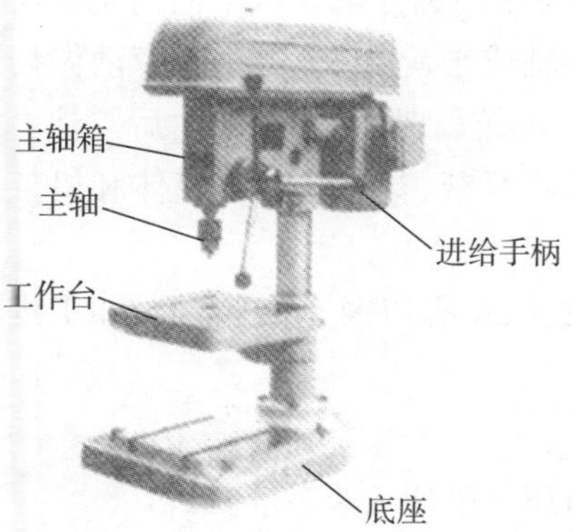

图 13-14 台式钻床

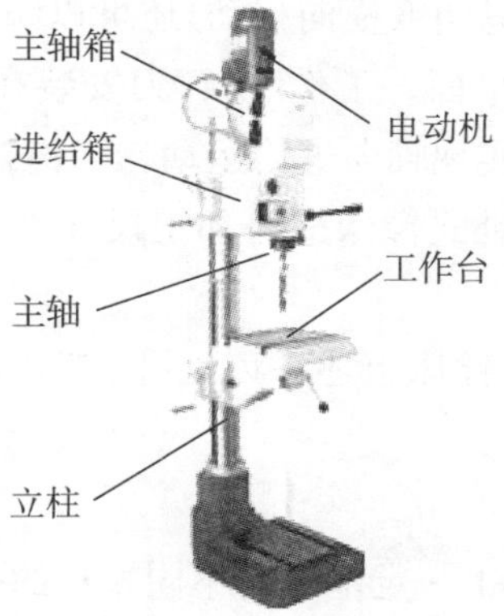

图 13-15 立式钻床

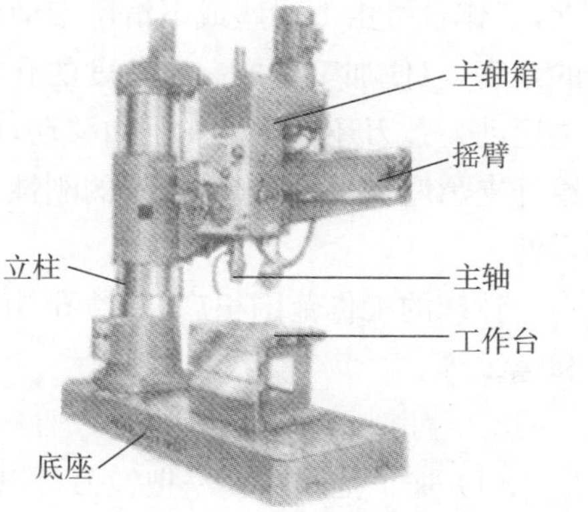

图 13-16 摇臂钻床

2. 钻孔刀具

常见的钻孔刀具有麻花钻、中心钻和深孔钻等，其中麻花钻最为常用。

麻花钻由柄部、颈部和工作部分组成，如图 13-17 所示。柄部是钻头的夹持部分，用于与机床主轴孔配合并传递扭矩和轴向力。柄部有直柄和锥柄两种，锥柄钻头可直接装入机床的主轴孔内，直柄钻头需要用钻夹头安装。颈部在柄部和工作部分之间，用于标注钻头的直径和标号。工作部分包括切削部分与导向部分，其中切削部分可看作是两把方向相反的外圆车刀，螺旋槽面是前刀面，顶端的两个曲面是主后刀面，中间的交线为横刃。导向部分主要由两条对称螺旋棱带组成，在钻孔时起引导钻头方向的作用。

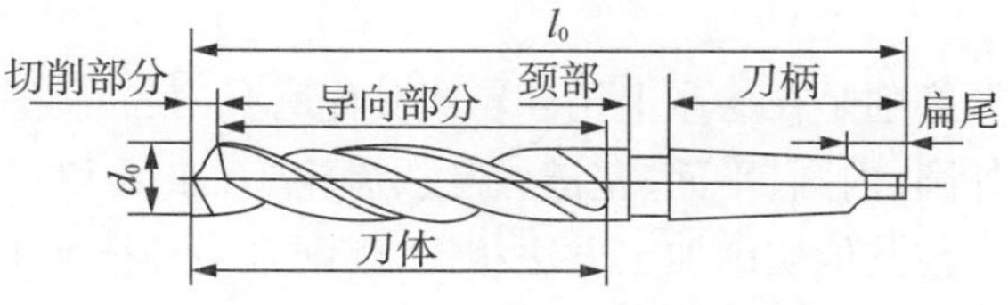

图 13-17 麻花钻

3. 钻削加工的特点

(1) 由于钻头细长，刚性差，且只有两条棱带导向，易造成孔轴线歪斜、孔径扩大及失圆等现象。因此钻削一般用于孔的预加工或孔的粗加工，如螺钉孔、润滑油通道孔和螺纹底孔等。

(2) 排屑和散热条件较差，钻头易磨损。钻削属于半封闭加工，切削容易堵塞，不仅排屑与散热困难，且易擦伤孔壁。钻削时切削液难以注入切削区，切削温度较高，使钻头容易磨损。

13.4.2 镗削

镗削是在镗床上用镗刀进行切削的加工方法。镗削时，镗刀旋转做主运动，工件或镗刀做进给运动。与钻削相比，镗削可以加工直径较大的孔，且加工精度较高，同时还能保证孔与孔、孔与平面之间的位置精度。因此，大部分箱体零件上的孔，如发动机气缸体、变速箱上的孔等，都是由镗削加工完成的。

图 13-18 卧式镗床

1. 镗床

镗床种类很多，主要有卧式镗床、立式镗床、坐标镗床和金刚镗床等。其中卧式镗床应用最广，常用的卧式镗床如图 13-18 所示。

卧式镗床的主轴箱可以沿主立柱的导轨上下移动。工件安装在回转工作台上，工作台可由上滑座或下滑座带动做纵向或横向移动，还可以绕上滑座的圆导轨在水平面内调整所需的角度，以便加工互成一定角度的孔或平面。工作时，镗刀安装在主轴或平旋盘上，由主轴带动做切削主运动。镗刀还随主轴作轴向移动，以实现轴向进给运动。当镗杆伸出较长时，其伸出端由后立柱上的镗杆支承座支承，以增加镗杆的刚性。卧式镗床适合加工尺寸大、形状复杂、具有孔系的箱体和机架类零件。

镗床的工作范围很广，除镗孔外，在镗床上还可以钻孔、扩孔、铰孔、锪孔以及车、铣端面，加工沟槽和螺纹等。

2. 镗削加工的特点

(1) 加工范围广。一把镗刀可以加工一定范围内不同直径的孔，还可以加工非标准孔。

(2) 能修正底孔轴线的位置。镗削时通过调整刀具和轴线的相对位置，校正底孔的轴线位置，保证孔的位置精度。

(3) 生产效率低。镗刀的切削刃较少，切削用量低，因此生产效率较低。

13.5 磨削

磨削是在磨床上用砂轮或其他磨具对工件进行切削的加工方法。磨床的加工范围很广，它可以磨削外圆、内圆、平面、花键、螺纹、齿轮等，如图 13-19 所示。

与其他切削加工方法相比，磨削是一种精加工，经磨削的工件具有很高的加工精度和良好的表面质量，所以通常用作最后一道工序的加工。

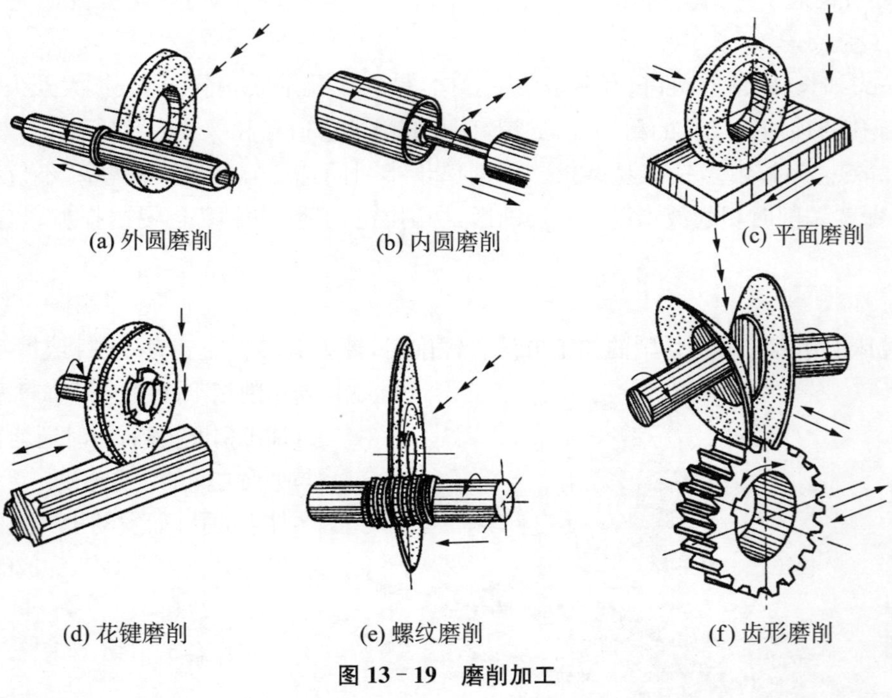

(a) 外圆磨削　(b) 内圆磨削　(c) 平面磨削

(d) 花键磨削　(e) 螺纹磨削　(f) 齿形磨削

图 13-19　磨削加工

13.5.1　磨床

磨床的种类很多，根据用途不同，分为外圆磨床、内圆磨床、平面磨床、曲轴磨床、螺纹磨床和齿轮磨床等。其中外圆磨床、内圆磨床、平面磨床和曲轴磨床在汽车零件制造和维修中应用较广。

1. 外圆磨床

外圆磨床主要用于工件的外圆柱面、圆锥面和轴上台阶的磨削加工。汽车上的半轴、变速器主轴等外圆都经外圆磨床磨削加工。常见的万能外圆磨床如图 13－20 所示。头架与尾座安装在工作台上,头架上的主轴由变速机构传递运动。工件通过卡盘装夹在主轴上,也可用前后顶尖装夹在头架与尾座之间,由主轴带动旋转。工作台分上下两层,下工作台可沿床身的导轨做纵向往复移动,以实现工件的轴线进给。上工作台可转动一定角度,用于磨削长圆锥面工件。砂轮装在砂轮架上,由砂轮主轴箱带动做回转主运动,也可随砂轮架沿横向导轨移动,以实现工件的横向进给。此外,万能外圆磨床还配有内圆磨具,它安装在可转动的支架上,使用时可向下翻至工作位置。

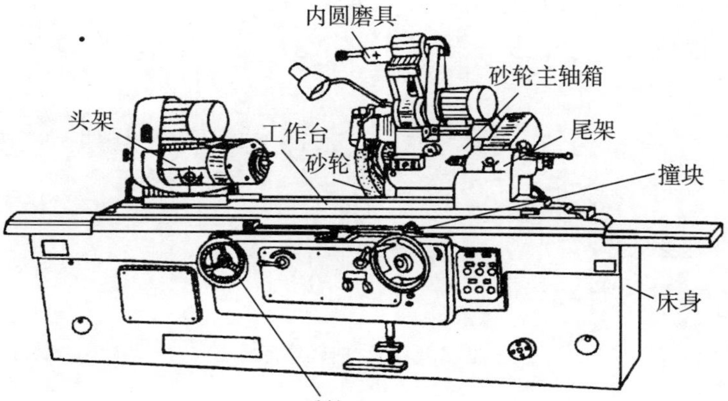

图 13－20　万能外圆磨床

2. 内圆磨床

内圆磨床主要用于磨削工件的圆柱孔和圆锥孔等,汽车齿轮以及各种轴的内孔都经内圆磨床磨削加工。常见的内圆磨床如图 13－21 所示。头架安装在工作台上,并可左右转动一定角度。工件由头架主轴上的卡盘或其他夹具夹持并带动旋转。工作台可沿床身上的导轨做纵向往复进给。砂轮由砂轮架上的电动机带动做高速旋转主运动,并可随砂轮架沿滑鞍做横向进给。当磨削圆锥孔时,只需将头架转动一定角度即可。

3. 平面磨床

平面磨床主要用于平面的磨削加工,汽车零件中的飞轮、制动盘等的平面大多是用平面磨床加工的。平面磨床如图 13－22 所示。工作台安装在床身的水平导轨上,由液压系统驱动做纵向直线往复运动。砂轮架上的砂轮在主轴的带动下做回转主运动。砂轮架可沿滑鞍做横向间歇运动,也可随滑鞍沿立柱的垂直导轨做调整和切入运动。工作台装有电磁吸盘,用于钢、铸铁等磁性材料的装夹与定位。

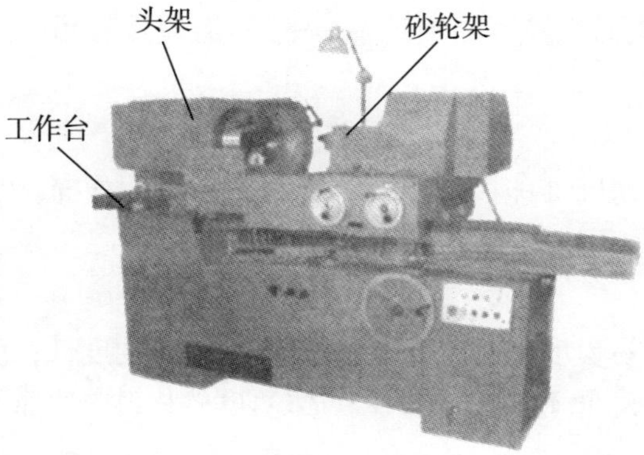

图 13－21　内圆磨床

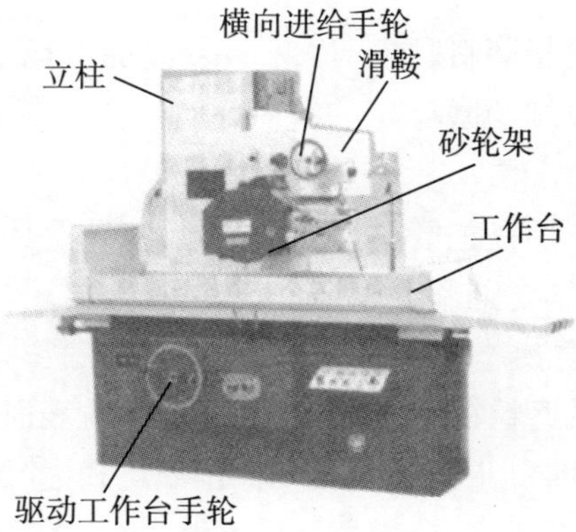

图 13－22　平面磨床

4. 曲轴磨床

曲轴磨床主要用于发动机曲轴主轴颈和曲柄颈的磨削加工，属于专用磨床，如图 13－23 所示。曲轴磨床工作台和砂轮架的运动与外圆磨床基本相同，只是多安装了一个安全连锁装置，用于砂轮架在磨削状态时可自动锁定工作台的机动进给。曲轴的装夹与其他工件不同，它由磨床上左右两个三爪自定心卡盘夹持，左右卡盘分别安装在磨床头架与尾座的花盘上。磨削前，需要用专用样板对卡盘的位置进行调整，然后方可进行磨削。

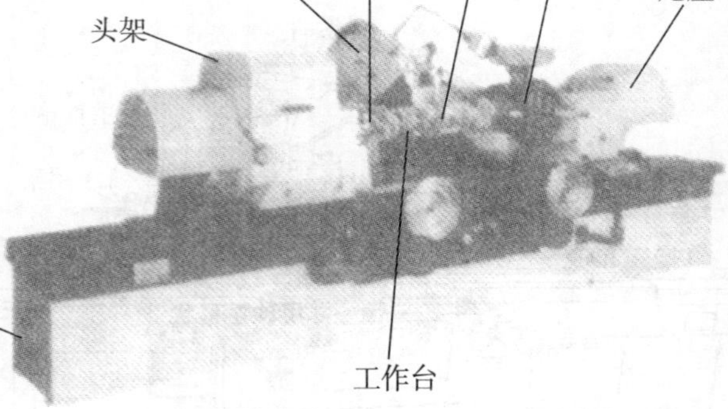

图 13－23　曲轴磨床

13.5.2　砂轮

砂轮是磨削的切削刀具，它是用结合剂把磨料粘结成形，再经烧结而成的多孔体。砂轮表面上每个磨粒都有如一个微小刀齿，整个砂轮就像一把有无数微小刀齿的铣刀，如图 13－24 所示。

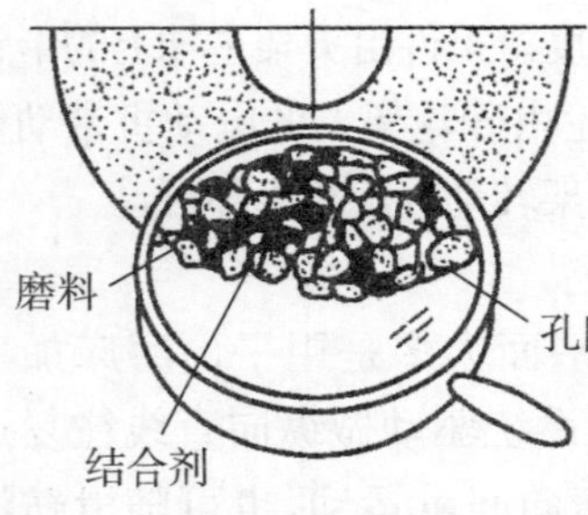

图 13－24　砂轮的组成

砂轮的基本特性参数一般印在砂轮的端面上，其代号次序是：形状—尺寸—磨料—粒度。砂轮的切削性能由磨料、粒度、结合剂、硬度、组织、形状和尺寸等因素决定。

1. 磨料

磨料即砂轮中的硬质颗粒，担负主要切削工作。磨料除棱角必须锋利外，还应具有高硬度、高耐热性和一定的韧性。常用的磨料有刚玉类和碳化硅类。刚玉类强度高，韧性好；碳化硅类硬度高，强度较低。

2. 粒度

粒度指磨料颗粒的大小。粒度的选择主要影响表面粗糙度和生产率，一般粗磨应选较粗的磨粒，精磨可选较细的磨粒。

3. 结合剂

其作用是把磨料粘合在一起，使砂轮具有良好的切削性能。常用的结合剂有陶瓷结合剂、树脂结合剂、橡胶结合剂和金属结合剂。

4. 硬度

表示磨粒在磨削力的作用下从砂轮表面脱落的难易程度。磨粒容易脱落，则砂轮的硬度低；反之则砂轮的硬度高。砂轮的硬度对磨削质量和生产率影响很大，磨硬材料应选择软砂轮，磨软材料应选择硬砂轮。

5. 组织

砂轮组织指砂轮中磨料、结合剂和空隙三者的比例关系。它以磨料所占的百分比来表示，共分 15

个号码，号码越大越疏松。通常粗磨采用疏松的砂轮，精磨则采用紧密的砂轮。

6. 形状

为了适应不同类型的磨床和各种工件，砂轮有很多形状和尺寸规格，常用砂轮的形状如图 13－25 所示。

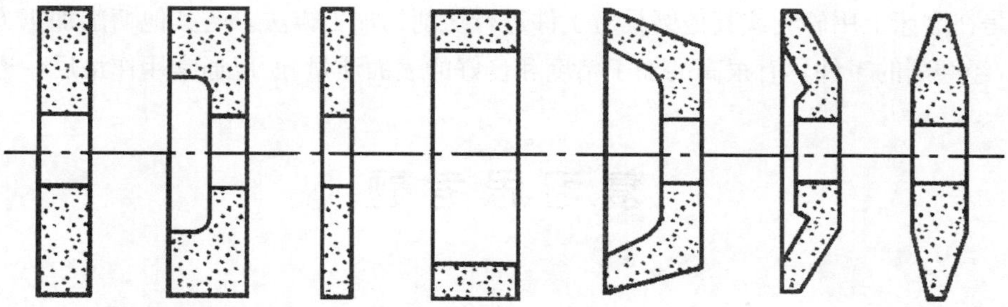

(a) 平形 (b) 单面凹形 (c) 薄形 (d) 筒形 (e) 碗形 (f) 碟形 (g) 双斜边形

图 13－25 常用砂轮的形状

13.5.3 磨削加工的特点

(1) 磨削加工范围很广。在不同的磨床上可完成内外圆柱面、圆锥面、平面及花键、螺纹、齿轮等各种成形表面的加工。磨削加工不仅可以加工铜、铝等有色金属，还可以加工其他刀具难以切削的高硬度、超硬度材料，如淬火钢、硬质合金和各种宝石等。

(2) 磨削加工精度高，表面质量好。普通磨削的尺寸精度等级为 IT6—IT5，表面粗糙度 R_a 值为 0.8～0.2 μm。若采用精密磨削，尺寸精度等级可达 IT4，表面粗糙度 R_a 值为 0.012～0.01 μm。

(3) 在磨削过程中，磨削速度高，砂轮导热性差，磨削区内的温度可达 800℃～1 000℃，容易使工件表面烧伤或退火，故需采用大量的切削液，以降低磨削温度。

(4) 砂轮在磨削时，还具有“自锐作用”，部分磨钝的磨粒在一定的条件下自行脱落，使砂轮保持良好的磨削性能。

本章小结

(1) 金属切削加工是利用切削工具与工件的相对运动，从工件上切除多余材料的加工方法。

(2) 金属切削加工分为钳工加工和机械加工两大类。钳工加工一般指运用锉刀、手锯、錾子等工具采用手工方式进行；机械加工是运用金属加工机床进行的。由于刀具与工件的运动方式不同，机械加工可以分为车削、铣削、刨削、钻削、镗削和磨削等。

(3) 金属切削加工在汽车制造和维修中应用十分广泛，汽车上绝大多数金属零件是通过切削加工方法获得和修复的。

(4) 车削是在车床上使用车刀切削加工的一种加工方法。车削是切削加工中最基本的加工方法，汽车中的曲轴、变速齿轮、半轴、衬套、制动盘、螺栓等的回转表面大多数是通过车削加工成形的，因此，车削加工在汽车零件的制造和汽车维修中应用很广。

(5) 铣削是在铣床上用铣刀进行切削加工的方法。铣削是平面加工中应用最普遍的加工方法，在铣床上使用不同的铣刀，可以加工各种平面、台阶、沟槽和成形表面。

(6) 钻削是在钻床上用钻头在工件上加工内孔的方法。在钻床上除钻孔外，还可进行扩孔、铰孔、攻螺纹、锪孔和扩平面等。

(7) 镗削是在镗床上用镗刀进行切削的加工方法。与钻削相比，镗削可以加工直径较大的孔，且加工精度较高，同时还能保证孔与孔、孔与平面之间的位置精度。因此，大部分箱体零件上的孔，如发动机气缸体、变速箱上的孔等，都是由镗削加工完成的。

(8) 磨削是在磨床上用砂轮或其他磨具对工件进行切削的加工方法。与其他切削加工方法相比，磨削是一种精加工，经磨削的工件具有很高的加工精度和良好的表面质量，所以通常用作最后一道工序的加工。

复习思考题

1. 名词解释

(1) 主运动　(2) 进给运动　(3) 切削速度　(4) 切削深度
(5) 进给量　(6) 车削　(7) 铣削　(8) 钻削
(9) 镗削　(10) 磨削

2. 填空题

(1) 切削加工方法主要有________、________、________、________、________、刨削以及齿轮加工等。

(2) 切削运动分为________运动和________运动。

(3) 切削深度是指工件________表面与________表面的垂直距离。

(4) 外圆车刀由________和________组成。________直接承担切削工作，也称切削部分。

(5) 外圆车刀的特点是三面两刃一尖，即________面、________面、________面，________刃、________刃和刀尖。

(6) CM6140 型精密卧式车床编号中，C 表示________，M 表示________，6 表示________，1 表示________，40 表示________。

(7) 车削时，工件的旋转为________运动，车刀的移动为________运动。

(8) 车削加工的范围很广，大部分具有________表面的工件都可以用车削方法加工，如车外圆柱面、车端面、车沟槽、车内孔、车螺纹、车圆锥面以及车成形面等。

(9) 在铣床上使用不同的铣刀，可以加工各种________、________、________和成形表面。

(10) 钻削与镗削主要用于________的加工。

(11) 麻花钻由________、________和________组成。

(12) 与钻削相比，镗削可以加工直径________的孔，且加工精度________，同时还能保证孔与孔、孔与平面之间的位置精度。

(13) 砂轮是用结合剂把________粘结成形，再经烧结而成的多孔体。

3. 简答题

(1) 什么叫金属的切削加工？

(2) 切削用量包括哪些内容？解释它们各自的含义。

(3) 刀具切削部分应具备哪些基本性能？

(4) 简述车削、铣削、钻削、镗削和磨削加工的特点及其应用范围。

附　录　一

常用车辆用油牌号推荐表

车　　型	压缩比	推荐汽油牌号
一汽红旗明仕 1.8	9.0	93
一汽红旗世纪星 2.0/2.4	9.5	不低于 93
一汽马自达 2.3	10.6	93—97
一汽夏利 7101/7131/2000	9.3～9.5	不低于 93
一汽威姿 1.0/1.3	10.0/9.3	不低于 93
一汽-大众捷达普通/CI/CT/AT	8.5～9.0	93
一汽-大众宝来 1.6/1.8/1.8T	9.3～10.3	93—97
一汽-大众高尔夫 1.6/2.0 一汽-大众奥迪 A4/A6	10.5 10.0/10.5	93—97 93—97
上海大众桑塔纳普通/2000	9.0/9.5	不低于 93
上海大众帕萨特 1.8/1.8T	10.3/9.3	93—97
上海大众帕萨特 2.0/2.8	10.3/10.1	93—97
上海大众 POLO1.4/1.6	10.4/10.3	93—97
上海大众高尔 1.6	9.5	不低于 93
上海别克赛欧 1.6	9.4	不低于 93
上海别克君威 2.0/2.5/3.0	9.5	不低于 93
东风蓝鸟 2.0/阳光 2.0	9.5/9.8	不低于 93
东风毕加索 1.6/2.0	10.5	93—97
东风爱丽舍 1.6/爱丽舍 VTS1.6	9.6/10.5	93—97
东风塞纳 2.0	10.8	93—97
东风千里马 1.6	9.8	不低于 93
神龙富康 1.4/1.6	9.3/9.6	93
上海奇瑞 1.6	9.5	不低于 93
天津丰田威驰 1.3/1.5	9.3/9.8	不低于 93

（续表）

车　　型	压缩比	推荐汽油牌号
北京吉普 2500	8.5	93
现代索娜塔 2.0/2.7	10.1/10.0	93—97
长安福特嘉年华 1.3/1.6	10.2/9.5	93—97
菲亚特西耶那 1.3 16V/1.5	10.6/10.0	不低于 93
菲亚特派力奥 1.3 16V/1.5	10.6/10.0	不低于 93
菲亚特周末风 1.3 16V/1.5	10.6/10.0	不低于 93
广州本田 98 款雅阁 2.0/2.3/3.0	9.1/8.9/9.4	93
广州本田 03 款雅阁 2.0/2.4/3.0	9.8/9.7/10.0	不低于 93
广州本田奥德赛 2.3	9.5	不低于 93
吉利美日 1.3/优利欧>1.3	9.3	93
长安铃木奥拓 0.8/羚羊 1.0/1.3	9.4/9.0/9.0	93
昌河铃木北斗星 CH6350B	9.3	93
华晨中华 2.0/2.4	9.5/9.5	不低于 93
哈飞赛马 1.3	9.5	不低于 93
海南马自达普利马/323/福美来	9.1/9.3/9.1	不低于 93
宝马 3、5、7 系列	10.8/10.8/10.5	97
大宇王子 2.0/蓝龙 1.5	8.8/9.5	93—97
本田思域 1.6/里程 3.5	9.4/9.6	93—97
日产风度 2.0/3.0	9.5/10	93—97
丰田凌志 IS200/GS300/LS430	10/10.5/10.5	97
丰田世纪/皇冠	8.6/10.0	93—97
丰田花冠 1.6/佳美 2.2GL/2.4	10.5/9.8	93—97
奔驰 E280/E320	10.0	97
沃尔沃 S40	9.3	不低于 93
福特 WINDSTAR V6/TAURUS V6	9.0/9.3	93—97
林肯大陆 V8/马克 V8	9.0/9.8	93—97
欧宝 1.8	10.5	97

附 录 二

车用柴油技术要求和试验方法(GB/T19147—2003)

项目	10号	5号	0号	−10号	−20号	−35号	−50号	试验方法
氧化安定性 总不溶物/(mg/100 ml)， 不大于	2.5							SH/T 0175
硫(质量分数)/% 不大于	0.05							GB/T 380
10%蒸余残炭(质量分数)c/% 不大于	0.3							GB/T 268
灰分(质量分数)/% 不大于	0.01							GB/T 508
铜片腐蚀(50℃,3 h)/级 不大于	1							GB/T 5096
水分(体积分数)/% 不大于	痕迹							GB/T 260
机械杂质	无							GB/T 511
润滑性 磨痕直径(60℃)/μm 不大于	460							ISO12156-1
运动黏度(20℃)/(mm^2/s)	3.0～8.0				2.5～8.0	1.8～7.0		GB/T 265
凝点/℃ 不高于	10	5	0	−10	−20	−35	−50	GB/T 510
冷滤点/℃ 不高于	12	8	4	−5	−14	−29	−44	SH/T 0248
闪点(闭口)/℃ 不低于	55				50	45		GB/T 261
着火性(需满足下列要求之一) 十六烷值不小于 或十六烷值指数 不小于	 49 46				 46 46	 45 43		GB/T 386 GB/T 11139 SH/T 0694
馏程 50%馏出温度/℃ 不高于 90%馏出温度/℃ 不高于 95%馏出温度/℃ 不高于	 300 355 365							GB/T 6536
密度(20℃)/(kg/m^3)	820～860					800～840		GB/T 1884 GB/T 1885

附　录　三

我国各地各月份风险率为10%的最低气温(GB/T19147—2003)　　单位：℃

省份＼月份	1	2	3	4	5	6	7	8	9	10	11	12
河北省	−14	−13	−5	1	8	14	19	17	9	1	−6	−12
山西省	−17	−16	−8	−1	5	11	15	13	6	−2	−9	−16
内蒙古自治区	−43	−42	−35	−21	−7	−1	4	1	−8	−19	−32	−41
黑龙江省	−44	−42	−35	−20	−6	1	7	4	−6	−20	−35	−43
吉林省	−29	−27	−17	−6	1	8	14	12	2	−6	−17	−26
辽宁省	−23	−21	−12	−1	6	12	18	15	6	−2	−12	−20
山东省	−12	−12	−5	2	8	14	19	18	11	4	−4	−10
江苏省	−10	−9	−3	3	11	15	20	20	12	5	−2	−8
安徽省	−7	−7	−1	5	12	18	20	20	14	7	0	−6
浙江省	−4	−3	1	6	13	17	22	21	15	8	2	−3
江西省	−2	−2	3	9	15	20	23	23	18	12	4	0
福建省	−4	−2	3	8	14	18	21	20	15	8	1	−3
台湾省	3	0	2	8	10	16	19	19	13	10	1	2
广东省	1	2	7	12	18	21	23	23	20	13	7	2
海南省	9	10	15	19	22	24	24	23	23	19	15	12
广西壮族自治区	3	3	8	12	18	21	23	23	19	15	9	4
湖南省	−2	−2	3	9	14	18	22	21	16	10	4	−1
湖北省	−6	−4	0	6	12	17	21	20	14	8	1	−4
河南省	−10	−9	−2	4	10	15	20	18	11	4	−3	−8
四川省	−21	−17	−11	−7	−2	1	2	1	0	−7	−14	−19
贵州省	−6	−6	−1	3	7	9	12	11	8	4	−1	−4
云南省	−9	−8	−6	−3	1	5	7	7	5	−1	−5	−3

（续表）

省份 \ 月份	1	2	3	4	5	6	7	8	9	10	11	12
西藏自治区	−29	−25	−21	−15	−9	−3	−1	0	−6	−14	−22	−29
新疆维吾尔族自治区	−40	−38	−28	−12	−5	−2	0	−2	−6	−14	−25	−34
青海省	−33	−30	−25	−18	−10	−6	−3	−4	−6	−16	−28	−33
甘肃省	−23	−23	−16	−9	−1	3	5	5	0	−8	−16	−22
陕西省	−17	−15	−6	−1	5	10	15	12	6	−1	−9	−15
宁夏回族自治区	−21	−20	−10	−4	2	6	9	8	3	−4	−12	−19

注：台湾省所列的温度是绝对最低气温，即风险率为0%的最低气温。

附　录　四

机动车辆制动液的技术要求(GB12981—2003)

项　目		质量指标			试验方法
		HZY3	HZY4	HZY5	
外观		无沉淀及悬浮物，清澈透明液体；硅酮型 HZY5 制动液为紫色透明液体			目测
平衡回流沸点(ERBP)/℃	不小于	205	230	260	SH/T 0430
湿平衡回流沸点(WERBP)/℃	不小于	140	155	180	
运动黏度/(mm^2/s) −40℃ 100℃	 不大于 不小于	 1 500 1.5	 1 800 1.5	 900 1.5	GB/T 265
pH 值		7.0～11.5			GB/T 7304
液体稳定性(ERBP)变化/℃ 高温稳定性[(185±2)℃，(120±5)min] 化学稳定性	不大于	 ±3 ±3	 ±[3+0.05×(ERBP−225)] ±[3+0.05×(ERBP−225)]		
腐蚀性[(100±2)℃，(120±2)h] 试验后金属片状态质量变化/(mg/cm^2) 不大于 镀锡铁皮 钢 铸铁 铝 黄铜 紫铜 锌 外观		 ±0.2 ±0.2 ±0.2 ±0.1 ±0.4 ±0.4 ±0.4 无肉眼可见坑蚀和表面粗糙不平，允许脱色或出现色斑			
试验后试液性能： 外观 沉淀物体积分数/% pH 值 试验后橡胶皮碗状态： 外观 硬度降低值/IRHD 根径增值/mm	 不大于 不大于 不大于	 (23±5)℃下不凝胶，在玻璃容器壁或金属表面不形成结晶状物质 0.10 7.0～11.5 无鼓泡、脱落表现出的变质 15 1.4			
低温流动性和外观 [(−40±2)℃，(144±4)h] 外观 气泡上浮至液面的时间/s	 不大于	透过试液观察，遮盖力图上的线条清晰可辨认。试液无淤渣、沉淀、结晶，不分层。 10			

（续表）

项目	质量指标			试验方法
	HZY3	HZY4	HZY5	
[(−50±2)℃，6 h±12 min)] 外观 气泡上浮至液面的时间/s　不大于	透过试液观察，遮盖力图上的线条清晰可辨认。试液无淤渣、沉淀、结晶，不分层 35			
蒸发性能[(100±2)℃，(168±2)h] 蒸发损失质量分数/%　不大于 残余物性质 残余物倾点/℃　不大于	80 用指尖摩擦时，沉淀中不含有颗粒性沙粒和磨蚀物 −5			
溶水性[(22±2)h] −40℃ 外观 气泡上浮至液面的时间/s　不大于 60℃ 外观 试液中沉淀物体积分数/%　不大于	透过试液观察，遮盖力图上的线条清晰可辨认。试液无淤渣、沉淀、结晶，不分层 10 试液不分层 0.05(鉴定) 0.15(商品)			
液体相容性[(22±2)h] −40℃ 外观 60℃ 外观 沉淀物体积分数/%　不大于	透过试液观察，遮盖力图上的线条清晰可辨认。试液无淤渣、沉淀、结晶，不分层 试液不分层 0.05			
抗氧化性[(70±2)℃，(168±2)h] 金属片外观 金属片质量变化/(mg/cm^2)　不大于 铝片 铸铁片	金属片与锡箔接触面之外的部分，无可见坑蚀和点蚀，允许脱色或出现色斑，允许痕量胶质沉积 ±0.05 ±0.3			
橡胶相容性(SBR橡胶皮碗及EPDM橡胶试件) 硬度降低值(SBR橡胶皮碗及EPDM橡胶皮碗或试件)/IRHD　不大于 70℃ 120℃ 皮碗外观 根径增值(SBR橡胶皮碗)/mm 体积变化分数[EPDM橡胶皮碗或试件，(70和120)℃]/%	10 15 无鼓泡，脱落 0.15～1.40 1～10			
行程模拟性能[85 000次行程，(120±5)℃，(6.86±0.34)MPa] 金属部件状态 缸体和活塞直径变化/mm　不大于	金属部件无可见坑蚀和点蚀，允许脱色或出现色斑 0.13			

（续表）

项　目	质 量 指 标			试验方法
	HZY3	HZY4	HZY5	
皮碗状态 硬度降低值/IRHD　　不大于	15			
外观	不出现过度的划痕、变形、鼓泡、裂纹、蜕皮或外形变化			
皮碗根茎增值/mm　　不大于	0.90			
皮碗唇径过盈量/%　　不大于	65			
任意 24 000 次行程期间液体损失量/ml 不大于	36			
缸体活塞工作状态	无卡滞和不良工作状况			
最后的 100 次行程期间液体损失量/ml 不大于	36			
试验后试液状态： 液体状态	不含去除不掉的沉淀和胶状附着物			
沉淀体积分数/%　　不大于	1.5			
缸体外观	试验期间缸体和其他金属部件上沉淀不多于痕量，制动缸体上不附着用蘸乙醇的布擦除不掉的沉淀			

参 考 文 献

[1] 司卫华,王学武.金属材料与热处理[M].北京：化学工业出版社,2009.
[2] 张彦如.汽车材料[M].合肥：合肥工业大学出版社,2006.
[3] 张蕾.汽车材料[M].北京：科学出版社,2009.
[4] 陈礁.汽车材料[M].北京：高等教育出版社,2005.
[5] 李明慧.汽车材料[M].北京：机械工业出版社,2009.
[6] 丁德全.金属工艺学[M].北京：机械工业出版社,2008.
[7] 王孝达.金属工艺学[M].北京：高等教育出版社,2006.
[8] 丁建全.金属学与热处理[M].北京：机械工业出版社,2009.
[9] 娄云.汽车性能与使用技术[M].北京：机械工业出版社,2009.
[10] 戴汝泉.汽车运行材料[M].北京：机械工业出版社,2005.
[11] 王殿忠.汽车修理基础知识[M].北京：高等教育出版社,1995.
[12] 陈一永.汽车修理工[M].北京：金盾出版社,2009.
[13] 程叶军.汽车材料与金属加工[M].北京：中国劳动社会保障出版社,2007.